Wörlen · Metzler-Müller | Schuldrecht AT

Schuldrecht AT

Begründet von
Dr. iur. Rainer Wörlen †
ehemals Professor an der Fakultät Wirtschaftsrecht
der Fachhochschule Schmalkalden

unter Mitarbeit sowie seit der 10. Auflage fortgeführt von
Dr. iur. Karin Metzler-Müller
Professorin an der
Hessischen Hochschule für Polizei und Verwaltung

13., völlig überarbeitete und verbesserte Auflage 2018

Verlag Franz Vahlen

Zitiervorschlag: *Wörlen/Metzler-Müller* SchuldR AT Rn.

www.vahlen.de

ISBN 978 3 8006 5598 4

© 2018 Verlag Franz Vahlen GmbH
Wilhelmstraße 9, 80801 München
Druck: Nomos Verlagsgesellschaft mbH & Co. / Druckhaus Nomos
In den Lissen 12, 76547 Sinzheim

Satz: R. John + W. John GbR, Köln
Umschlaggestaltung: Martina Busch Grafikdesign, Homburg Saar

Gedruckt auf säurefreiem, alterungsbeständigem Papier
(hergestellt aus chlorfrei gebleichtem Zellstoff)

Recht bleibt Recht,
und wer es auch hat,
es zeigt sich am Ende.*

* Johann Wolfgang von Goethe (1749–1832): Reineke Fuchs, 11. Gesang, Vers 321.

Vorwort zur 13. Auflage

Dieses Lernbuch bietet die ideale Arbeitsgrundlage für alle, die den Einstieg in das Allgemeine Schuldrecht oder eine auf das Wesentliche komprimierte Wiederholung vor Prüfungen suchen. Es richtet sich vor allem an Studierende der Rechts- und Wirtschaftswissenschaften an Universitäten, (Fach-)Hochschulen und Berufsakademien.

Mit dem darin umgesetzten didaktischen Konzept des »Lernens im Dialog« – das von Rainer Wörlen begründet und in seinen zahlreichen Lernbüchern umgesetzt worden ist – sollen die Leser Spaß am Lernen haben und damit einen leichteren Einstieg in ein Rechtsgebiet erhalten. Die Zielsetzung sowie das inhaltliche und didaktische Konzept dieses Werks wurden von Rainer Wörlen in seinem nachfolgend abgedruckten »Vorwort zur ersten Auflage« umfassend erläutert. Es vermittelt den **Studierenden**, wie sie mit diesem Lehrbuch besonders effektiv arbeiten – und das Sie daher **unbedingt lesen** sollten.

In die Neuauflage wurden der »Vertrag mit Schutzwirkung für Dritte«, weitere Übersichten und zusätzliche Lern- und Prüfungshinweise sowie Beispiele eingefügt. Rechtsprechung und Literatur befinden sich auf dem aktuellen Stand.

Frau Dr. iur. *Sabrina Leinhas*, Schmalkalden, danke ich für die zahlreichen Anregungen und Verbesserungsvorschläge sowie die kritische Durchsicht des Manuskripts.

Von Lesern der Vorauflagen habe ich wertvolle Hinweise erhalten und zum Teil eingearbeitet. Konstruktiv-kritische Anregungen und »Fehlermeldungen« nehme ich dankbar und gerne entgegen.

Meine Anschrift lautet: Hessische Hochschule für Polizei und Verwaltung, Abteilung Mühlheim, Tilsiter Str. 13, 63165 Mühlheim, Fax: 06108/603509, E-Mail: karin.metzler-mueller@hfpv-hessen.de.

Mühlheim, im Dezember 2017   *Karin Metzler-Müller*

Aus dem Vorwort zur ersten Auflage
– zugleich eine Arbeitsanleitung* –

Der vorliegende Band meiner Reihe »Grundzüge des Privatrechts«[1] basiert auf meinen Arbeitsgemeinschaften für Studienanfänger an den juristischen Fakultäten der Universitäten Würzburg und Freiburg sowie auf meinen Vorlesungen zum »Wirtschaftsprivatrecht« im ehemaligen Fachbereich Versicherungswesen der Fachhochschule Köln.[2]

Für das **didaktische** Konzept und das Lernen mit diesem Buch gilt:

»Einführungen«, »Grundzüge« und dergleichen haben gemeinsam, dass sie niemals vollständig sein können. So ist es nicht Ziel dieses Buches, die Vielzahl der auf dem Markt befindlichen, zum Teil vorzüglichen und viel umfassenderen Einführungswerke nur um eine andersartige Stoffauswahl zu ergänzen.

Der **Zweck dieser »Grundzüge«** ist vielmehr ein »didaktisch-pädagogischer«: Den Studierenden soll der Stoff **nicht in einem vortragsähnlichen Monolog** nahegebracht werden, sondern – wie es in der praxis- und anwendungsbezogenen Lehre an Fachhochschulen üblich ist – in Form eines »Lehrgesprächs«. Ihnen soll anhand von zur Thematik hinführenden Fragen oft Gelegenheit gegeben werden, sich zunächst eigene Gedanken zu machen, bevor sie die Antworten lesen, die den Stoff lehrbuchartig darbieten.

Bei der Darstellung des Stoffes wird weitgehend die sogenannte »Fall-Methode« angewandt: »Das Recht« wird in der Praxis des täglichen Lebens von Rechtsfällen (Rechtsstreitigkeiten) beherrscht; so liegt es nahe, eine praxis- und anwendungsbezogene Lehre am »Fall« zu orientieren. Ein solcher Fall endet regelmäßig mit einer Frage, und zu dieser Frage sollten die Studierenden bei der Durcharbeitung dieses Buchs wiederum – auch ohne besondere Aufforderung – **zunächst eigene Überlegungen** anstellen, bevor sie weiterlesen.

Erfolgreiches Lernen bedeutet schließlich nicht nur **Lesen** und **Nachdenken**, sondern immer und immer wieder: **Wiederholen!** Um den Studierenden Gelegenheit zu geben zu überprüfen, was von dem zuvor im Lehrgespräch Erarbeiteten (bzw. hier Gelesenen) im Gedächtnis haften geblieben ist, werden ihnen am Ende von Teilabschnitten Stoffgliederungsübersichten, Merksätze und Prüfungsschemata dargeboten. Sollte man bei der Lektüre dieser Übersichten feststellen, dass man der Zusammenfassung nicht ohne Schwierigkeiten folgen kann, so sollte man tunlichst zurückblättern, um den Stoff nachzuarbeiten! Gegebenenfalls mache man sich Notizen, um einem »Problem« anhand von vertiefender Literatur nachzugehen.

---

* Mit notwendigen Aktualisierungen.
1 Diese Reihe wurde inzwischen eingestellt. Die Bücher erscheinen als Einzelbände zu den Teilrechtsgebieten (vgl. Literaturverzeichnis).
2 Den Vorlesungen in Köln folgten Vorlesungen an der FH Anhalt, Abt. Bernburg, an der Hochschule Harz in Wernigerode und an der FH Schmalkalden im Fachbereich Wirtschaftsrecht.

Juristische »Probleme« werden in diesem Buch ohnehin bewusst nicht erörtert! In einem juristischen Einführungswerk, das sich in erster Linie an Wirtschaftswissenschaftler wendet und angehenden Juristen einen ersten Einstieg ermöglichen soll, haben Zitate wie »BGHZ« oder »BGH NJW« ebenso wenig zu suchen wie solche von umfangreichen »Klassiker«-Lehrbüchern oder dickleibigen Kommentaren!

Um Missverständnisse dieser »Kritik« zu vermeiden: Solche Zitate haben dann in Einführungswerken wie dem vorliegenden »nichts zu suchen«, wenn sie dazu dienen sollen, die Studierenden zu animieren, einen angesprochenen »Meinungsstreit« zu einem juristischen »Problem« durch die Lektüre dieser Zitate (zB: »vgl. dazu Palandt/*Weidenkaff* Einf v. § 433 Rn. 22, mwN zum Meinungsstreit«) nachzuarbeiten! Das trägt meist eher zur Verwirrung als zur Klärung bei. Zur Nacharbeitung des dargebotenen Stoffes dienen die konkreten Literaturhinweise »Zur Vertiefung« am Ende von Abschnitten innerhalb des Textes.

Wenn zB »Palandt«, ein sog. »Lehrbuchklassiker«, ein BGH-Urteil, ein ganz spezieller Zeitschriftenaufsatz uÄ in meinen Fußnoten manchmal dennoch erscheinen, dann nur, um – der Zitierwahrheit entsprechend – zu belegen, dass die eine oder andere Passage den Formulierungen dieser zitierten Werke nachempfunden wurde (weil man es selbst treffender nicht mehr ausdrücken kann).

Damit die Studierenden durch die Fußnoten in diesem Buch nicht unnütz vom Lernen abgelenkt werden, empfehle ich, wie folgt zu verfahren:

Betrachten Sie nur die fett gedruckten Fußnotentexte als Pflichtlektüre! Den in Normalschrift gedruckten Fußnoten sollten Sie nur nachgehen, wenn Sie Zeit und Interesse haben, etwas mehr zu erfahren als in den Prüfungen von Ihnen verlangt wird. Ein Teil davon sind Quellenangaben (»Zitierwahrheit«).

Schließlich sollen diese »Grundzüge« bei der Stoffvermittlung auch ein wenig an die zivilrechtliche, gutachtliche Denkweise heranführen, deren Beherrschung für die Anfertigung von Prüfungsklausuren geboten ist. Bisweilen wird der Stoff, den ein Fall vermitteln soll, daher in gutachtenähnlicher Form »klausurmäßig« aufbereitet.

Zur Perfektionierung ihrer Klausurentechnik sollten die Studierenden meine (in demselben Verlag erschienene) »Anleitung zur Lösung von Zivilrechtsfällen« durcharbeiten.
Es ist kein Zufall, dass in diesem Vorwort so häufig vom »**Arbeiten**« (Durcharbeiten, **Nach**arbeiten – auch Vorarbeiten kann nicht schaden!) die Rede ist. Es soll ja zugleich eine **Arbeits**anleitung sein!

»Ohne Arbeit kein Erfolg!« oder »Ohne Fleiß kein Preis!« sind nicht etwa Allgemeinplätze, sondern reine Wahrheit, »nichts als die Wahrheit!« Das **Arbeiten** (Synonym: Studieren!) kann dieses Buch, wie auch andere, nicht ersetzen. Es kann und soll die Arbeit aber erleichtern und auflockern!

Bevor Sie mit der Lektüre beginnen, noch ein letzter Ratschlag, der, obwohl eigentlich selbstverständlich, nicht oft genug wiederholt werden kann: **Lesen Sie jede zitierte Vorschrift (= § !) sorgfältig durch;** wenn Sie diesen Band der »Grundzüge« durcharbeiten, ist die ständige Benutzung (Lektüre) eines Textes des BGB unerlässlich. Ausreichend und empfehlenswert ist die Anschaffung der neuesten Auflage der NWB-Textausgabe »Wichtige Gesetze des Wirtschaftsprivatrechts« mit einer Einführung von *Güllemann* sowie »BGB Beck-Texte im dtv«, Nr. 5001, mit einer Einführung von *Köhler*. Den Hinweis »Lesen!« werden Sie im Text dieses Buches immer wieder finden. Wenn ich die Wichtigkeit der Gesetzeslektüre in meiner »Anleitung zur Lösung von Zivilrechtsfällen« noch mit dem Satz »Die halbe Juristenwahrheit steht im Gesetz« unterstrichen habe, so möchte/muss ich dem noch hinzufügen: »**Die Hälfte aller Fehler in juristischen Anfängerklausuren könnte vermieden werden, wenn die Bearbeiter die zitierten Vorschriften (genauer) lesen würden.**«

Köln, im März 1991   *Rainer Wörlen*

Inhaltsverzeichnis

Verzeichnis der Übersichten

Verzeichnis der Prüfschemata

Abkürzungsverzeichnis[*]

aA . . . . anderer Ansicht
ABl. . . . . Amtsblatt der Europäischen Union
Abs. . . . . Absatz
Abschn. . . . . Abschnitt
ABU . . . . Allgemeine Bedingungen für die Bauwesenversicherung von Unternehmerleistungen
ABV . . . . Allgemeine Bedingungen für die Vertrauensschadenversicherung
AcP . . . . Archiv für die civilistische Praxis (Zeitschrift)
ADAC . . . . Allgemeiner Deutscher Automobilclub
AERB . . . . Allgemeine Bedingungen für die Einbruchdiebstahl- und Raubversicherung
aF . . . . alte Fassung
AFB . . . . Allgemeine Bedingungen für die Feuerversicherung
AG . . . . Amtsgericht
AGB . . . . Allgemeine Geschäftsbedingungen
AGBG . . . . Gesetz zur Regelung des Rechts der Allgemeinen Geschäftsbedingungen
AGG . . . . Allgemeines Gleichbehandlungsgesetz
AHB . . . . Allgemeine Versicherungsbedingungen für die Haftpflichtversicherung
AKB . . . . Allgemeine Bedingungen für die Kfz-Versicherung
Anh. . . . . Anhang
ArbR . . . . Arbeitsrecht
Art. . . . . Artikel
AT . . . . Allgemeiner Teil
Aufl. . . . . Auflage
AVB . . . . Allgemeine Versicherungsbedingungen
AVB/PPV . . . . Allgemeine Versicherungsbedingungen Private Pflegeversicherung

BB . . . . Betriebsberater (Zeitschrift)
BBauG . . . . Bundesbaugesetz
betr. . . . . betreffend
BGB . . . . Bürgerliches Gesetzbuch
BGBl. . . . . Bundesgesetzblatt
BGH . . . . Bundesgerichtshof
BGHZ . . . . Entscheidungen des Bundesgerichtshofs in Zivilsachen
BRAO . . . . Bundesrechtsanwaltsordnung
Bsp. . . . . Beispiel/e
BT . . . . Besonderer Teil
BT-Drs. . . . . Bundestagsdrucksache
BürgerlR . . . . Bürgerliches Recht
bzw. . . . . beziehungsweise

c.i.c. . . . . culpa in contrahendo

dh . . . . das heißt
Drs. . . . . Drucksache
dtv . . . . Deutscher Taschenbuch Verlag

EG . . . . Europäische Gemeinschaften
Einf. . . . . Einführung
Einl. . . . . Einleitung
e. K. . . . . eingetragener Kaufmann

---

[*] Vgl. dazu *Kirchner*, Abkürzungsverzeichnis der Rechtssprache, 8. Aufl. 2015.

EMRK . . . . Europäische Konvention zum Schutze der Menschenrechte und Grundfreiheiten
EnWG . . . . Energiewirtschaftsgesetz
etc . . . . et cetera
EuGH . . . . Europäischer Gerichtshof
EUR . . . . Euro
evtl. . . . . eventuell

f. . . . . folgende (Seite)
FernAbsG . . . . Fernabsatzgesetz
ff. . . . . folgende (Seiten)
Fn. . . . . Fußnote

gem. . . . . gemäß
GG . . . . Grundgesetz
ggf. . . . . gegebenenfalls
GoA . . . . Geschäftsführung ohne Auftrag
GWB . . . . Gesetz gegen Wettbewerbsbeschränkungen

HandelsR . . . . Handelsrecht
HaustürWG . . . . . . Gesetz über den Widerruf von Haustürgeschäften und ähnlichen Geschäften
HGB . . . . Handelsgesetzbuch
HK . . . . Handkommentar (vgl. Literatur: *Schulze R.* ua)
hM . . . . herrschende Meinung
Hrsg. . . . . Herausgeber
Hs. . . . . Halbsatz

idR . . . . in der Regel
iSd . . . . im Sinne der/des
iSv . . . . im Sinne von
it. . . . . italienisch
iVm . . . . in Verbindung mit

JA . . . . Juristische Arbeitsblätter (Zeitschrift)
JherJb . . . . Jherings Jahrbücher für die Dogmatik des bürgerlichen Rechts
JR . . . . Juristische Rundschau (Zeitschrift)
JURA . . . . Juristische Ausbildung (Zeitschrift)
JuS . . . . Juristische Schulung (Zeitschrift)
JZ . . . . Juristenzeitung

Kap. . . . . Kapitel
Kfz . . . . Kraftfahrzeug
KompaktKom . . . . . Kompaktkommentar (vgl. Literatur: *Kothe W.* ua)

lat. . . . . lateinisch
lit. . . . . litera (= Buchstabe)
LSK . . . . Leitsatzkartei
LuftVG . . . . Luftverkehrsgesetz

MB/KK . . . . Musterbedingungen des Verbandes der privaten Krankenversicherung
MDR . . . . Monatsschrift für Deutsches Recht
mE . . . . meines Erachtens
MüKo . . . . Münchener Kommentar
mwN . . . . mit weiteren Nachweisen

nF . . . . neue Fassung
NJW . . . . Neue Juristische Wochenschrift

NJW-RR . . . . Neue Juristische Wochenschrift - Rechtsprechungs-Report
NK . . . . Nomos Kommentar (vgl. Literatur: *Dauner-Lieb, B./Heidel, Th./ Ring, G.*)
Nr. . . . . Nummer

OK . . . . Online-Kommentar (vgl. Literatur: *Bamberger, H.G. ua*)
OLG . . . . Oberlandesgericht

PBefG . . . . Personenbeförderungsgesetz
PflVG . . . . Gesetz über die Pflichtversicherung für Kraftfahrzeughalter
PK . . . . Praxiskommentar (vgl. Literatur: *Herberger, M. ua*)
Pkw . . . . Personenkraftwagen
PrivatRFall . . . . Privatrechtsfall
ProstG . . . . Gesetz zur Regelung der Rechtsverhältnisse der Prostituierten (Prostitutionsgesetz)

RL . . . . Richtlinie
Rn. . . . . Randnummer/n
RÜ . . . . Rechtsprechungsübersicht (Zeitschrift)

S. . . . . Satz/Seite(n)
s. . . . . siehe
SachenR . . . . Sachenrecht
SchuldR . . . . Schuldrecht
sog. . . . . sogenannt/e/r
StrEG . . . . Gesetz über die Entschädigung für Strafverfolgungsmaßnahmen
stRspr . . . . ständige Rechtsprechung
s. unten . . . . siehe unten
SVR . . . . Straßenverkehrsrecht (Zeitschrift)

TMG . . . . Telemediengesetz
TzWrG . . . . Teilzeit-Wohnrechtegesetz

ua . . . . und andere
uÄ . . . . und Ähnliches
Überbl . . . . Überblick
UKlaG . . . . Unterlassungsklagengesetz
UrhG . . . . Gesetz über Urheberrecht und verwandte Schutzrechte
Urt. . . . . Urteil
usw. . . . . und so weiter

v. . . . . von/vom/vor
Var. . . . . Variante
VerbrKrG . . . . Verbraucherkreditgesetz
vgl. . . . . vergleiche
Vorbem. . . . . Vorbemerkung
VSD . . . . Vertrag mit Schutzwirkung zugunsten Dritter
VuR . . . . Verbraucher und Recht (Zeitschrift)
VVG . . . . Gesetz über den Versicherungsvertrag

WirtschaftsPrivR . . . Wirtschaftsprivatrecht
WM . . . . Zeitschrift für Wirtschafts- und Bankrecht, Wertpapiermitteilungen, Teil IV
WuM . . . . Wohnungswirtschaft & Mietrecht (Zeitschrift)

zB . . . . zum Beispiel
ZGS . . . . Zeitschrift für Vertragsgestaltung, Schuld- und Haftungsrecht (früher: Zeitschrift für das gesamte Schuldrecht)

Literaturverzeichnis

Aufsätze… sowie nur vereinzelt zitierte Werke werden nur in der jeweiligen »Literatur zur Vertiefung« am Ende von Kapiteln und Unterabschnitten und in den Fußnoten genannt.

Alpmann, A./Krüger, R./Wüstenbecker H., Alpmann Brockhaus, Studienlexikon Recht, 4. Aufl. 2014 (zit.: *Alpmann* Studienlexikon)

Alpmann und Schmidt, Alpmann J. A./Lüdde, S.: BGB AT 2, 20. Aufl. 2017 (zit.: *Alpmann und Schmidt* BGB AT 2); *Alpmann J. A./Wirtz, T.*: Schuldrecht AT 1, 22. Aufl. 2017 (zit.: *Alpmann und Schmidt* SchuldR AT 1); *Wirtz, T./Lüdde, J.*: Schuldrecht AT 2, 21. Aufl. 2016 (zit.: *Alpmann und Schmidt* SchuldR AT 2); *Haack, C.*: Schuldrecht BT 4 (zit.: *Alpmann und Schmidt* SchuldR BT 4)

Bamberger, H.G./Roth, H./Hau, W./Poseck, R., Beck'scher Online-Kommentar BGB, 43. Edition, Stand: 15.6.2017 (zit.: BeckOK BGB/*Bearbeiter*)

Bönninghaus, A., Schuldrecht Allgemeiner Teil I, 3. Aufl. 2015 (zit.: *Bönninghaus* SchuldR AT I)

Brönneke, T./Tonner, K., Das neue Schuldrecht, 2014 (zit.: Brönneke/Tonner/*Bearbeiter*)

Brox, H./Walker, W.-D., Allgemeines Schuldrecht, 41. Aufl. 2017 (zit.: *Brox/Walker* SchuldR AT)

Creifelds, C., Rechtswörterbuch, 22. Aufl. 2016 (zit.: *Creifelds*)

Dauner-Lieb, B./Heidel, Th./Ring, G., Nomos Kommentar BGB, Schuldrecht Band 2/1: §§ 241–610, 3. Aufl. 2016 (zit.: NK-BGB/*Bearbeiter*)

Däubler. W., BGB kompakt – allgemeiner Teil, Schuldrecht, Sachenrecht, 3. Aufl. 2008 (zit.: *Däubler* BGB kompakt)

Esser, J./Schmidt, E., Schuldrecht, Band I: Allgemeiner Teil, Teilband 1, 8. Aufl. 1995 (zit.: *Esser/Schmidt* SchuldR AT I)

Esser, J./Schmidt, E., Schuldrecht, Band I: Allgemeiner Teil, Teilband 2, 8. Aufl. 2000 (zit.: *Esser/Schmidt* SchuldR AT II)

Fikentscher, W./Heinemann, A., Schuldrecht, 11. Aufl. 2017 (zit.: *Fikentscher/Heinemann* SchuldR)

Führich, E., Wirtschaftsprivatrecht, 13. Aufl. 2017 (zit.: *Führich* WirtschaftsPrivR)

Grunewald, B., Bürgerliches Recht, 9. Aufl. 2014 (zit.: *Grunewald* BürgerlR)

Herberger, M./Martinek, M./Rüßmann, H./Weth, S., juris PraxisKommentar BGB, Band 1 – Allgemeiner Teil, 8. Aufl. 2017; Band 2 – Schuldrecht, 8. Aufl. 2017 (zit.: jurisPK-BGB/*Bearbeiter*)

Hirsch, C., Allgemeines Schuldrecht, 10. Aufl. 2017 (zit.: *Hirsch* SchuldR AT)

Jauernig, O., Bürgerliches Gesetzbuch, Kommentar, 16. Aufl. 2015 (zit.: Jauernig/*Bearbeiter*)

Kothe, W./Micklitz, H.-W./Rott, P., Das neue Schuldrecht – Kompaktkommentar, 2003 (zit.: Kompakt Kom-BGB/*Bearbeiter*)

Klunzinger, E., Einführung in das Bürgerliche Recht, 16. Aufl. 2013 (zit.: *Klunzinger* BürgerlR)

Larenz, K., Lehrbuch des Schuldrechts, Allgemeiner Teil, 14. Aufl. 1987 (zit.: *Larenz* SchuldR AT)

Looschelders, D., Schuldrecht Allgemeiner Teil, 15. Aufl. 2017 (zit.: *Looschelders* SchuldR AT)

Medicus, D./Lorenz, S., Schuldrecht I, Allgemeiner Teil, 21. Aufl. 2015 (zit.: *Medicus/Lorenz* SchuldR AT)

Medicus, D./Petersen, J., Grundwissen zum Bürgerlichen Recht – Ein Basisbuch zu den Anspruchsgrundlagen, 10. Aufl. 2014 (zit.: *Medicus/Petersen* Grundwissen BürgerlR)

Medicus, D./Petersen, J., Bürgerliches Recht – Eine nach Anspruchsgrundlagen geordnete Darstellung zur Examensvorbereitung, 26. Aufl. 2017 (zit.: *Medicus/Petersen* BürgerlR)

Metzler-Müller, K., Wie löse ich einen Privatrechtsfall?, 7. Aufl. 2016 (zit.: *Metzler-Müller* PrivatR Fall)

Münchener Kommentar, Münchener Kommentar zum Bürgerlichen Gesetzbuch,
Band 1: Allgemeiner Teil, §§ 1–240, ProstG, AGG, 7. Aufl. 2015;
Band 2: Schuldrecht, Allgemeiner Teil (§§ 241–432), 7. Aufl. 2016;
Band 3: Schuldrecht, Besonderer Teil I, §§ 433–534, Finanzierungsleasing, CISG, 7. Aufl. 2016;
Band 8, Familienrecht I, §§ 1297–1588, VersAusglG, GewSchG, LPartG, 7. Aufl. 2017 (zit.: MüKoBGB/*Bearbeiter*)

Musielak, H.-J./Hau W., Grundkurs BGB, 15. Aufl. 2017 (zit.: *Musielak/Hau* GK BGB)

Nawratil, H., BGB leicht gemacht, 31. Aufl. 2011 (zit.: *Nawratil* BGB)

Palandt, O., Bürgerliches Gesetzbuch, Kommentar, 77. Aufl. 2018 (zit.: Palandt/*Bearbeiter*)

Schade, F./Graewe, D., Wirtschaftsprivatrecht – Grundlagen des Bürgerlichen sowie des Handels- und Wirtschaftsrechts, 4. Aufl. 2017 (zit.: *Schade/Graewe* WirtschaftsPrivR)

Schulze, R./Dörner, H./Ebert, I./Hoeren, T./Kemper, R./Schreiber, K./Schulte-Nölke, H./Saenger, I., Bürgerliches Gesetzbuch – Handkommentar –, 9. Aufl. 2017 (zit.: HK-BGB/*Bearbeiter*)

Steckler, B./Tekidou-Kühlke, D., Kompendium Wirtschaftsrecht, 8. Aufl. 2015 (zit.: *Steckler/Tekidou-Kühlke* WirtschaftsR)

Westermann, H. P./Bydlinski, P./Weber, R., BGB – Schuldrecht, Allgemeiner Teil, 8. Aufl. 2014 (zit.: *Westermann/Bydlinski/Weber* SchuldR AT)

Wörlen, R./Kokemoor, A., Sachenrecht, 10. Aufl. 2017 (zit.: *Wörlen/Kokemoor* SachenR)

Wörlen, R./Kokemoor, A., Handelsrecht mit Gesellschaftsrecht, 12. Aufl. 2015 (zit.: *Wörlen/Kokemoor* HandelsR)

Wörlen, R./Kokemoor, A., Arbeitsrecht, 12. Aufl. 2017 (zit.: *Wörlen/Kokemoor* ArbR)

Wörlen, R./Metzler-Müller, K., BGB AT, Einführung in das Recht und Allgemeiner Teil des BGB, 14. Aufl. 2016 (zit.: *Wörlen/Metzler-Müller* BGB AT)

Wörlen, R./Metzler-Müller, K., Schuldrecht BT, 12. Aufl. 2016 (zit.: *Wörlen/Metzler-Müller* SchuldR BT)

1. Kapitel. Grundlagen und Regelungsbereich des Schuldrechts

I. Inhalt und Funktion des Schuldrechts

Das Schuldrecht ordnet privatrechtliche Beziehungen zwischen zwei oder mehreren **1** Personen. Es dient, neben dem Handelsrecht, der Regelung des rechtsgeschäftlichen, wirtschaftlichen Güterverkehrs, dem Ausgleich ungerechtfertigter Vermögensverschiebungen sowie dem Ersatz von Schäden an Personen und Gütern.[3] Gegenstand des Schuldrechts ist namentlich die nähere Bestimmung der Entstehung (Begründung), der Ausgestaltung (des Inhalts) und der Abwicklung sowie des Erlöschens (der Beendigung) von Schuldverhältnissen.

II. Gesetzliche Regelung – Allgemeines und Besonderes Schuldrecht

Das Schuldrecht ist in Buch 2 des BGB enthalten und umfasst die §§ 241–853.[4] Wenn **2** Sie den Aufbau des BGB kennen gelernt haben,[5] haben Sie anhand des Inhaltsverzeichnisses des BGB gesehen, dass Buch 2 in acht Abschnitte eingeteilt ist. Abschnitt 8, der mit der Überschrift »Einzelne Schuldverhältnisse« versehen ist, enthält eine Beschreibung der in der Rechts- und Wirtschaftspraxis am häufigsten vorkommenden typischen Schuldverhältnisse und ihrer Besonderheiten. Dieser Abschnitt 8 (§§ 433–853) wird als »Besonderes Schuldrecht« bezeichnet. Regelungen, die nicht nur für das jeweils in Abschnitt 8 angesprochene besondere Schuldverhältnis, sondern allgemein für alle Schuldverhältnisse gelten, sind in den Abschnitten 1–7 enthalten.

Diese Abschnitte 1–7 von Buch 2 des BGB stellen das sog. »Allgemeine Schuldrecht« **3** dar. Da die Regelungen des »Allgemeinen Schuldrechts« für alle Schuldverhältnisse des »Besonderen Schuldrechts« (grundsätzlich aber nicht für das Sachenrecht, das Familienrecht und das Erbrecht!) gelten, ist es bei seiner Darstellung unumgänglich, hin und wieder auch schon Vorschriften von Abschnitt 8 aus Buch 2 heranzuziehen. Auch bei der Betrachtung des Allgemeinen Teils des BGB muss man bereits des Öfteren Vorschriften aus den nachfolgenden Büchern des BGB lesen: Das BGB ist nun einmal trotz seiner verschiedenen Regelungsbereiche ein einheitliches Gesetzeswerk, dessen Teilbereiche man niemals völlig isoliert erörtern kann.

Grundsätzlich sind das Allgemeine Schuldrecht und das Besondere Schuldrecht aber **4** getrennt zu betrachten. Das systematische Verhältnis des Allgemeinen Schuldrechts zum Besonderen Schuldrecht entspricht innerhalb des zweiten Buchs des BGB dem Verhältnis des Allgemeinen Teils des BGB zu den nachfolgenden Büchern 2 bis 5. Die Vorschriften des Allgemeinen Schuldrechts sind in Buch 2 des BGB »vor die Klammer gezogen«. Alles, was Sie in diesem Kapitel und in den nächsten Kapiteln dieses Buchs lernen, gilt also für alle besonderen Schuldverhältnisse, die in Abschnitt 8 geregelt sind.

---

3 Vgl. *Brox/Walker* SchuldR AT § 1 Rn. 12.
4 Alle in diesem Buch ohne Gesetzesbezeichnung zitierten §§ sind solche des BGB!
5 Ggf. *Wörlen/Metzler-Müller* BGB AT Übersicht 9 Rn. 66 lesen!

III. Begriff des Schuldverhältnisses

5 Wenn Sie sich mit dem vielschichtigen und manchmal auch recht komplizierten (allgemeinen) Recht der Schuldverhältnisse beschäftigen, müssen Sie wissen, was sich hinter dem Begriff »Schuldverhältnis« verbirgt.

▓[6] Wo wird man sinnvollerweise nach der Definition für diesen Begriff suchen?

▶ Im Gesetz, und zwar am Anfang des Allgemeinen Schuldrechts! Wenn Sie dies tun, stoßen Sie zwangsläufig auf § 241 I, den Sie nun lesen müssen.

▉ Haben wir hier eine »Legaldefinition« des Begriffs »Schuldverhältnis«, wie wir sie in § 194 I für den Begriff des »Anspruchs« kennen?

▶ Eine ausdrückliche Definition wie in § 194 I, wo »das Recht, von einem anderen ein Tun oder Unterlassen zu verlangen«, in Klammern als »Anspruch« bezeichnet wird, findet sich in § 241 I nicht.

Wir haben aber eine Beschreibung des Wesens des Schuldverhältnisses, aus der wir eine Begriffsdefinition herleiten können (lesen Sie § 241 I noch einmal). Das Gesetz beschreibt, was die an einem Schuldverhältnis Beteiligten tun dürfen, wozu sie »kraft des Schuldverhältnisses« berechtigt sind. Aus dieser Beschreibung lässt sich folgende Definition herleiten:

»Unter einem Schuldverhältnis versteht man ein Rechtsverhältnis, in dem sich mindestens zwei Personen in der Weise gegenüberstehen, dass sie einander zu einer Leistung berechtigt oder verpflichtet sind.«

6 Das Gesetz nennt die Beteiligten an einem Schuldverhältnis »Gläubiger« und »Schuldner«. Der Gläubiger ist berechtigt, vom Schuldner etwas, nämlich eine Leistung, zu fordern. Ausdrücklich wird in § 241 I 2 erwähnt, dass diese Leistung auch in einem Unterlassen bestehen kann. Der Gläubiger hat, mit anderen Worten, das Recht, vom Schuldner ein Tun oder ein Unterlassen zu verlangen.

▉ Woran erinnert Sie diese Formulierung?

▶ An die Definition des »Anspruchs« in § 194 I.

Man kann deshalb auch sagen: der Gläubiger eines Schuldverhältnisses hat gegen den Schuldner einen Anspruch auf eine bestimmte Leistung. Da die Rechte und Pflichten nur zwischen diesen beiden Parteien bestehen, kann man das Schuldverhältnis auch als **rechtliche Sonderverbindung**[7] bezeichnen.

▉ Zur Wiederholung Ihres Wissens zu den Allgemeinen Begriffen aus dem Bürgerlichen Recht: Wie nennt man die nur zwischen diesen beiden Parteien bestehenden Rechte (und Pflichten)?

▶ Relative Rechte.

▉ Und wie bezeichnet man die gegenüber jedermann wirkenden Herrschaftsrechte?

▶ Absolute Rechte.[8]

---

6 »▉« bedeutet im Folgenden immer, auch wenn das nicht ausdrücklich erwähnt wird: »Achtung, erst selbst nachdenken! Dann weiterlesen!« Der Pfeil (»▶«) weist auf die Antwort hin.

7 *Medicus/Lorenz* SchuldR AT Rn. 1.

8 Falls nicht mehr gewusst: *Wörlen/Metzler-Müller* BGB AT Übersicht 6 Rn. 51 lesen.

Letztgenannte sind im Sachenrecht zu finden. Dort ist unter anderem geregelt, dass zB der Eigentümer einer Sache diese vom Besitzer herausverlangen kann (bei Interesse § 985 lesen).

§ 241 II wurde mit der Schuldrechtsreform zum 1.1.2002 hinzugefügt (Vorschrift **7** lesen!). Damit wurde die Rechtslage kodifiziert, die sich aus der umfangreichen Rechtsprechung zu § 242 (schon jetzt einmal lesen; wir kommen darauf → Rn. 122, nochmals zurück) ergeben hat. Danach haben beide Parteien sog. Schutz-, Rücksichtnahme- und Sorgfaltspflichten gegenüber ihrem Vertragspartner.

Literatur zur Vertiefung (→ Rn. 1–7): *Alpmann und Schmidt* SchuldR AT 1 Rn. 1; *Brox/Walker* SchuldR AT § 1; NK-BGB/*Dauner-Lieb* Einf.; *Coester-Waltjen*, Schuldverhältnis – Rechtsgeschäft – Vertrag, JURA 2003, 819; *Esser/Schmidt* SchuldR AT I § 1; *Fikentscher/Heinemann* SchuldR §§ 5–8; *Hirsch* SchuldR AT Rn. 1 ff.; *Larenz* SchuldR AT §§ 1–3; *Looschelders* SchuldR AT § 1; *Medicus/Lorenz* SchuldR AT Rn. 1–40; *Musielak/Hau* GK BGB § 4 I.

2. Kapitel. Begründung von Schuldverhältnissen

I. Vorbemerkung

Abschnitt 2 von Buch 2 des BGB trägt seit der Schuldrechtsreform ab 1.1.2002 die   8
amtliche Überschrift »Gestaltung rechtsgeschäftlicher Schuldverhältnisse durch Allgemeine Geschäftsbedingungen« (→ Rn. 39). Titel 1 von Abschnitt 3 lautet nunmehr »Begründung, Inhalt und Beendigung« von Schuldverhältnissen. Dem entsprechen die Überschriften des 2.–4. Kapitels dieses Buchs.

Während diese Überschriften nach der Schuldrechtsreform beibehalten werden konnten, mussten diese drei Kapitel inhaltlich teilweise sehr verändert werden. Nicht nur das AGB-Gesetz wurde ins BGB integriert (→ Rn. 43 ff.); zum »Inhalt von Schuldverhältnissen« gehören nun auch gemäß Untertitel 2 »Besondere Vertriebsformen«. Unter dieser Überschrift hat der Gesetzgeber die Regelungen des ehemaligen Haustürwiderrufsgesetzes und des Fernabsatzgesetzes übernommen. Diese Regelungen wurden in das **Allgemeine** Schuldrecht integriert, da sie nicht vertragstyporientiert sind, während das vertragstyporientierte Teilzeitwohnrechtegesetz (§§ 481–487) und das ebenso spezielle Verbraucherkreditgesetz (nunmehr: Verbraucherdarlehensvertrag, §§ 491 ff., Finanzierungshilfen, §§ 506 ff.) im **Besonderen** Schuldrecht angesiedelt wurden.

II. Rechtsgeschäftliche (vertragliche) Schuldverhältnisse

Das BGB kennt zwei verschiedene Grundtypen von Schuldverhältnissen: 9

Schuldverhältnisse werden entweder durch ein Rechtsgeschäft, wobei dies im Regelfall ein Vertrag ist, oder durch das Gesetz begründet. Selten wird ein Schuldverhältnis durch ein einseitiges Rechtsgeschäft begründet, wie dies zB in § 657 (Auslobung) oder in § 2174 (Vermächtnis) der Fall ist. Diese Paragrafen zur ersten Information schon einmal lesen!

Die vertraglichen Schuldverhältnisse sind die am häufigsten vorkommenden Schuldverhältnisse. Die grundsätzliche Notwendigkeit eines Vertrags als Voraussetzung zur Begründung eines Schuldverhältnisses hängt mit dem Grundsatz der Vertragsfreiheit zusammen, der sogleich noch dargestellt wird, und folgt aus § 311 I (lesen!).

Zur Begründung eines Schuldverhältnisses durch Rechtsgeschäft ist danach grundsätzlich ein **Vertrag** erforderlich, es sei denn, das Gesetz schreibt etwas anderes vor.

Gläubiger und Schuldner müssen, wie Sie bereits wissen sollten, durch Angebot (Antrag) und Annahme nach Maßgabe der §§ 145 ff. zusammenwirken, damit ein vertragliches Schuldverhältnis zustande kommt. Ist dies geschehen, entstehen aus diesem Schuldverhältnis, aus dem Vertrag, Ansprüche des Gläubigers gegen den Schuldner: Ansprüche, vom Schuldner als Vertragserfüllung eine Leistung zu fordern. Man nennt den Anspruch des Gläubigers gegen den Schuldner aus einem Schuldverhältnis deshalb »Erfüllungsanspruch«.

10 Dazu zwei **Beispiele:**

Betrachten wir den Kaufvertrag.

Lesen Sie § 433 I 1!

■ Wer ist Gläubiger, wer ist Schuldner?
▶ Gläubiger ist der Käufer, Schuldner der Verkäufer.
■ Warum? Was kann der Käufer aufgrund des Vertrags vom Verkäufer verlangen?
▶ Der Käufer kann vom Verkäufer die Übergabe der Kaufsache und die Verschaffung des Eigentums daran verlangen.

Anders ausgedrückt: Der Käufer hat gegen den Verkäufer gem. § 433 I 1 einen Anspruch auf Erfüllung des Kaufvertrags, die darin besteht, dass der Verkäufer ihm die Kaufsache übergeben und ihm das Eigentum daran verschaffen muss.

Lesen Sie nun § 433 II!

■ Wer ist Gläubiger und wer Schuldner?
▶ Gläubiger ist jetzt der Verkäufer, und Schuldner ist der Käufer.
■ Warum? Wozu ist der Käufer als Schuldner verpflichtet?
▶ Zur Zahlung des Kaufpreises und zur Abnahme der Kaufsache!

Darauf richtet sich der Erfüllungsanspruch des Verkäufers gegen den Käufer.

1. Gegenseitige Verträge

11 Je nachdem, welcher Anspruch (aus der Sicht des Gläubigers) bzw. welche Verpflichtung (aus der Sicht des Schuldners) erfüllt werden soll, kann jede Vertragspartei einmal Gläubiger und einmal Schuldner sein. Man nennt solche Verträge mit gegenseitigen Verpflichtungen »gegenseitig verpflichtende« oder einfach »gegenseitige Verträge«.

Typisch für den gegenseitigen Vertrag ist, dass sich ein Vertragspartner dem anderen gegenüber verpflichtet, **weil** und **damit** auch der andere sich ihm gegenüber verpflichtet: Der Verkäufer zB verpflichtet sich gem. § 433 I 1 nur zur Übergabe der Sache und zur Eigentumsverschaffung, **damit** er den Kaufpreis erhält, und der Käufer verpflichtet sich gem. § 433 II zur Zahlung des Kaufpreises, **damit** er die Kaufsache bzw. das Eigentum daran bekommt!

12 Verdeutlichen wir uns dieses enge gegenseitige Verhältnis der Verpflichtungen beim gegenseitigen Vertrag, das auch mit dem Fremdwort »Synallagma«[9] bezeichnet wird, an einem weiteren

> **Beispiel:** Die Rechte und Pflichten der Parteien eines Mietvertrags sind in § 535 festgelegt.
> So wird in § 535 I 1 der Anspruch des Mieters (Gläubiger) gegen den Vermieter (Schuldner) auf Gewährung des Gebrauchs der Mietsache begründet. Andererseits hat der Vermieter (Gläubiger) gegen den Mieter (Schuldner) gem. § 535 II den Anspruch auf Zahlung der Miete.
> Die Verpflichtung des Vermieters, dem Mieter den Gebrauch der Mietsache zu gewähren, und die Verpflichtung des Mieters, die Miete zu zahlen, stehen in einem engen Gegenseitigkeitsverhältnis: Der Vermieter überlässt dem Mieter die Sache nur zum Gebrauch, weil und **damit** dieser die Miete zahlt, und der Mieter zahlt die Miete nur, weil und **damit** er die Mietsache gebrauchen darf.

---

9 Vgl. dazu BGHZ 161, 241 (251) = NJW 2005, 884; *Brox/Walker* SchuldR AT § 13 Rn. 14; *Medicus/ Lorenz* SchuldR AT Rn. 115 f.

Ähnliche gegenseitige Verpflichtungen gibt es bei einer Vielzahl von Schuldverhältnissen, die in Abschnitt 8 von Buch 2 des BGB, im »Besonderen Schuldrecht« also, geregelt sind. Die meisten schuldrechtlichen Verträge sind übrigens gegenseitige Verträge, wie Sie in *Wörlen/Metzler-Müller* Schuldrecht BT erfahren werden; außer dem Kauf- (§ 433) unter anderem auch der Tausch- (§ 480), Miet- (§ 535), Pacht- (§ 581), Dienst- (§ 611), Arbeits- (§ 611a) und Werkvertrag (§ 631).

Schuldverhältnisse enthalten immer Verpflichtungen! Allerdings müssen das nicht **13** jedes Mal gegenseitige Verpflichtungen sein; es genügen bekanntlich auch einseitige Verpflichtungen oder zweiseitige Verpflichtungen, die nicht unbedingt »gegenseitig« sind. **Eine** Verpflichtung ist jedenfalls dabei; deswegen enthalten Schuldverhältnisse stets »Verpflichtungsgeschäfte«.

▨ Wiederholungsfrage: Welche Geschäfte stehen den Verpflichtungsgeschäften gegenüber? (Antwort: Fußnote [10]!)

2. Unvollkommen zweiseitig verpflichtende Verträge

Solche Verträge haben ebenfalls Verpflichtungen beider Vertragsparteien zum Inhalt, **14** doch stehen diese Verpflichtungen nicht in dem engen Gegenseitigkeitsverhältnis. So ist zB Inhalt des Leihvertrages gem. § 598 (lesen!) zunächst nur die Pflicht des Verleihers zur unentgeltlichen Gebrauchsüberlassung.

Eine gegenseitige Verpflichtung des Entleihers (wie sie für den Mieter in § 535 II der Verpflichtung des Vermieters aus § 535 I 1 gegenübergestellt ist) enthält § 598 nicht! Zwar ist der Entleiher gem. § 604 (Abs. 1 lesen) verpflichtet, die entliehene Sache nach Gebrauch wieder zurückzugeben, doch ist das keine gegenseitige Pflicht: Der Verleiher hatte die Sache nicht verliehen, **damit** er sie zurückbekommt, sondern **damit** der Entleiher sie unentgeltlich gebrauchen konnte.

3. Einseitig verpflichtende Verträge

Diese Verträge setzen, wie zB die Schenkung nach § 516 (Abs. 1 lesen), notwendi- **15** gerweise Angebot und Annahme (gem. § 516 I müssen die Vertragspartner »einig« sein!) voraus, enthalten aber nur die Verpflichtung (vgl. Schenkungsversprechen, § 518 I – lesen!) **einer** Vertragspartei!

Nachdem Sie die vertraglichen Schuldverhältnisse (Verträge) bezüglich der durch sie begründeten Verpflichtungen kennen gelernt haben, ist es angebracht, diese Verträge in das System der Rechtsgeschäfte einzuordnen.

Lesen Sie hierzu nun Übersicht 1 auf der nächsten Seite!

---

10 ▶ Die Verfügungsgeschäfte, durch die kein Schuldverhältnis begründet wird; Verfügungsgeschäfte werden vielmehr vorgenommen, um ein Schuldverhältnis zu erfüllen (vgl. Übersicht 22 Rn. 284 in *Wörlen/Metzler-Müller* BGB AT = nochmals lesen!).

16 Übersicht 1

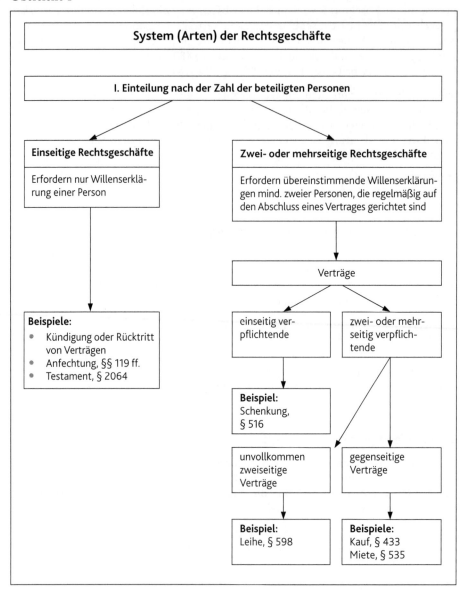

Übersicht 1 (Fortsetzung)

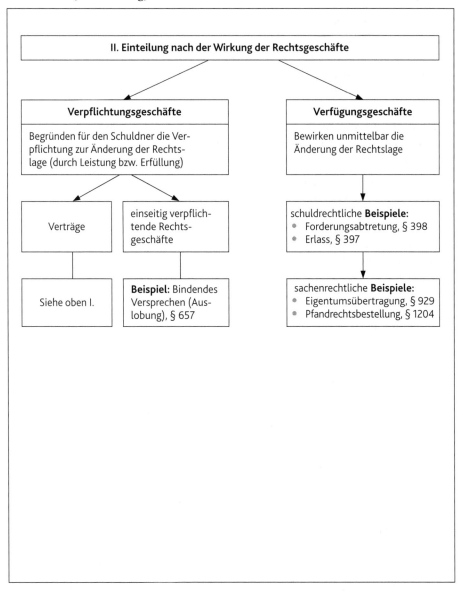

III. Die Vertragsfreiheit

1. Bedeutung und Inhalt

17 § 311 I enthält außer dem Grundsatz, dass zur Begründung eines rechtsgeschäftlichen Schuldverhältnisses idR ein Vertrag erforderlich ist, einen weiteren Grundsatz, der das Recht der Schuldverhältnisse beherrscht, der aber so ohne Weiteres aus der etwas umständlichen Formulierung dieser Vorschrift nicht ersichtlich ist (§ 311 I nochmals lesen!).

Aus § 311 I folgt für das Schuldrecht, wie bereits angedeutet, der »**Grundsatz der Vertragsfreiheit**«, bisweilen auch als »Prinzip der Privatautonomie« bezeichnet. Dieser Grundsatz stammt aus dem liberalen Rechtsdenken des 19. Jahrhunderts.[11]

18 ▌ Was drückt dieses Prinzip aus?
▶ Das Prinzip der Vertragsfreiheit bedeutet zweierlei:
Zum einen, dass der Abschluss von Verträgen der freien Bestimmung durch die Parteien unterliegt; zu einem Vertragsschluss kann man nicht gezwungen werden! Dieser Grundsatz gilt für das gesamte BGB, also auch für sachenrechtliche, familienrechtliche und erbrechtliche Verträge.
Zum anderen gehört zur **schuldrechtlichen** Vertragsfreiheit, dass die Parteien Art und Inhalt des Vertrags frei gestalten können.

2. Abschluss- und Gestaltungsfreiheit

Aufgrund ihrer Privatautonomie haben die Parteien sowohl »Abschluss-« als auch »Gestaltungsfreiheit«.

▌ Stimmt das mit der schuldrechtlichen Gestaltungsfreiheit auch tatsächlich? Denken Sie an § 433, in dem die Rechte und Pflichten der Vertragsparteien beim Kaufvertrag festgelegt sind. Widerspricht dies nicht dem Grundsatz der Gestaltungsfreiheit?

19 ▶ Da die im besonderen Teil des Schuldrechts geregelten Schuldverhältnisse (wie der Kauf- und Mietvertrag und andere) nur **typische Beispiele** für mögliche Vertragsschlüsse sind, können die Parteien ihre Beziehungen grundsätzlich frei gestalten. Sie können von den gesetzlichen Bestimmungen abweichen (man spricht dann von »**atypischen Verträgen**«), oder sie können Bestandteile von verschiedenen Vertragstypen kombinieren (»gemischte Verträge« oder »Kombinationsverträge«).

20 Möglich ist alles, was durch das Gesetz nicht ausdrücklich verboten ist. Die meisten Vorschriften des Schuldrechts sind »abdingbar« (= dispositiv).[12]

> **Beispiel**: Dagobert Duck (D) und Paul Pleite (P) haben einen Darlehensvertrag geschlossen, wonach P das Darlehen nach einem Jahr zurückzahlen soll. Nach einem Jahr stundet D dem P die Schuld für weitere drei Monate, da P, der ein notorischer Spieler ist, gerade einmal wieder »pleite« ist.

Wir wollen uns anhand dieses kurzen Falls wieder in der Handhabung des Gesetzestextes üben. Sehen Sie nach, welche Verträge geschlossen wurden und in welchen Vorschriften darüber Regelungen enthalten sind … (Tun Sie das, bevor Sie weiterlesen!)

---

11 S. auch *Medicus/Lorenz* SchuldR AT Rn. 59.
12 Vgl. *Wörlen/Metzler-Müller* BGB AT Rn. 321 ff.

▨ Welcher Vertrag wurde zuerst geschlossen?

▶ Der Darlehensvertrag iSv § 488 I (lesen!). Insofern haben D und P sich an den ge- **21**
setzlich geregelten Vertragstyp gehalten.

▨ Wie steht es mit dem Stundungsvertrag? Wo ist dieser geregelt? Wo suchen Sie,
wenn Sie nicht wissen, in welcher Vorschrift ein Vertrag geregelt ist?

▶ Im Index Ihrer Gesetzessammlung (hier: Beck-Texte im dtv Nr. 5001 = »BGB«).

▨ Taucht dort das Stichwort »Stundungsvertrag« auf?

▶ Es erscheinen nur der Begriff »Stundung« und die Unterbegriffe »Hemmung der
Verjährung § 205; des Kaufpreises §§ 449, 468«.[13] »Stundung einer Darlehensfor-
derung« steht nicht dabei. Ein Stundungsvertrag ist im Schuldrecht des BGB nicht
ausdrücklich geregelt.

▨ Ist deshalb der Stundungsvertrag zwischen D und P unwirksam?

▶ Gemäß § 311 I gilt im Schuldrecht das Prinzip der Gestaltungsfreiheit. Somit ist
der Vertrag gültig! Nicht für jeden Vertragstyp braucht eine besondere gesetzliche
Beschreibung vorzuliegen.

Beispiel: Volker Vauweh (V) verkauft an Karlo Kaufgut (K) - beide sind private »Verbraucher« - **22**
einen Gebrauchtwagen, den K auf einer Probefahrt inspiziert hat. Der Wagen wird »gekauft wie
besichtigt«; wegen etwaiger Mängel übernimmt V »keine Gewähr«.

▨ Ist dieser Haftungsausschluss zulässig?

▶ Nach dem Grundsatz der Vertragsfreiheit des § 311 I jedenfalls ja; es sei denn,
dass das Gesetz etwas anderes vorschreibt. Erlaubt ist, wie bereits festgestellt
wurde, alles, was nicht ausdrücklich verboten ist.

▨ Erinnern Sie sich noch an zwei Vorschriften aus dem Allgemeinen Teil des BGB,
die den Abschluss von bestimmten Rechtsgeschäften verbieten?

▶ Rechtsgeschäfte, die gegen ein gesetzliches Verbot oder gegen die guten Sitten
verstoßen (vgl. §§ 134 und 138 – lesen!), sind nichtig!

Solche Vorschriften sind **nicht** abdingbar (dispositiv), sondern zwingendes Recht!
Zwingendes Recht sind zB alle gesetzlichen Formvorschriften.

Ein Verstoß gegen diese Vorschriften liegt mit dem Haftungsausschluss nicht vor.
Möglicherweise kommt ein Verstoß gegen andere Vorschriften des BGB in Betracht.

▨ Unter welchem Stichwort würden Sie im Index Ihres Gesetzestexts nachsehen, **23**
falls Sie sich nicht an diese Vorschriften erinnern?

▶ ZB unter »Haftung«. Dort finden Sie (Beck-Texte im dtv, Nr. 5001) sehr viel, zB
auch »Haftung des Verleihers, des Verpächters, des Verwahrers«, aber leider nicht
»des Verkäufers«. Hier muss ein Redaktionsversehen der Herausgeber vorliegen,
die den »Verkäufer« im Index auch unter »V« ignorieren. »Haftungsausschluss«
erscheint unter »H« gar nicht, die »Haftungsbeschränkung« führt auch nicht zum
»Verkäufer«, sodass wir zum »Kauf« übergehen müssen. »Haftung« erscheint
dort auch nicht, aber immerhin »Folgen bei Mängeln § 437«. § 437 (lesen) gibt
dem Käufer für den Fall der Mangelhaftigkeit der Kaufsache eine Reihe von Ge-
währleistungsansprüchen, unter anderem auch einen Anspruch auf Schadensersatz.

---

13 Die Sammlung »Beck-Texte im dtv« enthält neben dem BGB noch einige Nebengesetze, die mit
laufenden Nummern versehen sind. Das BGB trägt die Nr. **1**, auf die hier mit Fettdruck verwiesen wird. Die mager gedruckten Zahlen verweisen auf die Paragrafen.

> **Tipp:** Es ist zweckmäßig, wenn Sie sich bei jedem Paragrafen, der neu für Sie ist, ein Zeichen machen bzw. die Zahl der Bestimmung unterstreichen oder farbig markieren. Wenn Sie später etwas im Gesetz suchen, springen Ihnen die immer wiederkehrenden Paragrafen ins Auge, und Sie verschwenden keine Zeit mit dem Durchlesen seltener Vorschriften, die in Ihrer Ausbildung so gut wie nie vorkommen. Sie können zB die »Hausnummer« (= die Ziffern der Vorschrift) der Anspruchsgrundlagen mit einem gelben Textmarker »leuchten lassen« – denn diese Rechtsgrundlagen benötigen Sie idR für das von Ihnen zu bearbeitende Gutachten.

24 § 437 wird Ihnen noch öfter begegnen. Die Sachmängelhaftung werden wir im »Schuldrecht BT« ausführlich behandeln.

Jetzt wollen wir uns damit begnügen, festzustellen, ob V trotz der Formulierung von § 437 die Haftung ausschließen durfte.

■ Was meinen Sie?

▶ Da keine Vorschrift ersichtlich ist, die bestimmt, dass von § 437 abweichende Vereinbarungen verboten sind, ist der Haftungsausschluss aufgrund der Vertragsfreiheit des § 311 I zulässig.

Die Zulässigkeit des Haftungsausschlusses folgt übrigens auch aus § 444 (lesen!): Im Umkehrschluss ergibt sich aus der Formulierung dieser Vorschrift, dass Haftungsausschlüsse oder -beschränkungen wegen eines Mangels grundsätzlich zulässig sind; es sei denn, der Verkäufer hat den Mangel arglistig verschwiegen oder … (mehr dazu in *Wörlen/Metzler-Müller* SchuldR BT).

Vertragsfreiheit im Schuldrecht bedeutet, wie gesagt, sowohl Abschlussfreiheit als auch Gestaltungsfreiheit.

> **Beispiel:**[14] Adelheid (A) und Balduin (B) errichten einen »Ehevertrag«, in den sie unter anderem folgende Vereinbarung aufnehmen: »Wir wollen eine moderne Ehe führen. Seitensprünge eines Partners sind ausdrücklich erlaubt.« Nach einiger Zeit legt sich B eine jüngere Freundin zu. Frage: Darf er das? Kann er sich auf den Ehevertrag berufen – getreu dem Grundsatz »pacta sunt servanda« (= lat.), übersetzt: »Verträge sind zu halten«? (→ Rn. 385)

25 Die Antwort steht im Familienrecht, und zwar in § 1353 I (lesen!).

Maßgeblich ist der zweite Satz, in dem von der Verpflichtung zur ehelichen Lebensgemeinschaft die Rede ist. Zur ehelichen Lebensgemeinschaft gehören von alters her Tisch **und** Bett. Die Frage ist, ob man diese Bestimmung durch eine vertragliche Vereinbarung ausgestalten bzw. abändern kann.

■ Wenn Sie sich an das erinnern, was wir über den Aufbau und den Geltungsbereich der verschiedenen Bücher des BGB gelernt haben, müssten Sie die Frage selbst beantworten können.
Was meinen Sie? (Überlegen Sie!)

26 ▶ Die Antwort folgt zwingend aus System und Aufbau des BGB: Wir hatten festgestellt, dass alle Vorschriften des Allgemeinen Teils des BGB auch für das 2. bis 5. Buch gelten, und wir hatten außerdem festgestellt, dass die Vorschriften des **Allgemeinen Schuldrechts** für alle **besonderen** Schuldverhältnisse gelten. Schließlich hatten wir festgestellt, dass die Vorschriften der Bücher 2–5 immer nur im Rahmen **des** Buchs gelten, in dem sie stehen.

---

14 Nach *Nawratil* BGB Fall 5.

■ In welchem Buch steht § 311 I, aus dem der Grundsatz der Vertragsfreiheit hergeleitet wird?

▶ In Buch 2, im Schuldrecht!

Der Grundsatz der Gestaltungsfreiheit gilt deshalb so **nur** im Schuldrecht. Andernfalls hätte der Gesetzgeber eine entsprechende Vorschrift in den Allgemeinen Teil, in Buch 1 des BGB, aufgenommen.

Im Familienrecht wie auch im Sachenrecht und Erbrecht gilt das Prinzip der Gestaltungsfreiheit nicht. Im Sachenrecht, Familienrecht und Erbrecht beschränkt sich die »Vertragsfreiheit« (insofern ist die amtliche Überschrift von § 1408 etwas missverständlich) der Parteien darauf, dass sie nur zwischen den dort vom Gesetzgeber zur Verfügung gestellten Vertragstypen wählen können. Es gilt der Grundsatz, dass alle Verträge verboten sind, die der Gesetzgeber in den Büchern 3, 4 und 5 des BGB nicht ausdrücklich vorgesehen hat.   27

§ 1353 ist, im Gegensatz zu § 437 zB, nicht durch Vertrag abdingbar (dispositiv), sondern **zwingend!**   28

■ Wie lautet die Antwort auf unsere Fallfrage? Darf sich unser Ehepartner B eine jüngere Freundin zulegen?

▶ Nein! Er darf nicht!

Allerdings ist nach der hM ein Vertrag über den Ausschluss des Geschlechtsverkehrs (sog. »Josefsehe«) zulässig, was mE nicht ganz konsequent ist.[15]

3. Einschränkungen

Grenzen der Vertragsfreiheit ergeben sich insbesondere aus dem Erfordernis, Störungen der Vertragsparität unter anderem aufgrund wirtschaftlichen und sozialen Ungleichgewichts auszugleichen.   29

a) Abschlussfreiheit

Einschränkungen der Abschlussfreiheit sind zunächst in gesetzlichen Vorschriften enthalten, die einen Vertragsübergang anordnen, wie etwa § 566 I (»Kauf bricht nicht Miete«) und § 613a, der die Rechte und Pflichten von Arbeitgeber und Arbeitnehmer beim Betriebsübergang regelt. – Die Vorschriften des BGB, dessen Text vor Ihnen liegt (?), sollten Sie zur ersten Information lesen!   30

Auch im Fall der Forderungsabtretung nach § 398 (→ Rn. 422 ff.), die einen einseitigen Vertragseintritt ohne Zustimmung des Schuldners ermöglicht, ist die Abschlussfreiheit begrenzt.

Gleiches gilt für Vorschriften, die einem Gericht die zwangsweise Begründung von Vertragsbeziehungen gestatten, sog. »diktierter Vertrag«

> **Beispiel:** In § 1568a V ist für den Fall der Ehescheidung eine (leistungssichernde) Verpflichtung zur Begründung eines Mietverhältnisses zugunsten desjenigen Ehegatten verankert, der die Überlassung der Mietwohnung verlangen kann.

---

15 Hierzu MüKoBGB/*Roth* § 1353 Rn. 41 mwN.

oder eine Abschlussverpflichtung vorsehen.[16]

31 Die Vorschriften der letztgenannten Gruppe enthalten einen sog. **»Kontrahierungszwang«**, da entweder ein öffentliches Interesse am Vertragsschluss besteht oder die Wettbewerbsfreiheit einen Vertragsschluss erfordert.

aa) Kontrahierungszwang aufgrund öffentlich-rechtlicher Vorschriften

32 Beispiele hierfür finden sich im Recht der Strom- und Wasserversorgung, der Personenbeförderung und der privaten Pflichtversicherung:[17]

- So sind zB Energieversorgungsunternehmen, die ein bestimmtes Gebiet versorgen, gem. § 18 EnWG verpflichtet, mit jedermann zu den allgemeinen Bestimmungen einen Versorgungsvertrag zu schließen.
- Nach § 22 PBefG sind die Unternehmer, die eine entgeltliche oder geschäftsmäßige Beförderung von Personen mit Straßenbahnen, Bussen und Kraftfahrzeugen betreiben (§ 1 PBefG), verpflichtet, mit jedermann zu den geltenden Bedingungen einen Personenbeförderungsvertrag abzuschließen. Für Luftfahrtunternehmen ergibt sich Entsprechendes aus § 21 II 3 LuftVG.
- Nach § 5 II PflVG sind Haftpflichtversicherungen verpflichtet, jedem Kraftfahrzeughalter Versicherungsschutz aufgrund des entsprechenden Versicherungsvertrags zu gewähren, und nach § 1 PflVG ist jeder Kraftfahrzeughalter seinerseits verpflichtet, einen Vertrag mit einer Haftpflichtversicherung zu schließen.

Für Anwälte besteht gem. §§ 48, 49 BRAO unter bestimmten Voraussetzungen ebenfalls Kontrahierungszwang (Pflichtverteidigung).[18]

bb) Kontrahierungszwang aufgrund des Gesetzes gegen Wettbewerbsbeschränkungen

33 Nach § 20 I GWB dürfen marktbeherrschende oder marktstarke Unternehmen andere Unternehmen im üblichen Geschäftsverkehr nicht unbillig behindern oder ohne sachlich gerechtfertigten Grund unterschiedlich behandeln.

Ein Verstoß gegen dieses »Diskriminierungsverbot« kann nach § 33 GWB Schadensersatz- oder Unterlassungsansprüche auslösen. Besteht die Diskriminierung etwa in einer Liefersperre, kann im Rahmen des Schadensersatzanspruchs aus § 33 GWB iVm § 249 I (Naturalrestitution)[19] der Abschluss eines Belieferungsvertrags gefordert werden.

cc) Allgemeiner Kontrahierungszwang

34 Ein allgemeiner (mittelbarer) Kontrahierungszwang ergibt sich zB aus § 826 (lesen!), wenn die Ablehnung eines Vertragsschlusses eine sittenwidrige, vorsätzliche Schädigung darstellt. Eine solche kann vorliegen, wenn jemand eine Leistung allgemein anbietet, sie aber einer einzelnen Person (oder Personengruppe) gegenüber verweigert.

---

16 HK-BGB/*Dörner* Vorbem. zu §§ 145–149 Rn. 4.
17 Die Vorschriften der folgenden Spezialgesetze brauchen Sie jetzt noch nicht lesen – ihr wesentlicher Inhalt ist hier beschrieben.
18 Weitere Beispiele für den Kontrahierungszwang aufgrund öffentlich-rechtlicher Vorschriften vgl. Palandt/*Ellenberger* Einf. vor § 145 Rn. 8 f. sowie MüKoBGB/*Busche* Vor § 145 Rn. 12 ff., Rn. 15.
19 → Rn. 368.

Ob die Verweigerung der Leistung sittenwidrig (§ 138) ist, hängt dann davon ab, welche Gründe für die Leistungsverweigerung geltend gemacht werden.

Dazu zwei **Beispiele:**

- Im Jahr 1931 untersagte die Bochumer Stadtverwaltung einem Theaterkritiker den Besuch des städtischen Theaters, weil ihr dessen Kritiken missfielen. Diese Maßnahme wurde vom Reichsgericht bestätigt.[20] Im Gegensatz zu der Entscheidung des Reichsgerichts sollte man hier die Sittenwidrigkeit der Verweigerung des Vertragsschlusses bejahen, da das Theater keinen sachlich rechtfertigenden Grund für die Ablehnung des Vertragsschlusses hatte. Darüber hinaus spricht für die Sittenwidrigkeit der Abschlussverweigerung zum einen die Tatsache, dass das Theater aus Steuermitteln subventioniert wurde, zum anderen widerspricht die Ablehnung des Vertragsschlusses der Gewährleistung der freien Meinungsäußerung (Art. 5 GG – lesen!) und der Berufsfreiheit (Art. 12 GG – ebenfalls lesen!).[21] **35**
- Unternehmen, die Grundgüter des Lebensbedarfs bieten und eine faktische Monopolstellung besitzen, unterliegen dem Kontrahierungszwang, wenn der Anspruchsteller sein Bedürfnis anderweitig überhaupt nicht oder nur unter erheblichen Nachteilen befriedigen kann. Dies gilt insbesondere für Krankenhäuser, Schwimmbäder, Bibliotheken uÄ.

Ein Bäcker (B) weigert sich, der Hausfrau H weiterhin Brötchen zu verkaufen, weil er mit ihrem Ehemann verfeindet ist. Muss B den Vertrag abschließen (Kontrahierungszwang) oder kann er den Vertragsschluss aufgrund der schuldrechtlichen Vertragsfreiheit verweigern? Wie würden Sie entscheiden? (Machen Sie sich wieder einmal einige Notizen, bevor Sie weiterlesen!) **36**

▶ Obwohl in der Ablehnung des Vertragsschlusses durch B durchaus eine Verletzung der Ehre der H zu sehen ist, liegt darin nur dann eine sittenwidrige Schädigung, wenn der H nicht zuzumuten ist, einen anderen Bäcker aufzusuchen, etwa weil dieser sich im 20 km entfernten Nachbardorf befindet.

Wird der Kontrahierungszwang aufgrund einer sittenwidrigen, vorsätzlichen Schädigung bejaht, richtet sich der Anspruch aus § 826 iVm § 249 I (Naturalrestitution → Rn. 368) auf Abschluss des verweigerten Vertrags.

dd) Allgemeines Gleichbehandlungsgesetz

Des Weiteren wird die Abschlussfreiheit auch durch das am 14.8.2006 in Kraft getretene **Allgemeine Gleichbehandlungsgesetz**, namentlich durch § 1 AGG eingeschränkt (Näheres dazu in *Wörlen/Kokemoor* ArbR Rn. 78a und 238). **37**

b) Gestaltungsfreiheit

Einschränkungen der schuldrechtlichen Gestaltungsfreiheit ergeben sich aus allgemeinen Regelungen des BGB (zB »Typenzwang« bzw. »numerus clausus der Sachenrechte«[22]) oder aus zwingenden Rechtsvorschriften, wie zB §§ 134, 138 (die bereits bei → Rn. 22 erwähnt wurden). Einschränkungen der Gestaltungsfreiheit beziehen sich auf den **Inhalt von Schuldverhältnissen**, bilden also gleichermaßen Schranken der Inhaltsfreiheit, auf die unten (→ Rn. 118 f.) etwas ausführlicher eingegangen wird. **38**

---

20 RGZ 133, 388.
21 So auch *Medicus/Lorenz* SchuldR AT Rn. 84.
22 Dazu *Wörlen/Kokemoor* SachenR Rn. 12.

IV. Allgemeine Geschäftsbedingungen

1. Begriff und Bedeutung

39 Aufgrund der schuldrechtlichen Vertragsfreiheit ist es möglich, Verträge zu schließen, die das Gesetz nicht ausdrücklich vorsieht, und es ist auch möglich, einem Vertragsschluss verschiedene Nebenabreden (Vereinbarungen) hinzuzufügen. Jeder Vertragspartner kann »Bedingungen«[23] stellen, die Vertragsbestandteil werden, wenn der andere Vertragspartner sich damit einverstanden erklärt. Derartige »Individualvereinbarungen« sind grundsätzlich wirksam, sofern sie nicht gem. § 134 gegen ein gesetzliches Verbot oder gem. § 138 gegen die guten Sitten[24] verstoßen.

Häufig kommt es vor, dass ein Vertragspartner seine Kunden mit vorgedruckten Vertragsformularen oder »Allgemeinen Geschäftsbedingungen« (»AGB«) konfrontiert, die nicht individuell ausgehandelt werden, sondern für alle Vertragspartner des Verwenders von Formularverträgen bzw. von AGB gleichermaßen gelten.

40 Wenn beide Vertragsparteien ihre Verpflichtungen erfüllen, erzeugt die Verwendung von »AGB« keine rechtlichen Probleme. Dann kommt es auf das »Kleingedruckte« regelmäßig nicht an. Kommt es indessen zu Streitigkeiten, besteht die Gefahr, dass der Kunde, der sich den AGB seines Vertragspartners ausgesetzt sieht, unangemessen benachteiligt wird. Dieser Benachteiligung hat die Rechtsprechung, namentlich des BGH, entgegengewirkt, indem sie die Geltung von AGB zum Teil einschränkte, sog. »Überraschungsklauseln« nicht zum Vertragsbestandteil werden ließ und vor allem die AGB einer recht strengen »Inhaltskontrolle« unterzog. Ursprünglich war es Sinn der AGB, das dispositive (= abdingbare oder nachgiebige)[25] Gesetzesrecht durch Regelungen zu ersetzen, die den Bedürfnissen desjenigen, der sich ihrer bediente, besser entsprachen. Häufig wurden AGB aber zu rücksichtsloser einseitiger Interessenverfolgung missbraucht:[26] Sie enthielten nicht unbedingt nur eine rationalisierende und zweckmäßigere Regelung als das BGB und seine Nebengesetze, was eigentlich ihr legitimer Sinn sein sollte, sondern sie stellten im Interesse ihres Verwenders die wohlerwogene Lastenverteilung des Gesetzgebers auf den Kopf.

41 Die Rechtsprechung hat systematisch das Ziel verfolgt, die Stellung des Vertragspartners zu verbessern, dem bei Vertragsschluss vorformulierte AGB vorgelegt werden, da man nicht gewährleistet sah, dass die vom BGB (§ 311 I) grundsätzlich gewährte Vertragsfreiheit noch zu einem angemessenen Interessenausgleich führte.

Der Interessenausgleich wird dadurch gestört, dass die Verwendung von AGB von dem üblichen Vertragsantrag im Sinne der §§ 145 ff. abweicht. Der Verwender von AGB, der typischerweise standardisierte Waren und Leistungen anbietet, strebt durch die Aufstellung oder Übernahme und gleichförmige Anwendung von AGB eine Rationalisierung seiner Geschäftsabwicklung an.

42 AGB betreffen eine Vielzahl von Geschäften und beziehen alle Eventualitäten der Vertragsabwicklung und deren Störungen ein. Dies führt regelmäßig zu einem un-

---

23 **Wobei dieser Begriff dem allgemeinen Sprachgebrauch entspricht und nicht mit den »Bedingungen« iSv § 158 verwechselt werden darf.**
24 Vgl. *Wörlen/Metzler-Müller* BGB AT Rn. 310–315.
25 Ausf. hierzu *Wörlen/Metzler-Müller* BGB AT Rn. 321 ff.
26 Vgl. *Medicus/Petersen* BürgerlR Rn. 67.

übersichtlichen Klauselwerk, dessen Bedeutung dem Vertragspartner, wenn überhaupt, nur nach sorgfältiger Lektüre klar werden kann. Dadurch wird es dem Verwender von AGB ermöglicht, den Rationalisierungszweck mit einer Machtverstärkung zu verbinden. Hinzu kommt, dass in vielen Branchen von **allen** Anbietern AGB vorgelegt werden.

Beispiele: Vor allem im Banksektor und Versicherungswesen gibt es eine Flut von AGB, wie zB AVB, AVB/PPV, AHB, ABU, ABV, AFB, AKB, AERB, MB/KK usw.

Selbst wenn diese AGB nicht gleichförmig bzw. brancheneinheitlich sein sollten, ist dem Vertragspartner ein Vergleich in der Regel nicht möglich, weil er dafür unangemessene Mühe oder Kosten aufwenden müsste. Schlimmstenfalls befindet sich der Kunde gegenüber dem gesamten für ihn erreichbaren Leistungsangebot in der Position des sog. »take it or leave it«, was man wie folgt übersetzen kann: »Entweder Du schließt den Vertrag zu meinen Bedingungen oder gar nicht«. Diese Lage, die die Einführung von AGB als »selbstgeschaffenes Recht der Wirtschaft«[27] produziert, wenn nicht gar provoziert hat, wich so sehr von den vorausgesetzten Umständen einer freien vertraglichen Vereinbarung ab, dass man vielfach von einer »Unterwerfung unter eine fertig bereitliegende Rechtsordnung« des Verwenders von AGB gesprochen hat.

Diesem Missstand wurde mit dem »Gesetz zur Regelung der Allgemeinen Geschäftsbedingungen« (AGBG) vom 9.12.1976 abgeholfen, das am 1.4.1977 in Kraft trat und bis zum 31.12.2001 gegolten hat.

Mit dem In-Kraft-Treten des »Schuldrechtsmodernisierungsgesetzes« am 1.1.2002 wurden das **43** AGBG und eine Vielzahl anderer schuldrechtlicher Sondergesetze aufgehoben und in das BGB integriert. Die Aufnahme dieser Gesetze, namentlich der Verbraucherschutzgesetze (neben dem AGBG zB auch das VerbrKrG, das HaustürWG, das FernAbsG und das TzWrG), in das BGB stärkt nach Auffassung des Gesetzgebers nicht nur seine Stellung als zentrale Zivilrechtskodifikation;[28] sie nutzt vielmehr die integrative Kraft des Bürgerlichen Gesetzbuchs, um die Einheit des Schuldrechts zu gewährleisten.

Diese Einheit drohte verloren zu gehen, da sich die einzelnen Sondermaterien immer mehr verselbstständigt hatten und das schuldrechtliche Vertragsrecht des BGB für die Massengeschäfte des täglichen Lebens immer mehr durch Sondergesetze (vgl. die eben genannten Verbraucherschutzgesetze) verdrängt wurde.[29]

Die »Gestaltung rechtsgeschäftlicher Schuldverhältnisse durch Allgemeine Geschäftsbedingungen« ist nunmehr im BGB in Buch 2, Abschnitt 2, in den §§ 305–310 geregelt; zum Teil endlos lange Paragrafen, die im Wesentlichen dem **materiellrechtlichen Teil** des (alten) AGBG wortgleich entsprechen. Für den **verfahrensrechtlichen Teil** wurde das – eigenständige – **Unterlassungsklagengesetz** (UKlaG) erlassen.

---

27 So bereits *Großmann-Doerth*, Das selbstgeschaffene Recht der Wirtschaft, 1933 (Nachdruck 2005), S. 77 ff.
28 Begründung des Entwurfs eines Gesetzes zur Modernisierung des Schuldrechts, BT-Drs. 14/6040, 79.
29 Begründung des Entwurfs eines Gesetzes zur Modernisierung des Schuldrechts, BT-Drs. 14/6040, 79, unter Hinweis auf Grundmann/Medicus/Rolland/*Medicus*, Europäisches Kaufgewährleistungsrecht, 2001, 219, wo *Medicus* auf die Aushöhlung (»Erosion«) des BGB hinweist.

2. Die wichtigsten Regelungen des allgemeinen Schuldrechts zur Überprüfung von AGB

44 AGB-Klauseln dienen häufig dazu, die Rechte des Vertragspartners ihres Verwenders einzuschränken oder ganz auszuschließen. In Abschnitt 2 von Buch 2 des BGB ist eine Reihe von Vorschriften enthalten, die es ermöglichen, AGB-Klauseln einer strengen Kontrolle zu unterwerfen. Bevor wir uns die systematische Anwendung dieser Vorschriften sogleich an einem Fallbeispiel verdeutlichen, müssen wir schon einen Blick ins »Besondere Schuldrecht« werfen; denn durch AGB-Klauseln sollen meist Rechte, die bei den besonderen Vertragstypen angesiedelt sind, ausgeschlossen werden. So etwa im Kaufrecht, das (→ Rn. 23 f.) in den §§ 437 ff. für den Käufer bestimmte Gewährleistungsansprüche zur Verfügung stellt.

Nach § 437 hat der Käufer bei Mängeln der Kaufsache folgende Rechte:

- Nacherfüllung (§ 437 Nr. 1; sie kann in der Lieferung einer mangelfreien Sache oder in Nachbesserung bestehen, vgl. § 439 I),
- Rücktritt (§ 437 Nr. 2, 1. Var.) **oder**
- Minderung des Kaufpreises (§ 437 Nr. 2, 2. Var.) **und**
- Schadensersatz **oder** Aufwendungsersatz (§ 437 Nr. 3).[30]

Allerdings handelt es sich bei den §§ 437 ff. um dispositives Recht; das heißt, die Haftung des Verkäufers kann durch vertragliche Vereinbarung grundsätzlich ausgeschlossen werden (Ausnahmen: §§ 444, 475; → Rn. 24). Von dieser Möglichkeit machen Verkäufer, die AGB verwenden, regelmäßig Gebrauch.

45 Sofern die Rechte des Käufers, der sich den AGB unterworfen hat, zu stark eingeschränkt oder ihm gar gänzlich genommen werden, gewähren die §§ 305–310 Schutz.

Lesen Sie dazu nun Übungsfall 1.

Übungsfall 1

Privatier Viktor Vertiko (V) hat sich zum Hobby gemacht, antike Möbel nachzubauen, die er hin und wieder auf dem »Schnäppchen-Markt« seiner Lokalzeitung zum Verkauf anbietet. Um Kaufinteressenten nicht immer wieder dasselbe erzählen zu müssen, entwirft er ein Kaufvertragsformular mit vorformulierten Vertragsbedingungen. Dort heißt es unter Ziffer 3: »Bei Mangelhaftigkeit der Kaufsache steht dem Käufer nur ein Recht auf Nacherfüllung[31] in Form der Nachbesserung zu«.

Nach der Lektüre vom »Schnäppchen-Markt« sucht der wohlhabende Kunststudent Konrad Krösus (K) den V im Mai in seiner Wohnung auf, um die neu hergestellte Imitation eines antiken Schreibtischs zu erwerben. K liest sich den Vertrag mit seinen Bedingungen durch, unterschreibt das Formular und bezahlt den Kaufpreis von 1.000 EUR im Voraus.

Als der Schreibtisch geliefert wird, muss K feststellen, dass sämtliche Schubladen klemmen. Aufgrund seines Nacherfüllungsrechts lässt er den Schreibtisch sofort wieder mitnehmen, damit der Mangel beseitigt wird. Als der »reparierte« Schreibtisch wiedergebracht wird, klemmen immer noch fünf von sechs Schubladen. Als K das moniert, wird ihm von V mitgeteilt, damit müsse er sich abfinden … . K ist »sauer«, erklärt den Rücktritt vom Vertrag und verlangt den Kaufpreis zurück. V weigert sich unter Berufung auf Ziff. 3 seiner AGB. Wer hat Recht?

---

30 Mehr dazu in *Wörlen/Metzler-Müller* SchuldR BT Rn. 22 ff.
31 **Vgl. § 437 Nr. 1 iVm § 439 I.**

Für eine klausurmäßige Prüfung müssten Sie die (unter → Rn. 44 genannten) Rege- **46** lungen für die Schlechtleistung im Kaufrecht schon etwas genauer kennen. So weit werden Sie indessen erst nach der Lektüre eines Grundrisses zum »Besonderen Schuldrecht« (zB *Wörlen/Metzler-Müller* SchuldR BT) sein. Dann würden Sie das Vorliegen aller Voraussetzungen für den Rücktritt (nach §§ 437 Nr. 2, 1. Var., 323 I, 434 I 2 Nr. 2) durch K bis zu dem Punkt bejahen, dass K den Kaufvertrag rückgängig machen kann, sofern der Rücktritt nicht durch vertragliche Vereinbarung oder durch Gesetz ausgeschlossen ist.

Hier könnte ein vertraglicher Ausschluss durch Ziff. 3 der AGB des V in Betracht kommen!

Dann müsste es sich bei dieser Regelung um eine allgemeine Geschäftsbedingung handeln, deren Wirksamkeit nach den §§ 305–310 zu überprüfen ist.

a) Allgemeine Voraussetzungen für die Überprüfung und Wirksamkeit von AGB

aa) Anwendbarkeit der Verbraucherschutzvorschriften (§§ 305–310)

(1) Vertragsbedingungen können nur dann nach diesen Vorschriften beurteilt werden, **47** wenn es sich um echte AGB iSv § 305 I handelt, wobei gegebenenfalls § 306a (Umgehungsverbot) zu beachten ist.

(2) Außerdem darf die Anwendbarkeit der §§ 305–309 nicht durch § 310 ausgeschlossen sein, der wesentliche Differenzierungen enthält. Danach ist insbesondere zu unterscheiden, ob AGB gegenüber einem Unternehmer (§ 14) verwendet werden – dann gelten Einschränkungen nach § 310 I –, oder ob ein Vertrag zwischen einem Unternehmer und einem Verbraucher (§ 13) vorliegt – dann greifen Verschärfungen zulasten des Unternehmers gem. § 310 III ein. Bei Vorliegen eines **Verbrauchervertrags** sind die §§ 305 ff. mit folgenden **Besonderheiten** – abweichend von § 305 I 1 – anwendbar:

- Die AGB gelten auch dann als vom Unternehmer gestellt, wenn sie tatsächlich von einem Dritten – wie zB einem Makler oder einem Notar – gestellt wurden (§ 310 III Nr. 1). Ausnahme: der Verbraucher hat diese selbst eingeführt.
- Auf vorformulierte Vertragsbedingungen finden die Auslegungsregel des § 305c II (Zweifel bei der Auslegung von AGBs gehen zulasten des Verwenders), die Rechtsfolgen des § 306 bei Nichteinbeziehung oder Unwirksamkeit von AGBs und die §§ 307–309 (Inhaltskontrolle) auch dann Anwendung, wenn diese nur zur einmaligen Verwendung bestimmt sind und der Verbraucher aufgrund der Vorformulierung auf ihren Inhalt keinen Einfluss nehmen konnte (§ 310 III Nr. 2).
- Außerdem ist bei der Beurteilung, ob eine Klausel den Verbraucher unangemessen benachteiligt, nicht nur eine generalisierende Betrachtung anzustellen (§ 307); es müssen auch die den Vertragsschluss begleitenden, also die individuellen Umstände berücksichtigt werden (§ 310 III Nr. 3).

(3) Neben diesen Einschränkungen des persönlichen Anwendungsbereichs enthält § 310 Einschränkungen des sachlichen Anwendungsbereichs. Nach § 310 II gelten die §§ 308 und 309 (»Klauselverbote«, → Rn. 53 ff.) für Verträge mit Versorgungsunternehmen nur bedingt und gem. § 310 IV 1 finden die §§ 305–309 keine Anwendung im Erb-, Familien- und Gesellschaftsrecht. Bei der Anwendung dieser Vorschriften auf

Arbeitsverträge sind die in § 310 IV 2 und 3 genannten Besonderheiten zu berücksichtigen.

(4) Zu beachten ist ferner § 475 I (lesen!), der für den »Verbrauchsgüterkauf« die Bestimmungen über die Inhaltskontrolle von AGB (§§ 307–309, → Rn. 50 ff.) ergänzt und die **grundsätzliche Unabdingbarkeit** der §§ 433–435, 437, 439–443 zum Nachteil des Verbrauchers anordnet.[32]

Für die Lösung von Übungsfall 1 können wir daher folgendes Prüfungsschema anwenden:

(1) Echte AGB iSv § 305 I 1 sind vorformulierte Vertragsbedingungen, die für eine Vielzahl von Verträgen gelten, einseitig von ihrem Verwender der anderen Vertragspartei gestellt werden und nicht (vgl. § 305 I 3) zwischen den Vertragsparteien im Einzelnen ausgehandelt werden. Indem V dem K vorformulierte Vertragsbedingungen mit der Klausel Ziffer 3 vorgelegt hat, sind die Voraussetzungen von § 305 I erfüllt.

(2) Da K nicht Unternehmer iSv § 14, sondern Verbraucher nach § 13 ist, ist auch der persönliche Anwendungsbereich gem. § 310 I nicht ausgeschlossen.

(3) Bei dem Kaufvertrag zwischen V und K handelt es sich um einen schuldrechtlichen Vertrag, der nicht unter § 310 IV fällt, sodass der sachliche Anwendungsbereich ebenfalls nicht eingeschränkt ist.

(4) Schließlich ist auch V, der den Schreibtisch als Privatier verkauft hat, nicht Unternehmer nach § 14. Somit liegt hier keine Einschränkung der Anwendbarkeit nach § 310 III und auch kein Verbrauchsgüterkauf iSd §§ 474 ff. vor. Folglich steht § 475 I der Berufung des V auf die Klausel Ziffer 3 seiner AGB nicht entgegen.

bb) AGB als »Vertragsbestandteil«

48   Ob AGB Bestandteil des jeweiligen Vertrags geworden sind, richtet sich nach den §§ 305 II und III, 305b, 305c I (lesen!).

Nach § 305 II werden Allgemeine Geschäftsbedingungen nur dann Bestandteil eines Vertrags, wenn der Verwender der AGB bei Vertragsschluss entweder die andere Vertragspartei ausdrücklich oder, wenn ein ausdrücklicher Hinweis wegen der Art des Vertragsschlusses nur unter unverhältnismäßigen Schwierigkeiten möglich ist, durch deutlich sichtbaren Aushang am Ort des Vertragsschlusses auf sie hinweist und der anderen Vertragspartei die Möglichkeit verschafft, in zumutbarer Weise von ihrem Inhalt Kenntnis zu nehmen. Der Verwender muss eine für ihn erkennbare körperliche Behinderung des Kunden (zB Sehbehinderung) angemessen berücksichtigen, denn die zumutbare Kenntnisnahme muss nach § 305 II Nr. 2 möglich sein. Insofern hat der Gesetzgeber den Maßstab subjektiviert. In der Regel soll aber auf den Durchschnittskunden abgestellt werden.[33] Weitere Voraussetzung ist, dass die andere Vertragspartei mit der Geltung der AGB einverstanden ist. Dies gilt jedoch nur, falls der Einbeziehung in den Vertrag nicht eine überraschende oder mehrdeutige Klausel iSd § 305c oder eine »Individualabrede« (§ 305b) entgegenstehen.

■ Sind die Voraussetzungen von § 305 II in unserem Übungsfall erfüllt?

---

32   HK-BGB/*Saenger* § 475 Rn. 1; MüKoBGB/*Lorenz* § 475 Rn. 3.
33   BT-Drs. 14/6040, 150.

▶ K hat den vorformulierten Vertrag gelesen und unterschrieben. Die AGB von V sind Vertragsbestandteil geworden, falls nicht § 305c I (»Überraschende und mehrdeutige Klauseln«) oder § 305b (»Vorrang der Individualabrede«) entgegensteht. Beide Vorschriften greifen nicht ein.

Bei Vertragsschlüssen über das Internet reicht es nicht aus, die AGB nur im Hauptmenü auf der Homepage des Anbieters zu erwähnen. In vielen Fällen erfolgt der Hinweis in Verbindung mit einem Hyperlink. Ein Hyperlink alleine genügt nicht, vielmehr muss der Verwender den Vertragspartner bei Vertragsschluss ausdrücklich auf die Allgemeinen Geschäftsbedingungen hinweisen. Dieser Hinweis muss so gestaltet sein, dass er praktisch nicht übersehen werden kann.[34] In der Praxis wird der Hyperlink häufig mit einer Klickbox verbunden, durch deren ausdrückliche Betätigung der Kunde bestätigen muss, dass er die – herunterladbaren – Allgemeinen Geschäftsbedingungen zur Kenntnis genommen habe. Nur bei Betätigen dieser Klickbox wird der Einkauf ermöglicht. Diese ausdrückliche Bestätigung der Kenntnisnahme dient in erster Linie der Beweiserleichterung.[35]

cc) Mehrdeutige Klauseln (§ 305c II)

Die AGB müssen klar verständlich sein. Unklarheiten (»Zweifel«) gehen zulasten des Verwenders: § 305c II (lesen!).   **49**

In Übungsfall 1 gibt es keinen Grund, die Verständlichkeit von Ziff. 3 der AGB des V infrage zu stellen (wenngleich K sich sicherlich nicht über die von V beabsichtigten Folgen dieser Klausel im Klaren war).

b) Inhaltskontrolle von AGB-Klauseln

aa) Schranken der Inhaltskontrolle

Die Inhaltskontrolle von AGB nach den §§ 307–309 (durch die Gerichte) soll der Überprüfung »vertraglicher« Regelungen dienen, die die gesamte **Rechtsstellung** der Beteiligten gegenüber der sonst (»objektiv«) bestehenden (dispositiven) Rechtslage **verändern** oder in einem auch durch die Rechtsprechung nicht geregelten Bereich festlegen.[36] Daraus ergeben sich zwei Einschränkungen, die im Wortlaut von § 307 III (lesen!) nur ungenau zum Ausdruck kommen: **50**

(1) Von einer vertraglichen Regelung, die »vereinbart« wurde, kann man nicht sprechen, wenn AGB lediglich den Gesetzestext, gegebenenfalls nur sinngemäß, wiederholen. Die §§ 307 I und II, 308, 309 gelten in diesem Fall nicht, da sie nicht dazu dienen sollen, den Inhalt von Gesetzesvorschriften zu überprüfen! Deklaratorische Klauseln sind also nicht kontrollfähig.[37]

(2) Eine »rechtliche« Regelung liegt nicht vor, wenn die AGB die jeweiligen Vertragsleistungen nur tatsächlich beschreiben.[38]

---

34 jurisPK-BGB/*Lapp/Salamon* § 305 Rn. 74.
35 BGH NJW 2006, 2976.
36 Jauernig/*Stadler* § 307 Rn. 13.
37 MüKoBGB/*Wurmnest* § 307 Rn. 1.
38 Palandt/*Grüneberg* § 307 Rn. 41.

51 Sog. »Leistungsbeschreibungen«, die Art, Umfang und Güte der geschuldeten Leistung festlegen, aber die für die Leistung selbst geltenden gesetzlichen Vorschriften unberührt lassen, sind ebenfalls der Inhaltskontrolle entzogen.[39]

> **Beispiele:** Baubeschreibungen, Kataloge, Prospekte und Ähnliches.[40]

52 Bei Risikobeschreibungen in AVB ist zu differenzieren und die Abgrenzung bisweilen schwierig. Ohne zu sehr ins Detail zu gehen, lässt sich aus der BGH-Rechtsprechung dazu folgende »Faustregel« herleiten:

(1) AVB unterliegen der richterlichen Inhaltskontrolle nicht, soweit sie die Art des versicherten Risikos bestimmen.

(2) Sie sind dagegen kontrollfähig, wenn sie das Deckungsversprechen verändern, ausgestalten oder modifizieren.[41]

Die Kontrolle von AGB nach den §§ 307 I und II, 308, 309 ist nur angebracht und möglich, soweit durch AGB-Klauseln dispositives Recht ausgeschlossen, geändert oder ergänzt werden soll.

- Ist nach alledem in Übungsfall 1 die Inhaltskontrolle der AGB-Klausel Ziff. 3 von V möglich? (Überlegen Sie selbst, bevor Sie weiterlesen und versuchen Sie, Ihre Antwort kurz zu begründen.)
- ▶ Da durch Ziff. 3 der AGB von V die Vorschriften über die kaufrechtliche Gewährleistung ausgeschlossen werden, indem dem Käufer lediglich ein Nacherfüllungsrecht eingeräumt wird, ist die Inhaltskontrolle möglich, sodass wir prüfen können, ob diese Klausel gegen die §§ 307 I und II, 308, 309 verstößt.

Sinnvollerweise prüft man in der Reihenfolge § 309, § 308, § 307 I und II, da § 309 die speziellste und § 307 die allgemeinste dieser Vorschriften ist.

bb) Klauselverbote ohne Wertungsmöglichkeit (§ 309)

53 Lesen Sie § 309! Diese Vorschrift enthält einen Katalog von 14 Ziffern mit Beispielen für AGB-Klauseln (inklusive verschiedener Nebenklauseln), die unwirksam sind, ohne dass eine Prüfung bzw. eine »Wertung« erfolgen muss, ob die Klausel im Einzelfall noch angemessen ist.

- Beim Lesen dieser Vorschrift haben Sie sicher die Ziffer und den Buchstaben gefunden, die auf unseren Übungsfall anwendbar sind? (Falls nicht, überfliegen Sie die Zifferüberschriften in § 309 noch einmal!)
- ▶ Da es sich bei Ziff. 3 der AGB von V um einen Haftungsausschluss für Lieferung einer mangelhaften Sache handelt, ist § 309 Nr. 8b) bb) zu prüfen (lesen!).

- Überlegen Sie, ob die AGB-Klausel des V nach dieser Vorschrift wirksam ist oder nicht!
- ▶ Da dem K nicht ausdrücklich das Recht eingeräumt worden ist, bei Fehlschlagen der Nacherfüllung nach seiner Wahl zu mindern (§ 437 Nr. 2, 2. Var. iVm § 441) oder vom Vertrag zurückzutreten (§§ 437 Nr. 2, 1. Var., 323 I), ist Ziff. 3 der AGB von V unwirksam!

---

39 BGH NJW 2001, 2014; 2010, 1958.
40 HK-BGB/*Schulte-Nölke* § 307 Rn. 8 mit weiteren Beispielen.
41 Palandt/*Grüneberg* § 307 Rn. 45 mwN.

Rechtsfolge ist, dass der Vertrag gem. § 306 I »im Übrigen« grundsätzlich wirksam bleibt und anstelle der unwirksamen AGB-Klausel die gesetzliche Regelung eingreift, sodass K gem. § 437 Nr. 2, 2. Var. iVm § 441 mindern oder gem. §§ 437 Nr. 2, 1. Var., 323 I vom Vertrag zurücktreten kann. Dies ergibt sich aus § 306 II (§ 306 ganz lesen!).

Eine sog. **geltungserhaltende Reduktion**, nach der einzelne unwirksame Klauseln auf ihren gerade noch zulässigen Inhalt zurückgeführt werden, ist **unzulässig**.[42] Die Klausel ist also grundsätzlich im Ganzen unwirksam.

Damit ist Übungsfall 1 gelöst. K kann sein Rücktrittsrecht ausüben (§ 349) und den Kaufpreis nach § 346 I zurückverlangen (lesen Sie dazu auch § 323 II Nr. 1). In anderen Fällen wäre die Prüfung wie folgt fortzusetzen:

cc) Klauselverbote mit Wertungsmöglichkeit (§ 308)

Ist eine AGB-Klausel nicht schon nach § 309 unwirksam, ist ihre Wirksamkeit gem. **54** § 308 (lesen!) zu überprüfen. Für die Verbote in § 308 ist charakteristisch, dass sie »unbestimmte Rechtsbegriffe« enthalten; zB ist in § 308 Nr. 1 und 2 von »unangemessen langen« Fristen die Rede. Unbestimmte Rechtsbegriffe sind inhaltlich nicht durch einen fest umschriebenen Sachverhalt ausgefüllt, sondern bedürfen bei der Rechtsanwendung auf einen konkreten Fall einer gesonderten Fixierung,[43] die insbesondere in einer Wertausfüllung bestehen kann. Auf eine entsprechende AGB-Klausel bezogen bedeutet das, dass die Feststellung ihrer Unwirksamkeit einer richterlichen Wertung bedarf.[44] Ob eine Nachfrist iSv § 308 Nr. 2 noch »angemessen« oder »unangemessen lang« ist, richtet sich nach dem einzelnen Vertrag. Aus diesem Grunde gibt § 308 für die Länge einer Nachfrist keinen festen Zeitraum an. Der Richter muss unter Berücksichtigung der Umstände des Einzelfalles nach seiner Überzeugung entscheiden. Der BGH[45] hat zB eine Klausel in den AGB des Möbelhandels, die die Überschreitung der Lieferzeit von vier Wochen gestattete, als unwirksam iSd damals geltenden § 10 Nr. 2 AGBG (dem § 308 Nr. 2 entspricht) erklärt, da die Frist »unangemessen lang« gesetzt wurde.

dd) Generalklausel (§ 307 I und II)

Sofern eine AGB-Klausel nicht schon nach §§ 309 oder 308 unwirksam ist, kann sich **55** die Unwirksamkeit aus § 307 I und II ergeben (lesen!). § 307 I 1 und II Nr. 1 und 2 entsprechen wörtlich dem alten § 9 I und II Nr. 1 und 2 AGBG.

§ 307 I legt den grundlegenden Wertmaßstab für die richterliche Inhaltskontrolle von AGB fest[46] mit dem Ziel, dass niemand durch das »Kleingedruckte« unangemessen benachteiligt werden darf. Eine den Kunden unangemessen benachteiligende Klausel, auch wenn sie nicht unter § 309 oder § 308 fällt, ist unwirksam. Eine formularmäßige Vertragsbestimmung ist unangemessen iSv § 307 I 1, wenn der Verwender durch einseitige Vertragsgestaltung missbräuchlich eigene Interessen auf Kosten seines Vertragspartners durchzusetzen versucht, ohne von vornherein auch dessen Belange hin-

---

42 StRspr: unter anderem BGH NJW 1993, 1135; 2000, 1110 (1113); s. auch Palandt/*Grüneberg* § 306 Rn. 6.
43 Vgl. *Creifelds* »Unbestimmte Rechtsbegriffe«.
44 Palandt/*Grüneberg* § 308 Rn. 1.
45 BGH NJW 1985, 323.
46 jurisPK-BGB/*Lapp/Salamon* § 307 Rn. 1.

reichend zu berücksichtigen und ihm einen angemessenen Ausgleich zuzugestehen.[47] Zur Beurteilung bedarf es der umfassenden Würdigung der Interessen beider Parteien.

> **Beispiele:** Endrenovierungsklauseln, die den Mieter verpflichten, die Mieträume bei Beendigung des Mietverhältnisses unabhängig vom Zeitpunkt der Vornahme der letzten Schönheitsreparaturen renoviert zu übergeben, sind nach ständiger Rechtsprechung des BGH gemäß § 307 unwirksam. Auch Klauseln, die den Mieter verpflichten, bei Vertragsende alle von ihm angebrachten oder vom Vormieter übernommenen Bodenbeläge sowie Wand- und Deckentapeten zu beseitigen und die durch die Anbringung oder Beseitigung verursachten Schäden an Unterböden sowie Wand- oder Deckenputz zu beheben, sind ebenfalls unwirksam. In dieser Klausel liegt ebenso eine unangemessene Benachteiligung des Mieters.[48]

56 Die praktische (und auch »klausurrelevante«) Anwendung der neuen Vorschriften zur Gestaltung rechtsgeschäftlicher Schuldverhältnisse durch AGB, namentlich von § 307 I und II, verdeutlicht auch Übungsfall 2 (vor → Rn. 59).

Bevor wir diesen Fall lesen und lösen, wollen wir das, was wir über die AGB gelernt haben, in ein Prüfungsschema einordnen, das wir in den Vorüberlegungen[49] zu einer Klausur anwenden können. Im Anschluss daran finden Sie (→ Rn. 58) einen Auszug aus den AGB der Deutschen Bank.[50]

57

Prüfschema

Wirksamkeit von Allgemeinen Geschäftsbedingungen

→ Wird ein bestehender Anspruch oder ein Recht durch eine AGB-Klausel eingeschränkt oder ausgeschlossen?
→ Verstößt die AGB-Klausel gegen die Schutzvorschriften der §§ 305–310?

I. Die §§ 305–310 müssen anwendbar sein.
    1. Es muss sich um AGB iSv § 305 I handeln (evtl. § 306a: Umgehungsverbot), **dh**
      a) vorformulierte Vertragsbedingungen,
      b) für eine Vielzahl von Verträgen (Ausnahme bei Verbrauchern: § 310 III Nr. 2),
      c) die einseitig vom Verwender der anderen Vertragspartei gestellt worden sind (beachte bei Verbrauchern auch § 310 III Nr. 1) und
      d) sich nicht als das Ergebnis beiderseitiger Vertragsverhandlungen darstellen (§ 305 I 3).
    2. Kein Ausschluss der Anwendbarkeit nach § 310
    a) sachlich:
      • nicht im Erb-, Familien- und Gesellschaftsrecht, eingeschränkt im Arbeitsrecht (§ 310 IV)
      • nicht für Versorgungsbedingungen von Elektrizitäts-, Gas-, Fernwärme-, Wasser- und Abwasserversorgungsunternehmen, die nicht nachteilig von entsprechenden Verordnungen abweichen (§ 310 II)

---

47 MüKoBGB/*Wurmnest* § 307 Rn. 31.
48 BGH WuM 2006, 308 ff.; s. auch BGH NJW 2015, 1871; 2015, 1874; 2015, 1594.
49 **Vgl. dazu *Wörlen/Metzler-Müller* BGB AT Rn. 195–210 sowie *Metzler-Müller* PrivatRFall 25 ff.**
50 Neufassung zum 1.2.2016.

b) persönlich:
- bei Verbrauchern gelten alle Vorschriften (§ 310 III)
- bei Unternehmern gelten § 305 II und III sowie §§ 308 und 309 nicht (§ 310 I)

II. AGB müssen Vertragsbestandteil geworden sein
1. **Einbeziehung der AGB**
   a) Hinweis des Verwenders – ausdrücklich oder Aushang (zB in Banken),
   b) Möglichkeit der zumutbaren Kenntnisnahme (zB Abdruck der AGB auf den Rückseiten des Vertrages),
   c) generelles Einverständnis der anderen Vertragspartei,
2. **keine Überraschungsklauseln iSd § 305c I (Überrumpelung der anderen Vertragspartei)**
3. **keine (vorrangige) Individualabrede (§ 305b)**

III. Eindeutigkeit der AGB
1. gegebenenfalls Auslegung mehrdeutiger Klauseln
2. Auslegungszweifel gehen zulasten des Verwenders (§ 305c II)

IV. Wirksamkeit der AGB/Inhaltskontrolle
1. **Voraussetzungen für Inhaltskontrolle**
   → Abänderung oder Ergänzung dispositiven Rechts durch AGB – § 307 III (dh keine Inhaltskontrolle von gesetzlichen Regelungen)
   → keine Inhaltskontrolle von Leistungsbeschreibungen
2. **Durchführung der Inhaltskontrolle**
   a) Klauselverbote ohne Wertungsmöglichkeit, § 309
   b) Klauselverbote mit Wertungsmöglichkeit, § 308
      Angemessenheit der Klausel ist im Einzelfall wertend zu prüfen
   c) Generalklausel zur Inhaltskontrolle, § 307

V. Rechtsfolgen bei Nichteinbeziehung oder Unwirksamkeit
1. Klausel ist unwirksam
2. Vertrag bleibt im Übrigen wirksam (§ 306 I)
3. Lücke wird gefüllt durch die gesetzlichen Regelungen/BGB (§ 306 II)
4. falls Anwendung der gesetzlichen Regelung unzumutbare Härte für eine Vertragspartei darstellt: Vertrag ist insgesamt unwirksam (§ 306 III)

Übersicht 2

58

Auszug aus den AGB einer Bank
Grundregeln für die Beziehung zwischen Kunde und Bank

1. Geltungsbereich und Änderungen dieser Geschäftsbedingungen und der Sonderbedingungen für einzelne Geschäftsbeziehungen

(1) Geltungsbereich

Die Allgemeinen Geschäftsbedingungen gelten für die gesamte Geschäftsverbindung zwischen dem Kunden und den inländischen Geschäftsstellen der Bank (im folgenden Bank genannt). Daneben gelten für einzelne Geschäftsbeziehungen (zum Beispiel für das Wertpapiergeschäft, den Zahlungsverkehr und für den Sparverkehr) Sonderbedingungen, die Abweichungen oder Ergänzungen zu diesen Allgemeinen Geschäftsbedingungen enthalten; sie werden bei der Kontoeröffnung oder bei Erteilung eines Auftrages mit dem Kunden vereinbart. Unterhält der Kunde auch Geschäftsverbindungen zu ausländischen Geschäftsstellen, sichert das Pfandrecht der Bank (Nummer 14 dieser Geschäftsbedingungen) auch die Ansprüche dieser ausländischen Geschäftsstellen.

(2) Änderungen

Änderungen dieser Geschäftsbedingungen und der Sonderbedingungen werden dem Kunden spätestens zwei Monate vor dem vorgeschlagenen Zeitpunkt ihres Wirksamwerdens in Textform angeboten. Hat der Kunde mit der Bank im Rahmen der Geschäftsbeziehung einen elektronischen Kommunikationsweg vereinbart (z.B. das Online Banking), können die Änderungen auch auf diesem Wege angeboten werden. Die Zustimmung des Kunden gilt als erteilt, wenn er seine Ablehnung nicht vor dem vorgeschlagenen Zeitpunkt des Wirksamwerdens der Änderungen angezeigt hat. Auf diese Genehmigungswirkung wird ihn die Bank in ihrem Angebot besonders hinweisen.
Werden dem Kunden Änderungen von Bedingungen zu Zahlungsdiensten (z.B. Überweisungsbedingungen) angeboten, kann er den von der Änderung betroffenen Zahlungsdiensterahmenvertrag vor dem vorgeschlagenen Zeitpunkt des Wirksamwerdens der Änderungen auch fristlos und kostenfrei kündigen. Auf dieses Kündigungsrecht wird ihn die Bank in ihrem Angebot besonders hinweisen.

2. Bankgeheimnis und Bankauskunft

(1) Bankgeheimnis

Die Bank ist zur Verschwiegenheit über alle kundenbezogenen Tatsachen und Wertungen verpflichtet, von denen sie Kenntnis erlangt (Bankgeheimnis). Informationen über den Kunden darf die Bank nur weitergeben, wenn gesetzliche Bestimmungen dies gebieten oder der Kunde eingewilligt hat oder die Bank zur Erteilung einer Bankauskunft befugt ist.

(2) Bankauskunft

Eine Bankauskunft enthält allgemein gehaltene Feststellungen und Bemerkungen über die wirtschaftlichen Verhältnisse des Kunden, seine Kreditwürdigkeit und Zahlungsfähigkeit; betragsmäßige Angaben über Kontostände, Sparguthaben, Depot oder sonstige der Bank anvertraute Vermögenswerte sowie Angaben über die Höhe von Kreditinanspruchnahmen werden nicht gemacht.

(3) Voraussetzungen für die Erteilung einer Bankauskunft

Die Bank ist befugt, über juristische Personen und im Handelsregister eingetragene Kaufleute Bankauskünfte zu erteilen, sofern sich die Anfrage auf ihre geschäftliche Tätigkeit bezieht. Die Bank erteilt jedoch keine Auskünfte, wenn ihr eine anders lautende Weisung des Kunden vorliegt. Bankauskünfte über andere Personen, insbesondere über Privatkunden und Vereinigungen, erteilt die Bank nur dann, wenn diese generell oder im Einzelfall ausdrücklich zugestimmt haben. Eine Bankauskunft wird nur erteilt, wenn der Anfragende ein berechtigtes Interesse an der gewünschten Auskunft glaubhaft dargelegt hat und kein Grund zu der Annahme besteht, dass schutzwürdige Belange des Kunden der Auskunftserteilung entgegenstehen.

(4) Empfänger von Bankauskünften

Bankauskünfte erteilt die Bank nur eigenen Kunden sowie anderen Kreditinstituten für deren Zwecke oder die ihrer Kunden.

Übersicht 2 (Fortsetzung)

3. Haftung der Bank; Mitverschulden des Kunden

(1) Haftungsgrundsätze
Die Bank haftet bei der Erfüllung ihrer Verpflichtungen für jedes Verschulden ihrer Mitarbeiter und der Personen, die sie zur Erfüllung ihrer Verpflichtungen hinzuzieht. Soweit die Sonderbedingungen für einzelne Geschäftsbeziehungen oder sonstige Vereinbarungen etwas Abweichendes regeln, gehen diese Regelungen vor. Hat der Kunde durch ein schuldhaftes Verhalten (zum Beispiel durch Verletzung der in Nr. 11 dieser Geschäftsbedingungen aufgeführten Mitwirkungspflichten) zu der Entstehung eines Schadens beigetragen, bestimmt sich nach den Grundsätzen des Mitverschuldens, in welchem Umfang Bank und Kunde den Schaden zu tragen haben.

(2) Weitergeleitete Aufträge
Wenn ein Auftrag seinem Inhalt nach typischerweise in der Form ausgeführt wird, dass die Bank einen Dritten mit der weiteren Erledigung betraut, erfüllt die Bank den Auftrag dadurch, dass sie ihn im eigenen Namen an den Dritten weiterleitet (weitergeleiteter Auftrag). Dies betrifft zum Beispiel die Einholung von Bankauskünften bei anderen Kreditinstituten oder die Verwahrung und Verwaltung von Wertpapieren im Ausland. In diesen Fällen beschränkt sich die Haftung der Bank auf die sorgfältige Auswahl und Unterweisung des Dritten.

(3) Störung des Betriebs
Die Bank haftet nicht für Schäden, die durch höhere Gewalt, Aufruhr, Kriegs- und Naturereignisse oder durch sonstige von ihr nicht zu vertretende Vorkommnisse (zum Beispiel Streik, Aussperrung, Verkehrsstörung, Verfügungen von hoher Hand im In- oder Ausland) eintreten.

4. Grenzen der Aufrechnungsbefugnis des Kunden

Der Kunde kann gegen Forderungen der Bank nur aufrechnen, wenn seine Forderungen unbestritten oder rechtskräftig festgestellt sind.

5. Verfügungsberechtigung nach dem Tod des Kunden

Nach dem Tod des Kunden hat derjenige, der sich gegenüber der Bank auf die Rechtsnachfolge des Kunden beruft, der Bank seine erbrechtliche Berechtigung in geeigneter Weise nachzuweisen. Wird der Bank eine Ausfertigung oder eine beglaubigte Abschrift der letztwilligen Verfügung (Testament, Erbvertrag) nebst zugehöriger Eröffnungsniederschrift vorgelegt, darf die Bank denjenigen, der darin als Erbe oder Testamentsvollstrecker bezeichnet ist, als Berechtigten ansehen, ihn verfügen lassen und insbesondere mit befreiender Wirkung an ihn leisten. Dies gilt nicht, wenn der Bank bekannt ist, dass der dort Genannte (zum Beispiel nach Anfechtung oder wegen Nichtigkeit des Testaments) nicht verfügungsberechtigt ist oder wenn ihr dies infolge Fahrlässigkeit nicht bekannt geworden ist.

6. Maßgebliches Recht und Gerichtsstand bei kaufmännischen und öffentlich-rechtlichen Kunden

(1) Geltung deutschen Rechts
Für die Geschäftsverbindung zwischen dem Kunden und der Bank gilt deutsches Recht.
(2) Gerichtsstand für Inlandskunden
Ist der Kunde ein Kaufmann und ist die streitige Geschäftsbeziehung dem Betriebe seines Handelsgewerbes zuzurechnen, so kann die Bank diesen Kunden an dem für die kontoführende Stelle zuständigen Gericht oder bei einem anderen zuständigen Gericht verklagen; dasselbe gilt für eine juristische Person des öffentlichen Rechts und für öffentlichrechtliche Sondervermögen. Die Bank selbst kann von diesen Kunden nur an dem für die kontoführende Stelle zuständigen Gericht verklagt werden.
(3) Gerichtsstand für Auslandskunden
Die Gerichtsstandsvereinbarung gilt auch für Kunden, die im Ausland eine vergleichbare gewerbliche Tätigkeit ausüben, sowie für ausländische Institutionen, die mit inländischen juristischen Personen des öffentlichen Rechts oder mit einem inländischen öffentlichrechtlichen Sondervermögen vergleichbar sind.
....

Übungsfall 2

Privatier Volker Vauweh (V), der alte Autos sammelt, verkauft dem Karlo Kaufgut (K) einen gebrauchten BMW 520i, der einen Kilometerstand von knapp 50.000 km aufweist, für 15.000 EUR. Bei den Verkaufsverhandlungen bringt V zum Ausdruck, dass es sich um einen günstigen Kauf handele; der Wagen sei vom Vorbesitzer sehr gepflegt worden und in der Garage untergestellt gewesen. Das vorgedruckte Vertragsformular von V, das K gelesen und unterschrieben hat, enthält folgende Bestimmung: »Das Kraftfahrzeug wird unter Ausschluss der Sachmängelhaftung verkauft.«. Ist dieser Ausschluss wirksam, wenn sich später herausstellt, dass der Vorbesitzer mit dem Wagen einen Unfall hatte, was dem V aber nicht bekannt war?

---

59 Wir können diese Frage anhand unseres Prüfungsschemas (zum Teil stichwortartig) beantworten.

  ▪ Sind die §§ 305–310 anwendbar bzw. liegen überhaupt AGB iSv § 305 I (lesen! Antwort suchen und begründen!) vor?

  ▸ V benutzt ein vorgedrucktes Vertragsformular, das auf eine Vielzahl von Fällen Anwendung findet. Antwort: ja!

  ▪ Ist die Anwendbarkeit nach § 310 oder § 475 I (Verbrauchsgüterkauf?) ausgeschlossen?

  ▸ Da es sich um einen schuldrechtlichen Vertrag zwischen zwei Verbrauchern handelt, liegen die Voraussetzungen dieser beiden Vorschriften nicht vor. Antwort: nein!

  ▪ Ist die AGB-Klausel durch Einbeziehung nach § 305 II und III Vertragsbestandteil geworden?

  ▸ Dem Sachverhalt ist zu entnehmen, dass K Kenntnis genommen und sich durch seine Unterschrift auf dem Vertragsformular mit der Geltung der AGB-Klausel einverstanden erklärt hat. Antwort: ja!

Anhaltspunkte für ein Eingreifen von § 305c I oder § 305b sind nicht ersichtlich.

Die Klausel ist auch eindeutig, sodass man auf § 305c II nicht einzugehen braucht.

Da durch den Ausschluss der Haftung das geltende Recht (hier: das kaufrechtliche Gewährleistungsrecht) abgeändert wurde, sind die Voraussetzungen nach § 307 III für eine Inhaltskontrolle der Klausel nach den §§ 307 I und 2, 308, 309 gegeben.

60 ▪ Welche Vorschrift ist bei der Überprüfung der Wirksamkeit des Haftungsausschlusses für eine Pflichtverletzung, zu der auch die Lieferung einer mangelhaften Sache gehört, zunächst gedanklich zu berücksichtigen?

  ▸ Wiederum § 309 Nr. 8b) (genau lesen!).

  ▪ Passt diese Vorschrift auf unseren Fall? (Überlegen Sie!)

  ▸ § 309 Nr. 8b) bezieht sich nur auf Verträge über Lieferungen »neu« hergestellter Sachen; hier handelt es sich aber um einen Gebrauchtwagen! § 308 passt ebenfalls nicht, da dort von Haftungsausschluss überhaupt nicht die Rede ist!

61 In Betracht kommt deshalb eine Unwirksamkeitsfeststellung über die allgemeinen Bestimmungen des § 307 I und II.

  ▪ Welches ist die Voraussetzung für die Unwirksamkeit nach § 307 I und II?

  ▸ K müsste entgegen den Geboten von Treu und Glauben unangemessen benachteiligt sein.

■ Zu welchem Ergebnis würden Sie in unserem Fall intuitiv neigen? Ist der Ausschluss jeglicher Haftung für Mängel an einem Gebrauchtwagen wirksam oder nicht?

▶ Um das Ergebnis vorwegzunehmen: Nach der hM in der Literatur und nach der gängigen Rechtsprechung ist ein vollständiger Haftungsausschluss beim Verkauf eines Gebrauchtwagens von privat an privat grundsätzlich zulässig. § 307 I und II greifen zugunsten des K nicht ein!

Tipp für die alltägliche Praxis: Besorgen Sie sich vom ADAC ein Formular für den Verkauf/Kauf eines Gebrauchtwagens. Dort finden Sie auch die Klausel, die unser Übungsfall enthält.   **62**

Zur Begründung wird ausgeführt, dass der Verkäufer eines Gebrauchtwagens, insbesondere, wenn dieser bereits durch die Hände mehrerer Voreigentümer gegangen ist, nur beschränkte Möglichkeiten hat, sich über den Zustand des von ihm zu verkaufenden Autos genau zu informieren. Mangels besonderer Anhaltspunkte ist er auch nicht verpflichtet, das Fahrzeug eingehend zu untersuchen! Deshalb ist es nicht »unangemessen«[51] iSv § 307 II, wenn der Verkäufer die Haftung für eine Schlechtleistung abbedingt und das Risiko der Mangelhaftigkeit dem Käufer auferlegt. Diese Risikoverteilung ist nach der Rechtsprechung des BGH[52] »geradezu ein Gebot wirtschaftlicher Vernunft«.

Außerdem hat der Käufer die Möglichkeit, mit dem Verkäufer zu vereinbaren, dass dieser für die Unfallfreiheit und die Unversehrtheit des Fahrzeugs eine Garantie (§ 443 – lesen!) übernimmt. In diesem Fall könnte sich der Verkäufer auf den Haftungsausschluss nicht berufen (§ 444 Hs. 2, 2. Var.).

In Übungsfall 2 liegt keine Garantie vor, sondern eine bloße Anpreisung. Hat der Käufer sich bestimmte Eigenschaften nicht garantieren lassen, muss er das Risiko für verborgene Mängel tragen, von denen der Verkäufer nichts weiß.

Kennt der Verkäufer einen Mangel und verschweigt er ihn, hat er arglistig gehandelt. In diesem Fall kann sich der Verkäufer auf den Haftungsausschluss ebenfalls nicht berufen (§ 444 Hs. 2, 1. Var.).

In unserem Fall hatte V von dem Unfall keine Kenntnis. Sein Haftungsausschluss ist daher wirksam. K kann sich wegen des Mangels nicht vom Vertrag lösen.

3. Verfahrensrechtliche Regelungen

Der verfahrensmäßige Teil des bisherigen AGB-Rechts war in den §§ 13 ff. AGBG   **63**
geregelt. Mit Wegfall des AGBG durch die Schuldrechtsnovelle wurde zum 1.1.2002 der verfahrensrechtliche Teil gesondert geregelt und ist nicht – wie der materielle Teil des AGBG – Bestandteil des BGB geworden. In Art. 3 des Schuldrechtsmodernisierungsgesetzes wurde ein über den Bereich von AGB hinausgehendes Unterlassungsklagengesetz (UKlaG)[53] verkündet, das sich in § 1 auf AGB und in § 2 auch auf Verstöße gegen sonstige Verbraucherschutzgesetze bezieht. Das AGB-Recht wurde somit in zwei Teile gespalten.

---

51 Unbestimmter Rechtsbegriff, → Rn. 54.
52 BGH NJW 1966, 1070 und 1978, 261.
53 Vgl. Beck-Texte im dtv, Nr. 5001, Gesetz-Nr. 6.

Die Regelung der Klagebefugnis findet sich nunmehr in § 3 UKlaG, die Zuständigkeit in § 6 UKlaG, der Klageantrag in § 8 UKlaG, die Besonderheiten der Urteilsformel in § 9 UKlaG.

Kernpunkte des verfahrensrechtlichen Teils des AGB-Rechts sind unter anderem:

- Wenn jemand in seinen AGB eine oder mehrere unzulässige Klauseln verwendet, kann gegen ihn Unterlassungsklage erhoben werden (§ 1 UKlaG).
- Klagebefugnis haben nur qualifizierte Einrichtungen, rechtsfähige Verbände zur Förderung gewerblicher oder selbstständiger beruflicher Interessen, die Industrie- und Handelskammern sowie Handwerkskammern, nicht aber der einzelne Vertragspartner (§ 3 UKlaG).
- Klageberechtigte Verbände sind unter anderem: Verbraucherzentralen, mit öffentlichen Mitteln geförderte Verbraucherverbände (§ 4 II 2 UKlaG).
- Klagegegner ist in der Regel der Verwender der AGBs.
- Das Landgericht ist zuständig (§ 6 UKlaG). Auf das Verfahren finden – mit wenigen Ausnahmen – die Vorschriften der ZPO Anwendung (§ 5 UKlaG).
- Mit dem Urteil wird nicht nur die beanstandete Klausel in bestimmten AGBs erfasst, sondern der Beklagte darf auch inhaltsgleiche Bestimmungen in anderen AGBs nicht verwenden (§ 9 UKlaG).
- Eine Liste der qualifizierten Einrichtungen wird beim Bundesamt für Justiz geführt und mit Stand 1. Januar im Bundesanzeiger veröffentlicht (§ 4 UKlaG).

V. Verbraucherverträge und besondere Vertriebsformen

64 Bei einem Vertrag zwischen einem Verbraucher (Definition in § 13) und einem Unternehmer (Definition in § 14) wird der Verbraucher, da er meist die unterlegene Partei ist, durch zahlreiche Vorschriften besonders geschützt. Diese beruhen weitgehend auf europäischen Richtlinien. Sofern sich der Verbraucherschutz auf **einzelne Vertragstypen** bezieht, befinden sich entsprechende Regelungen im Besonderen Schuldrecht: So beim Verbrauchsgüterkauf (§§ 474 ff.)[54], dem Teilzeit-Wohnrechtevertrag (§§ 481 ff.)[55], dem Verbraucherdarlehensvertrag (§§ 491 ff.)[56], den Finanzierungshilfen (§§ 506 ff.) und den Ratenlieferungsverträgen (§ 510). Wenn dem Verbraucher ein Widerrufsrecht bei vorgenannten Verträgen zusteht, ist dieses – einschließlich der Rechtsfolgen des Widerrufs – in den Regelungen des Allgemeinen Schuldrechts zu finden (§§ 355 ff.). Dort ist grundsätzlich der Verbraucherschutz geregelt, und zwar der **Vertragsschluss**

- außerhalb von Geschäftsräumen (§ 312b),
- im Fernabsatz (§ 312c) und
- im elektronischen Geschäftsverkehr (§ 312i).

Mit Wirkung vom 13.6.2014 sind die Vorschriften des allgemeinen Schuldrechts über Verbraucherverträge (§§ 312 ff., §§ 355 ff.) durch Gesetz vom 20.9.2013[57], mit dem

---

54 Hierzu *Wörlen/Metzler-Müller* SchuldR BT Rn. 96 ff.
55 Hierzu *Wörlen/Metzler-Müller* SchuldR BT Rn. 144.
56 Hierzu *Wörlen/Metzler-Müller* SchuldR BT Rn. 241 ff.
57 Gesetz zur Umsetzung der Verbraucherrechterichtlinie und zur Änderung des Gesetzes zur Regelung der Wohnungsvermittlung, BGBl. 2013 I 3642.

die Verbraucherrechterichtlinie vom 25.10.2011 (RL 2011/83/EU)[58] umgesetzt wurde, neu gegliedert und vollständig neu gefasst worden. Damit soll zu einem hohen Verbraucherschutzniveau und zu einem besseren Funktionieren des Binnenmarktes zwischen Unternehmern und Verbrauchern beigetragen werden. Die nachträgliche Einfügung dieser Detailregelungen zu verbraucherschützenden Einzelregelungen hat leider nicht zur besseren Lesbarkeit des BGB beigetragen.[59]

1. Anwendungsbereich und Grundsätze

a) Anwendungsbereich 65

■ Lesen Sie zur ersten Information § 312. Können Sie hieraus problemlos den Anwendungsbereich der §§ 312 ff. ermitteln?

▶ Aus § 312 I kann man zunächst entnehmen, dass der Anwendungsbereich der §§ 312a–h **Verbraucherverträge** iSd § 310 III, also Verträge zwischen einem Verbraucher und einem Unternehmer, umfasst. Diese müssen eine **entgeltliche Leistung des Unternehmers** zum Gegenstand haben. Es darf also nicht der Verbraucher die vertragliche Leistung erbringen.

■ Kennen Sie Verträge, die eine entgeltliche Leistung enthalten?

▶ Eine entgeltliche Leistung enthalten zB Kaufverträge, Mietverträge, Werkverträge.

■ Handelt es sich auch um eine entgeltliche Leistung, wenn Sie als Verbraucher vom Unternehmer U eine Zeitung als Geschenk erhalten, dafür aber dem U Ihre persönlichen Daten (Name, Anschrift usw.) nennen?

▶ »Vom Gefühl her« lautet Ihre Antwort sicher: »Nein«.
Aber: Der Begriff des Entgelts ist im Rahmen des § 312 I weit auszulegen. Es ist nicht zwingend erforderlich, dass das Entgelt in der Zahlung eines Geldbetrages liegt, irgendeine Leistung des Verbrauchers genügt. Auf deren Bezeichnung kommt es nicht an.[60] Vom »Entgelt« erfasst sind nicht nur Zahlungsverpflichtungen und Sicherheitsleistungen, sondern auch die Hingabe von personenbezogenen Daten.[61]

Die folgenden Absätze des § 312 machen diese Vorschrift zu einer etwas unübersichtlichen Regelung. »Kurzfassung«: In § 312 II–VI sind Ausnahmetatbestände normiert, die den Anwendungsbereich der §§ 312–312h einschränken.

b) Allgemeine Grundsätze und Pflichten bei Verbraucherverträgen

Zu den in § 312a normierten allgemeinen Pflichten und Grundsätzen bei Verbraucher- 66
verträgen zählen

1. Informationspflichten bei telefonischer Kontaktaufnahme (§ 312a I),
2. Informationspflichten im stationären Handel (§ 312a II),
3. Regelungen zum Schutz des Verbrauchers vor missbilligten Entgelten (§ 312a III–V).

---

58 ABl. 2011 L 304, 64.
59 So auch *Brox/Walker* SchuldR AT § 19 Rn. 2.
60 jurisPK-BGB/*Junker* § 312 Rn. 40.
61 *Brönneke/Schmidt* VuR 2014, 3.

aa) Informationspflichten bei telefonischer Kontaktaufnahme

67 Wenn der Unternehmer bzw. sein Gehilfe den Verbraucher anruft, um mit diesem einen Vertrag zu schließen, muss er gem. § 312a I bereits zu Beginn des Gesprächs

1. seine Identität, dh den Namen bzw. die Firma und die Rechtsform, und
2. gegebenenfalls die Identität der Person, für die er anruft, sowie
3. den geschäftlichen Zweck des Anrufs

offenlegen.

Eine Offenlegung nicht zu Beginn, sondern erst im Laufe des Telefonats, etwa nachdem der Verbraucher selbst bereits Erklärungen abgegeben hat, ist nicht zulässig. Damit soll eine Überrumpelung des Verbrauchers verhindert werden.[62] Mit dieser Vorschrift ist allerdings keine Rechtsgrundlage für Anrufe durch den Unternehmer geschaffen worden. Diese Vorschrift bezieht sich in der Praxis überwiegend auf Fernabsatzverträge iSd § 312c.

Der Anruf muss durch den Unternehmer oder auf dessen Aufforderung hin erfolgen. Für alleine vom Verbraucher veranlasste Telefongespräche (zB Anrufe bei Hotlines) bleibt es bei den allgemeinen Regeln (vgl. Art. 3 Abs. 3 lit. a der Richtlinie 2002/65/EG).[63]

bb) Informationspflichten im stationären Handel

68 § 312a II 1 verpflichtet den Unternehmer, im **stationären Handel** (vgl. § 312a II 3) den Verbraucher nach Maßgabe des **Art. 246 EGBGB** zu informieren. Art. 246 I EGBGB enthält einen acht Nummern umfassenden **Katalog an vorvertraglichen Auskünften.** Dem Verbraucher sind vor Abgabe von dessen Vertragserklärung unter anderem folgende Informationen in klarer und verständlicher Weise zur Verfügung zu stellen:

1. Die wesentlichen Eigenschaften der Waren oder Dienstleistungen,
2. der Gesamtpreis der Waren und Dienstleistungen einschließlich aller Steuern und Abgaben,
3. die Zahlungs-, Liefer- und Leistungsbedingungen,
4. der Liefertermin,
5. das Verfahren des Unternehmers zum Umgang mit Beschwerden,
6. das Bestehen eines gesetzlichen Mängelhaftungsrechts.

Zwei Einschränkungen sind hierbei zu beachten: Der Unternehmer muss dem Verbraucher vorgenannte Informationen nur dann aktiv zur Verfügung stellen, wenn sich diese Auskünfte nicht schon aus den Umständen ergeben (Art. 246 I Hs. 1). Das ist der Fall, wenn die Informationen dem Verbraucher – so die Gesetzesbegründung – ohne weiteres Suchen zur Verfügung stehen.[64] Art. 246 II EGBGB enthält außerdem eine Ausnahme von dieser vorvertraglichen Informationspflicht für Geschäfte des täglichen Lebens, die zum Zeitpunkt des Vertragsschlusses sofort erfüllt werden. Diese betreffen zB den Kauf von Nahrungs- und Genussmitteln, Schreibwaren, Zeitschriften. Damit wird ein übermäßiger Informationsaufwand für Alltagsgeschäfte vermieden.

Die **Rechtsfolgen des Verstoßes gegen die Informationspflichten** sind in § 312a II 2 geregelt: Der Unternehmer kann vom Verbraucher Fracht-, Liefer- oder Versandkosten

---

62 jurisPK-BGB/*Junker* § 312a Rn. 8.
63 BT-Drs. 15/2946, 20.
64 BT-Drs. 17/12637, 74.

und sonstige Kosten nur verlangen, soweit er den Verbraucher über diese Kosten entsprechend den Anforderungen aus Art. 246 I Nr. 3 EGBGB informiert hat. Außerdem kommt ein Schadensersatzanspruch des Verbrauchers nach §§ 280 I, 241 II, 311 II wegen **Verletzung vorvertraglicher Pflichten** in Betracht.[65]

cc) Regelungen zum Schutz des Verbrauchers vor missbilligten Entgelten

§ 312a III–V sollen den Verbraucher vor **ungewollten Zusatzkosten** schützen. Absatz 3 betrifft Entgelte für Nebenleistungen. Diese können nur ausdrücklich, nicht aber konkludent vereinbart werden. Der Verbraucher, der sein Augenmerk meist nur auf den Preis für die vom Unternehmer zu erbringende Hauptleistung richtet, soll davor geschützt werden, sich in einem größeren Umfang als beabsichtigt zu verpflichten. Im elektronischen Geschäftsverkehr (§ 312i) darf diese Vereinbarung nicht durch eine Voreinstellung herbeigeführt werden.   **69**

▪ Gehen Sie davon aus, dass Sie (= Verbraucher) übers Internet Konzertkarten für 200 EUR für einen Auftritt von »Ladonna« beim Konzertveranstalter Universalis (= Unternehmer U) bestellen und – durch eine Voreinstellung des U auf der Homepage – auch eine Rücktrittsversicherung hierfür in Höhe von 20 EUR abgeschlossen haben.[66] Ist auch die Rücktrittsversicherung Vertragsbestandteil geworden? Kann U diese Zusatzkosten von Ihnen verlangen?

▶ Ihre Antwort lautet hoffentlich nach dem Blick in § 312a III 2 »nein«!?

Denn: Der Verbraucher muss aktiv seinen Willen zum Ausdruck bringen, zB durch **Anklicken einer Box** bzw. **Setzen eines Häkchens (opt-in)**. Eine vom Unternehmer vorgenommene Voreinstellung, die der Verbraucher ändern kann (opt-out), reicht als solche nicht aus; sie kann jedoch ausreichen, wenn der Verbraucher zusätzlich auf einem anderen Wege eine ausdrückliche Erklärung abgibt, die auf die Vereinbarung gerichtet ist.[67] Da dies bei der Rücktrittsversicherung nicht der Fall ist, ist diese nicht Vertragsbestandteil geworden.   **70**

▪ Zusatzfrage: Ist oben genannter Vertrag über die Konzertkarten wirksam? Lesen Sie, um die richtige Antwort zu finden, § 312a bis zum letzten Absatz!

▶ Dann haben Sie die Regelung in § 312a VI gefunden, wonach der Vertrag im Übrigen wirksam bleibt.

▪ Was wäre mit dem Vertrag, wenn es diese Vorschrift nicht geben würde? Denken Sie an Ihr Wissen zum BGB Allgemeiner Teil!

▶ Nach § 139 wäre der ganze Vertrag nichtig.

Durch § 312 VI wird der Verbraucher geschützt. Er behält seinen Anspruch auf die von ihm begehrte Leistung des Unternehmers aus dem Verbrauchervertrag, ohne hierbei durch die in den § 312a III–V genannten Nachteile belastet zu werden.[68]

§ 312a IV bezweckt **den Schutz vor Entgelten für die Nutzung bestimmter Zahlungsmittel**. Lesen Sie diese Vorschrift zunächst und versetzen sich anschließend in folgende Lage: **71**

▪ Sie haben einen Flug bei der Fa. Billig Air online gebucht; eine Bezahlung ist nur per Kreditkarte möglich. Da Sie eine Mastercard besitzen und mit dieser zahlen,

---

65 BT-Drs. 17/12637, 51; *Brox/Walker* SchuldR AT § 19 Rn. 4; *Looschelders* SchuldR AT Rn. 858.
66 Ähnlicher Fall bei *Wirtz* RÜ 2014, 467.
67 BT-Drs. 17/12637, 53.
68 BT-Drs. 17/12637, 54.

müssen Sie (unfreiwillig) ein Buchungsentgelt in Höhe von 8 EUR entrichten. Eine nebenkostenfreie Online-Buchung ist nur möglich, wenn Sie eine Kreditkarte dieser Airline haben – was aber nicht der Fall ist.[69] Ist die Vereinbarung dieses Buchungsentgelts wirksam?

▶ Eine Vereinbarung, wonach der Verbraucher wegen der Benutzung von zB einer Kreditkarte, einer Lastschrift oder einer Überweisung (= »bestimmtes Zahlungsmittel«) ein bestimmtes Entgelt zahlen soll, ist nach § 312a IV (diese Vorschrift ist nach § 312 II Nr. 5 auf diesen Verbrauchervertrag anwendbar) nur unter engen Voraussetzungen wirksam: Es muss dem Verbraucher mindestens eine gängige und zumutbare unentgeltliche Zahlungsmöglichkeit eingeräumt werden oder das vereinbarte Entgelt darf nicht über die dem Unternehmer tatsächlich entstehenden Kosten hinausgehen. Folglich ist das besondere Entgelt für Kreditkartenzahlungen unzulässig.

Sie können dieses wegen ungerechtfertigter Bereicherung[70] vom Unternehmer zurückverlangen.

72 Gemäß § 312a V sind Vereinbarungen, nach denen der Verbraucher ein Entgelt dafür zahlen muss, dass er den Unternehmer wegen Fragen oder Erklärungen zum Vertrag (zB Geltendmachung von Mängeln) über eine Rufnummer anruft, die der Unternehmer hierfür bereit hält, unwirksam, wenn das vereinbarte Entgelt das Entgelt für die bloße Nutzung des Telekommunikationsdienstes übersteigt. Damit soll verhindert werden, dass der Verbraucher durch die zu erwartenden Kosten von einer telefonischen Kontaktaufnahme mit dem Unternehmer abgehalten wird. Außerdem soll der Unternehmer mit seiner Kundendienst-Hotline keinen Gewinn machen.[71]

2. Außerhalb von Geschäftsräumen geschlossene Verträge

73 Durch die Vorschriften über außerhalb von Geschäftsräumen geschlossene Verträge (§§ 312b, d–g) soll der Verbraucher – über die allgemeinen Regelungen in § 312a hinaus – besonders geschützt werden. Denn außerhalb von Geschäftsräumen und bei gleichzeitiger Anwesenheit des Unternehmers steht er evtl. stärker psychisch unter Druck oder er ist einem Überraschungsmoment ausgesetzt.

Voraussetzung der Anwendung der Vorschriften über »**Außergeschäftsraumverträge**«, womit der Begriff der **Haustürgeschäfte** aus § 312 aF ersetzt wird, ist, dass

1. ein Verbrauchervertrag iSd § 310 III vorliegt, der eine entgeltliche Leistung des Unternehmers zum Gegenstand hat
   und
2. der Ausnahmekatalog in § 312 II–VI nicht greift.

74 Der **Begriff der Geschäftsräume** wird in § 312b II legal definiert. Er umfasst sowohl unbewegliche Gewerbräume, in denen der Unternehmer seine Tätigkeit dauerhaft ausübt (zB Ladengeschäft), und bewegliche Gewerbräume, in denen der Unternehmer seine Tätigkeit für gewöhnlich ausübt (zB Markt- bzw. Messestand, Verkaufswagen).[72] Unter die Neuregelung fallen auch Vertragsschlüsse, die der Verbraucher selbst anbahnt.

---

69 Fall bei *Führich* WirtschaftsPrivR Rn. 308. Die Verfasserin hat diese Erfahrung bereits bei einem Flug mit Ryanair von Frankfurt am Main nach Stansted machen müssen.
70 Hierzu *Wörlen/Metzler-Müller* SchuldR BT Rn. 370 ff.
71 BT-Drs. 17/12637, 52.
72 MüKoBGB/*Wendehorst* § 312b Rn. 11; *Brox/Walker* SchuldR AT § 19 Rn. 8.

§ 312b I 1 Nr. 1–4 zählt abschließend vier Fallgruppen auf, in denen ein »Außerge-schäftsraumvertrag« abgeschlossen wird. Um diese näher kennen zu lernen, lösen wir den

---

Übungsfall 3

Student Siebengescheit (S) beschließt nach zehn Semestern Jurastudium, sich durch einen Repeti-tor fürs Erste Staatsexamen fit machen zu lassen.

Variante 1:   Er begibt sich zum örtlichen Gemeindesaal, in dem Repetitor Rüstig (R) seit Jahren in einem angemieteten Raum seine Kurse an vier Tagen in der Woche ab 8 Uhr in der Frü-he abhält. Dort meldet sich S für den Wiederholungskurs an.

Variante 2:   S besucht eine zweistündige Werbeveranstaltung des R, die im Speisesaal seiner Stu-dentenverbindung stattfindet. Dort meldet er sich zum Kurs an.

Dem S, der lieber länger schläft und am Abend lernt, kommen anschließend Bedenken, ob er jeden Morgen schon um 8 Uhr aufnahmefähig ist. Er beschließt, sich lieber mit Kommilitonen in einer privaten Arbeitsgemeinschaft zusammen zu tun, um gemeinsam fürs Erste Staatsexamen zu lernen.

Kann sich S durch Widerruf nach § 312g I vom Vertrag mit R lösen?[73]

Lesen Sie zunächst § 312g I. Danach steht dem S ein Widerrufsrecht zu, wenn es sich bei dem Vertrag um einen »Außergeschäftsraumvertrag« nach § 312b handelt.

▨ Was sind die generellen Voraussetzungen die Anwendbarkeit des § 312b?   **75**
▶ Es muss sich um einen Verbrauchervertrag iSd § 310 III handeln, der eine entgelt-liche Leistung beinhaltet (vgl. § 312 I).

▨ Liegen diese Voraussetzungen bei dem Vertrag zwischen S und R vor?
▶ S hat als Verbraucher (§ 13) mit R als Unternehmer (§ 14) einen entgeltlichen »Repetitoriumsvertrag« geschlossen.

Bereichsausnahmen nach § 312 II sind nicht erkennbar.

▨ Welche der in § 312g genannten Fallgruppen kommt in der **Fallvariante 1** in Be-tracht?
▶ Es könnte sich um einen außerhalb von Geschäftsräumen geschlossenen Vertrag nach § 312b I 1 Nr. 1 handeln.

▨ Was ist hierfür Voraussetzung?
▶ Der Vertrag muss bei gleichzeitiger Anwesenheit der Parteien an einem Ort ge-schlossen worden sein, der nicht zu den Geschäftsräumen des Unternehmers ge-hört.

▨ Nennen Sie hierfür Beispiele!
▶ Beispiele sind die Privatwohnung, der Arbeitsplatz, ein Restaurant, öffentliche Verkehrsmittel, allgemein zugängliche Verkehrsflächen.

▨ Trifft diese Voraussetzung für die Fallvariante 1 zu?
▶ Da der Kursraum »Geschäftsraum« des R ist, welchen dieser auf Dauer nutzt, liegt kein Fall des § 312b I 1 Nr. 1 vor. S hat kein Widerrufsrecht nach § 312g I; er muss wohl oder übel früher aufstehen …

▨ Besteht eine Widerrufsmöglichkeit für den auf der Werbeveranstaltung (= **Fall-variante 2**) geschlossenen Vertrag?

---

73 Ähnlicher Fall bei *Bönninghaus* SchuldR AT I Rn. 287.

▶ Indem der Speisesaal der Studentenverbindung nur einmal für die Werbeveranstaltung von R genutzt wird und nicht dauerhaft für sein Repetitorium zur Verfügung steht, handelt es sich um einen außerhalb von Geschäftsräumen geschlossenen Vertrag nach § 312b I 1 Nr. 1 mit der Konsequenz, dass S nach § 312g I ein Widerrufsrecht gem. § 355 zusteht.

Es ist – im Gegensatz zum früheren Recht – unerheblich, ob der Vertragsschluss auf einem bestellten oder unbestellten Besuch des Unternehmers beruht.

76 Schauen wir uns noch die anderen Fallgruppen des § 312b I 1 an:

Nach Nr. 2 wird der Anwendungsbereich auf solche Verträge erweitert, dass in einer Situation der Nr. 1 zwar nicht der ganze Vertrag geschlossen wird, aber der Verbraucher sein darauf gerichtetes Angebot nach § 145 abgegeben hat. Denn für die Schutzbedürftigkeit spielt es keine Rolle, ob auch der Unternehmer seine Vertragserklärung außerhalb seiner Geschäftsräume abgibt.

> **Beispiel:**[74] Im Supermarkt S vertreibt die Z-GmbH Zeitschriften und unterhält vorübergehend einen Werbestand. Verbraucher V bestellt, nachdem er vom Zeitschriftenwerber angesprochen worden ist, im Supermarkt die Zeitschrift »PC-aktuell« (= Angebot iSd § 145). Z erklärt seine Annahmebestätigung in seinem Büro.
> Es liegt ein »Außergeschäftsraumvertrag« vor. Denn es macht keinen Unterschied, ob der Vertrag außerhalb der Geschäftsräume sofort geschlossen wird oder ob der Verbraucher in dieser Verhandlungssituation lediglich sein Vertragsangebot abgegeben hat. Die Überrumpelungssituation, vor der der Verbraucher geschützt werden soll, ist dieselbe wie beim sofortigen Vertragsschluss, zumal der Verbraucher nach § 145 an sein Angebot gebunden ist.

77 Nach § 312b I 1 Nr. 3 wird zwar der Vertrag in den Geschäftsräumen des Unternehmers abgeschlossen, aber dadurch angebahnt, dass der Verbraucher unmittelbar zuvor außerhalb der Geschäftsräume persönlich und individuell angesprochen wurde, wobei schon die Aushändigung eines Flugblattes ausreicht. Nicht erfasst ist hingegen der Fall, dass der Vertrag erst deutlich nach dem Ansprechen des Verbrauchers abgeschlossen wird, sofern der Verbraucher genug Zeit zur Prüfung des Vertragsschlusses hat.[75] In diesem Fall liegt keine Überrumpelung vor.

> **Beispiel:**[76] Die Z-GmbH hat vor ihrem Geschäft auf der Straße einen Stand aufgebaut. Dort werden Werbeprospekte für ihre Zeitschriften verteilt. Der Werber weist den Verbraucher V darauf hin, dass dieser bei einer Bestellung im Laden ein Werbegeschenk erhält. Daraufhin geht V unverzüglich ins Geschäft der Z-GmbH, unterschreibt die Bestellung für eine Zeitschrift und erhält das Werbegeschenk.
> Hier liegt ebenfalls ein Außergeschäftsraumvertrag vor, obwohl beide, der Unternehmer wie auch der Verbraucher, ihre Willenserklärungen in den Geschäftsräumen der Z-GmbH abgegeben haben.

78 Der Außergeschäftsraumvertrag gem. § 312b I 1 Nr. 4 wird auf einem Ausflug geschlossen, der vom Unternehmer oder mit seiner Hilfe organisiert wurde, um beim Verbraucher für den Verkauf von Waren oder die Erbringung von Dienstleistungen zu werben und mit ihm einen Vertrag abzuschließen.

> **Beispiele:** Kaffeefahrten, Ausflugsfahrten zur Erholung oder Bildung, Fahrten zu Teppichanbietern.

Denn wenn Ausflugs- und Verkaufsangebote derart organisatorisch miteinander verbunden sind, dass der Kunde im Hinblick auf die Ankündigung und Durchführung

---

74 Nach *Bönninghaus* SchuldR AT I Rn. 289.
75 BT-Drs. 17/12637, 49.
76 Vgl. *Bönninghaus* SchuldR AT I Rn. 290.

der Veranstaltung in eine freizeitlich unbeschwerte Stimmung versetzt wird, kann er sich schwer einem auf einen Geschäftsabschluss gerichteten Angebot entziehen. § 312b I 1 Nr. 4 greift auch in dem Fall, dass der Ausflug zu einem Geschäftsraum des Unternehmers führt, in dem der Vertrag abgeschlossen wird.[77]

Nicht in den Anwendungsbereich § 312b I fallen sofort erbrachte und bezahlte Kleingeschäfte bis einschließlich 40 EUR (Bereichsausnahme des § 312 II Nr. 12).

3. Fernabsatzverträge

Das Verfahren des Fernabsatzes birgt für den Verbraucher ebenfalls Gefahren, zumal der Unternehmer und der Kunde sich nicht persönlich begegnen und die Ware vor Vertragsschluss vom Käufer nicht geprüft werden kann. Deshalb erfolgt der Verbraucherschutz bei durch moderne Kommunikationsmittel geschlossenen Verträgen   **79**

1. durch eine umfassende Informationspflicht gem. § 312d,
2. mit einem dauerhaften Datenträger gem. § 312f II
   und
3. einem Widerrufsrecht nach § 312g.

Wir wollen die Besonderheiten dieser Verbraucherschutzregelungen kennenlernen durch …

Übungsfall 4

Student Siebengescheit (S) will sich eine Auszeit vom Examensvorbereitungsstress nehmen und mit einem Kommilitonen eine Bergtour unternehmen. Deshalb bestellt er sich am 9.6. im virtuellen Shop des Unterwegs (U) über den Einkaufswagen von dessen Homepage eine Wanderhose zum Preis von 129 EUR. U schickt ihm eine Bestätigungs-E-Mail. Als die Hose am 14.6. geliefert wird, stellt S fest, dass diese zu groß ist und ihm auf die Knie rutscht, also nicht passt.

Kann sich S durch Widerruf nach § 312g I vom Vertrag mit U lösen und die Wanderhose zurückschicken?

---

§ 312g I haben Sie bereits bei Fall 3 kennen gelernt. Wenn Sie diese Vorschrift noch einmal lesen, sehen Sie, dass dem S ein Widerrufsrecht auch für den Fall zusteht, dass ein Fernabsatzvertrag nach § 312c vorliegt.

■ Was sind die generellen Voraussetzungen die Anwendbarkeit des § 312c?   **80**

▶ Es muss sich um einen Verbrauchervertrag iSd § 310 III handeln, der eine entgeltliche Leistung beinhaltet (vgl. § 312 I). Also die gleichen Voraussetzungen wie beim Außergeschäftsraumvertrag nach § 312b.

■ Liegen diese Voraussetzungen bei dem Vertrag zwischen S und U vor? Erläutern Sie ausführlich dessen Zustandekommen!

▶ In Betracht kommt ein wirksamer Kaufvertrag zwischen S und U. Dann muss einer der Vertragspartner dem anderen ein Angebot gemacht haben, das von diesem angenommen wurde. Ein Angebot ist eine Willenserklärung, die auch elektronisch, sei es durch E-Mail, Fax, Telefonanruf oder durch Mausklick im Internet erfolgen kann. Indem U seine Waren im Internet anbietet, hat er jedoch noch keinen konkret bestimmten Vertragspartner angesprochen, sondern lediglich eine **invitatio ad**

---

77 BT-Drs. 17/12637, 49.

offerendum[78] verschickt. Das Angebot zum Vertragsschluss hat vielmehr S durch seine Bestellung über den Einkaufswagen des U auf dessen Homepage abgegeben. Die Annahmeerklärung erfolgt durch U mittels Bestätigungs-E-Mail (vgl. § 312i I 1 Nr. 3). Da S als Verbraucher (§ 13) mit U als Unternehmer (§ 14) einen Kaufvertrag, also einen entgeltlichen Vertrag geschlossen hat, liegen die Voraussetzungen der §§ 310 III, 312 I vor.

Ausnahmen nach § 312 II sind nicht erkennbar.

■ Welche in § 312c genannte Voraussetzung muss zusätzlich vorliegen?
▶ Es muss sich bei dem Kaufvertrag um einen Fernabsatzvertrag handeln.

Nach der Legaldefinition in § 312c sind **Fernabsatzverträge** solche **Verträge, die zwischen** einem **Verbraucher (§ 13) und** einem **Unternehmer (§ 14) unter ausschließlicher Verwendung von Fernkommunikationsmitteln** geschlossen werden, es sei denn, dass der Vertragsschluss nicht im Rahmen eines für den Fernabsatz organisierten Vertriebs- oder Dienstleistungssystems erfolgt. Die Voraussetzungen sind also:

Fernkommunikationsmittel + organisiertes Vertriebssystem

81 Die Definition der **Fernkommunikationsmittel** enthält § 312c II: Dies sind alle Kommunikationsmittel, die zur Anbahnung oder zum Abschluss eines Vertrages – ohne gleichzeitige körperliche Anwesenheit der Vertragsparteien – eingesetzt werden können. Vom Gesetz genannte Beispiele sind Briefe, Kataloge, Telefonanrufe, Telekopien (Fax), E-Mails, SMS (»über den Mobilfunkdienst versendete Nachrichten«) sowie Rundfunk und Telemedien. Teleshopping und Videotext sind folglich auch erfasst. Sowohl für den Vertragsantrag also auch für die Annahmeerklärung muss ein Fernkommunikationsmittel eingesetzt werden, egal ob gleichartig oder unterschiedlich. Es darf **keine gleichzeitige körperliche Anwesenheit** von Verbraucher und Unternehmer (einschließlich ihrer Vertreter bzw. Hilfspersonen) vorliegen.

82 Außerdem muss der Vertragsschluss in einem für den Fernabsatz **organisierten Vertriebssystem** erfolgen. Ein Vertriebs- oder Dienstleistungssystem ist für den Fernabsatz organisiert, wenn der Unternehmer in personeller und sachlicher Ausstattung innerhalb seines Betriebes die Voraussetzungen geschaffen hat, um regelmäßig im Fernabsatz zu tätigende Geschäfte zu bewältigen. Nicht ausreichend ist es ferner, wenn Verträge unter gelegentlichem und eher zufälligem Einsatz von Fernkommunikationsmitteln geschlossen werden. Das ist zB der Fall, wenn der Inhaber eines Geschäfts ausnahmsweise eine telefonische Bestellung entgegennimmt und die Ware dem Kunden nicht in seinem Ladenlokal übergibt, sondern ausnahmsweise per Post versendet.[79] Durch die Formulierung »es sei denn« handelt es sich um einen Ausnahmetatbestand, für den der Unternehmer die Beweislast trägt. Das Bestehen eines solchen Organisationssystems wird gesetzlich vermutet.

■ Wenn Sie den Sachverhalt subsumieren, kommen Sie zu welchem Ergebnis?
▶ S und U haben übers Internet (= Fernkommunikationsmittel) einen Kaufvertrag geschlossen, und – da Letztgenannter den Internetshop auf Dauer betreibt – in einem organisierten Vertriebssystem des U. Folglich liegt ein Fernabsatzvertrag vor, und S kann sich durch Widerruf nach § 312g I vom Vertrag lösen.

---

78 Falls nicht mehr gewusst: *Wörlen/Metzler-Müller* BGB AT Rn. 158 f. lesen.
79 BT-Drs. 14/2658, 30.

4. Informationspflichten

§ 312d enthält eine Informationspflicht bei Außergeschäftsraumverträgen und Fern- **83** absatzverträgen. Absatz 1 verweist auf den neu gefassten **Art. 246a EGBGB**, in dem der **Umfang der vom Unternehmen zu erbringenden Informationen** festgelegt wird. Für Finanzdienstleistungen (vgl. § 312 V) als Vertragsgegenstand enthält Art. 246b EGBGB die Informationspflichten (vgl. § 312d II).

Nach Art. 246a § 1 I, II EGBGB hat der Unternehmer den Verbraucher vor Abschluss eines von § 312d erfassten Vertrages unter anderem zu informieren über

1. seine Identität und Anschrift,
2. wesentliche Merkmale der Ware,
3. den Preis,
4. gegebenenfalls zusätzlich anfallende Liefer- und Versandkosten,
5. ein gegebenenfalls bestehendes Widerrufsrecht,
6. die Anschrift für Beanstandungen und vom Kundendienst,
7. Gewährleistungs- und Garantiebedingungen.

Diese **Informationen** sind dem Verbraucher vom Unternehmer in **klarer und verständlicher Sprache** zur Verfügung zu stellen (Art. 246a § 4 I EGBGB), und zwar beim Außergeschäftsraumvertrag auf Papier oder – mit Zustimmung des Verbrauchers – auf einem anderen Datenträger (Art. 246a § 4 II EGBGB). Es genügt nicht, wenn der Unternehmer diese Informationen lediglich über einen Hyperlink auf seiner Website zugänglich macht.[80]

Sofern die Vertragsparteien nicht ausdrücklich etwas anderes vereinbart haben, wer- **84** den die in Erfüllung der Informationspflichten gemachten Angaben **Vertragsbestandteil** (§ 312d I 2). Bei einem Verstoß gegen diese Pflichten kommt eine Haftung des Unternehmers wegen vorvertraglicher Pflichtverletzung nach § 280 I iVm §§ 311 II, 241 II in Betracht (hierzu später → Rn. 359–366). Wenn er seine Informationspflichten hinsichtlich der Kosten verletzt, kann er keine Ansprüche auf zB Fracht, Lieferung, Versand gegen den Verbraucher geltend machen (§ 312e). Sofern der Verbraucher entsprechende Zahlungen geleistet hat, muss der Unternehmer ihm diese wegen ungerechtfertigter Bereicherung (§ 812 I 1, 1. Var.[81]) erstatten.

Gemäß § 312f muss der Unternehmer dem Verbraucher nach Vertragsschluss eine **Abschrift des Vertrags** bzw. eine andere Bestätigung des Vertrags mit Angabe des Vertragsinhalts überlassen. Eine Verletzung dieser Pflicht kann einen Schadensersatzanspruch nach §§ 280 I, 241 II begründen oder dem Verbraucher ein Rücktrittsrecht nach § 324 geben.[82]

Ein **Muster für die Widerrufsbelehrung** bei außerhalb von Geschäftsräumen ge- **85** schlossenen Verträgen und bei Fernabsatzverträgen mit Ausnahme von Verträgen über Finanzdienstleistungen hat der Gesetzgeber in **Anlage 1 zu Art. 246a § 1 II 2 EGBGB** mit Gestaltungshinweisen vorgegeben. Es kann beispielsweise wie folgt lauten:

---

80 EuGH NJW 2012, 2637.
81 Mehr dazu in *Wörlen/Metzler-Müller* SchuldR BT Rn. 373 ff.
82 *Brox/Walker* SchuldR AT § 19 Rn. 16.

Widerrufsbelehrung

Widerrufsrecht

Sie haben das Recht, binnen vierzehn Tagen ohne Angabe von Gründen diesen Vertrag zu widerrufen. Die Widerrufsfrist beträgt vierzehn Tage ab dem Tag, an dem Sie oder ein von Ihnen benannter Dritter, der nicht der Beförderer ist, die Waren in Besitz genommen haben. Um Ihr Widerrufsrecht auszuüben, müssen Sie uns (einzufügen sind: Namen, Anschrift und, soweit verfügbar, Telefonnummer, Telefaxnummer und E-Mail-Adresse) mittels einer eindeutigen Erklärung (zB ein mit der Post versandter Brief, Telefax oder E-Mail) über Ihren Entschluss, diesen Vertrag zu widerrufen, informieren. Sie können dafür das beigefügte Muster-Widerrufsformular verwenden, das jedoch nicht vorgeschrieben ist. Sie können das Muster-Widerrufsformular oder eine andere eindeutige Erklärung auch auf unserer Webseite [Internet-Adresse einfügen] elektronisch ausfüllen und übermitteln. Machen Sie von dieser Möglichkeit Gebrauch, so werden wir Ihnen unverzüglich (zB per E-Mail) eine Bestätigung über den Eingang eines solchen Widerrufs übermitteln.
Zur Wahrung der Widerrufsfrist reicht es aus, dass Sie die Mitteilung über die Ausübung des Widerrufsrechts vor Ablauf der Widerrufsfrist absenden.

Folgen des Widerrufs

Wenn Sie diesen Vertrag widerrufen, haben wir Ihnen alle Zahlungen, die wir von Ihnen erhalten haben, einschließlich der Lieferkosten (mit Ausnahme der zusätzlichen Kosten, die sich daraus ergeben, dass Sie eine andere Art der Lieferung als die von uns angebotene, günstigste Standardlieferung gewählt haben), unverzüglich und spätestens binnen vierzehn Tagen ab dem Tag zurückzuzahlen, an dem die Mitteilung über Ihren Widerruf dieses Vertrags bei uns eingegangen ist. Für diese Rückzahlung verwenden wir dasselbe Zahlungsmittel, das Sie bei der ursprünglichen Transaktion eingesetzt haben, es sei denn, mit Ihnen wurde ausdrücklich etwas anderes vereinbart; in keinem Fall werden Ihnen wegen dieser Rückzahlung Entgelte berechnet.

---

5. Widerrufsrecht

86 Die Möglichkeit des Verbrauchers, seine auf Abschluss des Vertrags gerichtete Willenserklärung zu widerrufen, ist das **Kernstück des Verbraucherschutzes**. § 355 stellt die **Grundnorm des Widerrufsrechts** dar. Sie trifft als »vor die Klammer gezogene Regelung« allgemeine Aussagen zur Widerrufserklärung, zur Widerrufsfrist und zu den Rechtsfolgen des Widerrufs. Dem Verbraucher wird hierdurch die Möglichkeit eingeräumt, sich ohne Grund von dem Vertrag mit dem Unternehmer zu lösen. Wenn der Widerruf erfolgt, sind beide Parteien nicht mehr an ihre Willensklärungen gebunden. Die – widerrufliche – Willenserklärung des Verbrauchers und der abgeschlossene **Vertrag** sind zunächst nur **schwebend wirksam**. Wenn ein Widerruf erfolgt, werden diese endgültig unwirksam. Es bestehen zwar mit Vertragsschluss bereits Erfüllungsansprüche von beiden Seiten. Allerdings erlangen die Willenserklärungen (und damit auch der Vertrag) erst endgültige Wirksamkeit mit Erlöschen des Widerrufsrechts.

a) Voraussetzungen des Widerrufsrechts

87 § 355 statuiert kein allgemeines Widerrufsrecht, sondern setzt ein solches voraus. Widerrufsrechte sind unter anderem im allgemeinen und besonderen Teil (zB § 485, §§ 506 I, 495) des Schuldrechts zu finden. Die größte Bedeutung in der Praxis hat allerdings § 312g, der ein Widerrufsrecht bei Außergeschäftsraumverträgen und bei Fernabsatzverträgen begründet.

§ 312g II listet zahlreiche Ausnahmen auf. Denn es gibt Fälle, in denen der Verbraucher nicht schutzwürdig ist oder aber andere Interessen am endgültigen Bestand des Vertrags überwiegen. Dem Verbraucher steht deshalb kein Widerrufsrecht unter anderem bei

1. Lieferung von Waren, die auf seine persönlichen Bedürfnisse zugeschnitten sind (zB nach Maß gefertigte Kleidung) – § 312g II Nr. 1,
2. schnell verderblichen Waren (zB Kosmetika, lebende Pflanzen) – § 312g II Nr. 2,
3. versiegelten Datenträgern mit Ton- oder Videoaufnahmen, wenn die Versiegelung nach der Lieferung entfernt wurde – § 312g II Nr. 6,

zu.

Lösen wir nun gemeinsam

Übungsfall 5[83]

Student Siebengescheit (S) – siehe Fall 4 – hat die Wanderhose auf der Homepage des Unterwegs (U), der einen Internetshop betreibt, bestellt. Allerdings fehlte auf der Bestellmaske der Homepage die Widerrufsbelehrung. Die 129 EUR Kaufpreis werden vom Girokonto des S unverzüglich abgebucht, die Hose wird am 14.6. – allerdings ohne Widerrufsbelehrung – geliefert. S lässt sich mit der Anprobe Zeit und stellt schließlich vier Wochen nach Lieferung fest, dass die Hose nicht passt. Er schickt diese deshalb auf Kosten des U zurück mit der Aufforderung, ihm den Kaufpreis zu erstatten.

Kann sich S durch Widerruf nach § 312g I vom Vertrag mit U lösen, die Wanderhose zurückschicken und den Kaufpreis zurück verlangen?

Das gesetzliche Widerrufsrecht des § 312g I haben wir in den Fällen 3 und 4 erörtert. Nunmehr wollen wir uns beschäftigen mit der

b) Ausübung des Widerrufsrechts

■ Lesen Sie § 355 und zeigen Sie die Voraussetzung für den Widerruf durch S auf!   **88**

▶ Gemäß § 355 I 1 muss S seine Willenserklärung fristgerecht gegenüber dem Unternehmer U widerrufen, und zwar durch eine Widerrufserklärung (§ 355 I 2).

■ Was ist diese Widerrufsklärung rechtlich und wann wird sie wirksam? Erinnern Sie sich hoffentlich noch an das zum Allgemeinen Teil des BGB Gelernte?[84]

▶ Es handelt sich um eine einseitige, empfangsbedürftige Willenserklärung, die mit Zugang (§ 130 I 1) beim Unternehmer wirksam wird.

Aus dieser Erklärung muss sich eindeutig ergeben, dass der Verbraucher an dem Vertrag nicht mehr festhalten will (§ 355 I 3); die Bezeichnung »Widerruf« muss nicht verwendet werden.[85] Eine Begründung des Widerrufs ist nicht erforderlich (§ 355 I 4). Das Gesetz verlangt auch kein berechtigtes Interesse des Verbrauchers (wie zB das Nichtgefallen der Ware nach Überprüfung), sondern überlässt es seinem freien Willen, ob und aus welchen Gründen er seine Vertragserklärung widerruft.[86] Ebenso wenig ist eine bestimmte Form für den Widerruf nach dem Wortlaut des § 355 I vorgeschrie-

---

83 Ähnlicher Fall bei *Führich* WirtschaftsPrivR vor Rn. 311.
84 Falls nicht: *Wörlen/Metzler-Müller* BGB AT Rn. 182 ff. zur Wiederholung lesen.
85 BGH NJW 1993, 128 = WM 1993, 416.
86 BGH NJW 2016, 1951: Der Kläger wollte ca. 33 EUR von einem Matratzen-Händler zurückerhalten, weil er den geschlossenen Fernabsatzvertrag fristgerecht widerrufen und die Matratzen zurückgeschickt hatte. Dem waren allerdings Preisverhandlungen zwischen den Parteien vorausgegangen. Der klagende Kunde hatte nach seinem Kauf erfahren, dass die Matratzen bei einem konkurrierenden Händler günstiger angeboten wurden und den beklagten Verkäufer um Erstattung gebeten, da dieser eine »Tiefpreisgarantie« gewährt hatte. Für den Fall, dass er den Differenzbetrag von 33 EUR nicht erstatte, kündigte der Kunde den Widerruf an. Da der Händler sich weigerte, ließ der Kunde Taten folgen. Der BGH entschied, dass dieses Verhalten nicht rechtsmissbräuchlich sei.

ben; dieser kann also auch mündlich erfolgen.[87] Allerdings ist die Einhaltung der – bis zum 12.6.2014 in § 355 I 2 aF normierten – Textform (§ 126b) empfehlenswert, zumal der Verbraucher bei Streitigkeiten die rechtzeitige Erklärung des Widerrufs beweisen muss. Eine kommentarlose Rücksendung der Ware, was nach altem Recht möglich war, genügt nicht mehr.

Frei nach dem Motto »wer zu spät kommt, den bestraft das Leben« hat der Gesetzgeber für den Widerruf nach § 355 II eine Widerrufsfrist von grundsätzlich 14 Tagen vorgesehen. Zur Fristwahrung kommt es auf die **rechtzeitige Absendung des Widerrufs** (§ 355 I 5) an – abweichend von der Regelung des Zugangs der Willenserklärung in § 130. Da eine mündliche Erklärung nicht »abgesendet« werden kann, muss der Widerruf schriftlich erklärt werden.[88]

> **Beispiel:** Sofern Student Siebengescheit (S) einen Tag **nach** Ablauf der Widerrufsfrist Unterwegs (U) anruft und seinen Widerruf erklärt, ist die Widerrufserklärung zwar formgerecht, aber zu spät erfolgt. Wenn S allerdings seinen Widerruf schriftlich formuliert, genügt es zur Fristwahrung, dass das entsprechende Schreiben **am Tag des Fristablaufs** abgesendet wird (vgl. § 355 I 5) – auch, wenn es erst einen Tag **nach** Fristablauf zugeht.

89 Die Widerrufsfrist

1. beginnt mit Vertragsschluss, falls keine Ausnahmen (schon mal § 356 anschauen) greifen,
2. kann nicht verkürzt werden (§ 361 II 1),
3. wird nach §§ 187 I, 188 II, 1. Var. berechnet.[89]

▪ Hat S in unserem Fall die Widerrufsfrist des § 355 II 1 eingehalten?

▶ Da vier Wochen nicht 14 Tage sind, ist der Widerruf (zunächst) verspätet erfolgt.

90 Für Außergeschäftsraumverträge und Fernabsatzverträge enthalten § 356 II–V Spezialregelungen. Nach § 356 I 1 kann der Unternehmer (er muss aber nicht) das **Muster-Widerrufsformular** nach **Anlage 2 zu Art. 246a § 1 II 1 Nr. 1 EGBGB** auf seiner Website einstellen und so dem Verbraucher die Möglichkeit bieten, den Widerruf durch Ausfüllen und Übermitteln dieses Formulars auszuüben:

Muster-Widerrufsformular

Wenn Sie den Vertrag widerrufen wollen, dann füllen Sie bitte dieses Formular aus und senden Sie es zurück

1. An [hier ist der Name, die Anschrift und gegebenenfalls die Telefaxnummer und E-Mail-Adresse des Unternehmers durch den Unternehmer einzufügen]:
2. Hiermit widerrufe(n) ich/wir (*) den von mir/uns (*) abgeschlossenen Vertrag über den Kauf der folgenden Waren (*)/die Erbringung der folgenden Dienstleistung (*)
3. Bestellt am (*)/erhalten am (*)
4. Name des/der Verbraucher(s)
5. Anschrift des/der Verbraucher(s)
6. Unterschrift des/der Verbraucher(s) (nur bei Mitteilung auf Papier)

Datum

(*) Unzutreffendes streichen.

---

87 Vgl. BT-Drs. 17/12637, 60.
88 BT-Drs. 17/12637, 59.
89 BGH NJW 2010, 3503.

Nach § 356 II **beginnt** die **Frist** bei einem Verbrauchsgüterkauf grundsätzlich erst, sobald der **Verbraucher die Ware erhalten hat**. Die Widerrufsfrist beginnt allerdings nicht, bevor der Unternehmer seine Informationspflichten zum Widerrufsrecht erfüllt hat (vgl. § 356 III). Benutzt er das Muster für die Widerrufsbelehrung (Beispiel siehe oben), muss er es dem Verbraucher zutreffend ausgefüllt in Textform (§ 126b) übermitteln (Art. 246a § 1 II 2 EGBGB). Bei unterbliebener oder nicht ordnungsgemäßer Belehrung über das Widerrufsrecht erlischt dieses – außer bei Verträgen über Finanzdienstleistungen – spätestens zwölf Monate und 14 Tage nach Ablauf der ursprünglichen Widerrufsfrist von 14 Tagen (§ 356 III 2).

▨ Die Lösung unseres Falles fällt Ihnen nach diesen Erläuterungen hoffentlich leicht?

▶ Da keine Belehrung über das Widerrufsrecht seitens U erfolgt ist, erlischt das Widerrufsrecht des S spätestens zwölf Monate und 14 Tage nach der Auslieferung der Ware (§ 356 III). Der Widerruf des S ist also fristgerecht erfolgt. Er kann die Wanderhose zurückschicken und den Kaufpreis von U zurückverlangen.

> **Merke:** Es ist **nicht** entscheidend, **wann** der Verbraucher belehrt wurde. Es kommt vielmehr auf die **Vollständigkeit der Belehrung** an.

Die Fristenregelungen auf einen Blick:

Frist	Vorschrift	Sachverhalt	Fristbeginn
14 Tage	§ 356 II	**Vollständige Belehrung** ist bei/vor Vertragsschluss durch den Unternehmer erfolgt.	Mit dem Tag nach Vertragsschluss oder nach Erhalt der Ware beim Verbrauchsgüterkauf.
14 Tage	§ 356 II	**Vollständige Belehrung** ist nach Vertragsschluss durch den Unternehmer erfolgt.	Mit dem Tag nach Zugang der ordnungsgemäßen Belehrung.
12 Monate + 14 Tage	§ 356 III	**Unvollständige Belehrung** durch den Unternehmer: Die in Art. 246a § 1 II 1 Nr. 1 bzw. Art. 246b § 2 I EGBGB geforderten Angaben fehlen.	Mit dem Tag nach Vertragsschluss oder nach Erhalt der Ware beim Verbrauchsgüterkauf.
12 Monate + 14 Tage	§ 356 III 2	Es ist **keine Belehrung** durch den Unternehmer erfolgt.	Mit dem Tag nach Vertragsschluss oder nach Erhalt der Ware beim Verbrauchsgüterkauf.

c) Rechtsfolgen des Widerrufs

Die **Rechtsfolgen des Widerrufs** werden nunmehr **eigenständig** in den §§ 355 ff. geregelt. Bei Außergeschäftsraumverträgen und Fernabsatzverträgen können die sich aus §§ 355 III und 357 ff. ergebenden Folgen durch Vertrag nur zugunsten des Verbrauchers geändert werden (§ 361 II 1). **91**

Sie wissen bereits, dass der Verbraucher und der Unternehmer an ihre auf den Abschluss eines Vertrages gerichteten Willenserklärungen nicht mehr gebunden sind, wenn der Verbraucher seine Willenserklärung fristgerecht widerrufen hat (vgl. § 355 I 1). Rechtsfolge des Widerrufs ist nach § 355 III 1, dass **bereits erbrachte Leistungen unverzüglich zurück zu gewähren** sind. Bei Nichterfüllung dieser Pflicht besteht ein Schadensersatzanspruch nach § 280 I (diesen lernen Sie unter → Rn. 188 f. kennen). Die **Gefahr des Untergangs** und der Verschlechterung der Ware beim Rücktransport **trägt** nach § 355 III 4 **der Unternehmer**. Insofern hat der Verbraucher auch in dem Fall einen Erstattungsanspruch gegenüber dem Unternehmer, wenn die Ware beim Rücktransport verloren geht.

92 § 357 enthält für Außergeschäftsraumverträge und Fernabsatzverträge zahlreiche Besonderheiten, unter anderem

- sind die empfangenen Leistungen spätestens **innerhalb von 14 Tagen** zurück zu gewähren (§ 357 I), wobei die Frist für den Unternehmer mit dem Zugang, für den Verbraucher mit der Abgabe der Widerrufserklärung beginnt (§ 355 III 2). Der Verbraucher wahrt die 14-Tagesfrist durch die rechtzeitige Absendung der Ware (§ 355 III 3).
- umfasst die Rückgewährpflicht des Unternehmers nicht nur die Hauptleistung des Verbrauchers, sondern auch dessen Zahlungen für die Lieferung, falls diese Kosten nicht durch seine Sonderwünsche verursacht worden sind (§ 357 II). Er muss also auch die **Hinsendekosten des Verbrauchers** erstatten.
- muss der Unternehmer gem. § 357 III für die **Rückzahlung** grundsätzlich **dasselbe Zahlungsmittel** verwenden, das der Verbraucher bei der Zahlung benutzt hat. Bei Barzahlung erfolgt also die Rückzahlung durch den Unternehmer in bar, bei einer Überweisung durch Rücküberweisung des Betrags.[90] Die Ausstellung eines Gutscheins für den Verbraucher entspricht nicht dieser Vorgabe.[91]
- kann der Unternehmer bei der Rückabwicklung eines Verbrauchsgüterkaufs die Rückzahlung verweigern, bis er die Ware zurück erhalten oder der Verbraucher die Absendung der Ware nachgewiesen hat (§ 357 IV). Der Verbraucher hat also eine Vorleistungspflicht, der Unternehmer kann sich bis dahin auf eine Einrede berufen, er hat ein **Zurückbehaltungsrecht**.
- dass der **Verbraucher** – abweichend von der früheren Rechtslage in § 357 II aF mit der Betragsgrenze von 40 EUR – **grundsätzlich die Rücksendekosten trägt**, **wenn** er davon **bei Vertragsschluss ordnungsgemäß informiert** wurde (Art. 246a § 1 II 1 Nr. 2 EGBGB). Eine Ausnahme besteht, wenn sich der Unternehmer selbst zur Kostentragung bereit erklärt hat. Bei einem Außergeschäftsraumvertrag muss der Unternehmer die zur Wohnung des Verbrauchers gelieferte Ware auf eigene Kosten abholen, wenn eine Rücksendung per Post wegen der Beschaffenheit der Ware nicht möglich ist (§ 355 VI).

▨ Wie muss im »Wanderhosenfall« die Rückzahlung des Kaufpreises in Höhe von 129 EUR durch U erfolgen?

▶ U muss den abgebuchten Kaufpreis auf das Girokonto des S überweisen (§ 357 III 1).

---

90 BT-Drs. 17/12637, 63.
91 Brönneke/Tonner/*Leier* Kap. 5 Rn. 8.

▨ Gehen Sie in unserem »Wanderhosenfall« davon aus, dass dem S durch die Rücksendung der Ware Kosten in Höhe von 7 EUR entstanden sind. Wer muss diese
tragen? Nach dem gerade Gelesenen lautet Ihre Antwort?

▶ Die Rücksendekosten muss U tragen, da er den S nicht über sein Widerrufsrecht
belehrt hat (§ 355 VI 1).

Wenn Verbraucherverträge über Waren rückabgewickelt werden, ergeben sich Prob- **93**
leme, wenn die Sache durch die Ingebrauchnahme einen Wertverlust erlitten hat oder
sogar unverkäuflich wird.

▨ Wissen Sie, mit wieviel Wertverlust die Erstzulassung eines zB im Fernabsatz gekauften Neuwagens verbunden ist? Falls nicht: raten!

▶ Der Wertverlust eines Neuwagens durch Erstzulassung beträgt ca. 20%.[92]

Auch wenn Kleidungsstücke getragen oder Möbel benutzt werden, tritt ein entsprechender **Wertverlust** ein.[93] Deshalb enthält § 357 VII die Regelung, dass der
Verbraucher für einen Wertverlust der Ware **verschuldensunabhängig Wertersatz
zu leisten** hat. Voraussetzung hierfür ist, dass

● der Wertverlust auf einen Umgang mit der Ware zurückzuführen ist, der für die
Prüfung der Ware nicht notwendig war (§ 357 VII Nr. 1). Der Verbraucher hat
hier zwar ein Widerrufsrecht, haftet allerdings, wobei die Beweislast für einen
über die Prüfung hinausgehenden Umgang der Unternehmer trägt
und
● eine ordnungsgemäße Widerrufsbelehrung durch den Unternehmer erfolgt ist
(§ 357 VII Nr. 2 iVm Art. 246a § 1 II 1 Nr. 1 EGBGB).

Nach § 357 VIII erhält der Unternehmer **Nutzungswertersatz** für seine bis zum **94**
Widerruf erbrachten **Dienstleistungen**. Der Verbraucher schuldet diesen – abwei-
chend von § 357 VII – nur, wenn er vor Abgabe seiner Vertragserklärung auf diese
Rechtsfolge hingewiesen worden ist und ausdrücklich verlangt hat, dass der Unter-
nehmer vor Ende der Widerrufsfrist mit der Ausführung der Dienstleistung beginnt.
Hinsichtlich der Höhe des Nutzungswertersatzes ist der Umfang der tatsächlichen
Nutzung im Verhältnis zur Gesamtnutzungsdauer relevant.[94]

Nach § 361 sind weitergehende Ansprüche des Unternehmers gegen den Verbraucher **95**
als Folge des Widerrufs ausgeschlossen; er kann also weder aus § 280 I (→ Rn. 188 f.),
§ 823 I[95] oder § 812 I[96] Ansprüche geltend machen. Hingegen stehen dem Verbraucher gegen den Unternehmer gegebenenfalls Schadensersatzansprüche aus vorver-
traglichem Schuldverhältnis nach §§ 280 I, 311 II oder aus Delikt nach §§ 823 ff. –
unabhängig von seinem Widerrufsrecht – zu.[97]

Die sich aus dem Widerrufsrecht ergebenden Ansprüche können Sie mithilfe der folgenden Prüfschemata erörtern.

---

92 BT-Drs. 14/6040, 200.
93 Ausführlich hierzu *Looschelders* SchuldR AT Rn. 933 ff. mit anschaulichen Fällen aus der Rechtsprechung.
94 BT-Drs. 17/5097, 12.
95 Hierzu *Wörlen/Metzler-Müller* SchuldR BT Rn. 395 ff.
96 Bei Interesse: *Wörlen/Metzler-Müller* SchuldR BT Rn. 370 ff.
97 NK-BGB/*Ring* § 361 Rn. 5.

96

Prüfschema

Anspruch des Verbrauchers auf Rückgewähr des geleisteten Entgelts gem. §§ 355 III 1, 312 g I

I. Voraussetzungen:
   1. Widerrufsrecht des Verbrauchers gem. § 312g I
      a) Anwendbarkeit der §§ 312b ff. (vgl. § 312)
         aa) Verbrauchervertrag, § 310 III
         bb) entgeltliche Leistung, § 312 I
         cc) keine Ausnahme gem. § 312 II–VI
      b) Außergeschäftsraumvertrag (§ 312b I 1) oder Fernabsatzvertrag (§ 312c I)
      c) keine Ausnahme nach § 312g II, III
   2. Widerrufserklärung Verbraucher gegenüber Unternehmer, § 355 I 2–4
   3. Einhaltung der Widerrufsfrist, § 355 I 1
      a) Fristdauer: 14 Tage, § 355 II 1
      b) Fristbeginn: § 355 II 2, § 356 II, III 1
      c) falls kein Fristbeginn: Höchstfrist von zwölf Monaten und 14 Tagen darf nicht überschritten sein (§ 356 III 2 iVm § 356 II, § 355 II 2)

II. Rechtsfolgen:
   - Rückzahlung
     – des Kaufpreises spätestens nach 14 Tagen, § 357 I
     – der Hinsendekosten, § 357 II
     – mit demselben Zahlungsmittel, das der Verbraucher bei Zahlung benutzt hat, § 357 III
   - Zurückbehaltungsrecht des Unternehmers, § 357 IV
   - Verbraucher muss Rücksendekosten tragen, falls ordnungsgemäße Information (Art. 246a § 1 II 1 Nr. 1 EGBGB) bei Vertragsschluss erfolgt ist, § 357 VI 1

97

Prüfschema

Anspruch des Unternehmers auf Rückgewähr der erbrachten Leistung gem. §§ 355 III 1, 312g I

I. Voraussetzungen:
   s. oben (→ Rn. 96) 1.–3.

II. Rechtsfolgen:
   - Rückgabe und Rückübereignung der Kaufsache spätestens nach 14 Tagen, § 357 I
   - Zurückbehaltungsrecht des Unternehmers, § 357 IV
   - Unternehmer muss Rücksendekosten tragen, falls keine ordnungsgemäße Information (Art. 246a § 1 II 1 Nr. 1 EGBGB) bei Vertragsschluss erfolgt ist bzw. er sich zur Kostentragung bereit erklärt hat, § 357 VI 1, 2
   - Gegebenenfalls Abholung der Ware beim Verbraucher bei Außergeschäftsraumvertrag, § 357 VI 3

Prüfschema   98

Anspruch des Unternehmers auf Wertersatz für Wertverlust der Ware gem. §§ 357 VII, 312g I

I. Voraussetzungen:

s. oben (→ Rn. 96) 1.–3.

4. Wertverlust der Ware

5. Umgang mit Ware, der für deren Prüfung nicht notwendig war – ursächlich für Wertverlust, § 357 VII Nr. 1

6. Verbraucher wurde ordnungsgemäß über Widerrufsrecht informiert, § 357 VII Nr. 2

II. Rechtsfolge:

Nutzungswertersatz, § 357 VII

6. Der Schutz des Verbrauchers bei verbundenen Verträgen

Die Möglichkeit, dass sich der Verbraucher grundlos von seinem Vertrag durch Widerruf lösen kann, kann für den Verbraucher bei den sog. verbundenen Verträgen bzw. Geschäften unterlaufen werden.

a) Verbundene Verträge

Bei **verbundenen Verträgen** schließt der Verbraucher **zwei Verträge** ab, die als **wirt-**   99
schaftliche Einheit anzusehen sind (vgl. § 358 III 1):

- Einen Vertrag über die Lieferung einer Ware (zB Ratenkauf) oder die Erbringung einer anderen Leistung (zB Werk- oder Dienstvertrag)

und

- einen Darlehensvertrag iSd § 488 bzw. Verbraucherdarlehen nach § 491, mit dem das Geschäft finanziert wird.

Beispiel: Student Klaunix (K) kauft sich im Autohaus des Vorndran (V) einen neuen Pkw. Da K nicht genug Geld auf dem Konto hat, unterschreibt er bei Abschluss des Kaufvertrages im Autohaus einen Kreditantrag bei der Bar-Bank (= Hausbank des Verkäufers V), für die der V als Abschlussgehilfe tätig ist. Mit dem Darlehen will K den Kaufpreis finanzieren.

Diese »Dreiecksbeziehung« sieht wie folgt aus:

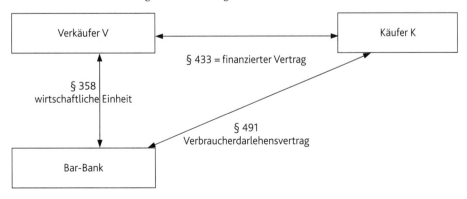

In diesen Fällen wird die Darlehensvaluta von der Bank meist an den Verkäufer direkt ausbezahlt und damit die Kaufpreisschuld erfüllt. Der Käufer bleibt gegenüber der Bank verpflichtet, die fälligen Raten zu zahlen. Die Bank finanziert also den Kauf. Die Kaufsache (hier: der Pkw) wird idR zur Sicherung des Ratenrückzahlungsanspruchs an die Bank übereignet.[98]

Das auf den einen Vertrag bezogene Widerrufsrecht kann dem Verbraucher allerdings nur dann einen effektiven Schutz gewähren, wenn es Auswirkungen auf den anderen Vertrag hat. Gleiches gilt für Einwendungen aus dem finanzierten Geschäft; denn diese helfen dem Verbraucher nur dann, wenn er sie auch den Ansprüchen aus dem Darlehensvertrag entgegenhalten kann. Deshalb sind in den §§ 358 ff. Sondervorschriften zum Schutz des Verbrauchers bei verbundenen Verträgen normiert.[99]

100 Die Voraussetzungen für verbundene Verträge (§ 358 III lesen!) sind:

Finanzierungsfunktion des Darlehens	+	wirtschaftliche Einheit
Das Darlehen muss ganz oder zum Teil der Finanzierung des anderen Vertrages dienen. Es kann zunächst dem Verbraucher ausgezahlt und von diesem an den Unternehmer, mit dem der verbundene Vertrag geschlossen wurde, weitergeleitet oder unmittelbar von dem Kreditinstitut an den Unternehmer gezahlt werden.		Beide Verträge müssen sich aus der Sicht des Verbrauchers als eine wirtschaftliche Einheit darstellen (§ 358 III 1). Nach § 358 III 2 wird eine solche Einheit unwiderlegbar vermutet, wenn der Darlehensgeber sich bei der Vorbereitung oder dem Abschluss des Verbraucherdarlehensvertrags der Mitwirkung des Unternehmers bedient. Dies ist zB der Fall bei • einer ständigen Geschäftsbeziehung zwischen dem Unternehmer und dem Darlehensgeber (Rahmenvertrag), • gegenseitiger Bezugnahme der Verträge, • gleichzeitiger Unterzeichnung beider Verträge, • einer Sicherungsübereignung der Kaufsache an den Kreditgeber, • einer Belastung der Kaufsache durch ein Grundpfandrecht für den Kreditgeber.[100]

---

98 Zur Sicherungsübereignung s. *Wörlen/Kokemoor* SachenR Rn. 282 ff.
99 Ausführlich hierzu (mit Beispielen): *Looschelders* SchuldR AT Rn. 877 ff.
100 So auch *Führich* WirtschaftsPrivR Rn. 555.

b) Auswirkungen

Wenn der finanzierte Kauf bzw. die Dienstleistung ein verbundener Vertrag mit einem Verbraucherdarlehen ist, ergeben sich folgende Auswirkungen für den Kunden: **101**

- Das **Widerrufsrecht** bezieht sich auf das Verbraucherdarlehen und auf den finanzierten Vertrag. Der Widerruf muss nur gegenüber einem der beiden Vertragsparteien erklärt werden (§ 358 I, II), sog. **Widerrufsdurchgriff:** Wenn zB der Kaufvertrag nach § 312g widerrufbar ist, erstreckt sich der Widerruf nach § 358 I auch auf den damit verbundenen Darlehensvertrag. Folglich können beide Verträge rückabgewickelt werden. Der Widerruf des Darlehensvertrags bewirkt nach § 358 II, dass auch der verbundene Verbrauchervertrag (zB der Kaufvertrag) unwirksam wird.
- In der **Widerrufsbelehrung** muss der Verbraucher darauf hingewiesen werden, dass – sofern der Widerruf erfolgt – auch der verbundene finanzierte Vertrag nicht wirksam zustande kommt (Art. 247 § 12 I 2 EGBGB).
- Die **Nichtigkeit** des finanzierten Vertrages, zB wegen einer erfolgten Anfechtung nach §§ 119 ff. oder bei Sittenwidrigkeit nach § 138, hat die Unwirksamkeit des Darlehensvertrags zur Folge.
- Schutz des Verbrauchers durch den **Einwendungsdurchgriff gem. § 359:** Alle rechtshindernden, rechtsvernichtenden und rechtshemmenden Einwendungen und Einreden aus dem verbundenen Vertrag können zukünftig dem Darlehensgeber als Einrede entgegengehalten werden. Er kann also die Rückzahlung des Darlehens gem. § 359 I verweigern. Allerdings muss die Wertgrenze von weniger als 200 EUR für das finanzierte Entgelt überschritten sein (§ 359 II).

7. Verträge im elektronischen Geschäftsverkehr

Aus Gründen der Übersichtlichkeit wurde § 312g aF über die Pflichten im elektronischen Geschäftsverkehr durch die Reform neu gefasst und auf zwei Paragrafen verteilt: **102**

- § 312i enthält die **Pflichten** im elektronischen Geschäftsverkehr, die der Unternehmer **unabhängig vom Vorliegen eines Verbrauchervertrags** zu erfüllen hat. Diese Vorschrift spricht vom »**Kunden**«, der Verbraucher sein kann, aber nicht muss.
- § 312j regelt den Fall, dass sich ein Unternehmer beim Vertragsschluss mit einem Verbraucher eines elektronischen Geschäftsverkehrs bedient. Diese Vorschrift dient folglich dem **Verbraucherschutz**.

a) Allgemeine Pflichten

§ 312i setzt einen Vertrag im elektronischen Geschäftsverkehr voraus. Ein solcher liegt gemäß der Legaldefinition in § 312i I 1 vor, wenn sich ein Unternehmer zum Zwecke des Abschlusses eines Vertrages über die Lieferung von Waren oder über die Erbringung von Dienstleistungen mit einem Kunden der **Telemedien** bedient. Der Begriff der Telemedien ist in § 1 I 1 TMG[101] gesetzlich definiert. Der Gesetzgeber hat **103**

---

101 Gesetzeswortlaut: »Dieses Gesetz gilt für alle elektronischen Informations- und Kommunikationsdienste, soweit sie nicht Telekommunikationsdienste nach § 3 Nr. 24 des Telekommunikationsgesetzes, die ganz in der Übertragung von Signalen über Telekommunikationsnetze bestehen, telekommunikationsgestützte Dienste nach § 3 Nr. 25 des Telekommunikationsgesetzes oder Rundfunk nach § 2 des Rundfunkstaatsvertrages sind (Telemedien).«

ausdrücklich an diese Definition angeknüpft.[102] Bei Telemedien handelt es sich um Fernkommunikationsmittel iSv § 312c II. Nicht erfasst werden andere Fernkommunikationsmittel, wie zB Briefe oder Telefax oder Telefonanrufe.[103]

Es besteht bei Verträgen im elektronischen Geschäftsverkehr die Gefahr, dass der Kunde Eingabefehler macht; deshalb hat er das Bedürfnis, vor Abgabe einer endgültigen Bestellung gegebenenfalls Berichtigungen vornehmen zu können. Der Unternehmer hat deshalb nach § 312i die Pflicht,

- dem Kunden angemessene **technische Mittel** zur Verfügung zu stellen, mit deren Hilfe er Eingabefehler vor Abgabe seiner Bestellung erkennen und berichtigen kann (§ 312i I 1 Nr. 1),
- bestimmte – in Art. 246c EGBGB geregelte – **Informationen zum Vertragsschluss** klar und verständlich mitzuteilen (§ 312i I 1 Nr. 2),

  > **Beispiel:** für eine Mitteilung »Wir senden Ihre Bestellung an die bei dem jeweiligen Artikel angegebene Adresse.«[104]

- den **Zugang** der Bestellung dem Kunden unverzüglich auf elektronischem Weg zu **bestätigen** (§ 312i I 1 Nr. 3)

und

- dem Kunden die Möglichkeit zu verschaffen, die Vertragsbestimmungen einschließlich der AGB bei Vertragsschluss abzurufen und in wiedergabefähiger Form zu speichern (§ 312i I 1 Nr. 4).

Sofern die Parteien keine Verbraucher sind, können nach § 312i II 2 teilweise abweichende Vereinbarungen getroffen werden.

104 § 312i bestimmt selbst keine besonderen Folgen von Verstößen. Die **Folgen von Verstößen** richten sich nach den allgemeinen Regeln. Die Wirksamkeit des Vertrages bleibt grundsätzlich unberührt.[105] Unter den Voraussetzungen des § 119 I ist der Vertrag bei Erklärungs- oder Inhaltsirrtümern mit der Folge der Nichtigkeit gemäß § 142 I anfechtbar.[106] Wenn der Unternehmer gegen vorgenannte Pflichten verstößt, kann der Kunde gegebenenfalls Schadensersatz wegen vorvertraglicher Pflichtverletzung gem. § 280 I iVm § 311 II (hierzu später → Rn. 359–366) verlangen.[107]

b) Besondere Pflichten gegenüber Verbrauchern

105 § 312i wird durch **§ 312j** um **besondere Pflichten** im elektronischen Geschäftsverkehr **gegenüber Verbrauchern** ergänzt. Eine weitere Sonderregelung für Verbraucherverträge enthält § 312a III 2. § 312j setzt Webseiten für den elektronischen Geschäftsverkehr mit Verbrauchern voraus, also Webseiten, die für den Abschluss eines Vertrages im elektronischen Geschäftsverkehr iSv § 312i I 1 mit einem Verbraucher (§ 13) bestimmt sind.[108]

---

102 BT-Drs. 17/7745, 9/10.
103 BT-Drs. 14/6040, 171.
104 LG Hamburg Urt. v. 4.6.2004 – 306 O 440/03 = LSK 2016, 050257.
105 BT-Drs. 14/6040, 173.
106 jurisPK-BGB/*Junker* § 312i Rn. 80. Zum Anfechtungsrecht s. *Wörlen/Metzler-Müller* BGB AT Rn. 214 ff.
107 So auch *Brox/Walker* SchuldR AT § 19 Rn. 54.
108 BT-Drs. 17/12637, 58.

Zusätzlich zu den Angaben nach § 312i I hat der Unternehmer spätestens bei Beginn des Bestellvorgangs klar und deutlich anzugeben, ob **Lieferbeschränkungen** bestehen (zB wenn der Unternehmer nur über einen begrenzten Warenvorrat verfügt) und welche **Zahlungsmittel** akzeptiert werden, wie zB Kauf auf Rechnung, vorherige Überweisung, Lastschrift oder Zahlung per Kreditkarte (§ 312j I).

Wenn ein Verbrauchervertrag im elektronischen Geschäftsverkehr eine **entgeltliche** **106** **Leistung** des Unternehmers zum Gegenstand hat, muss der Unternehmer außerdem nach § 312j II dem Verbraucher **Informationen** gem. Art. 246a § 1 I 1 Nr. 1, 4, 5, 11 und 12 EGBGB unmittelbar vor Abgabe der Bestellung **klar und verständlich** sowie in **hervorgehobener Weise** zur Verfügung stellen.

Der Vertragsschluss erfolgt im elektronischen Geschäftsverkehr meist durch **Anklicken einer Schaltfläche** durch den Kunden, der auf diese Weise seine Willenserklärung (meist: Vertragsangebot) abgibt. In der Vergangenheit wurde dem Kunden nicht immer deutlich, dass er damit eine Zahlungsverpflichtung eingeht, zumal die Schaltflächen nicht immer klar und eindeutig beschriftet sind. Deshalb regelt § 312j III zum Schutz vor solchen Kostenfallen im Internet, wie der Unternehmer bei einem Vertrag iSv § 312j II die Bestellsituation für den Verbraucher gestalten muss, damit der Vertrag nach Maßgabe von § 312j IV für den Verbraucher bindend wird.[109] Nach § 312j III 1 hat der Unternehmer die Bestellsituation so zu gestalten, dass der Verbraucher mit seiner Bestellung **ausdrücklich bestätigt**, dass er sich zu einer Zahlung verpflichtet, es bedarf also einer Erklärung des Verbrauchers, die sich gerade auf den Umstand der **Zahlungspflichtigkeit** bezieht. Wenn die Bestellung über eine Schaltfläche erfolgt, ist die Pflicht des Unternehmers aus Satz 1 nur erfüllt, wenn diese Schaltfläche gut lesbar mit nichts anderem als den Wörtern »**zahlungspflichtig bestellen**« oder mit einer **entsprechenden eindeutigen Formulierung** beschriftet ist (sog. »**Button-Lösung**«).

Wenn gegen diese Pflicht verstoßen wird, ist der Vertrag nach § 312j IV nicht zustande gekommen.

In § 312j ist für Verträge im elektronischen Geschäftsverkehr kein eigenständiges Wi- **108** derrufsrecht vorgesehen. In der Regel liegen allerdings bei Verbraucherverträgen über die Lieferung von Waren oder die Erbringung von Dienstleistungen im elektronischen Geschäftsverkehr die Voraussetzungen des § 312c vor mit der Folge, dass nach § 312g ein Widerrufsrecht besteht. Gegebenenfalls bestehende Widerrufsrechte nach § 495 I, §§ 506, 510 II gehen diesem allerdings vor (vgl. § 312g III).

Lesen Sie als Zusammenfassung die folgende Übersicht 3 (→ Rn. 109).

---

109 BT-Drs. 17/7745, 11.

109 **Übersicht 3**

Grundsätze bei Verbraucherverträgen und besondere Vertriebsformen (§§ 312–312k)

I. Anwendungsbereich und Grundsätze bei Verbraucherverträgen (§§ 312, 312a)

Anwendungsbereich, § 312
- Verbrauchervertrag zwischen Unternehmer (§ 14) und Verbraucher (§ 13) gem. § 310 III
- entgeltliche Leistung, § 312 I
- keine Ausnahme gem. § 312 II–IV

↓

Allgemeine Grundsätze, § 312a
- Offenlegung von Identität und Geschäftszweck bei Telefonaten, § 312a I
- Informationspflichten im stationären Handel über Vertragsbedingungen, § 312a II
- Extrazahlungen nur bei Vereinbarung ohne Voreinstellung im elektronischen Geschäftsverkehr, § 312a III
- keine Entgelte für bestimmte Zahlungsmittel, zB Kreditkarten, § 312a IV
- keine Entgelte für Telefonanrufe bei Kundendiensthotlines, § 312a V

II. Außergeschäftsraumverträge und Fernabsatzverträge (§§ 312b–312h)

Außergeschäftsraumvertrag, § 312b	**Fernabsatzvertrag, § 312c**

• kein Geschäftsraum (Geschäftsraum = idR Ladengeschäft, § 312b II)
• situationsbedingte Voraussetzungen (§ 312b I 1)
  – Anwesenheit der Vertragspartner zB
    in Privatwohnung
    am Arbeitsplatz
    auf öffentlicher Verkehrsfläche
  – Ausflugsveranstaltung (zB Kaffeefahrt)
	• Fernkommunikationsmittel, zB Brief, Telefon, E-Mail, Internet, Katalog (§ 312c II)
	• organisiertes Vertriebs- oder Dienstleistungssystem

↓ ↓

Widerrufsrecht, § 312g, §§ 355 ff.	**Pflichten**

• 14 Tage (§ 355 II)
Ausschluss (§ 312g II) ua bei
  – Waren nach Kundenwunsch
  – verderblicher Ware
  – entsiegelter CD
  – Beherbergung, Beförderung, Lieferung
    von Speisen
• formlose Erklärung des Verbrauchers, keine Begründungspflicht (§ 355 I)
• erlischt spätestens 12 Monate und 14 Tage nach Erhalt der Ware, falls keine Belehrung erfolgte (§ 356 III)
• Rückgewähr aller Leistungen, § 357
	• Informationspflichten, § 312d iVm Art. 246a EGBGB
	• Belehrung über Widerrufsrecht, §§ 312d, g iVm Art. 246a EGBGB
	• Dokumentationspflichten, § 312f

Rechtsfolgen, §§ 355 ff.
- keine Bindung an den Vertrag (§ 355 I 1)
- unverzügliches Zurückgewähren aller Leistungen (§ 355 III 1)
- Rücksendekosten trägt grundsätzlich der Verbraucher (§ 357 VI)
- gegebenenfalls Ersatz für Wertverlust, § 357 VII–IX, entfällt bei Prüfung der Ware

Übersicht 3 (Fortsetzung)

III. Verträge im elektronischen Geschäftsverkehr, §§ 312 i, j

Allgemeine Pflichten im elektronischen Geschäftsverkehr gegenüber Kunden
• Anbieten angemessener technischer Mittel zur Berichtigung von Eingabefehlern, § 312i I 1 Nr. 1,   • klare und verständliche Mitteilung von Informationen zum Vertragsschluss, § 312i I 1 Nr. 2,   • unverzügliche elektronische Bestellbestätigung, § 312i I 1 Nr. 3,   • Möglichkeit des Abrufs der Speicherung von Vertragsbestimmungen und AGB, § 312i I 1 Nr. 4.
Bei Verstoß: Vertrag ist wirksam.   Gegebenenfalls   • Anfechtung gem. § 119 I   • Schadensersatz wegen vorvertraglicher Pflichtverletzung gem. § 280 I iVm § 311 II

Besondere Pflichten im elektronischen Geschäftsverkehr gegenüber Verbrauchern
• Angabe von Lieferbeschränkungen und akzeptierten Zahlungsmitteln, § 312j I,   • auf Webseiten Informationen nach Art. 246a § 1 Nr. 1, 4, 5, 11, 12 EGBGB erforderlich, § 312j II,   • Schaltfläche »zahlungspflichtig bestellen« oder entsprechende eindeutige Formulierung notwendig (»Button-Lösung«), § 312j III.
Bei Verstoß: Vertrag ist zustande gekommen, § 312j IV.   Falls Voraussetzungen von § 312c gegeben: • Widerrufsrecht gem. § 312g (§ 355)

VI. Gesetzliche Schuldverhältnisse

Nachdem Sie erfahren haben, dass zur Begründung bzw. Entstehung von vertragli- **110** chen Schuldverhältnissen ein Vertrag und damit Willenserklärungen der Beteiligten erforderlich sind, können Sie den Grund für die Entstehung eines gesetzlichen Schuldverhältnisses selbst herausfinden. Denken Sie ein wenig nach!

■ Wodurch wird man Beteiligter eines gesetzlichen Schuldverhältnisses?

▶ Durch die Verwirklichung eines bestimmten gesetzlichen Tatbestands:
Gesetzliche Schuldverhältnisse entstehen unabhängig von einem darauf ge-
richteten rechtsgeschäftlichen Willen der Beteiligten kraft Gesetzes durch die
Verwirklichung eines bestimmten gesetzlich geregelten Tatbestands.

Die beiden wichtigsten gesetzlichen Schuldverhältnisse sind das der »ungerechtfertig- **111** ten Bereicherung« (§§ 812 ff.) und das der »unerlaubten Handlung« (§§ 823 ff.).

Sie brauchen diese und die folgenden Paragrafen ausnahmsweise nicht zu lesen; wir kommen darauf an anderer Stelle ausführlicher zu sprechen.[110]

---

110 Vgl. *Wörlen/Metzler-Müller* SchuldR BT Rn. 370–394 (§§ 812 ff.) und Rn. 395–439 (§§ 823 ff.).

Bei der »**ungerechtfertigten Bereicherung**« durch den Schuldner hat der Gläubiger kraft Gesetzes einen Anspruch auf **Herausgabe** bzw. Erstattung dessen, was der Schuldner ohne rechtlichen Grund erlangt hat.

Beim zweiten großen Komplex der gesetzlichen Schuldverhältnisse aus »**unerlaubter Handlung**« ist der Schuldner dem Gläubiger per Gesetz zur Schadensersatzleistung verpflichtet.

112 Zu nennen sind weiterhin das gesetzliche Schuldverhältnis der »**Geschäftsführung ohne Auftrag**«, bei dem jemand für einen anderen tätig wird, ohne dazu verpflichtet gewesen zu sein (§§ 677 ff.), und das der »**Haftung des Gastwirts**« (Beherbergungswirt) für eingebrachte Sachen (§§ 701 ff.). Auch bei diesen Schuldverhältnissen geht es namentlich um Schadensersatzansprüche.[111]

Auch **außerhalb des Schuldrechts** sind gesetzliche Schuldverhältnisse geregelt: So das Eigentümer-Besitzer-Verhältnis (§§ 987 ff.) sowie das Verhältnis zwischen dem Eigentümer und dem Finder (§§ 965 ff.).[112]

Schließlich kann bereits die Aufnahme geschäftlicher Kontakte zur Begründung eines Schuldverhältnisses gem. § 311 II (lesen!) führen. Der Gesetzgeber bezeichnet dieses als »rechtsgeschäftsähnliches« Schuldverhältnis, obwohl es eigentlich auch ein gesetzliches Schuldverhältnis ist:[113] Durch die Aufnahme geschäftlicher Kontakte, wie in § 311 II Nr. 1–3 beschrieben, werden den Beteiligten die Pflichten nach § 241 II (lesen!) auferlegt, ohne dass es auf einen entsprechenden Willen der Beteiligten ankommt. – Lesen Sie abschließend Übersicht 4 (→ Rn. 113)!

---

111 Weitere gesetzliche Schuldverhältnisse s. *Looschelders* SchuldR AT Rn. 189 mwN.
112 Näheres hierzu bei *Wörlen/Kokemoor* SachenR Rn. 82 ff. und Rn. 149 ff.
113 Wie hier: HK-BGB/*Schulze* § 311 Rn. 12; Jauernig/*Stadler* § 311 Rn. 34; vgl. auch MüKoBGB/ *Emmerich* § 311 Rn. 39.

Übersicht 4

Entstehung von **vertraglichen und gesetzlichen Schuldverhältnissen**   **113**

Gesetzliche Regelung des Rechts der Schuldverhältnisse:

> §§ 241–853
> (Buch 2 des BGB)

Definition Schuldverhältnis:

Unter einem Schuldverhältnis versteht man ein Rechtsverhältnis, in dem sich mindestens zwei Personen (Gläubiger und Schuldner) in der Weise gegenüberstehen, dass sie einander zu einer Leistung berechtigt oder verpflichtet sind.

Vertragliche Schuldverhältnisse ...

entstehen durch sich deckende Willenserklärungen der Beteiligten (Angebot und Annahme). Zu ihrer Begründung ist regelmäßig ein **Vertrag** erforderlich (§ 311 I).
Vertragliche Schuldverhältnisse sind immer Verpflichtungsgeschäfte (vgl. Übersicht 1, → Rn. 16).

Aus § 311 I folgt neben der grundsätzlichen Notwendigkeit des Vertrags auch die

Dazu gehören die **Abschlussfreiheit** und die **Gestaltungsfreiheit**. Die Verträge des Besonderen Schuldrechts stellen nur gesetzlich geregelte Typen vertraglicher Schuldverhältnisse dar. Sie können, sofern nicht ausdrücklich Gesetzesvorschriften (zB §§ 134, 138) entgegenstehen, beliebig modifiziert werden (gemischte Verträge; atypische Verträge = dispositives Recht!)

Gesetzliche Schuldverhältnisse ...

entstehen unabhängig von einem darauf gerichteten Willen der Beteiligten kraft Gesetzes durch die Verwirklichung eines bestimmten Tatbestands. Das BGB kennt insbesondere folgende gesetzliche Schuldverhältnisse:

- Geschäftlicher Kontakt – § 311 II
- Geschäftsführung ohne Auftrag – §§ 677 ff.
- Haftung des Gastwirts – §§ 701 ff.
- ungerechtfertigte Bereicherung – §§ 812 ff.
- unerlaubte Handlung – §§ 823 ff.

Literatur zur Vertiefung (→ Rn. 8–112): *Alpmann und Schmidt* SchuldR AT 1, 1. Teil 1. Abschn., SchuldR AT 2, 3. Teil sowie BGB AT 2, 2. Teil; *Beck*, Die Reform des Verbraucherschutzrechts, JURA 2014, 666; *Benning/Oberrath* Gestaltungsleitfaden AGB, 3. Aufl. 2015, Rn. 4 ff.; *Brönneke/Schmidt*, Der Anwendungsbereich der Vorschriften über die besonderen Vertriebsformen nach Umsetzung der Verbraucherrechterichtlinie, VuR 2014, 3; *Dassbach*, Vorvertragliche Informationspflichten, JA 2016, 325; *Esser/Schmidt* SchuldR AT I § 11; *Fikentscher/Heinemann* SchuldR §§ 16–24; *Förster*, Die Umsetzung der Verbraucherrechterichtlinie in §§ 312 ff. BGB – Eine systematische Darstellung für Studium und Examen, JA 2014, 721 (Teil I), 801 (Teil II); *Führich* WirtschaftsprivatR §§ 9 und 10; *Grünberger*, Der Anwendungsbereich der AGB-Kontrolle, JURA 2009, 249; *Henssler/Graf von Westphalen*, Praxis der Schuldrechtsreform, Teil 4, §§ 305–310; *Hirsch* SchuldR AT §§ 9, 15–18; *Klocke*, Die systematische Interpretation von Allgemeinen Geschäftsbedingungen im Lichte unwirksamer Vertragsklauseln, JURA 2015, 227; *Klocke*, Grundfälle zu den verbundenen und zusammenhängenden Verträgen, JuS 2016, 875 und 895; *Kötz*, Der Schutzzweck der AGB-Kontrolle – Eine rechtsökonomische Skizze, JuS 2003, 209; *Larenz* SchuldR AT § 29a; *Löhnig/Gietl*, Grundfälle zum Recht der Allgemeinen Geschäftsbedingungen, JuS 2012, 393, 494; *Looschelders* SchuldR AT §§ 5–7, §§ 41 und 42; *Mätzig*, Das neue Widerrufsrecht in der Falllösung, JURA 2015, 233; *Medicus/Lorenz* SchuldR AT §§ 8–11; *Medicus/Petersen* BürgerlR Rn. 67 ff., § 15; *Meier*, Der Verbraucherbegriff nach der Umsetzung der Verbraucherrechterichtlinie, JuS 2014, 777; *Musielak*, Vertragsfreiheit und ihre Grenzen, JuS 2017, 949; *Neideck*, Die Einbeziehung von AGB in der Fallbearbeitung, JA 2011, 492; *Niebling*, Allgemeine Geschäftsbedingungen, 10. Aufl. 2015; *Paal*, Internetrecht – Zivilrechtliche Grundlagen, JuS 2010, 953; *Peters*, Haftungsklauseln in Allgemeinen Geschäftsbedingungen, JURA 2015, 121; *Petersen*, Die Einbeziehung Allgemeiner Geschäftsbedingungen, JURA 2010, 667; *Petersen*, Die Privatautonomie und ihre Grenzen, JURA 2011, 184; *Raue*, Verbraucherschutz bei besonderen Vertriebsformen nach Umsetzung der Verbraucherrechterichtlinie (außerhalb von Geschäftsräumen geschlossene Verträge, Fernabsatzverträge und elektronischer Geschäftsverkehr, §§ 312 ff. BGB), JURA 2015, 326; *Schärtl*, Der verbraucherschützende Widerruf bei außerhalb von Geschäftsräumen geschlossenen Verträgen und Fernabsatzverträgen, JuS 2014, 577; *Schlosser/Thewalt/Zirngibl*, Die AGB des Aufführungsveranstalters, JURA 2003, 118; *Steckler/Tekidou-Kühlke* WirtschaftsR Rn. 11 ff.; *Stürner*, Außerhalb von Geschäftsräumen geschlossene Verbraucherverträge, JURA 2015, 341; *Stürner*, Der Widerruf bei Verbraucherverträgen, JURA 2016, 26; *Stürner*, Fernabsatzverträge, JURA 2015, 690; *Stürner*, Grundstrukturen des Verbrauchervertrags im BGB, JURA 2015, 30; *Stürner*, Informationspflichten bei Außergeschäftsraumverträgen und Fernabsatzverträgen, JURA 2015, 1045; *Stürner*, Rechtsfolgen des Widerrufs bei Verbraucherverträgen, JURA 2016, 374; *Stürner*, Verbundene und zusammenhängende Verbraucherverträge, JURA 2016, 739; *Stürner*, Der Widerruf bei Verbraucherverträgen, JURA 2016, 26; *Wendelstein/Zander*, Das neue Verbraucherrecht nach der Umsetzung der Verbraucherrechterichtlinie, JURA 2014, 1191; *Westermann/Bydlinski/Weber* SchuldR AT § 1 II; *Wirtz*, Grundfälle zum Verbraucherschutz bei Verbraucherverträgen und besonderen Vertriebsformen, RÜ 2014, 645.

3. Kapitel. Inhalt von Schuldverhältnissen

I. Vorbemerkung

Nachdem Sie gelesen haben, dass im Besonderen Teil des Schuldrechts mehrere ge- **114** setzliche Schuldverhältnisse und eine ungleich höhere Zahl von (typischen) vertraglichen Schuldverhältnissen angesprochen werden, wundert es Sie sicherlich nicht, dass sich das Allgemeine Schuldrecht vornehmlich mit Regelungen für die vertraglichen Schuldverhältnisse befasst. Das Schuldrecht wird von der Vertragsfreiheit beherrscht, und diese ermöglicht es – innerhalb der gesetzlichen Grenzen –, neben den gesetzlich typisierten Schuldverhältnissen eine Vielzahl weiterer rechtsgeschäftlicher Schuldverhältnisse zu begründen.

Wenn die Parteien ein vertragliches Schuldverhältnis begründen wollen, müssen sie **115** sich vor allem über den **Inhalt** dieses Schuldverhältnisses im Klaren sein. Dazu gehört unter anderem, dass sie sich über ihre jeweiligen **Leistungspflichten** und über die **Art** der geschuldeten Leistung geeinigt haben. Eine Einigung kommt, wie wir wissen, regelmäßig nach den §§ 145 ff. zustande. Zur Begründung eines vertraglichen Schuldverhältnisses sind bekanntlich **Angebot und Annahme** erforderlich, die sich decken müssen (vgl. § 151 S. 1).

Dies ist regelmäßig der Fall, wenn sich die Vertragsparteien über die **wesentlichen Vertragsbestandteile** einig sind. Zu den wesentlichen Bestandteilen eines Vertrags gehört zunächst die Festlegung der einander geschuldeten **Leistungen**.

Darüber hinaus können die Vertragsparteien sich insbesondere über die »Leistungs- **116** modalitäten«, dh zB über die Beschaffenheit des Vertragsgegenstands sowie über Ort und Zeit der Leistung einigen; sie können bestimmen, welche Rechtsfolgen für den Fall der Nichterfüllung der Vertragspflichten eintreten sollen, unter welchen Voraussetzungen eine Partei vom Vertrag zurücktreten oder die Kündigung aussprechen darf und vieles andere mehr.

II. Schranken der Inhaltsfreiheit

1. Gesetzliches Verbot oder Verstoß gegen gute Sitten

Welches der **Inhalt** der jeweilig geschuldeten Leistung ist, bestimmen grundsätz- **117** lich die Vertragspartner (vgl. »Vertragsfreiheit«, insbesondere Gestaltungsfreiheit → Rn. 17 ff.).

Dabei ist im Prinzip alles erlaubt, was nicht verboten ist.[114] Gemäß § 134 ist ein Rechtsgeschäft, das gegen ein gesetzliches Verbot, gem. § 138 ein solches, das gegen die guten Sitten verstößt, nichtig. Ein Verstoß im Sinne dieser Vorschriften liegt insbesondere dann vor, wenn ein Rechtsgeschäft zu einer verbotenen oder zu einer sittenwidrigen Leistung verpflichten soll.[115] Ein sittenwidriges Rechtsgeschäft liegt nach

---

114 → Rn. 22 sowie *Wörlen/Metzler-Müller* BGB AT Rn. 310–315 mit Fallbeispielen.
115 Eine Vielzahl von Beispielen für Verbotsgesetze finden Sie bei Palandt/*Ellenberger* § 134 Rn. 14–25; BeckOK BGB/*Wendtland* § 134 Rn. 23–29; jurisPK-BGB/*Nassall* § 134 Rn. 60 ff.

ständiger Rechtsprechung vor, wenn es gegen das Anstandsgefühl aller billig und gerecht Denkenden verstößt.[116] Forderungen auf eine verbotene oder sittenwidrige Leistung können folglich nicht durch ein vertragliches Schuldverhältnis begründet werden.

> **Beispiele:** Forderungen aufgrund von Schwarzarbeit oder von dienstpflichtwidrigen Handlungen von Beamten;[117] »Lohn«-Forderungen von Prostituierten sind dagegen nicht mehr sittenwidrig – vgl. § 1 ProstG, mit dessen Abkürzung man durchaus andere Assoziationen verbinden könnte.

2. Konkrete Beschränkung für Schuldverhältnisse

118 Das in den §§ 134 und 138 ausgedrückte Prinzip erfährt für schuldrechtliche Verträge in den §§ 311b II und IV (zur Erinnerung: alle Vorschriften lesen!) noch zwei Konkretisierungen:

Nach § 311b II ist ein Vertrag, durch den sich ein Vertragspartner verpflichtet, sein künftiges Vermögen oder einen Bruchteil davon zu übertragen oder mit einem Nießbrauch[118] zu belasten, nichtig. Der Grund dafür ist, dass ein solcher Vertrag den Schuldner in eine zu weitgehende Abhängigkeit bringen würde.[119]

119 Nach § 311b IV ist ein schuldrechtlicher Vertrag, der sich auf den erbrechtlichen Erwerb aus dem Vermögen eines noch lebenden Dritten bezieht, ebenfalls nichtig. Hierfür wird als Grund angeführt, dass die in einem solchen Vertrag liegende Spekulation auf den Tod eines Dritten als anstößig erscheint. Zudem soll verhindert werden, dass jemand leichtsinnig einen möglichen künftigen Erwerb verschleudert.

Nach § 276 III kann dem Schuldner bei Pflichtverletzungen die Haftung wegen Vorsatzes nicht im Voraus erlassen werden.

III. Leistungspflicht

Entscheidend für die Charakterisierung des Schuldverhältnisses ist diejenige Leistungspflicht (§ 241 I), an deren Erfüllung der Gläubiger das stärkste Interesse hat.

1. Hauptleistungspflichten und Nebenleistungspflichten

120 Nehmen wir als Beispiel erneut den Kaufvertrag. Lesen Sie nochmals § 433 II! Gläubiger ist in Abs. 2 der Verkäufer, Schuldner ist der Käufer.

◼ Wozu ist der Käufer als Schuldner verpflichtet, worin besteht seine Leistungspflicht?

▶ Der Käufer ist verpflichtet, den vereinbarten Kaufpreis zu zahlen und die gekaufte Sache abzunehmen. Darin bestehen seine Leistungspflichten.

◼ An der Erfüllung welcher Leistungspflicht hat der Gläubiger, der Verkäufer, im Normalfall das größere Interesse?

▶ Im Normalfall an der Zahlung des Kaufpreises!

---

116 So unter anderem BGH NJW 2004, 2668 (2670); stRspr seit RGZ 48, 114 (124).
117 *Medicus/Lorenz* SchuldR AT Rn. 128.
118 Lesen Sie § 1030 – dazu *Wörlen/Kokemoor* SachenR Rn. 366–377.
119 Vgl. *Medicus/Lorenz* SchuldR AT Rn. 129.

Auch an der Abnahme ist er interessiert, vor allem, wenn es sich um große sperrige Gegenstände handelt, die in seinem Warenlager sehr viel Platz beanspruchen, oder wenn es sich um verderbliche Ware handelt.

Die Zahlung des Kaufpreises ist beim Kaufvertrag die **Hauptleistungspflicht** des Käufers.

▨ Wie würden Sie im Gegensatz zu dieser Hauptleistungspflicht die Pflicht des   **121**
Käufers zur Abnahme der Sache bezeichnen?

▶ Man spricht von einer »Nebenleistungspflicht« des Schuldners. Haupt- und Nebenleistungspflichten gibt es nicht nur beim Kaufvertrag, sondern in jedem vertraglichen Schuldverhältnis. Wenngleich das, wie beim Kaufvertrag in § 433 II mit der Abnahmepflicht des Käufers, nicht in jedem einzelnen der im Besonderen Teil des Schuldrechts gesetzlich typisierten Schuldverhältnisse ausdrücklich festgelegt ist, gibt es dennoch zwei Vorschriften, aus denen sich solche Nebenleistungspflichten (auch: »Nebenpflichten«) des Schuldners für jeden Vertrag herleiten lassen.

▨ Wo würden Sie solche Vorschriften suchen?

▶ Im Allgemeinen Teil des Schuldrechts, der ja für alle besonderen Schuldverhältnisse gilt! Sofern Sie dem Hinweis, alle zitierten Vorschriften sogleich im Gesetz nachzulesen, gefolgt sind, haben Sie die beiden Paragrafen dazu schon einmal gelesen.[120]

2. Der Grundsatz von Treu und Glauben

Lesen Sie § 242 BGB (nochmals?).   **122**

In dieser Vorschrift ist der »Grundsatz von Treu und Glauben« festgeschrieben, der alle Schuldverhältnisse bzw. das gesamte Verhalten der an einem Schuldverhältnis Beteiligten beherrscht.

§ 242 ist so etwas wie eine juristische Zauberformel! Wenn auf irgendeinen Sachverhalt keine Vorschrift mehr passt: mit den scheinbar schwammigen Begriffen »Treu und Glauben« und »Rücksicht auf die Verkehrssitte« lässt sich fast jeder Fall lösen.

Was es zu diesen Begriffen an Theorien gibt, ist kaum vorstellbar. Dazu ein Beispiel, das für sich spricht: Es gibt zum BGB sehr viele Kommentare verschiedenen Umfangs. Ein Standardwerk zB, das mit Sicherheit in jeder Rechtsabteilung eines wirtschaftlichen Unternehmens zu finden ist, ist der Kommentar von »*Palandt*«, ein Werk von 2579 (betr. das BGB) winzig bedruckten Seiten. Wenn Sie berücksichtigen, dass das BGB 2385 Paragrafen hat und allein 13 Seiten dieses Kommentars § 242 gewidmet sind, können Sie sich vorstellen, wie wichtig diese Vorschrift genommen wird. Ein mittlerweile 105 Bände umfassender Kommentar (*Staudinger*) enthielt sogar einen Band allein über § 242 (nunmehr: §§ 241–243 BGB = 847 Seiten)! Da Sie aber nicht ausgebildet werden, um juristisches »Erbsenzählen« zu lernen, brauchen Sie sich mit solchen Wälzern als Wirtschaftswissenschaftler oder juristischer Studienanfänger nicht aufzuhalten.

Sie müssen aber wissen, dass es das Prinzip von Treu und Glauben im Allgemeinen Schuldrecht gibt.

---

120 → Rn. 7 = §§ 241 II und 242.

Dieses Prinzip beruht im Wesentlichen auf dem Grundsatz des Vertrauens in ein bestimmtes faires und rechtmäßiges Verhalten der an einem Schuldverhältnis Beteiligten. Aus diesem Grundsatz hat die Rechtsprechung unter anderem hergeleitet, dass die Vertragspartner außer ihren Hauptleistungspflichten auch Nebenleistungspflichten und schließlich sog. »Rücksichtnahme-, Schutz- und Sorgfaltspflichten« haben.[121]

Mit der Schuldrechtsreform wurde dieses Prinzip in § 241 II (lesen!) konkretisiert (→ Rn. 7).

3. Arten der Nebenleistungspflichten

Die Nebenleistungspflichten sind auf die Hauptleistungspflichten bezogen; sie sollen deren Erfüllung unterstützen und fördern. Sie haben also eine »**dienende Funktion**« **und verfolgen keinen eigenständigen Zweck**.[122]

a) Selbstständige und unselbstständige Nebenleistungspflichten

123 Grundsätzlich unterscheidet man nach hM zwischen **selbstständigen und unselbstständigen Neben(leistungs)pflichten**, wobei sich die Unterscheidung vor allem auf die Klagbarkeit bezüglich der Erfüllung dieser Nebenpflichten bezieht.[123]

aa) Selbstständige, leistungsbezogene Nebenpflichten

124 Selbstständige Nebenpflichten dienen der Vorbereitung, Durchführung und Sicherung der Hauptleistung[124] durch eigene Zwecksetzung. Hierbei handelt es sich insbesondere um Anzeige-, Auskunfts- oder Rechenschaftspflichten. Der Gläubiger kann vom Schuldner die Erfüllung dieser Nebenpflichten verlangen und den Anspruch selbstständig einklagen.[125]

125 **Beispiel:** Für die Abtretung von Forderungen (→ Rn. 422 ff.) bestimmt § 402, dass der bisherige Gläubiger einer abgetretenen Forderung verpflichtet ist, dem neuen Gläubiger die zur Geltendmachung der Forderung nötige Auskunft zu erteilen und die zum Beweis der Forderung dienenden Urkunden auszuliefern. Erfüllt der bisherige Gläubiger seine Auskunfts- und Auslieferungspflicht nicht, kann der neue Gläubiger auf Erfüllung dieser selbstständigen Nebenpflicht klagen.

bb) Unselbstständige, nicht leistungsbezogene Nebenpflichten

126 Auf die Erfüllung unselbstständiger Nebenpflichten besteht kein selbstständiger, einklagbarer Anspruch. Die Verletzung solcher Nebenpflichten kann jedoch Schadensersatzansprüche auslösen. Hierzu gehören insbesondere Rücksichtnahmepflichten wie Fürsorge- und Obhutspflichten, Treuepflichten, Mitwirkungspflichten und Aufklärungspflichten,[126] auf die sogleich noch einzugehen ist.

Diese unselbstständigen Nebenpflichten dienen vor allem dem Schutz der Person und des Vermögens der anderen Partei (sog. »Integritätsinteresse«). Man bezeichnet diese

---

121 Eine etwas ausführlichere und wissenschaftlichere Darstellung von »Treu und Glauben als allgemeines Prinzip« findet sich bei *Medicus/Lorenz* SchuldR AT Rn. 138–155. Der Beginn seines Hinweises auf einschlägige Literatur lautet: »fast unübersehbar, vgl. die riesigen Literatur-Übersichten bei MüKoBGB/*Roth* und Staudinger/*J. Schmidt* zu § 242 sowie ...«.

122 So *Looschelders* SchuldR AT Rn. 12.

123 *Brox/Walker* SchuldR AT § 2 Rn. 8, 11 f.; MüKoBGB/*Bachmann* § 241 Rn. 56.

124 Palandt/*Grüneberg* § 241 Rn. 5.

125 HK-BGB/*Schulze* Vorbem. zu §§ 241–853 Rn. 21.

126 *Esser/Schmidt* SchuldR AT I § 6 IV.

Nebenpflichten daher allgemein auch als »Schutz- und Sorgfaltspflichten« oder »Verhaltenspflichten«.

Aufgrund dieser Verhaltenspflichten müssen beide Parteien darauf achten, bei der Vertragsabwicklung der anderen Partei keinen Schaden zuzufügen. Erleidet eine Partei aufgrund der Verletzung einer solchen Verhaltenspflicht durch die andere Partei dennoch einen Schaden, so ist von der verletzenden Partei konsequenterweise Schadensersatz zu leisten. Anspruchsgrundlage ist im Regelfall § 280 I, auf den wir unter → Rn. 188 f. und → Rn. 337 f. noch ausführlich eingehen werden.

> **Beispiel:** Der mit dem Streichen der Raufasertapeten im Zimmer des Bodo Bodenfleck (B) beauftragte Malermeister Ulf Umbra (U) hat den Teppichboden des Raumes nicht richtig abgedeckt und hinterlässt auf diesem Farbkleckse. Die Reinigungskosten betragen 200 EUR.

b) Rechtsgrundlagen für Nebenpflichten

Nebenpflichten können sich, wie soeben (→ Rn. 121) gesehen, aus spezialgesetzlichen Regelungen (zB Abnahmepflicht des Käufers in § 433 II Hs. 2) oder aus den allgemeinen Regelungen (→ Rn. 122) von § 242 und § 241 II ergeben. **127**

Aufgrund ihrer Gestaltungsfreiheit (Vertragsfreiheit, → Rn. 17 ff.) steht es den Parteien darüber hinaus selbstverständlich frei, Nebenpflichten vertraglich zu vereinbaren.

aa) Vertragliche Vereinbarungen

Auch für die Vereinbarung von Nebenpflichten gilt der Grundsatz, dass alles erlaubt ist, was nicht verboten ist (→ Rn. 117). **128**

Sind die Vereinbarungen unklar oder unvollständig, sind Inhalt und Umfang der Nebenpflicht durch ergänzende Vertragsauslegung[127] zu ermitteln.

> **Beispiel:** Karlo Kaufgut (K) kauft von Volker Volt (V) eine vierteilige Stereoanlage. Die Parteien vereinbaren, dass V die Anlage an die bei K vorhandenen Lautsprecher anschließen soll, ohne die Art und Weise des Anschlusses näher festzulegen.
> Hier ist durch ergänzende Vertragsauslegung zu ermitteln, wie V die vereinbarte Nebenpflicht erfüllen muss, wobei die örtlichen Gegebenheiten zu berücksichtigen sind: Art der bereits bei K verwendeten Kabel, Verlegung durch Kabelkanäle, an Fußbodenleisten oder freie Verlegung uÄ.

Vertraglich vereinbarte Nebenpflichten sind grundsätzlich selbstständige Nebenpflichten.

bb) Spezialgesetzliche Regelungen

Auch spezialgesetzliche Regelungen enthalten regelmäßig selbstständige Nebenpflichten, wie (→ Rn. 124) zB Anzeige-, Auskunfts- und Rechenschaftspflichten. **129**

> **Beispiele:**
> - Die oben (→ Rn. 125) erwähnte Auskunfts- und Auslieferungspflicht nach § 402.
> - Die Auskunfts- und Rechenschaftspflicht des Beauftragten gem. § 666 (lesen Sie zur ersten Information auch § 662, der das Wesen des Auftrags beschreibt), auf den in § 681 S. 2 und auch in § 713 verwiesen wird (die beiden letztgenannten Vorschriften »müssen« Sie jetzt nicht lesen ...). Weitere Beispiele: §§ 681, 687 II, 1379, 2057, 2127, 2130 II, 2218.
> - Für den Arbeitgeber als »Dienstberechtigten« iSv § 611 (lesen) ergibt sich aus § 617 eine Fürsorgepflicht (Pflicht zur Krankenfürsorge) und aus § 618 eine Pflicht zu Schutzmaßnahmen zum Schutze des Arbeitnehmers (»Dienstverpflichteter« iSv § 611).

---

127 Vgl. *Wörlen/Metzler-Müller* BGB AT Rn. 160 ff., und zur Auslegung im Allgemeinen Rn. 168 ff.

- Beim Sachkauf ergeben sich spezialgesetzlich festgeschriebene Nebenpflichten des Käufers außer aus § 433 II Hs. 2 (→ Rn. 121, 127) auch aus § 446 S. 2 Hs. 2 (Lastentragung) und § 448 I Hs. 2 (Abnahme- und Transportkosten); der Verkäufer muss gem. § 448 I Hs. 1 die Kosten der Übergabe tragen.

cc) Die allgemeine Regelung gem. § 242

130 Dass der Schuldner auch ohne vertragliche Vereinbarung und spezialgesetzliche Regelung eine Vielzahl von Nebenpflichten haben kann, die sich aus § 242 ergeben können, wurde schon (→ Rn. 122) angedeutet. Aufgrund des Prinzips von Treu und Glauben kann der Inhalt des Schuldverhältnisses ergänzungsbedürftig sein, insbesondere durch die Begründung von Nebenpflichten wie Auskunfts-, Aufklärungs- und Mitwirkungspflichten bei der Vorbereitung, Durchführung und Sicherung der Hauptleistung.[128] Aus § 242 wurden vor der Schuldrechtsreform auch die oben (→ Rn. 122) genannten Schutz- und Sorgfaltspflichten hergeleitet, die nunmehr von § 241 II (→ Rn. 136–139) erfasst werden. Was nicht unter § 241 II »passt« (weil der reformierte Gesetzeswortlaut nicht eindeutig und abschließend ist), »passt« allemal weiterhin unter § 242.

Überwiegend handelt es sich auch bei den aus § 242 hergeleiteten Nebenpflichten um (auf Erfüllung) einklagbare, selbstständige »leistungsbezogene« Nebenpflichten, während § 241 II sich auf unselbstständige, »nicht leistungsbezogene« Nebenpflichten bezieht.

(1) Auskunfts- und Rechenschaftspflichten

131 Auskunfts- und Rechenschaftspflichten sind selbstständig einklagbare Nebenpflichten. Sofern sie sich nicht aus spezialgesetzlichen Regelungen, von denen einige oben (→ Rn. 129) genannt sind, ergeben, bestehen sie nach Treu und Glauben iSv § 242 unter folgenden Voraussetzungen:[129]

- Der **Auskunftsberechtigte** muss über das Bestehen seiner Rechte entschuldbar im Ungewissen sein.
- Der **Auskunftsberechtigte** darf **nicht** in der Lage sein, sich auf zumutbare Weise die Informationen anderweitig zu beschaffen, dh er ist auf die Informationen des Auskunftsverpflichteten angewiesen.
- Der **Auskunftsverpflichtete** muss die erforderliche Auskunft **unschwer** erteilen können, dh die Auskunftserteilung muss ihm zumutbar sein.

Der Umfang der Auskunftspflicht ist durch Abwägung der beiderseitigen Interessen im Einzelfall zu bestimmen. Die Auskunftspflicht kann zB dadurch eingeschränkt sein, dass die Parteien des Schuldverhältnisses Konkurrenten sind.[130]

(2) Mitwirkungspflichten

132 Mitwirkungspflichten bestehen aufgrund von Treu und Glauben für beide Vertragsparteien, wenn die Erreichung des Vertragszwecks ein Zusammenwirken bei der Vertragsdurchführung erfordert. Insbesondere sind eventuelle Erfüllungshindernisse zu beseitigen. Diese Nebenpflichten sind leistungsbezogen und ebenfalls selbstständig einklagbar. Häufig entstehen Mitwirkungspflichten bei genehmigungsbedürftigen

---

128 HK-BGB/*Schulze* § 242 Rn. 2.
129 Vgl. HK-BGB/*Schulze* § 242 Rn. 19.
130 HK-BGB/*Schulze* § 242 Rn. 19 unter Hinweis auf BGH GRUR 1976, 143 = MDR 1976, 119.

Rechtsgeschäften (zB wenn die Durchführung des Vertrages eine behördliche Einfuhr-, Veräußerungs- oder Baugenehmigung erfordert).[131]

Dazu folgender Fall:

Übungsfall 6[132]

Mit notariellem Vertrag verkaufte Volker Vaupel (V) dem Konrad Kauffeld (K) ein im Außenbereich der Stadt liegendes ca. 7.300 qm großes Grundstück als »Industriebaugelände« und ließ es ihm auf[133] (vgl. § 925). Daraufhin versagte die Baubehörde die Genehmigung[134] zur Auflassung (nach dem früher – 1967 – geltenden § 19 II Nr. 1 BBauG ...), weil noch kein genehmigungsfähiger Bebauungsplan vorliege; nach aufsichtsbehördlicher Genehmigung des für diesen Bereich aufgestellten Bebauungsplans könnte der Antrag erneut gestellt und genehmigt werden. Der Vertrag müsse aber durch Streichung der Worte »als Industriebaugelände« neu formuliert werden.

Hat K gegen V einen Anspruch auf Streichung der »Industriebaugelände-Klausel«, dh auf Zustimmung zur Änderung des Vertragsinhalts?

■ Es geht um die Erfüllung des zwischen K und V geschlossenen Kaufvertrags. Welchen Anspruch hat der Käufer gegen den Verkäufer?

▶ Gemäß § 433 I 1 ist der Verkäufer verpflichtet, dem Käufer die Sache zu übergeben und ihm das Eigentum daran zu verschaffen.

Da man ein Grundstück schlecht »übergeben« kann (heben Sie das Grundstück einmal hoch und übergeben Sie es dem Käufer ...), nachdem man sich über den Eigentumsübergang geeinigt hat, sieht § 873 I anstelle der Übergabe die Eintragung ins Grundbuch vor. Diese Einigung bedarf der Form des § 925 I 1 (Auflassung).[135]   **133**

Seine Auflassungserklärung hat V vor dem Notar abgegeben, doch steht der Vertragserfüllung die versagte behördliche Genehmigung entgegen, aufgrund derer der Verwendungszweck »Industriebaugelände« aus dem Vertragstext gestrichen werden muss. Die Zustimmung des V zur Vertragsänderung könnte eine Nebenleistungspflicht des V sein.

■ Woraus könnte sich diese Nebenleistungspflicht ergeben?

▶ Sie könnte sich aus § 433 I 1 iVm § 242 ergeben.

■ Welches sind die Voraussetzungen für einen Anspruch – zunächst – aus § 433 I 1?

▶ Ein wirksamer Kaufvertrag iSv § 433. Und, da es sich um einen Grundstückskaufvertrag handelt, iVm § 311b I 1 (lesen!).

Diese Voraussetzungen sind erfüllt. Der Kaufvertrag (= Verpflichtungsgeschäft[136]) ist   **134**
wirksam.

V kann seine Hauptleistungspflicht, dem K gem. §§ 873, 925 das Eigentum an dem Grundstück zu verschaffen, jedoch nicht erfüllen, solange die Baubehörde die Auflassungsgenehmigung nicht erteilt hat. Da dies nur geschehen wird, wenn die »Industriebaugelände«-Klausel gestrichen wird, kann sich aus dem Kaufvertrag gem.

---

131 HK-BGB/*Schulze* § 242 Rn. 17.
132 Nach BGHZ 67, 34 ff. = NJW 1976, 1939.
133 Lesen Sie § 873 I und § 925 I.
134 »Genehmigung« im öffentlichen Recht hat nicht die Bedeutung wie »Genehmigung« iSv § 184 BGB, dh, baurechtliche Genehmigungen müssen vorher erteilt werden.
135 Dazu *Wörlen/Kokemoor* SachenR Rn. 211, 227 ff.
136 Vgl. »Abstraktionsprinzip« und *Wörlen/Metzler-Müller* BGB AT Rn. 268 ff.

§ 242 nach Treu und Glauben die Nebenleistungspflicht des V ergeben, sich mit der Streichung der Klausel einverstanden zu erklären, damit seine Hauptleistungspflicht erfüllt werden kann. Um festzustellen, ob eine Nebenleistungspflicht – hier: die Mitwirkungspflicht des V – besteht, müssen die Interessen der Vertragsparteien unter Berücksichtigung des Vertragszwecks abgewogen werden. Zum einen muss der Gläubiger zur Erreichung des Vertragszwecks auf die Mitwirkung (Nebenleistung) des Schuldners angewiesen sein. Zum anderen muss dem Schuldner die Erbringung der Nebenleistung zumutbar sein. Dies wäre zB nicht der Fall, wenn dem Schuldner nach Erfüllung seiner Nebenpflicht zusätzliche Verpflichtungen auferlegt würden oder sich der Vertragsinhalt bzw. -gegenstand wesentlich ändern würde.

■ Wie würden Sie unseren Fall nach Abwägung der Interessen von K und V entscheiden? (Überlegen Sie wieder selbst, machen Sie sich Notizen, bevor Sie weiterlesen.)

▶ Da die Hauptleistung des V, dem K das Eigentum an dem Grundstück zu übertragen, nur erbracht werden kann, wenn die von der Genehmigungsbehörde beanstandete Vertragsklausel mit Zustimmung des V gestrichen wird, ist K zur Erreichung des Vertragszwecks auf die Mitwirkung des V angewiesen. Diese Mitwirkung ist dem V auch zumutbar. Die Zustimmung zur Streichung der beanstandeten Klausel hätte keine neuen Verpflichtungen des V zur Folge, sondern würde gerade dazu führen, dass V seine gem. § 433 I 1 iVm § 311b I 1 bereits bestehende Verpflichtung zur Eigentumsverschaffung erfüllen kann.

Somit hat V gem. § 433 I 1 iVm § 242 die leistungsbezogene Nebenpflicht, bei der Änderung des Vertragstextes mitzuwirken,[137] damit er seine Hauptleistungspflicht erfüllen kann.

(3) Nachvertragliche Nebenpflichten

135 Nachvertragliche Nebenpflichten können nicht leistungsbezogene Nebenpflichten gem. § 241 II (→ Rn. 136) oder sich aus § 242 ergebende selbstständig einklagbare Pflichten sein.[138]

> **Beispiele** für Letztere sind:
> • Konkurrenz- und Wettbewerbsverbote; so darf etwa der Verkäufer eines Unternehmens mit Kundschaft nicht in Wettbewerb zu dem Käufer treten.[139]
> • Verpflichtung zur Verschwiegenheit nach Beendigung eines Dienstverhältnisses.[140]
> • Gewährung von Einsicht in die Krankenunterlagen nach Beendigung der Behandlung.[141]
> • Produktbeobachtung durch den Produzenten.[142]

Je nach Verstoß gegen diese Nebenpflichten durch den Schuldner kann der Gläubiger dagegen eine Unterlassungsklage[143] erheben und gegebenenfalls Schadensersatz nach § 280 I verlangen.

Schuldhafte Pflichtverletzungen bei leistungsbezogenen, selbstständigen Nebenpflichten können also zum **Schadensersatzanspruch nach § 280 I** führen.

---

137 BGHZ 67, 34 (35) = NJW 1976, 1939.
138 HK-BGB/*Schulze* § 242 Rn. 20.
139 Palandt/*Grüneberg* § 242 Rn. 29 unter Hinweis auf Palandt/*Ellenberger* § 157 Rn. 17.
140 BGHZ 80, 28.
141 BGHZ 85, 331 = NJW 1983, 328.
142 BGHZ 99, 173.
143 HK-BGB/*Schulze* § 241 Rn. 11.

dd) Die allgemeine Regelung gem. § 241 II

Gemäß § 241 II **kann** ein Schuldverhältnis nach seinem Inhalt jeden Teil zur Rück- **136**
sicht auf die Rechte, Rechtsgüter und Interessen des anderen Teils verpflichten.

Aus der Formulierung »kann« lässt sich schließen, dass der Gesetzgeber offenbar davon ausging, dass es auch Schuldverhältnisse gibt, die nicht zur Rücksichtnahme verpflichten. Ein solches Schuldverhältnis ist allerdings kaum vorstellbar, da der Grundsatz, dass die Parteien eines jeden Schuldverhältnisses verpflichtet sind, sich so zu
verhalten, dass die Rechte und Rechtsgüter der anderen Partei nicht verletzt werden,
bereits (vor der im Rahmen der Schuldrechtsreform vorgenommenen Normierung
von § 241 II) durch die Rechtsprechung zu § 242 seit langem anerkannt war. Das
Wort »kann« verweist deshalb lediglich auf die unterschiedliche Intensität der Rücksichtnahme und bringt darüber zum Ausdruck, dass Rücksichtnahme auch dann geschuldet ist, wenn sie nicht eigens vereinbart wurde.[144] Bei den in § 241 II angesprochenen Pflichten zur Rücksichtnahme handelt es sich um **Verhaltenspflichten** in
Form von unselbstständigen, nicht leistungsbezogenen Nebenpflichten (→ Rn. 126).
Es besteht, wie gesagt, kein eigener, einklagbarer Anspruch auf Erfüllung dieser
Pflichten, sondern ihre Verletzung kann Schadensersatzansprüche nach den §§ 280 ff.
auslösen. Unter die von § 241 II erfassten Pflichten fallen vor allem **Aufklärungspflichten und Schutzpflichten**,[145] wobei die Abgrenzung nicht immer einheitlich
ist.[146]

(1) Aufklärungspflichten

Aufklärungspflichten zielen darauf ab, dass jeder Vertragspartner den anderen über **137**
mögliche Gefahren bei der Durchführung des Vertrags aufklären muss.

Aufklärungspflichten (»Hinweis-, Anzeige-, Offenbarungs-, Mitteilungs- bzw. allgemeine Informationspflichten«[147]) bestehen nur dann, wenn die andere Partei des
Schuldverhältnisses nach den im Geschäftsverkehr herrschenden Anschauungen eine
Aufklärung erwarten darf. Die Annahme einer Aufklärungspflicht hängt danach von
den Umständen und dem Inhalt des jeweiligen Schuldverhältnisses ab, insbesondere
von der Art und dem Gegenstand des Geschäfts, wobei auch der unterschiedliche Er-
fahrungs- und Wissensstand zwischen den Parteien zu berücksichtigen ist.[148] Die Verletzung von Aufklärungspflichten betrifft vielfach die Phase der (vor)vertraglichen
Verhandlungen und führt dann zu einer Haftung aus § 280 I iVm § 311 II
(→ Rn. 359 ff.), der auf § 241 II verweist.

> **Beispiele:**[149]
> • Bei Verhandlungen über die Vertragsaufhebung muss der Kreditgeber darüber informieren,
>   dass die vorgesehene, das Kündigungsrecht ausschließende Art der Refinanzierung nicht
>   durchgeführt worden ist.

---

144 So MüKoBGB/*Bachmann* § 241 Rn. 49 mwN.
145 Palandt/*Grüneberg* § 241 Rn. 7.
146 HK-BGB/*Schulze* § 241 Rn. 6 und 7 geht vom Oberbegriff »Schutzpflichten« aus und teilt diese
     in Hauptgruppen ein, unter die auch Aufklärungspflichten einzureihen sind; *Alpmann und
     Schmidt* SchuldR AT 1 2. Teil. 4. Abschn. stellt unter § 241 II neben die Aufklärungs- und Schutz-
     pflichten noch sog. »Leistungstreuepflichten«, die den Schuldner verpflichten, alles zu unterlas-
     sen, was den Vertragszweck beeinträchtigen oder gefährden könnte.
147 HK-BGB/*Schulze* § 241 Rn. 7.
148 MüKoBGB/*Bachmann* § 241 Rn. 129.
149 Nach Palandt/*Grüneberg* § 280 Rn. 30, BeckOK BGB/*Sutschet* § 241 Rn. 83 ff., jurisPK-
     BGB/*Seichter* § 280 Rn. 35 f., wo weitere Einzelfälle genannt werden.

- Der Unternehmer muss den Handelsvertreter über mögliche Lieferschwierigkeiten oder eine beabsichtigte Betriebsstilllegung rechtzeitig informieren.
- Der Schuldner muss dem Gläubiger zumindest auf ausdrückliches Befragen den wirklichen Grund für das Ausbleiben seiner Leistung mitteilen.
- Der Verkäufer eines Gebrauchtwagens hat die Pflicht (die man auch als »Offenbarungspflicht« bezeichnet), den Käufer darauf hinzuweisen, dass das Auto bei einem Verkehrsunfall beschädigt wurde, sofern nicht lediglich ein Bagatellschaden vorlag.
- Der Vermieter ist verpflichtet, den Mieter auf zwischenzeitlich entstandene oder bekannt gewordene Gesundheitsgefahren hinzuweisen.
- Der Veranstalter einer Flugpauschalreise ist verpflichtet, Reisende auf einen drohenden Hurrikan im Zielgebiet hinzuweisen.

(2) Schutzpflichten

138 Jedes Schuldverhältnis begründet für beide Parteien, wie bereits mehrfach angedeutet, umfangreiche Schutzpflichten (Verhaltenspflichten, → Rn. 126). Unter einer Schutzpflicht versteht man die Pflicht, sich bei Abwicklung des Schuldverhältnisses so zu verhalten, dass Körper, Leben, Eigentum und sonstige Rechte und Rechtsgüter der anderen Partei nicht verletzt werden,[150] sofern eine Partei eine durch das Schuldverhältnis bedingte Einwirkungsmöglichkeit auf diese erhält.

Beispiele:
- Beim Werkvertrag (lesen Sie § 631 I) ist der Unternehmer verpflichtet, darauf zu achten, dass dem Besteller keine Schäden an seinem Eigentum (zB Brandschäden bei der Ausführung von Reparatur-/Schweißarbeiten) oder an seinem Körper (etwa Verbrennungen, wenn bei den Schweißarbeiten kein entsprechender Sicherheitsabstand eingehalten wurde) entstehen.
- Beim Mietvertrag haben Vermieter oder Mieter dafür einzustehen, wenn dem anderen Teil durch ihr Verschulden ein Wassereinbruchs- oder ein Brandschaden entsteht.[151]
  Der Mieter hat beim Umzug zB auch darauf zu achten, dass beim Transport der Möbel das Eigentum des Vermieters (Türen, Wände, Treppen, Geländer etc) nicht beschädigt wird.[152]
- Ein Wirt hat darauf zu achten, dass er beim Servieren (zB) keinen Rotwein auf die Kleidung des Gastes schüttet. Passiert dieses Missgeschick dem vom Wirt mit dem Servieren beauftragten Kellner, muss der Wirt für diese Pflichtverletzung über § 278 (lesen; Näheres → Rn. 397 ff.) einstehen. Gleiches gilt, wenn der Gehilfe des Malermeisters mit seiner Leiter das Geschirr des Bestellers zertrümmert oder »dessen Ehefrau umarmt«.[153]
- Ein Rechtsanwalt verletzt seine Schutzpflicht bereits durch ein Verhalten, das den Verdacht der Unterschlagung von Mandantengeldern begründet.[154]
- Der Veranstalter einer Sportveranstaltung ist zum Schutz der Besucher vor Körper- und Sachschäden verpflichtet, nicht mehr Eintrittskarten zu verkaufen als Plätze vorhanden sind. Er ist auch verpflichtet, dafür Sorge zu tragen, dass weder Sportler durch die Unsicherheit der Anlage (zB schmierige Radrennbahn oder Tartanlaufbahn) noch Zuschauer durch das Sportgeschehen (zB Eishockeyspiel, Motorradrennen) verletzt werden können.[155]

Schuldhafte Pflichtverletzungen der in den Beispielen genannten Art können zu **Schadensersatzansprüchen gem. §§ 280 I und III, 282 und zum Rücktrittsrecht des Gläubigers nach § 324** führen.

139 Soweit innerhalb eines Schuldverhältnisses Schutzpflichten als unselbstständige Nebenpflichten mit einer Leistungspflicht (Hauptleistungspflicht) iSv § 241 I verbunden

---

150 Palandt/*Grüneberg* § 241 Rn. 7.
151 Palandt/*Grüneberg* § 280 Rn. 28 a.
152 *Alpmann und Schmidt* SchuldR AT 1 Rn. 82.
153 *Medicus/Lorenz* SchuldR AT Rn. 415.
154 BGH NJW 1995, 1955.
155 Vgl. *Alpmann und Schmidt* SchuldR AT 1 Rn. 82. Weitere Einzelfälle finden Sie unter anderem bei Palandt/*Grüneberg* § 280 Rn. 28 ff.

sind, kann in einzelnen Fällen die Abgrenzung Schwierigkeiten bereiten. Maßgeblich ist grundsätzlich, ob die jeweilige Pflicht der Erbringung der geschuldeten Leistung (**Leistungsinteresse**) oder dem Schutz der sonstigen Rechte, Rechtsgüter und Interessen der anderen Partei (**Integritätsinteresse**) dient.

In einer auf die Erbringung der Leistung gerichteten Verhaltenspflicht kann unter Umständen aber zugleich eine Schutzpflicht hinsichtlich der (sonstigen) Rechte der anderen Partei oder Dritter liegen; zB kann die Pflicht des Verkäufers zur Aufklärung über die Bedienungsweise eines Geräts ebenso dazu dienen, die geschuldete Leistung (Lieferung eines sachgemäß verwendbaren Kaufgegenstands = Hauptleistungspflicht; vgl. dazu sogleich Übungsfall 7, → Rn. 141 ff.) zu erbringen, wie dazu, den Käufer oder seine Mitarbeiter vor Gesundheitsbeeinträchtigungen beim Gebrauch des Geräts zu schützen.[156]   **140**

	141
Übungsfall 7	

»Ärger mit dem Computer«

Versicherungsmakler Karl Kaufmann (K) kauft für seine neuen Geschäftsräume beim Computerspezialisten Volker Vogt (V), dem Inhaber der Computerherstellungsfirma »Vereinigte Big Brothers«, eine IT-Anlage für 20.000 EUR, die K zuvor bei V besichtigt hatte. Nachdem V das Equipment in das Gebäude des K gebracht und dort in der IT-Abteilung aufgestellt hat, ist weder K noch einer seiner Mitarbeiter in der Lage, die IT-Anlage in Gang zu setzen. Die Bedienungsanleitung scheint in »Chinesisch« gefasst zu sein! K bittet den V um gesonderte Einweisung in die Bedienung der IT-Anlage. V antwortet, er habe seine Verpflichtungen aus dem Kaufvertrag mit der Lieferung der IT-Anlage erfüllt; wenn K sich eine solch komplizierte IT-Anlage anschaffe, müssten er und seine Mitarbeiter auch damit fertig werden.

Hat K gegen V aufgrund des Kaufvertrags einen Anspruch auf Einweisung in die Bedienung der IT-Anlage?[157]

Versuchen wir, den Stoff, den uns dieser Fall vermitteln soll, »auf Gutachtenart« zu erarbeiten.   **142**

◼ Nach welchem Anspruch ist gefragt?
▶ Nach einem Anspruch des Käufers gegen den Verkäufer auf (vollständige) Erfüllung des Kaufvertrags!

◼ Welche Anspruchsgrundlage des Besonderen Schuldrechts, die Sie bereits gut kennen, enthält den Erfüllungsanspruch des Käufers gegen den Verkäufer? (Überlegen!)
▶ Antwort: s. unten.[158]

Vergessen Sie möglichst nicht, dass Paragrafen inhaltlich immer **genau** zitiert werden müssen! **Wiederholung:** In einem Gutachten wäre es zumindest ein Schönheitsfehler, wenn Sie von einem Anspruch des **Käufers** gegen den **Verkäufer** »gem. § 433« sprechen.

◼ Warum?
▶ Weil § 433 – in Abs. 2 – auch einen Anspruch des **Verkäufers** gegen den **Käufer** enthält!

◼ Welche Leistungspflicht muss der Verkäufer nach § 433 I 1 erfüllen?   **143**
▶ Übergabe der Kaufsache und Verschaffung des Eigentums! Diese Pflicht, bei der es sich um die Hauptleistungspflicht des Verkäufers handelt, hat V erfüllt. Wie Sie

---

156 HK-BGB/*Schulze* § 241 Rn. 8.
157 In Anlehnung an BGH NJW 1993, 461.
158 § 433 I 1!

eben gelesen haben, haben die Parteien eines Schuldverhältnisses neben den Hauptleistungspflichten auch Nebenleistungspflichten.

▪ Beschreibt § 433 I 1 eine solche Nebenleistungspflicht? (Nachdenken!)

▶ Anders als in Abs. 2 ist in Abs. 1 S. 1 nur von der (gegenseitigen) Hauptleistungspflicht die Rede.

▪ Aus welchen Vorschriften haben wir die allgemeinen Nebenleistungspflichten hergeleitet?

▶ Aus der Generalklausel des § 242 sowie insbesondere aus § 241 II (nochmals lesen!).

144 Wird aber die notwendige, verständliche Bedienungsanleitung für die IT-Anlage nicht ausgehändigt, so liegt in dem Unterbleiben der Aushändigung (Übergabe), wenn sie sich als unvollständige oder mangelhafte Erfüllung der Hauptleistungspflicht qualifizieren lässt, eine Pflichtverletzung iSv § 280 I 1!

Wir müssen uns also zunächst fragen, ob die verständliche Bedienungsanleitung in unserem Fall notwendig war und ihre Übergabe zur Hauptleistungspflicht von V gehörte.

Im »Normalfall« gilt für den Kaufvertrag, dass der Käufer(!) das Risiko dafür trägt, die Kaufsache auch zweckentsprechend verwenden zu können.

> **Beispiel:** Wer Austern kauft, kann vom Verkäufer nicht verlangen, dass dieser ihm bei der Zubereitung behilflich ist und ihn darüber aufklärt, wie man Austern verspeist!

▪ Wie sieht das in unserem Fall aus?
Gilt der Grundsatz, dass der Käufer das Risiko tragen muss, auch insofern, dass er die hochkomplizierte IT-Anlage richtig verwenden bzw. bedienen kann?

▶ Wenn der Verkäufer einer Sache nach den gesamten Umständen damit rechnen muss, dass seine Käufer die Kaufsache erst nach sorgfältiger Unterrichtung durch ihn zweckentsprechend verwenden können, muss er Vorkehrungen treffen, die erforderlich sind, um einem durchschnittlichen Käufer den funktionsgerechten Einsatz der Sache zu ermöglichen.

Die Antwort auf die eben gestellte Frage, ob der Käufer das »Verwendungsrisiko« tragen muss, ist in diesem Fall mit »nein« zu beantworten! (War das auch Ihre spontan gedachte Antwort?)

145 Die Übergabe der verständlichen Bedienungsanleitung für die IT-Anlage war also Teil der Hauptleistungspflicht des V, auf deren Erfüllung K einen Anspruch hat.

Angesichts der Tatsache, dass es sich um eine hochkomplizierte IT-Anlage handelt, die mit einer offenbar nur für versierte Spezialisten verständlichen Bedienungsanleitung versehen war, hatte V die vertragliche Hauptleistungspflicht, dem K entweder eine klare und eindeutig verständliche Bedienungsanleitung zu überlassen oder ihn in die Bedienung der IT-Anlage einzuweisen.

Da V dies unterlassen hat, liegt eine Pflichtverletzung gem. § 280 I 1 (lesen) vor! Indem V der Meinung ist, dass K mit der IT-Anlage auch ohne Bedienungsanleitung »klar kommen« müsste, hat V zumindest fahrlässig iSv § 276 I und II (lesen) gehandelt und muss diese Pflichtverletzung daher vertreten. Somit könnte K grundsätzlich gem. §§ 280 I, III, 281 I 1 Schadensersatz statt der Leistung verlangen. Dies allerdings nur – da V die Leistung »**nicht wie geschuldet**« (= mit Bedienungsanleitung) erbracht hat –, wenn K dem V erfolglos eine angemessene Frist zur **Nacherfüllung** bestimmt hat (§ 281 I 1 – lesen).

Da K hier nichts anderes als Nacherfüllung in Form einer verständlichen Bedienungsanleitung (= Einweisung in die Handhabung der IT-Anlage) verlangt, stellt sich die Frage nach Schadensersatz in diesem Fall nicht. Wir kommen auf die Voraussetzungen des Schadensersatzanspruchs gem. § 280 I im Einzelnen noch ausführlicher (→ Rn. 337 ff.) zu sprechen.

V ist innerhalb einer angemessenen Frist zur (Nach)Erfüllung gem. § 433 I 1 verpflichtet. Da sich die IT-Anlage schon in den Räumen des K befindet, muss V entweder eine neue, verständliche Bedienungsanleitung nachliefern oder jemanden zu K schicken, der die Handhabung der IT-Anlage verständlich erklärt.

IV. Leistungsort

Übungsfall 8

In Fall 7 hatte K den V gebeten, ihm die IT-Anlage zu bringen. Beim Aufstellen des Geräts wird K infolge einer Unachtsamkeit von den Leuten des V verletzt. V verlangt von K die Transportkosten; K verlangt von V Schadensersatz. Sind diese Ansprüche begründet?

Dies ist einer der nicht seltenen Fälle, in denen nicht nur nach **einem** Anspruch, sondern auch nach Gegenansprüchen des anderen Vertragspartners gefragt ist.   **146**

Wir trennen die beiden Fallfragen sorgfältig und prüfen zunächst die Ansprüche von V gegen K (weil danach zuerst gefragt wurde) und später (→ Rn. 337 f.) die Ansprüche von K gegen V.

Anspruch der V gegen K auf Ersatz der Transportkosten: **147**

- ▨ Welche bisher vielzitierte Anspruchsgrundlage kommt möglicherweise in Betracht? Welcher Vertrag wurde zwischen K und V geschlossen?
- ▶ Ein Kaufvertrag! Anspruchsgrundlage könnte § 433 sein.
- ▨ Welcher Absatz?
- ▶ Da es um einen Anspruch des Verkäufers gegen den Käufer geht, Abs. 2!
- ▨ Ist in § 433 II etwas darüber gesagt, wer die **Transport**kosten tragen muss?
- ▶ In Abs. 2 ist nur vom Anspruch auf **Kaufpreiszahlung** die Rede. Nur diese ist die Hauptleistungspflicht des Käufers. Die Abnahme der gekauften Sache ist eine selbstständige Nebenpflicht, die für die Lösung unseres Falles »uninteressant« ist.
- ▨ Welche Möglichkeiten gäbe es dennoch, eine Regelung über die Transportkosten zu treffen? Denken Sie an das im Schuldrecht geregelte Prinzip der Vertragsfreiheit!
- ▶ K und V könnten eine Vereinbarung darüber getroffen haben, wer diese Kosten zu tragen hat, und zwar in Form einer »vertraglichen Nebenabrede«.
- ▨ Ist das geschehen?
- ▶ Es ist keine vertragliche Nebenabrede getroffen, sondern lediglich eine Bitte von K gestellt worden.
  Also sind wir mit unserem »Latein« am Ende, sodass die Transportkosten von keinem getragen werden müssen?
- ▨ Was macht der Jurist, wenn er eine Lösung sucht, momentan aber nicht weiter weiß?
- ▶ Er blättert bei der besonderen Vorschrift im Gesetz weiter (bevor er auf die allgemeinen Vorschriften von §§ 241 II und 242 zurückgreift!).

148 Blättern Sie einmal bei § 433 weiter, überfliegen Sie die Überschriften der Paragrafen des Titels, der mit »Kauf, Tausch« (Untertitel 1) überschrieben ist, und suchen Sie einen Paragrafen, der etwas über die Transport**kosten** sagen könnte.

■ Welche Vorschrift haben Sie gefunden?

▶ Antwort: siehe unten![159]

Demnach muss der Käufer unter anderem die Kosten der Abnahme und der Versendung (dazu gehören auch die Transportkosten) tragen, wenn der Verkäufer die Sache – wir ergänzen: auf Wunsch des Käufers – an einen anderen Ort als den **Erfüllungsort** bringt oder versendet.

149 ■ Was ist das: der Erfüllungsort?

▶ Wenn Sie sich an das kürzlich Erlernte zum Begriff des Schuldverhältnisses erinnern, wissen Sie, dass die Erfüllung des Schuldverhältnisses (Vertrags) bedeutet: Der Gläubiger kann vom Schuldner eine Leistung fordern, die der Schuldner erbringen muss. Wir hatten festgestellt, dass der Anspruch des Gläubigers, eine Leistung vom Schuldner zu verlangen, identisch ist mit dem »Erfüllungsanspruch«. Somit ist der »Erfüllungsort«, von dem in § 448 I die Rede ist, in der Regel auch identisch mit dem »Leistungsort«!

Lesen Sie nun § 269 I. Dass unsere beiden Vertragspartner über den Leistungsort bzw. den Erfüllungsort nichts vereinbart haben, hatten wir bereits festgestellt. Es gibt keine vertragliche Nebenabrede! Sie haben insofern von der Vertragsfreiheit keinen Gebrauch gemacht, die dazu berechtigt, einen anderen Leistungsort zu bestimmen, als er in § 269 festgelegt ist. Somit bleibt es bei der – ansonsten dispositiven (abdingbaren) – Regelung von § 269!

■ Welcher Ort ist danach Leistungs- bzw. Erfüllungsort?

▶ Der Wohnsitz des Schuldners!

■ Wer ist Schuldner? K oder V?

▶ Der Verkäufer V! Es geht um die Verpflichtung zur Übergabe der Sache, nicht um die Zahlung des Kaufpreises.

■ Somit ist welcher Ort Leistungs- oder Erfüllungsort?

▶ Der Wohnsitz (bzw. Ort der gewerblichen Niederlassung) des Verkäufers V!

150 ■ Wenn Sie § 448 I nochmals lesen, müssten Sie die Frage beantworten können, wer für die Versendungskosten bzw. die Transportkosten aufkommen muss?

▶ Der Käufer K; denn auf seinen Wunsch hat V die Ware an einen anderen als den Erfüllungsort gebracht.

Damit haben wir die erste Frage von Fall 8 beantwortet. Als Ergebnis können wir feststellen:

»V hat gegen K einen Anspruch auf Zahlung der Transportkosten gem. § 433 iVm § 448 I«.

Aus § 448 I folgt, dass die Zahlung der Transportkosten für die Lieferung an einen anderen Ort als den Erfüllungsort, sofern nichts anderes vereinbart ist, ebenso eine leistungsbezogene Nebenleistungspflicht des Käufers ist, wie zB die Abnahme der Kaufsache.

Einen Überblick über die wichtigsten vertraglichen Haupt- und Nebenleistungspflichten gibt Übersicht 5 (→ Rn. 151 ff.):

---

159 **Sie müssten § 448 I gefunden haben (lesen!).**

Übersicht 5

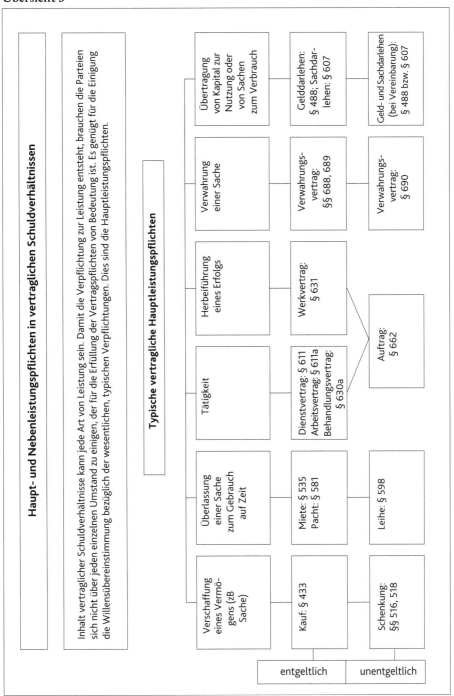

Haupt- und Nebenleistungspflichten in vertraglichen Schuldverhältnissen

Inhalt vertraglicher Schuldverhältnisse kann jede Art von Leistung sein. Damit die Verpflichtung zur Leistung entsteht, brauchen die Parteien sich nicht über jeden einzelnen Umstand zu einigen, der für die Erfüllung der Vertragspflichten von Bedeutung ist. Es genügt für die Einigung die Willensübereinstimmung bezüglich der wesentlichen, typischen Verpflichtungen. Dies sind die Hauptleistungspflichten.

Typische vertragliche Hauptleistungspflichten

	entgeltlich	unentgeltlich
Verschaffung eines Vermögens (zB Sache)	Kauf: § 433	Schenkung: §§ 516, 518
Überlassung einer Sache zum Gebrauch auf Zeit	Miete: § 535 Pacht: § 581	Leihe: § 598
Tätigkeit	Dienstvertrag: § 611 Arbeitsvertrag: § 611a Behandlungsvertrag: § 630a	Auftrag: § 662
Herbeiführung eines Erfolgs	Werkvertrag: § 631	
Verwahrung einer Sache	Verwahrungsvertrag: §§ 688, 689	Verwahrungsvertrag: § 690
Übertragung von Kapital zur Nutzung oder von Sachen zum Verbrauch	Gelddarlehen: § 488; Sachdarlehen: § 607	Geld- und Sachdarlehen (bei Vereinbarung): § 488 bzw. § 607

Übersicht 5 (Fortsetzung)

152

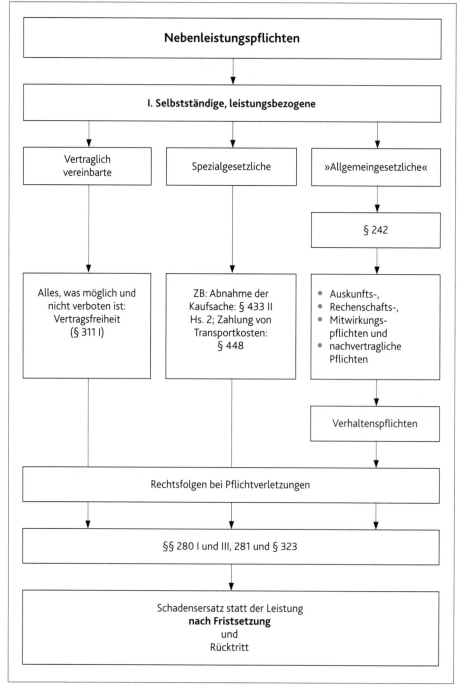

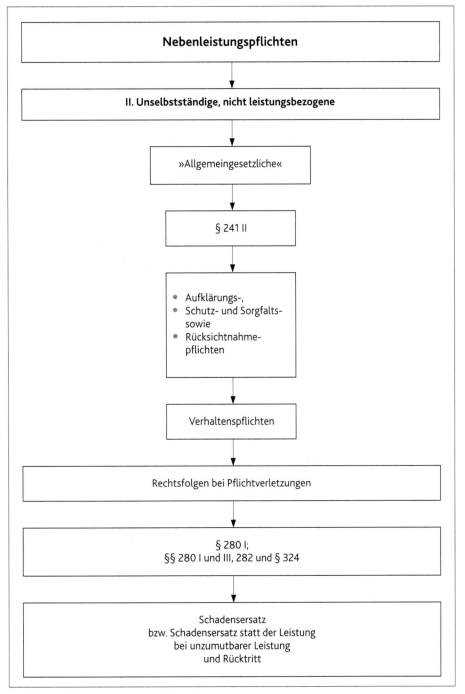

Übersicht 5 (Fortsetzung)

153

Nebenleistungspflichten

↓

II. Unselbstständige, nicht leistungsbezogene

↓

»Allgemeingesetzliche«

↓

§ 241 II

↓

- Aufklärungs-,
- Schutz- und Sorgfalts-
  sowie
- Rücksichtnahme-
  pflichten

↓

Verhaltenspflichten

↓

Rechtsfolgen bei Pflichtverletzungen

↓

§ 280 I;
§§ 280 I und III, 282 und § 324

↓

Schadensersatz
bzw. Schadensersatz statt der Leistung
bei unzumutbarer Leistung
und Rücktritt

154 § 269 haben wir entnommen, dass der Leistungsort der Ort ist, an dem der Schuldner seine Leistungshandlung zu erbringen hat. Damit hat der Schuldner seine vertragliche Verpflichtung erfüllt, sodass der Leistungsort insofern mit dem Erfüllungsort identisch ist; doch es ist möglich, dass der Erfolg, der Zweck des Vertrags, noch nicht erreicht wurde, obwohl der Schuldner seine Leistungshandlungspflicht erfüllt hat.

Man müsste eigentlich »Leistungsort« mit »Erfüllungsort« gleichsetzen und davon den Ort, an dem der Leistungserfolg tatsächlich eintritt, trennen und ihn als »Erfolgsort« bezeichnen.[160] Diesen »Erfolgsort« bezeichnet § 447 I (lesen!), wenn dort von »einem anderen Ort als dem Erfüllungsort« (= Leistungshandlungsort) die Rede ist.

Leistungs- bzw. Erfüllungsort iSd Gesetzes ist grundsätzlich der Ort, an dem der Schuldner alles zur Leistung seinerseits Erforderliche getan hat, während der Eintritt des Vertragserfolgs außerhalb seiner erfüllten Leistungsverpflichtung und seines Einflusses liegen kann.

Aufgrund der Vertragsfreiheit steht es den Parteien frei, einen anderen Leistungsort zu bestimmen, als er vom Gesetzgeber in § 269 I vorgesehen ist. Bezüglich des **Leistungsorts** unterscheidet die Rechtslehre drei verschiedene **Schuldarten:**

1. Holschuld

155 Aus § 269 I folgt, dass (wenn nichts anderes vereinbart ist) Leistungs- bzw. Erfüllungsort der Wohnsitz (bzw. Ort der gewerblichen Niederlassung, vgl. Abs. 2) des Schuldners ist. Der Verkäufer, der die Übergabe der Sache schuldet, hat seine vertragliche Leistungshandlung erbracht, wenn er die Sache bei sich für den Käufer **ausgesondert, bereitgestellt** und den **Gläubiger davon benachrichtigt hat.**

Der Gläubiger, zB ein Käufer, der eine Sache beim Verkäufer bestellt hat, muss sich die Sache an dem Wohnsitz des Schuldners (hier: Verkäufers) abholen.

Diese »Holschuld« ist, wie aus § 269 I folgt, der Regelfall.

2. Bringschuld

156 ▪ Wo bei der Bringschuld der Leistungsort ist und worin die Leistungshandlung des Schuldners besteht, bis er seinen Vertrag erfüllt hat, müssten Sie selbst herausfinden können (Überlegen Sie!).

▶ Bei der Bringschuld gehört zur Leistungshandlung des Schuldners, dass er die Sache zu dem Gläubiger **bringt** und sie ihm **anbietet**. Erst dann hat er seine Leistungshandlung erbracht. Leistungs- bzw. Erfüllungsort ist bei der Bringschuld der Wohnsitz des Gläubigers.

3. Schickschuld

157 Haben die Vertragspartner eine Schickschuld vereinbart, gehört zu der Leistungshandlung des Schuldners nicht nur das Bereitstellen und Anbieten des Leistungs-

---

160 Ähnlich *Brox/Walker* SchuldR AT § 12 Rn. 11.

gegenstands, zB der Kaufsache, sondern auch das ordnungsgemäße Absenden der Sache (zB Aufgabe bei Post oder Bahnhof) bzw. die Übergabe an eine zuverlässige Transportperson (vgl. § 447 I). Damit hat der Schuldner alles getan, um seine Leistungspflicht zu erfüllen.

▨ Wo ist deshalb bei der Schickschuld der Leistungsort (Ort der Leistungs**handlung**)?

▶ Wiederum am Wohnsitz des Schuldners, mit dem Unterschied, dass er dort diesmal mehr tun muss, als den Gegenstand zur Abholung bereitstellen; er muss auch für den Transport zum Gläubiger sorgen!

Welche dieser drei Schuldarten vorliegen soll, Hol-, Bring- oder Schickschuld, können die Parteien, wie gesagt, vereinbaren. Ist nichts anderes vereinbart, oder, wie es in § 269 I heißt, ist aus den Umständen, »insbesondere aus der Natur des Schuldverhältnisses«, nicht zu entnehmen, um welche Art der Schuld es sich handelt, ist Leistungsort immer der Wohnsitz des Schuldners.

▨ Versuchen Sie selbst, ein Beispiel dafür zu bilden, bei dem zwar nichts Besonderes zwischen den Parteien vereinbart ist, bei dem sich aber aus den Umständen, namentlich aus der Natur des Schuldverhältnisses, ein anderer Leistungsort als der Wohnsitz des Schuldners ergibt (alltäglicher Fall)! **158**

▶ »Ganz einfach«: Beim alltäglichen Ladenkauf!

Wenn Sie sich beispielsweise im Hauptbahnhof in Köln am Zeitungskiosk den »Kölner Stadtanzeiger« kaufen, ist für Sie klar – ohne dass Sie sich normalerweise darüber Gedanken gemacht oder gar eine Vereinbarung darüber getroffen haben –, dass der Leistungsort am Bahnhofskiosk sein soll. Leistungsort ist in diesem Fall der Ort, an dem der Verkäufer – bezüglich der Übergabe der Zeitung somit der Schuldner – sein Geschäft hat. Ob er seinen **Wohnsitz** im »Bahnhof« hat bzw. ob er überhaupt in Köln oder vielleicht in »Kleinkleckersdorf« wohnt, ist für Sie als Gläubiger uninteressant (lesen Sie dazu § 269 II)!

V. Leistungsgegenstand

Nachdem wir die Schuldarten nach dem Leistungsort eingeteilt haben, müssen wir noch eine zweite Form der Einteilung der Schuldarten kennenlernen, nämlich die Einteilung nach der Art des **Leistungsgegenstands**. **159**

1. Stückschuld und Gattungsschuld

Handelt es sich beim Leistungsgegenstand[161] um eine Sache, kann diese eine ganz konkret bestimmte sein, zB **dieses** antiquarische Buch oder **dieser** Gebrauchtwagen. In diesem Fall bezeichnet man diese spezielle geschuldete Sache als »Spezies-« oder »Stückschuld«. **160**

Häufig wird nicht ein ganz bestimmtes Stück, sondern eine Sache oder eine bestimmte Menge davon aus einer »Gattung« geschuldet, zB ein Fahrrad aus dem Katalog von Rose, ein Kilo Kartoffeln etc. Das ist die typische »Gattungsschuld«. Ob eine Sache

---

161 Überlegen Sie, für welche Begriffe »Gegenstand« (Synonym: Rechtsobjekt) im Rechtssinne der Oberbegriff ist! Lösung: vgl. *Wörlen/Metzler-Müller* BGB AT Übersicht 12 Rn. 98.

als Stück- oder Gattungsschuld geschuldet wird, kann von großer Wichtigkeit sein, wenn die Sache, bevor sie zum Gläubiger gelangt, zerstört wird.

161 Wie Sie im Kapitel über die Leistungsstörungen genauer erfahren werden, wird der Schuldner bei Zerstörung einer als Stückschuld geschuldeten Sache, sofern er nicht vorsätzlich oder fahrlässig die Zerstörung der Sache zu vertreten hat (§ 276 I 1), von seiner Primärleistungspflicht befreit. Eine als Gattungsschuld geschuldete Sache dagegen muss er, ohne dass es auf sein Verschulden für ihre Zerstörung ankommt, grundsätzlich noch liefern und sie sich gegebenenfalls beschaffen. Die gewöhnliche Gattungsschuld ist zugleich eine Beschaffungsschuld.[162] Der Schuldner trägt in diesem Fall iSv § 276 I 1 das »Beschaffungsrisiko«, dh er muss eine andere Sache mittlerer Art und Güte iSd § 243 I beschaffen.

Dies gilt nur eingeschränkt, wenn von der geschuldeten Gattungssache nur ein begrenzter Vorrat vorhanden ist. Die Beschaffungspflicht des Schuldners endet, wenn der Vorrat erschöpft ist. Man spricht von einer beschränkten Gattungsschuld oder Vorratsschuld.

> **Beispiel:** Gustav Gravenstein (G) bestellt beim Bauer Bodo Boskop (B) einen Zentner Äpfel der Sorte »Delicious« aus dessen Ernte 2017, die B dem G bringen sollte. Solange »Delicious«-Äpfel aus der Ernte 2017 vorrätig sind, muss B dem G einen neuen Zentner beschaffen, falls der bestellte Zentner auf dem Lieferweg zu G verloren geht oder zerstört wird. Wenn aber das Lagerhaus des B, in dem er die gesamte Ernte 2017 aufbewahrt, abbrennt, kann B aus dieser Gattung nicht mehr liefern.

162 Zur Verdeutlichung des Unterschieds zwischen Stückschuld und Gattungsschuld ein

> **Beispiel:** Rigobert Reich, Vorstandsvorsitzender der Argus-Versicherungs-Gesellschaft und Liebhaber und Sammler alter Bilder, sieht in einer Kunsthandlung das Original des Bildes von Karl Spitzweg »Der arme Poet«, das dieser 1839 gemalt hat. Koste es, was es wolle, Reich will das Bild haben, und so schließt er mit dem Kunsthändler den entsprechenden Kaufvertrag.

■ Um welche Art von Schuld, die der Verkäufer erfüllen muss, handelt es sich – Stückschuld oder Gattungsschuld?

▶ Da der Vertrag über ein einzelnes Bild geschlossen wurde, handelt es sich um eine Stückschuld!

■ Warum? Versuchen Sie selbst, das Wesen einer Stückschuld nochmals zu beschreiben. Welcher Leistungsgegenstand wird, allgemein ausgedrückt, bei einer Stückschuld geschuldet?

▶ Bei einer Stückschuld wird eine **ganz konkrete, bestimmte Sache** geschuldet. Ein zweites Exemplar **dieses** Bildes gibt es nicht!

Nehmen wir in Abwandlung unseres Beispiels an, es ginge nicht um das Original des »Armen Poeten«, sondern um einen Druck, von dem eine Vielzahl auf dem Markt ist. Ein solcher Druck ist im Fenster eines Kunsthändlers ausgestellt und soll nur 10 EUR kosten. Sie betreten den Laden und teilen dem Verkäufer mit, dass Sie diesen Druck für 10 EUR kaufen wollen. Die Antwort ist: »Tut mir leid, das Exemplar im Fenster ist mein letztes und als Ausstellungsstück unverkäuflich. Ich habe aber schon neue Drucke bestellt, und davon können Sie einen bekommen. Allerdings ist er teurer geworden. Ich muss 20 EUR dafür haben.«

---

162 *Larenz* SchuldR AT § 11 I.

Sie wollen schon protestieren, doch da fällt Ihnen ein, was Sie aus dem Bürgerlichen Recht über Angebot und Annahme (sowie über die sog. »invitatio ad offerendum«, die unverbindliche Einladung, ein Angebot zu machen) gelernt haben … .

Sie nehmen daher das Angebot des Verkäufers, Ihnen einen Druck für 20 EUR zu verkaufen, an.

■ Um welche Art von Schuld handelt es sich?

▶ Um eine Gattungsschuld!

■ Welchen Leistungsgegenstand schuldet der Schuldner bei der Gattungsschuld im Unterschied zur Stückschuld?

▶ Kein bestimmtes Stück, sondern irgendein gleichwertiges Exemplar aus derselben Gattung. Um Missverständnissen vorzubeugen, mit denen bei einer Stückschuld in der Regel nicht zu rechnen ist, hat der Gesetzgeber das Wesen der Gattungsschuld im BGB umschrieben: lesen Sie § 243 I!

2. Wahlschuld

Der Vollständigkeit halber müssen wir neben der Stück- und der Gattungsschuld auch die »Wahlschuld« erwähnen. Sie ist zwar in der Praxis von untergeordneter Bedeutung, aber immerhin im BGB geregelt, und zwar in § 262 (lesen).   **163**

■ Versuchen Sie, sich einen Fall vorzustellen, in dem eine Wahlschuld vorliegen kann!

▶ Die Wahlschuld kommt, wie gesagt, recht selten, zB aber im Bereich der Landwirtschaft vor:
Wenn ein Landwirt Land pachtet, wird bisweilen mit dem Verpächter vereinbart, dass der Pächter den Pachtzins wahlweise in Geld oder Naturalien zu entrichten hat. Der Pächter kann als Schuldner nach § 262 wählen, ob er die Pacht in Geld oder in Naturalien, zB in Form einiger Zentner Mais oder Kartoffeln begleicht.[163]

Eine Wahlschuld kann nicht nur vereinbart werden, sondern ist in einigen wenigen Fällen auch vom Gesetz vorgesehen:[164] So zB in § 179 I, den Sie aus dem Allgemeinen Teil des BGB kennen und daher wissen, dass der Gläubiger von dem vollmachtlosen Vertreter wahlweise Erfüllung des Vertrags oder Schadensersatz verlangen kann.

3. Geldschuld

Zum Abschluss der Betrachtung der Schuldarten ist schließlich die Geldschuld zu nennen! Was »Geld« ist, ist im BGB nicht definiert. Geld im rechtlichen Sinne ist grundsätzlich Bargeld, das der Erfüllung einer Geldschuld dient, im Zweifel in inländischer Währung, also früher in **Deutscher Mark**, die nun durch den **Euro** ersetzt wurde.[165]   **164**

163 BGH NJW 1962, 1568.
164 Vgl. Jauernig/*Stadler* § 262 Rn. 2 und 3 mit dem Hinweis darauf, dass im Geschäftsverkehr entgegen dem Wortlaut von § 262 das Gläubigerwahlrecht vorherrscht.
165 Zum Verstehen der Euro-Einführung vgl. *Kittner* SchuldR Rn. 241 ff. sowie die zu diesem Kapitel in der Literatur zur Vertiefung (→ Rn. 171) genannten Beiträge von *Dittrich, Coester-Waltjen, Lenz* und *Hakenberg*.

■ Würden Sie die Geldschuld als Gattungsschuld oder als Stückschuld einordnen?

▶ Im Regelfall ist die Geldschuld eine Gattungsschuld, und zwar auf Leistung von Geld in Höhe des Nennbetrags. Man spricht deshalb von einer Geldsummen- oder Geldwertschuld. Ausnahmsweise kann es sich bei einer Geldschuld um eine Stückschuld handeln.

■ Können Sie sich einen solchen Fall vorstellen?

▶ Wenn bestimmte Münzen zu Sammlerzwecken geschuldet werden.

165 Die Geldschuld ist nicht nur hinsichtlich ihrer Zuordnung zur Gattungsschuld oder Stückschuld eine Art »Zwitter«, sondern auch bezüglich ihrer Zuordnung zu unserer Grobeinteilung der Schuldarten:

Sie lässt sich nicht nur den **Schuldarten nach dem Gegenstand der Leistung** zuordnen, sondern auch **nach dem Ort der Leistungshandlung.**

■ Zu welcher Schuldart würden Sie im letzten Fall die Geldschuld im Zweifel einordnen?

▶ Zur Schickschuld! Das ergibt sich aus der ausdrücklichen Formulierung von § 270 I, den Sie abschließend lesen müssen.

Verschaffen Sie sich über die Schuldarten einen Überblick anhand der nachfolgenden Übersicht 6 (→ Rn. 166 f.).

Übersicht 6

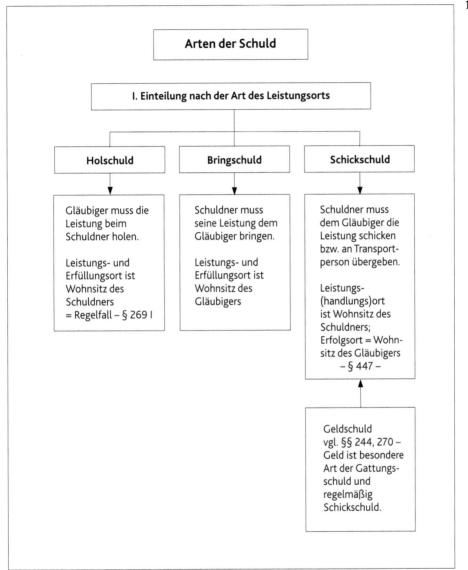

Übersicht 6 (Fortsetzung)

167

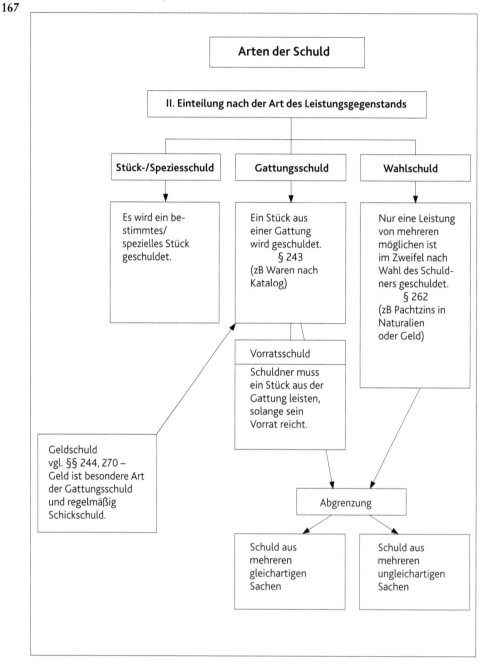

VI. Leistungszeit

Sofern die Parteien einen bestimmten Zeitpunkt für die Leistung nicht vereinbart ha- **168**
ben, ist im Regelfall **sofort** zu leisten. Dies folgt aus § 271 (Abs. 1), ebenso wie der
Grundsatz, dass die Bestimmung des Zeitpunkts der Leistung in einem Schuldverhältnis der freien Vereinbarung der Parteien unterliegt (Abs. 2) – lesen Sie § 271 ganz!

Daran ändert auch die Tatsache nichts, dass einige Vorschriften des Besonderen
Schuldrechts bestimmte Leistungszeiten festlegen.

> **Beispiele:** §§ 556b I, 579 (Mietvertrag), § 587 (Pachtvertrag), § 604 (Leihvertrag), § 488 II (Darle-
> hensvertrag). Bei diesen Vorschriften handelt es sich allerdings um dispositives Recht; so werden
> zB die meisten Mieten für ein Grundstück aufgrund vertraglicher Vereinbarung spätestens am
> dritten Werktag eines Monats fällig – abweichend von § 579.

»Sofort« iSv § 271 I bedeutet, dass die Leistung so schnell zu erbringen ist, wie dies
dem Schuldner unter den jeweiligen Umständen möglich ist.[166] Aus § 271 folgt, dass
bei der Leistungszeit begrifflich zwei Zeitpunkte zu unterscheiden sind: Der **Zeitpunkt der Fälligkeit** und der **Zeitpunkt der Erfüllbarkeit**.[167]

Der Fälligkeitszeitpunkt stellt darauf ab, dass der Gläubiger die Leistung von nun an
verlangen kann. Leistet der Schuldner zum Fälligkeitszeitpunkt nicht, kommt er unter bestimmten Voraussetzungen in **Verzug**.[168]

»Zeitpunkt der Erfüllbarkeit« bedeutet, dass der Schuldner von nun an leisten darf
und der Gläubiger durch die Nichtannahme der angebotenen Leistung in Annahmeverzug[169] gerät. Wenn die Leistung fällig ist, liegt gleichzeitig auch Erfüllbarkeit vor.
Der Schuldner ist allerdings auch berechtigt, die Leistung bereits vor der Fälligkeit zu
erbringen (vgl. § 271 II).

VII. Leistungsverweigerungsrecht

Gemäß § 273 I (lesen) kann der Schuldner die Leistung verweigern, bis die ihm ge- **169**
bührende Leistung bewirkt wird (**Zurückbehaltungsrecht**), wenn er aus demselben
rechtlichen Verhältnis, auf dem seine Verpflichtung beruht, einen fälligen Anspruch
gegen den Gläubiger hat, sofern sich nicht aus dem Schuldverhältnis etwas anderes
ergibt (lesen Sie auch § 273 II und III). Letzteres bedeutet, dass das Zurückbehaltungsrecht nicht vertraglich, aber auch nicht gesetzlich, ausgeschlossen sein darf. Gesetzlich ausdrücklich ausgeschlossen ist das Zurückbehaltungsrecht zB in §§ 175, 570
und § 581 II (Vorschriften lesen).

> **Beispiel:** Fischliebhaber Kuno aus Köln hat Viktor, der seinen Sommerurlaub in Dänemark ver-
> bringt, beauftragt (§ 662), ihm auf der Heimfahrt einen großen Eimer frischer Matjes-Heringe aus
> Cuxhaven mitzubringen. Kuno besteht bei dessen Rückkehr auf Herausgabe der Fische (vgl.
> § 670). Viktor möchte aber von Kuno erst seine Kosten in Höhe von 25 EUR (§ 670), die ihm
> durch den Umweg über Cuxhaven entstanden sind, ersetzt haben.
> Viktor steht wegen seines Anspruchs auf Erstattung der Aufwendungen ein Zurückbehaltungs-
> recht aus § 273 I zu.

---

166 Vgl. *Creifelds*, »Leistungszeit«.
167 Palandt/*Grüneberg* § 271 Rn. 1.
168 → Rn. 200 ff.
169 → Rn. 243 ff.

170 Das Zurückbehaltungsrecht des Schuldners iSv § 273 besteht wegen **Leistungen aller Art** aus jedem Schuldverhältnis, **an allen Sachen** und allen **sonstigen Rechten**, wenn sein Anspruch gegen seinen Gläubiger **fällig** ist. Es muss sich um **dasselbe** rechtliche Verhältnis handeln (sog. **Konnexität der Ansprüche**). Das Zurückbehaltungsrecht des § 273 wirkt also als reines **Leistungsverweigerungsrecht**.[170]

Ein typisches gesetzliches Leistungsverweigerungsrecht[171] ist die **Einrede des nicht erfüllten Vertrags** gem. § 320 (lesen), sofern der Schuldner aus einem **gegenseitigen** Vertrag nicht verpflichtet ist, vorzuleisten. Eine **Vorleistungspflicht** besteht, wenn die eigene Leistung früher fällig ist als die Gegenleistung. Vorleistungspflichten können auf vertraglicher Vereinbarung oder auf Gesetz (zB §§ 556b I, 614, 641 I, 699 – zur ersten Information einmal lesen…) beruhen.[172]

> **Beispiel:** V (siehe Übungsfall 2 → vor Rn. 59) hat dem K den BMW 520i verkauft. K klagt auf Übereignung. V macht geltend, K habe den Kaufpreis in Höhe von 15.000 EUR noch nicht gezahlt. Gemäß § 320 kann V hier die Einrede des nichterfüllten Vertrags (§ 320) erheben. Im Prozess führt diese Einrede zur Verurteilung Zug um Zug (§ 322 I).

VIII. Vertragsstrafe

171 Zum Inhalt eines Schuldverhältnisses gehört auch, dass die Parteien eine Vertragsstrafe iSv § 339 vereinbaren können. Der Schuldner muss dann bei Nichterfüllung, nicht rechtzeitiger Erfüllung oder einer sonstigen Pflichtverletzung eine bestimmte Geldsumme (§ 339) oder eine andere Leistung (§ 342) dem Gläubiger erbringen.

> **Beispiel:** Karl Kaufmann (K) schließt mit der Baufirma Vorndran (V) einen Kaufvertrag über ein von V zu errichtendes Einfamilienreihenhaus. Die Fertigstellung und Übergabe des Hauses sollen am 1.5. erfolgen. V verpflichtet sich in dem Vertrag, für jeden Monat der Fristüberschreitung 900 EUR an K zu zahlen. Wenn das Bauwerk wegen einer längeren Frostperiode erst zum 1.7. übergeben werden kann, hat K gegenüber V einen Anspruch auf Zahlung der Vertragsstrafe in Höhe von insgesamt 1 800 EUR gem. § 341 I.

Durch diese Abrede hat der Gläubiger ein Druckmittel in der Hand, denn der Schuldner ist durch eine Vertragsstrafenvereinbarung besonders bemüht, seine Verpflichtung ordnungsgemäß zu erfüllen. Der Gläubiger muss den ihm entstandenen Schaden nicht im Einzelnen nachweisen, sondern kann die Vertragsstrafe als Mindestschaden verlangen (vgl. §§ 340 II, 341 II).

Vertragsstrafen werden häufig vereinbart

- bei Konkurrenzverboten,
- in der Bauwirtschaft.[173]

Literatur zur Vertiefung (→ Rn. 114–171): *Alpmann und Schmidt* SchuldR AT 1 2. Teil; *Bernhard,* Holschuld, Schickschuld, Bringschuld – Auswirkungen auf Gerichtsstand, Konkretisierung und Gefahrübergang, JuS 2011, 9; *Brox/Walker* SchuldR AT §§ 6–13; *Coester-Waltjen,* Der Erfüllungsort, JURA 2011, 821; *Coester-Waltjen,* Die Wahlschuld und ihre Abgrenzung, JURA 2011, 100; *Coester-Waltjen,*

---

170 Zum (unterschiedlichen) kaufmännischen Zurückbehaltungsrecht vgl. *Wörlen/Kokemoor* HandelsR Rn. 299 f.
171 *Schade/Graewe* WirtschaftsPrivR Rn. 168.
172 NK-BGB/*Tettinger* § 320 Rn. 18 mwN.
173 Weitere Beispiele bei MüKoBGB/*Gottwald* § 339 Rn. 9.

Überlegungen zur Geldschuld aus Anlass von Maastricht, JURA 1998, 103; *Däubler* BGB kompakt Kapitel 15; *Dittrich*, Der Entwurf des Gesetzes zur Einführung des Euro, NJW 1998, 1269; *Esser/Schmidt* SchuldR AT I §§ 5, 15; *Fikentscher/Heinemann* SchuldR §§ 25–35; *Führich* WirtschaftsPrivR § 8; *Gruber*, Das drohende Ende der Stückschuld, JZ 2005, 707; *Hakenberg*, Das Euro-Einführungsgesetz, BB 1998, 1491; *Larenz* SchuldR AT § 14; *Lenz*, Die Euro-Einführung – eine Sache der Politik, BB 1998, 1276; *Looschelders* SchuldR AT §§ 13–15; *Madaus*, Die Abgrenzung der leistungsbezogenen von den nicht leistungsbezogenen Nebenpflichten im neuen Schuldrecht, JURA 2004, 289; *Martens*, Grundfälle zu Geld und Geldschulden, JuS 2014, 105, 200; *Medicus/Lorenz* SchuldR AT Rn. 118 ff.; *Medicus/Petersen* BürgerlR § 11; *Ostendorf*, Vertragsstrafe und pauschalierter Schadensersatz als Instrument der Vertragsgestaltung, JuS 2015, 977; *Wiese*, Keine Erfüllung einer Geldschuld durch Einwurf von Bargeld in Hausbriefkasten, NJW 2006, 1569.

4. Kapitel. Beendigung von Schuldverhältnissen

I. Erfüllung

Wenn zwei Parteien ein Schuldverhältnis begründen, wobei sie meistens einen Ver- **172** trag schließen, gehen sie im Normalfall davon aus, dass der Vertrag von der anderen Seite ordnungsgemäß erfüllt wird. Beide Parteien sind in der Regel einander zu einer Leistung berechtigt oder verpflichtet und haben Interesse an einer reibungslosen Abwicklung des Schuldverhältnisses. Solange die Verpflichtungen aus einem wirksamen Schuldverhältnis vereinbarungsgemäß und ordentlich erfüllt werden, tauchen keine rechtlichen Probleme auf. Das Gesetz kennt folgende Erlöschensgründe:

1. Erfüllung durch Leistung

▪ Was geschieht mit dem einmal wirksam begründeten Schuldverhältnis, wenn jeder **173** als Schuldner dem anderen als Gläubiger seine Leistung erbracht hat, wenn er (den Vertrag) also erfüllt hat?

▶ In diesem Fall endet das Schuldverhältnis oder, wie der Gesetzgeber es ausdrückt: »Das Schuldverhältnis erlischt, wenn die geschuldete Leistung an den Gläubiger bewirkt wird.« Die Erfüllung ist also der »natürliche Tod« eines Schuldverhältnisses!

▪ Suchen Sie die entsprechende Vorschrift selbst im Gesetz! Wenden Sie Ihr bereits vorhandenes Wissen über die Handhabung des Gesetzestextes an. Wo suchen Sie?

▶ Entweder im Inhaltsverzeichnis (zu Buch 2 des BGB) oder im »Index« unter dem Stichwort ... (?) ... »Erlöschen«! In beiden Fällen werden Sie auf bestimmte Vorschriften über das »Erlöschen der Schuldverhältnisse« (Buch 2, Abschnitt 4) hingewiesen: §§ 362–397, die im Rahmen der Schuldrechtsreform **nicht** verändert wurden.

Lesen Sie die erste Vorschrift davon – § 362 I! Unter der Paragrafenüberschrift »Erlöschen durch Leistung« finden Sie die Formulierung, die Sie oben gelesen haben. § 362 ist die erste Vorschrift von Titel 1 in Abschnitt 4 von Buch 2 des BGB. Sie sehen, dass der Abschnitt 4 mit der Überschrift »Erlöschen der Schuldverhältnisse« versehen ist. Der Titel 1 trägt die Überschrift »Erfüllung«. Die »Erfüllung« ist **eine** der Möglichkeiten, ein Schuldverhältnis zum Erlöschen zu bringen. Es gibt noch andere Möglichkeiten der Beendigung von Schuldverhältnissen.

▪ Drei davon finden Sie, wenn Sie die Titel von Abschnitt 4 in Ihrem Gesetzestext überfliegen (tun Sie das!).

▶ Siehe Fußnote[174]!

2. »Annahme an Erfüllungs Statt«

Was es mit diesen drei Erlöschensgründen auf sich hat, wollen wir gleich näher be- **174** trachten. Zuvor aber noch etwas zur »Erfüllung«, zu den §§ 362 ff. Das Gesetz nennt

---

174 **Hinterlegung, Aufrechnung, Erlass.**

dort einen weiteren Erlöschensgrund für das Schuldverhältnis, der der Erfüllung gleichgesetzt wird (Überschriften überfliegen!).

▦ Welchen meine ich?
▶ § 364 I: »Annahme an Erfüllungs Statt«.

Lesen Sie § 364 I genau durch!

▦ Was ist Ihrer Meinung nach das Entscheidende, damit das Schuldverhältnis erlöschen kann?
▶ Der Gläubiger muss eine andere als die geschuldete Leistung **annehmen**.

> **Beispiel:** Ein Gebrauchtwagenverkäufer liefert dem Käufer anstelle des ursprünglich gekauften Modells ein anderes Modell des gleichen Typs. Das Schuldverhältnis erlischt nur, wenn der Käufer damit ausdrücklich einverstanden ist.

II. Hinterlegung

175 Als nächsten Erlöschensgrund hatten wir die Hinterlegung genannt, geregelt in den §§ 372 ff. Lesen Sie § 372!

▦ Welches ist die wesentliche Voraussetzung dafür, dass der Schuldner das Schuldverhältnis durch Hinterlegung beenden kann?
▶ Annahmeverzug des Gläubigers! (Auf diese Art des Verzugs kommen wir später zu sprechen.)

Der Schuldner hat im **Annahmeverzug des Gläubigers** die Möglichkeit, sich durch **Hinterlegung** des geschuldeten Leistungsgegenstands – beim Amtsgericht[175] – von seiner Leistungspflicht zu befreien. Allerdings sind nur bestimmte Gegenstände hinterlegungsfähig, nämlich Geld, Wertpapiere, sonstige Urkunden und Kostbarkeiten (vgl. § 372 S. 1).

> **Beispiele:** Goldkette, Uhr, Brillantring, Edelsteine.

Wenn die geschuldete bewegliche Sache nicht hinterlegungsfähig ist (zB droht der Verderb der Ware oder die Aufbewahrung ist mit unverhältnismäßigen Kosten verbunden), ist der Schuldner nach §§ 383–386 zum **Selbsthilfeverkauf** berechtigt. Dieser erfolgt

- mittels öffentlicher Versteigerung, meist durch einen Gerichtsvollzieher (§§ 383, 156 lesen)
  oder
- durch freihändigen Verkauf durch eine dazu befugte Person, sofern die Sache einen Börsen- oder Marktpreis hat (§ 385).

Der Sachleistungsanspruch des Gläubigers wandelt sich dadurch analog § 1247 (den Sie noch nicht lesen müssen) in einen Geldleistungsanspruch auf Auszahlung des Verkaufserlöses um.[176] Der Schuldner kann diesen Anspruch durch Hinterlegung des Erlöses erfüllen (§ 383 I 1 – lesen!).

---

175 Das Verfahren der Hinterlegung wird in der Hinterlegungsordnung geregelt.
176 *Medicus/Lorenz* SchuldR AT Rn. 302.

III. Aufrechnung

Lesen Sie § 387!   **176**

■ Welches sind die wesentlichen drei Voraussetzungen, damit eine der Vertragsparteien aufrechnen kann?
(Bevor Sie weiterlesen, versuchen Sie selbst, diese drei Voraussetzungen aus dem Gesetzestext herauszulesen und niederzuschreiben!)

▶ (1) Jeder Vertragspartner muss eine Forderung gegen den anderen haben (= **Ge-
genseitigkeit** der Forderungen).
(2) Die Forderungen müssen **gleichartig** sein.
(3) Die Hauptforderung muss **erfüllbar** und die Gegenforderung muss **fällig** sein.

> **Merke: Erfüllbarkeit** bezeichnet den Zeitpunkt, von dem ab der Schuldner leisten darf,[177] **Fällig-
> keit** den Zeitpunkt, von dem ab der Gläubiger die Leistung verlangen kann.[178]

Aufrechnung ist die Tilgung einer Forderung durch Ausgleichung mit einer Gegenforderung. In der Regel handelt es sich bei den Forderungen um Geldforderungen.

Beispiel: Volker Verkauf (V) steht eine fällige Forderung aus einem Kaufvertrag auf Zahlung von
1.000 EUR gegen Konrad König (K) zu. K steht gegen V eine fällige Forderung in Höhe von
800 EUR aus einem Darlehensvertrag zu:

$$§ 433\ II$$
$$\text{Forderung}$$
$$1.000\ EUR$$

$$§ 488\ I$$
$$\text{Forderung}$$
$$800\ EUR$$

Jeder ist Schuldner und Gläubiger des anderen und zur Aufrechnung berechtigt, da beide Forderungen gleichartig (Geld) sind, die Hauptforderung erfüllbar ist und die Gegenforderung fällig ist.

■ Was passiert, wenn einer der beiden gem. § 388 die Aufrechnung erklärt?   **177**
▶ Gemäß § 389 erlöschen die Forderungen in Höhe ihrer betragsmäßigen Übereinstimmung (»soweit sie sich decken«).
K kann die Forderung des V von 1.000 EUR dadurch zum Erlöschen bringen,
dass er für 800 EUR die Aufrechnung erklärt und 200 EUR bar an V bezahlt.

(Lesen Sie § 388 und § 389!)

IV. Erlass

Lesen Sie § 397!

■ Was ist gem. § 397 I Voraussetzung für den Erlass der Schuld bzw. für das Erlö-   **178**
schen des Schuldverhältnisses?
▶ Ein Vertrag! Es müssen Angebot und Annahme des Schuldenerlasses vorliegen.

---

177 Vgl. Palandt/*Grüneberg* § 271 Rn. 1.
178 BGH WM 2007, 612.

- Warum genügt es nicht, dass nur der Gläubiger dem Schuldner großzügig erklärt: »Ich erlasse Dir Deine Schuld«?
- ▶ »Ganz einfach«: Niemand darf nach dem Schuldrecht des BGB, in dem die Vertragsfreiheit gilt, zu seinem Glück gezwungen werden.

(Siehe hierzu auch die Schenkung, § 516 I: Schenker und Beschenkter müssen »einig sein«, es müssen also zwei übereinstimmende Willenserklärungen vorliegen.)

179 Neben dem Schulderlass durch Erlassvertrag gibt es eine weitere Form des Erlasses: den aufgrund der Vertragsfreiheit (§ 311 I) zulässigen »Aufhebungsvertrag«, der in § 397 II nicht so bezeichnet wird, aber dort in Gestalt eines negativen Schuldanerkenntnisses seine Grundlage hat. Dabei können die Parteien vereinbaren, dass ein Schuldverhältnis (nicht mehr) bestehen bzw. ein bestehendes Schuldverhältnis für die Zukunft aufgehoben werden soll.

Solche Verträge kommen häufig bei Arbeitsverhältnissen vor. Typisches Beispiel ist der Profi-Fußball: Wenn ein Verein einen Trainer oder Spieler am liebsten »feuern« will und diesen das wissen lässt, wird der bestehende Vertrag offiziell durch einen »einvernehmlichen« Aufhebungsvertrag beendet.

180 Außer diesen fünf Erlöschensgründen, die das BGB gesondert in Abschnitt 4 von Buch 2 des Schuldrechts behandelt und ausdrücklich als solche bezeichnet, gibt es eine Reihe weiterer Erlöschensgründe, auf die wir an späterer Stelle ausführlicher zu sprechen kommen. Der Vollständigkeit halber habe ich sie in Übersicht 7 (→ Rn. 181), mit der wir die »Beendigung von Schuldverhältnissen« zusammenfassend betrachten wollen, mit aufgeführt.

Literatur zur Vertiefung (→ Rn. 172–180): *Alpmann und Schmidt* SchuldR AT 2 1. Teil 1.–4. Abschn.; *Brox/Walker* SchuldR AT §§ 14–17; *Coester-Waltjen*, Die Aufrechnung, JURA 2003, 246; *Coester-Waltjen*, Aufrechnung bei Abtretung, JURA 2004, 391; *Esser/Schmidt* SchuldR AT I §§ 15–21; *Fikentscher/Heinemann* SchuldR §§ 38–40; *Führich* WirtschaftsPrivR § 14; *Höhn/Kaufmann*, Die Aufrechnung in der Insolvenz, JuS 2003, 751; *Hirsch* SchuldR AT §§ 11, 12; *Larenz* SchuldR AT §§ 18, 19; *Lieder/Illhardt*, Grenzen der Aufrechnung, JA 2010, 769; *Looschelders* SchuldR AT §§ 17–19; *Looschelders/Erm*, Die Erfüllung – dogmatische Grundlagen und aktuelle Probleme, JA 2014, 161; *Medicus/Lorenz* SchuldR AT Rn. 259 ff.; *Medicus/Petersen* Grundwissen BürgerlR Rn. 132 ff.; *Muscheler/Bloch*, Erfüllung und Erfüllungssurrogate, JuS 2000, 729; *Schade/Graewe* WirtschaftsPrivR Rn. 272 ff.; *Schreiber*, Leistungen an Erfüllungs Statt und erfüllungshalber, JURA 1996, 328; *Steckler/Tekidou-Kühlke* WirtschaftsR Rn. 184 ff.; *Westermann/Bydlinski/Weber* SchuldR AT § 19.

Übersicht 7

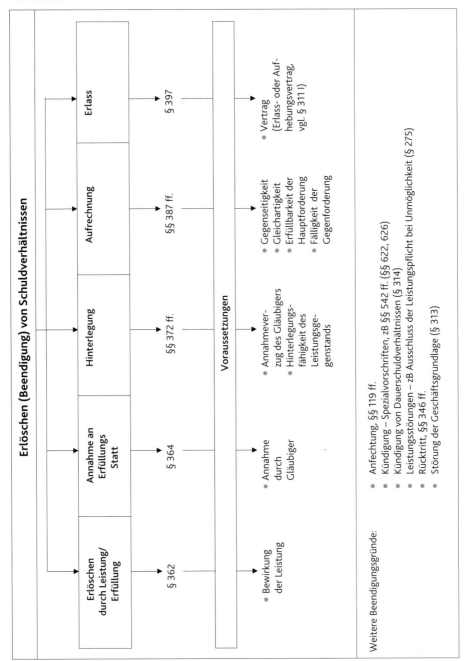

Erlöschen (Beendigung) von Schuldverhältnissen

Erlöschen durch Leistung/ Erfüllung	Annahme an Erfüllungs Statt	Hinterlegung	Aufrechnung	Erlass
§ 362	§ 364	§§ 372 ff.	§§ 387 ff.	§ 397

Voraussetzungen

• Bewirkung der Leistung	• Annahme durch Gläubiger	• Annahmeverzug des Gläubigers • Hinterlegungsfähigkeit des Leistungsgegenstands	• Gegenseitigkeit • Gleichartigkeit • Erfüllbarkeit der Hauptforderung • Fälligkeit der Gegenforderung	• Vertrag (Erlass- oder Aufhebungsvertrag, vgl. § 311 I)

Weitere Beendigungsgründe:

- Anfechtung, §§ 119 ff.
- Kündigung – Spezialvorschriften, zB §§ 542 ff. (§§ 622, 626)
- Kündigung von Dauerschuldverhältnissen (§ 314)
- Leistungsstörungen – zB Ausschluss der Leistungspflicht bei Unmöglichkeit (§ 275)
- Rücktritt, §§ 346 ff.
- Störung der Geschäftsgrundlage (§ 313)

5. Kapitel. Störungen von Schuldverhältnissen (Leistungsstörungen)

I. Überblick: Grundfälle der Leistungsstörungen

Als Beendigungsgrund von Schuldverhältnissen sind auf Übersicht 7 am Ende auch **182** die »Leistungsstörungen« angeführt. Leistungsstörungen können, müssen aber nicht immer ein Schuldverhältnis beenden!

Aus diesem Grund sind sie in dem Kapitel »Beendigung von Schuldverhältnissen« nicht mit erörtert worden. Auch das BGB nennt in Abschnitt 4 von Buch 2 (§§ 362–397) die »Leistungsstörungen« nicht; im Gesetz wird dieser von der Rechtslehre entwickelte Begriff übrigens gar nicht verwendet. Das Gesetz normiert die einzelnen Leistungsstörungen an sehr verschiedenen Stellen.

Der Begriff »Leistungsstörungen« besagt, dass die Abwicklung des Schuldverhältnisses nicht reibungslos vonstattengeht, sondern dass dabei Störungen auftreten. Störungen, die die ordnungsgemäße Leistung des Schuldners verhindern oder zumindest beeinträchtigen. Ordnungsgemäß ist eine Leistung nach dem, was Sie bisher über den Inhalt der Schuldverhältnisse und die Leistungspflichten gelernt haben, wenn sie **am richtigen Ort**, in der **gehörigen Art und Weise** und **zur rechten Zeit** erbracht wird.

Ist dies nicht der Fall, liegt regelmäßig eine Leistungsstörung vor! Dabei werden be- **183** züglich der Schuldner-Leistung folgende drei Grundsituationen unterschieden:

(1) Der Schuldner erbringt seine **Leistung später** als von den Parteien vereinbart, also **nicht rechtzeitig.**

> **Beispiel:** Viktor Vauweh (V) und Karl Kranz (K) schließen am 1.3. einen Kaufvertrag über einen Pkw. Die Übereignung nach § 929 S. 1 (= Übergabe und Einigung über den Eigentumsübergang) soll am 3.3. erfolgen. V vergisst diesen Termin und liefert erst am 6.3. K brauchte das Auto dringend für eine Geschäftsreise und musste sich dazu einen Mietwagen nehmen.

(2) Der Schuldner ist **überhaupt nicht** in der Lage, die vertraglich vereinbarte Leistung zu erbringen.

> **Beispiel:** Wieder verkauft V dem K am 1.3. einen Pkw. Die Übereignung soll am 6.3. erfolgen. Am 3.3. explodiert bei V ein Gasrohr. Dabei wird der für K bestimmte Pkw völlig zerstört. V ist nicht mehr in der Lage, dem K diesen Pkw zu übereignen.

(3) Der Schuldner erbringt die ihm obliegende Leistung, und zwar pünktlich, er **erfüllt** aber seine Verpflichtung **schlecht.**

> **Beispiel:** V verkauft dem K einen neuen Pkw und erfüllt den Kaufvertrag, indem er dem K das Auto übergibt und ihm das Eigentum daran verschafft. Das Auto hat jedoch eine mangelhafte Bremsanlage. K verunglückt auf seiner ersten Fahrt und erleidet erhebliche Verletzungen.

Entsprechend diesen Beispielen teilt man die allgemeinen Leistungsstörungen grob in **184** drei Gruppen ein:

(1) **Späterfüllung:** Entweder ist der Schuldner mit seiner Leistungserbringung, wie das Gesetz es nennt, in »Verzug«, oder die Erfüllung erfolgt später als vorgesehen, weil der Gläubiger mit der Annahme in Verzug geraten ist.

(2) **Nichterfüllung:** Die Leistung ist dem Schuldner unmöglich (»Unmöglichkeit der Leistung«), weil der Leistungsgegenstand verloren gegangen oder zerstört worden ist.

(3) **Schlechterfüllung:**

a) Der Leistungsgegenstand, beim Kaufvertrag zB die Kaufsache selbst, hat einen Mangel.

b) Durch die Schlechterfüllung (in Form von Lieferung eines fehlerhaften Leistungsgegenstands **oder** aufgrund eines anderen Fehlverhaltens des Schuldners) entsteht ein Schaden an anderen Rechtsgütern des Vertragspartners.

Die drei (bzw. vier, wenn man die beiden Arten der Schlechterfüllung differenziert) Leistungsstörungssituationen sind **tatsächlich** auch nach der Schuldrechtsreform möglich.

Die zuvor sehr unterschiedlich geregelten **rechtlichen Folgen** hat der Gesetzgeber seither indessen weitgehend **vereinheitlicht** und damit, was nicht nur die Studierenden erfreute, überwiegend (abgesehen von einem »Paragrafen-Verweisungswust«, an den man sich gewöhnen muss und wird) auch vereinfacht.

II. Gemeinsames Merkmal aller Leistungsstörungen: Die Pflichtverletzung

185 Im Mittelpunkt der Lösung von Leistungsstörungsfällen steht – vereinfacht ausgedrückt – die Frage:

Kann und muss der Schuldner seine ursprünglich geschuldete Leistung (Primärleistung) noch erbringen oder nicht?

Wenn nicht: Tritt an die Stelle der **Primärleistungspflicht** unter Umständen eine sog. **Sekundärleistungspflicht** in Form einer Schadensersatzleistung?

186 Nach früherem Recht gab es für den Gläubiger eine Vielzahl verschiedener Anspruchsgrundlagen, je nachdem, welcher der oben beschriebenen Gruppen die jeweilige Leistungsstörung zuzuordnen war. Dies waren insbesondere die damaligen §§ 280, 307, 325 (bei Unmöglichkeit), §§ 286, 326 (bei Verzug), §§ 462, 538, 635 (bei Mängeln an der Kauf- oder Mietsache bzw. an einem vom Unternehmer hergestellten Werk) sowie die gewohnheitsrechtlich anerkannte Anspruchsgrundlage »positive Vertrags- bzw. Forderungsverletzung« (bei Schlechterfüllung, die zu einem Schaden an anderen Rechtsgütern des Vertragspartners als an dem Leistungsgegenstand führte), die mühsam in Analogie zu den alten §§ 280, 286, 325, 326 hergeleitet wurde, ebenso wie das »Verschulden bei Vertragsschluss« (»culpa in contrahendo« = c. i. c.) aus den §§ 122, 179, 307 aF analog ...

All das müssen Sie sich für die Zukunft (und für Ihre Prüfungen) nicht mehr merken!

Allerdings muss berücksichtigt werden, dass das bis zum 31.12.2001 geltende Schuldrecht nach Art. 229 § 5 S. 1 EGBGB[179] regelmäßig für die bis dahin entstandenen Schuldverhältnisse fort gilt, allerdings nicht für »Dauerschuldverhältnisse«, auf die ab 1.1.2003 das neue Recht angewendet wird. Dies alles ist indessen eher für Rechtsanwälte und andere gestandene Juristen relevant, die mit alten Verträgen konfrontiert sind. Als Studienanfänger ist für Sie das »neue Recht«, das seit dem 1.1.2002 gilt, maßgebend.

187 Entscheidend ist, dass alle Leistungsstörungen eines gemeinsam haben: Der Schuldner hat seine Leistung nicht ordnungsgemäß – also nicht so, wie vertraglich verein-

---

179 Beck-Texte im dtv (Nr. 5001), Gesetz Nr. 2!

bart – erbracht, dh er hat seine **Pflicht**, eine ordnungsgemäße Leistung zu erbringen, **verletzt.**

Eine **Pflichtverletzung** liegt also vor, **wenn der Schuldner die Leistung zu spät, nicht oder schlecht** (sei es nicht in der geschuldeten Qualität oder unter Verletzung von anderen Rechtsgütern des Gläubigers oder von Nebenpflichten) **erbringt.** Diese Leistungsstörungen »auf einen Blick« finden Sie in ...

Übersicht 8   **188**

Leistungsstörungen		
Späterfüllung **= Verzug**	**Nichterfüllung** **= Unmöglichkeit der** **Leistung**	**Schlechterfüllung**
Schuldner erbringt Leistung nicht rechtzeitig (Schuldnerverzug)	Schuldner ist nicht in der Lage, seine Leistung zu erbringen	Schuldner erbringt Leistung, erfüllt aber schlecht • Leistungsgegenstand (zB Kaufsache) hat Mangel oder • durch Schlechterfüllung entsteht dem Gläubiger Schaden an anderen Rechtsgütern
Leistungspflichtverletzungen (erfolgsbezogen)		

Diese Pflichtverletzung führt dazu, dass der Gläubiger grundsätzlich und einheitlich »**Schadensersatz wegen Pflichtverletzung**« gem. § 280 I 1 (lesen!) verlangen kann. Voraussetzung ist, dass der Schuldner die Pflichtverletzung zu vertreten hat (§ 280 I 2).

§ 280 I enthält – von der Sonderregelung des § 311a II für die anfängliche Unmöglichkeit (→ Rn. 267 ff.) abgesehen – die einzige Anspruchsgrundlage für Schadensersatz wegen einer Leistungsstörung.[180]

▶ Die Voraussetzungen dieser Anspruchsgrundlage für Schadensersatz wegen Pflichtverletzung können Sie den beiden Sätzen von Absatz 1 entnehmen. Nehmen Sie ein Blatt Papier zur Hand und versuchen Sie, die Tatbestandsmerkmale in der richtigen Prüfungsreihenfolge aufzuschreiben. Überlegen Sie, was logisch und zweckmäßig ist!

■ Sie haben hoffentlich Folgendes herausgefunden: Das **Schuldverhältnis** und die **Pflichtverletzung** müssen zunächst geprüft werden (§ 280 I 1). Das **Vertretenmüssen** (§ 280 I 2) bezieht sich auf die Pflichtverletzung (und **nicht** auf den Schaden – häufiger Klausurfehler!). Deshalb kann es nur **nach** dieser erörtert werden. Der **Schaden** (§ 280 I 1) wird, zumal er **durch** die Pflichtverletzung (»hierdurch«) entstanden sein muss und außerdem eng mit der Rechtsfolgenseite zusammenhängt, als letzte Voraussetzung geprüft.

---

180 NK-BGB/*Dauner-Lieb* § 280 Rn. 2.

Folgendes Prüfschema können wir uns also merken:

189

> ## Prüfschema
> ## Schadensersatz wegen Pflichtverletzung gem. § 280 I
>
> **I. Voraussetzungen:**
> 1. Wirksames Schuldverhältnis, § 280 I 1
> 2. Objektive Pflichtverletzung durch den Schuldner, § 280 I 1
> 3. Vertretenmüssen, §§ 280 I 2, 276 ff.
> 4. Schaden beim Gläubiger als Folge der Pflichtverletzung, § 280 I 1
>
> **II. Rechtsfolge:**
> Schadensersatz – Umfang: §§ 249 ff.

Wie Sie der Anspruchsgrundlage entnehmen können, genügt nicht allein eine Pflichtverletzung des Schuldners für den Schadensersatzanspruch. Er muss darüber hinaus für diese Pflichtverletzung verantwortlich sein. Grundsätzlich hängt seine Verantwortlichkeit für eine Haftung vom **Verschulden** ab. Der Gesetzgeber verwendet in § 280 I 2 den neutralen Begriff des »**Vertretenmüssens**«, zumal es auch Fälle gibt (zur ersten Information § 278 lesen), in denen der Schuldner nicht für eigenes Verschulden einstehen muss.

Damit Sie diesen Begriff besser verstehen, lesen Sie den nachfolgenden

Exkurs: Vertretenmüssen

Das Vertretenmüssen ist in den §§ 276–278 normiert.

I. Verschuldensprinzip

190

▶ Wenn Sie die Grundregel des Vertretenmüssens, § 276 I 1, lesen, können Sie erklären, was unter dem Verschuldensprinzip zu verstehen ist.

■ Verschuldensprinzip heißt, dass der Schuldner nach § 276 I 1 in der Regel **Vorsatz** und **Fahrlässigkeit** zu vertreten hat.

Unter **Vorsatz** versteht man das Wissen und Wollen der Tatbestandsverwirklichung im Bewusstsein der Rechtswidrigkeit. Das gilt sowohl für das Leistungsstörungsrecht wie auch für das Deliktsrecht. Es ist nicht erforderlich, dass der Erfolg gewünscht oder beabsichtigt war. In der Regel braucht sich der Vorsatz nur auf die Verletzung des Vertrags bzw. des geschützten Rechts oder Rechtsguts zu erstrecken, nicht auch auf den eingetretenen Schaden.[181]

Fahrlässig handelt, wer die im Verkehr erforderliche Sorgfalt außer Acht lässt (§ 276 II enthält die Legaldefinition). Hierbei ist nicht auf die Person des Schuldners und das Maß der ihm zumutbaren Einsichts- und Handlungsfähigkeit abzustellen, sondern auf einen **objektiven Sorgfaltsmaßstab**. Die Fähigkeiten und Kenntnisse von Angehörigen aus der Berufs- und Altersgruppe des Schuldners sind hierfür relevant.[182]

---

181 Palandt/*Grüneberg* § 276 Rn. 10 mwN.
182 Jauernig/*Stadler* § 276 Rn. 29 mwN.

Merkformel: »So etwas sollte nicht vorkommen!«, »Das hätte er nicht tun sollen.«

Beispiele: Überholen bei dichtem Nebel; Überholen in unübersichtlichen Kurven; Alkoholfahrten; unterlassene Sicherungsmaßnahmen gegen Diebstahl im Krankenhaus; unterlassene Prüfung des Trinkwassers auf Kolibakterien durch die Gemeinde; Anfahren eines Busfahrers eines öffentlichen Verkehrsbetriebes, obwohl die Fahrgäste noch nicht alle eingestiegen sind und die Tür offen steht; unterlassene Reinigung der Treppe zum Rathaus trotz vereister Stufen.

Merke: § 276 II – Die im Verkehr erforderliche Sorgfalt bestimmt sich nach einem objektiven Maßstab. Dieser bestimmt sich nach dem Urteil eines umsichtigen und besonnenen Angehörigen des jeweiligen Verkehrskreises.

II. Anderer Verschuldensmaßstab

Nach § 276 I 1 kann ein **anderer Verschuldensmaßstab** aus dem sonstigen Inhalt des Schuldverhältnisses zu entnehmen sein: **191**

1. Die Parteien können durch eine **vertragliche Vereinbarung** eine strengere oder mildere Haftung vorsehen. Hierbei ist allerdings § 276 III zu beachten, wonach die Haftung wegen Vorsatzes dem Schuldner nicht im Voraus erlassen werden kann.

   Häufig wird die Haftung durch die Vertragsparteien auf **grobe Fahrlässigkeit** beschränkt. Diese ist im Gesetz nicht definiert. Sie liegt – in Anlehnung an die Legaldefinition in § 276 II – vor, wenn die im Verkehr erforderliche Sorgfalt in einem besonders schweren und ungewöhnlichen Maß außer Acht gelassen wird; also schon einfachste, ganz nahe liegende Überlegungen nicht angestellt werden und das nicht beachtet wird, was im gegebenen Fall jedem einleuchten müsste.[183]

   Merkformel: »Das darf auf keinen Fall passieren!«, »Wie kann man so etwas nur machen?«

   Beispiele: Überfahren eines Stopp-Schildes; Einfahren in eine Kreuzung bei Rotlicht; Autofahren nach erheblichem Alkoholkonsum.

2. Ein abweichender Haftungsmaßstab ergibt sich aus der **Übernahme einer Garantie**, wie zB in den §§ 442 I, 443, 444, 477. Diese Fälle betreffen vor allem Eigenschaftszusicherungen bei Kauf-, Miet- oder Werkverträgen. Der Schuldner haftet in diesen Fällen verschuldensunabhängig, wenn der Vertragsgegenstand nicht die zugesicherten Eigenschaften hat.   **192**

   Beispiel: V verkauft seinen Pkw an K und sichert die Unfallfreiheit des Fahrzeugs sowie einen bestimmten Kilometerstand zu.

3. Eine Ausdehnung des Haftungsmaßstabs ist möglich bei **Übernahme eines Beschaffungsrisikos**. Dieses bezieht sich vor allem auf die Gattungsschuld, bei der der Schuldner regelmäßig die Beschaffung des versprochenen Leistungsgegenstandes verspricht.[184]   **193**

---

183 BGHZ 89, 153 = NJW 1984, 789, 790; MüKoBGB/*Grundmann* § 276 Rn. 94; Palandt/*Grüneberg* § 277 Rn. 5 mwN.

184 *Brox/Walker* SchuldR AT § 20 Rn. 46 f.

> **Beispiele:** V verkauft dem K einen CD-Spieler des Typs XY; hier wird nur eine Gattung (Typ XY) vereinbart, nicht jedoch die konkrete Kaufsache.

Bei einer Geldschuld übernimmt der Schuldner (zB Käufer, Mieter) regelmäßig das Risiko, dass er zur Gegenleistung (Kaufpreiszahlung, Mietzahlung) fähig ist und die zur Erfüllung erforderlichen finanziellen Mittel beschaffen kann.

194   4. Eine **gesetzliche Haftungsverschärfung** ist in § 287 geregelt: Während des (Schuldner-)Verzugs hat der Schuldner nicht nur jede Fahrlässigkeit zu vertreten, sondern haftet wegen der Leistung auch für **Zufall** (→ Rn. 227), es sei denn, dass der Schaden auch bei rechtzeitiger Leistung eingetreten wäre. Ist hingegen der Gläubiger in (Annahme-)Verzug, haftet der Schuldner nach § 300 I nur bei Vorsatz oder grober Fahrlässigkeit.

195   5. Eine **Haftungsbeschränkung auf grobe Fahrlässigkeit** sieht das Gesetz zB in den §§ 300 I, 521, 599, 680 vor.

196   6. Wenn der Schuldner nur für diejenige **Sorgfalt**, die er **in eigenen Angelegenheiten anzuwenden pflegt**, haftet, ist als Maßstab für den Schuldvorwurf auf das individuelle Normverhalten des Schuldners abzustellen,[185] also auf seine individuellen Eigenheiten und Fähigkeiten. Von der Haftung für grobe Fahrlässigkeit und Vorsatz ist er allerdings nicht befreit (vgl. § 277).

> **Beispiele:** Haftung zwischen Gesellschaftern (§ 708), Ehegatten (§ 1359) – in diesen Fällen besteht ein besonders Vertrauensverhältnis zwischen dem Geschädigten und dem Schädiger.

III. Haftung für fremdes Verschulden

197   Wenn der Schuldner die Pflichtverletzung nicht selbst zu vertreten hat, haftet er gem. § 278 S. 1 für fremdes Verschulden: Er hat ein Verschulden seines gesetzlichen Vertreters und der Personen, deren er sich zur Erfüllung seiner Verbindlichkeit bedient (sog. Erfüllungsgehilfen) in gleichem Umfang zu vertreten wie eigenes Verschulden.

1. Zu den **gesetzlichen Vertretern** zählt jeder, der für einen anderen kraft Gesetzes handelt – wie zB der Inhaber der elterlichen Sorge (§§ 1626 ff.), der Vormund (§§ 1793 ff.), der Betreuer (§ 1902), der Pfleger (§ 1915), der Testamentsvollstrecker, der Treuhänder, der Insolvenzverwalter usw.[186]
2. **Erfüllungsgehilfe** ist, wer mit Willen des Schuldners bei der Erfüllung von dessen Verbindlichkeit tätig wird. Dabei spielt es keine Rolle, ob der Gehilfe selbstständig oder unselbstständig, sozial abhängig oder weisungsgebunden ist, ob zwischen ihm und dem Schuldner ein wirksames Vertragsverhältnis besteht oder nicht. Ein (selbstständiger) Unternehmer kann zB Erfüllungsgehilfe sein.

Der Erfüllungsgehilfe muss die Pflichtverletzung **in Erfüllung der übertragenen Verbindlichkeit** begangen haben. Er darf also nicht nur bei Gelegenheit tätig geworden sein (zB Diebstahl einer Uhr des Käufers bei Anlieferung der Kaufsache[187]);

---

185   *Brox/Walker* SchuldR AT § 20 Rn. 19.
186   Ausf. hierzu: Palandt/*Grüneberg* § 278 Rn. 5 mwN.
187   Eine im Vordringen begriffene Meinung will hier den Schuldner auch für den Diebstahl durch seinen Gehilfen über § 278 einstehen lassen. Mehr hierzu unter → Rn. 406 f.

das Fehlverhalten muss im inneren sachlichen Zusammenhang mit dessen Wirkungskreis gestanden haben. Außerdem muss der Erfüllungsgehilfe schuldhaft gehandelt haben. Entscheidend hierfür ist der für den Schuldner selbst geltende Verschuldensmaßstab.

> **Beachte:** Die §§ 276, 278 sind keine Anspruchsgrundlagen. Sie sind nur bei der Tatbestandsvoraussetzung »Vertretenmüssen« im Rahmen einer Anspruchsgrundlage, wie zB § 280 I, zu erörtern.

Lesen Sie als »Zusammenfassung« die folgende

Übersicht 9

198

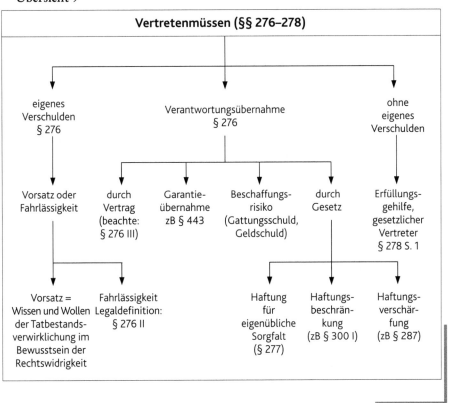

Literatur zur Vertiefung (→ Rn. 190–198): *Alpmann und Schmidt* SchuldR AT 1 3. Teil 8. Abschn.; *Brox/Walker* SchuldR AT § 20; *Fikentscher/Heinemann* SchuldR §§ 55, 56; *Iden*, § 277 BGB – Die Sorgfalt in eigenen Angelegenheiten, JURA 2013, 460; *Looschelders* SchuldR AT § 23; *Lorenz*, Haftung für Erfüllungsgehilfen (§ 278 BGB), JuS 2007, 983; *Lorenz*, Grundwissen – Zivilrecht: Vertretenmüssen (§ 276 BGB), JuS 2007, 611; *Medicus/Lorenz* SchuldR AT § 31; *Musielak/Hau* GK BGB Rn. 464 ff.; *Petersen*, Verantwortlichkeit für Dritte , JURA 2016, 1257; *Ulber*, Lernbeitrag Zivilrecht – Vertretenmüssen und Verschulden, JA 2014, 573; *Walker*, Die eingeschränkte Haftung des Arbeitnehmers unter Berücksichtigung der Schuldrechtsreform, JuS 2002, 736.

Der Schadensersatzanspruch gem. § 280 I wird durch die Verweisungen in § 280 II und III modifiziert bzw. konkretisiert:

199 Während **früher** »Schadensersatz wegen **Nicht**erfüllung« (begrifflich ungenau) auch in den Fällen der **Schlecht**erfüllung (§§ 463, 480, 538, 635 aF) verlangt werden konnte, ist nunmehr »**Schadensersatz statt der Leistung**« zu erbringen (vgl. die amtlichen Überschriften von §§ 281, 282 und 283). Dieser Begriff ist auch deshalb genauer, da mit diesem Schadensersatz anstelle der Primärleistung iSd § 362 I **erfüllt** werden kann.

»Schadensersatz statt der Leistung« kann der Gläubiger gem. § 280 III (lesen!) nur unter den zusätzlichen Voraussetzungen von § 281, § 282 oder § 283 verlangen (die Sie jetzt noch nicht lesen müssen).

Unter den zusätzlichen Voraussetzungen des § 286 (jetzt ebenfalls noch nicht lesen) kann der Gläubiger »Schadensersatz wegen Verzögerung der Leistung« (kurz: **Verzögerungsschaden**) verlangen (§ 280 II – lesen).

Die Voraussetzungen und die Rechtsfolgen des Schuldnerverzugs wollen wir uns im Folgenden etwas genauer ansehen.

III. Schuldnerverzug

200   ▮ Wann liegt nach dem, was Sie oben (→ Rn. 183 f.) gelesen haben, Verzug vor?
    ▶ Wenn der Schuldner seine Leistung nicht rechtzeitig, dh später als vereinbart oder gesetzlich vorgeschrieben, erbringt.

Mit anderen Worten: Der Schuldner gerät zu dem Zeitpunkt in Verzug, zu dem seine Leistung **fällig** wird, er die Leistung aber noch nicht erbracht hat. Daraus folgt: Er **kann** die Leistung zu diesem Zeitpunkt noch erbringen, jedoch **zu spät**! Die Leistung ist ihm noch möglich. Daraus ergibt sich eine ganz wichtige Folgerung, die Sie sich unbedingt merken müssen und auf die Sie nach dem eben Gesagten vielleicht auch selbst kommen können:

    ▮ Ist es denkbar, dass in einem Fall die Leistungsstörungen »Schuldnerverzug« und »Unmöglichkeit« bezüglich desselben Leistungsgegenstands gleichzeitig vorliegen können?
    ▶ Da beim Verzug die Leistung noch möglich ist, nur nicht termingerecht, kann neben Verzug niemals gleichzeitig Unmöglichkeit vorliegen. Entweder – oder! Verzug und Unmöglichkeit schließen sich **bezüglich desselben Leistungsgegenstands** grundsätzlich aus.[188]

Merke: Wenn Schuldnerverzug vorliegt, kann keine Unmöglichkeit vorliegen und umgekehrt!

Etwas anderes ist es, wenn der Schuldner bereits in Verzug ist und währenddessen die Leistung unmöglich wird. Diesen Fall regelt § 287, auf den wir noch zurückkommen!

Die gesetzlichen Regelungen des Schuldnerverzugs soll folgender Fall verdeutlichen:

---

188 So klar und einleuchtend das erscheint, Sie können sich kaum vorstellen, wie häufig in juristischen Anfänger-Klausuren das Eingreifen der Verzugsregeln neben den Vorschriften über die Unmöglichkeit kumulativ bejaht wurde! Tun Sie dies bitte nie!

Übungsfall 9

Viktor Vogt (V) verkauft dem Kurt Kungel (K)[189] am 1.3. einen Pkw. K bezahlt sofort den Kaufpreis. Am 3.3. soll vereinbarungsgemäß bei K die Übereignung erfolgen. V vergisst diesen Liefertermin. Deshalb muss sich K für eine dringende Geschäftsreise am 4.3. einen Mietwagen nehmen und dafür 150 EUR aufwenden. Als V am 6.3. verspätet liefert, verlangt K von V Ersatz dieser Mietwagenkosten.

Zu Recht?

Anmerkung: Der Anspruch des K gegen V auf Rückzahlung des Kaufpreises ist nicht zu prüfen.

Wir wollen diesen Fall Schritt für Schritt gutachtlich lösen!   **201**

■ Was benötigen wir, um prüfen zu können, ob dem K der gegen V geltend gemachte Anspruch zusteht?

▶ Eine Anspruchsgrundlage! (Wenn Sie diese Antwort nicht gewusst haben, empfehle ich Ihnen dringend die Lektüre von *Wörlen/Metzler-Müller* BGB AT Rn. 132–137 und Rn. 195–210.)

Dazu müssen wir den von K geltend gemachten Anspruch rechtlich einordnen. Wir fragen »Was will K von V?« und knüpfen dabei an die Fallfrage an.

■ Was also will K von V?

▶ Ersatz der Mietwagenkosten, die er aufwenden musste, weil V zu spät geliefert hat. Anders ausgedrückt: K verlangt von V einen Schaden in Höhe von 150 EUR ersetzt.

■ Wodurch ist dieser Schaden entstanden?

▶ Durch die zu späte Lieferung des Autos. Mit anderen Worten: Durch **Verzug** des V!

■ Wie würden Sie den Schaden des K bezeichnen?

▶ Es handelt sich um einen Schaden wegen Verzögerung der Leistung (Verzögerungsschaden).

Wir suchen daher für die Lösung unseres Falls eine Anspruchsgrundlage, aus der ein Anspruch des Gläubigers gegen den Schuldner auf Ersatz des Verzögerungsschadens folgt.   **202**

■ Wenn Sie soeben (→ Rn. 199) aufmerksam gelesen haben, müssten Sie die Anspruchsgrundlage leicht finden?

▶ § 280 I und II iVm § 286.

■ Formulieren Sie den ersten Satz des Gutachtens selbst (auf ein Blatt schreiben!). Sinngemäß müsste er lauten:

▶ »K könnte gegen V einen Anspruch auf Ersatz der Mietwagenkosten gem. § 280 I und II iVm § 286 haben.«

■ Welches ist der zweite Schritt bei der gutachtlichen Prüfung?   **203**

▶ Prüfung der Voraussetzungen der Anspruchsgrundlage!

Der Anspruch auf Ersatz des Verzögerungsschadens nach diesen Vorschriften hat vier Voraussetzungen.

---

189   Sofern der Sachverhalt keinen gegenteiligen Hinweis enthält, können Sie in diesem Buch davon ausgehen, dass <u>alle</u> Kaufverträge zwischen »Verbraucher und Verbraucher« geschlossen wurden, sodass die Vorschriften über den Verbrauchsgüterkauf (§§ 474 ff.) nicht zu berücksichtigen sind.

■ Welche sind das? Versuchen Sie wieder selbst, diese Voraussetzungen aus dem Gesetz herauszulesen und schreiben Sie sie auf, bevor Sie hier weiterlesen!

▶ (1) Zwischen K und V muss ein **Schuldverhältnis** bestehen (§ 280 I 1),

(2) V müsste als **Schuldner** eine Pflichtverletzung durch Verzögerung der Leistung begangen haben, also in Verzug geraten sein (§ 280 II iVm § 286),

(3) Verantwortlichkeit des Schuldners = »Vertretenmüssen« (§§ 286 IV, 280 I 2 iVm § 276 oder § 278) und

(4) K als Gläubiger müsste **durch den Verzug** ein **Schaden** (§ 280 I 1 = »hierdurch«) entstanden sein.

204 ■ Besteht in unserem Fall ein Schuldverhältnis?

▶ K und V haben am 1.3. einen Kaufvertrag iSv § 433 geschlossen.

■ Welche Leistung hatte der Schuldner V zu erbringen, um den Vertrag zu erfüllen?

▶ Gemäß § 433 I 1 die Übergabe des Autos und die Eigentumsverschaffung (§ 929 S. 1) am Pkw.

■ Ist er mit dieser Leistung in Verzug gekommen? (Überlegen Sie!)

▶ Ja!

■ Woher wissen Sie das? Wo steht das?

▶ Nicht in § 280! Diese Vorschrift setzt eine Pflichtverletzung durch Verzögerung der Leistung bereits voraus, sagt aber nichts darüber aus, unter welchen **Voraussetzungen** der Schuldner in **Verzug** gekommen ist!

1. Voraussetzungen des Verzugs

205 Wenn § 280 II bereits davon ausgeht, dass der Schuldner in Verzug geraten ist, muss sich eine Regelung darüber, wie und wann der Schuldner in Verzug kommt, sinnvollerweise in der Nähe dieser Vorschrift befinden. Aus diesem Grund verweist § 280 II auf § 286. Lesen Sie § 286 daher ganz durch und versuchen Sie,

■ daraus die Voraussetzungen herzuleiten, die erfüllt sein müssen, damit der Schuldner in Verzug kommt.

▶ Dies sind – richtig geordnet – grundsätzlich folgende Voraussetzungen:

a) Fälligkeit der Leistung

206 Für die Fälligkeit der Leistung des Schuldners gilt § 271 I (lesen!), wonach die Leistung »sofort« fällig wird, wenn von den Parteien nichts anderes bestimmt ist. K und V haben den 3.3. als Liefertermin vereinbart. An diesem Tag war die Leistung des V fällig.

b) Mahnung

207 Allein die Fälligkeit führt nach § 286 I 1 nicht zum Verzug des Schuldners; der Schuldner muss im Regelfall gemahnt werden. Die **Mahnung** ist die (einseitige, empfangsbedürftige) **Aufforderung des Gläubigers** an den Schuldner, **die Leistung zu erbringen**. Es muss nicht ausdrücklich auf die Folgen einer weiteren Verzögerung hingewiesen werden.[190] Die Mahnung muss nach Eintritt der Fälligkeit erfolgen. Eine vor diesem Zeitpunkt ausgesprochene Mahnung ist unwirksam und wird nicht durch

---

190 BGH NJW 1998, 2132 (2133); MüKoBGB/*Ernst* § 286 Rn. 49.

den späteren Eintritt der Fälligkeit geheilt. Man kann die Mahnung allerdings mit der die Fälligkeit begründenden Handlung, zB Übersendung der Rechnung, verbinden.[191]

- ▦ Ist V auf diese Weise in Verzug geraten?
- ▶ K hat nicht gemahnt!

- ▦ Also hat K Pech gehabt und kann keinen Schadenersatz verlangen?
- ▶ Die Antwort gibt das Gesetz in § 286 II Nr. 1–4 (hier: Nr. 1 – lesen!).

- ▦ Passt diese Vorschrift auf unseren Fall?
- ▶ V und K hatten einen Termin für die Leistung, eine Zeit nach dem Kalender, bestimmt, nämlich den 3.3.!
  Somit war eine Mahnung durch K entbehrlich.

Gemäß § 286 I 2 stehen der Mahnung die Erhebung der Klage auf die Leistung sowie die Zustellung eines Mahnbescheids im Mahnverfahren gleich.

- ▦ Welche Voraussetzung für den Verzug muss gem. § 286 I neben der Fälligkeit und der Mahnung (sofern diese nicht nach § 286 II entbehrlich ist) schließlich noch vorliegen (Vorschrift nochmals lesen!)?

▶ c) Nichtleistung

Nach § 286 I 1 kommt der Schuldner durch die Mahnung – sofern die eben genannten Ausnahmen von § 286 II Nr. 1–4 nicht eingreifen – (objektiv) in Verzug, wenn er »auf eine Mahnung des Gläubigers« **nicht leistet**. 208

Da V zu dem kalendermäßig bestimmten Termin am 3.3. tatsächlich nicht leistete, kam er zu diesem Zeitpunkt ohne Mahnung in Verzug.

Somit ist die zweite Voraussetzung für den Schadensersatzanspruch aus § 280 I und II, »Pflichtverletzung durch Verzögerung der Leistung«, erfüllt.

Entgegen dem Wortlaut von § 286 I und II Nr. 1–4 kommt der Schuldner, der trotz Fälligkeit der möglichen Leistung (nach Mahnung oder wegen Nichteinhaltung eines kalendermäßig bestimmten Termins) nicht leistet, subjektiv (noch) nicht in Verzug! Das erscheint widersprüchlich, ergibt sich aber aus dem Gesetz selbst, das als dritte **Voraussetzung für den Schadensersatzanspruch** aufstellt:

2. Vertretenmüssen (Verschulden)

Verzug tritt nur ein, wenn der Schuldner die Verzögerung der Leistung zu vertreten 209 hat (§ 286 IV). Hierfür gelten die allgemeinen Vorschriften (→ Rn. 190 ff.). In erster Linie hat der Schuldner sein eigenes Verschulden und das seiner Erfüllungsgehilfen und gesetzlichen Vertreter zu vertreten (vgl. §§ 276, 278). Aus dem Inhalt des Schuldverhältnisses kann sich aber auch eine strengere (oder mildere) Haftung ergeben, etwa durch die Übernahme einer Garantie oder eines Beschaffungsrisikos. Letztes ist vor allem für die Gattungsschuld von Bedeutung: Hier hat der Schuldner Verzögerungen auch ohne Verschulden zu vertreten, wenn es um die typischen Beschaffungshindernisse geht, wie zB Versorgungsengpässe am Markt oder die eigene wirtschaftliche Leistungsfähigkeit. Atypische Hindernisse hat der Schuldner hingegen auch bei der

---

191 Vgl. Palandt/*Grüneberg* § 286 Rn. 16.

Gattungsschuld nicht zu vertreten, zB persönliche Umstände (wie Krankheit) oder höhere Gewalt durch Naturkatastrophen, behördliche Eingriffe oder Krieg. Bei Geldforderungen entschuldigt die Zahlungsunfähigkeit nicht.

210 Aus der negativen Formulierung in § 286 IV folgt (wie bei § 280 I 2), dass der Schuldner zu beweisen hat, dass er die Verzögerung der Leistung nicht zu vertreten hat (sog. Beweislastumkehr).

211 Die Vorschrift des § 286 IV wiederholt auf den ersten Blick die Regelung des § 280 I 2. Sie scheint deshalb nur für die übrigen Verzugsfolgen, wie zum Beispiel die in § 287 und § 288 normierten, von Bedeutung zu sein. Allerdings ist § 286 IV wichtig für den Zeitpunkt des möglichen Entlastungsbeweises. Danach ist nicht der Zeitpunkt der Pflichtverletzung iSd § 280 I 1 (Nichtleistung trotz Möglichkeit und Fälligkeit) relevant, sondern derjenige, in dem die objektiven Voraussetzungen des Verzugs (also auch die Mahnung) vorliegen.[192]

▪ Hat in Fall 9 V die Nichtleistung verschuldet? (»Subsumieren« Sie den Sachverhalt unter das Gesetz!)
▶ Indem V den Liefertermin (3.3.) einfach »vergisst«, hat er die im Verkehr erforderliche Sorgfalt außer Acht gelassen, dh fahrlässig iSv § 276 II gehandelt.

Somit ist auch die dritte Voraussetzung für den Schadensersatzanspruch aus § 280 I erfüllt.

212 ▪ Wie steht es mit der vierten Voraussetzung für den Schadensersatzanspruch? Ist »durch den Verzug« (vgl. § 280 I 1 »des **hierdurch** entstehenden Schadens«) ein Schaden entstanden?
▶ Hätte V pünktlich geliefert, wären dem K die Mietwagenkosten erspart geblieben.

Ergebnis:
K hat gegen V einen Anspruch auf Ersatz der Mietwagenkosten in Höhe von 150 EUR als Verzögerungsschaden gem. § 280 I und II iVm § 286 und § 249 I (lesen).

> **Beachte:** Man kann nicht früh genug darauf hinweisen: Wenn ein Schadensersatzanspruch dem **Grunde** nach feststeht, müssen zur Feststellung der **Höhe** (des **Umfangs**) des Schadens die §§ 249 ff. herangezogen werden! Aber »wehe«, Sie zitieren jemals § 249 als »Anspruchsgrundlage«! § 249 ist eine Rechtsfolgeregelung. Der Anspruch auf Schadenersatz steht bereits aufgrund einer Anspruchsgrundlage (zB § 280 I) fest, wenn man § 249 anwendet! (→ Rn. 367 ff. – Exkurs)

Der Verzug endet, wenn der Schuldner

• die geschuldete Leistung erbringt oder
• die Leistung in einer den Annahmeverzug begründenden Weise (§§ 293 ff., Rn. 243 ff.) anbietet.

3. Ergänzung der Verzugsregelungen durch § 286 III und IV

213 **30 Tage: Genug für Verzug! (§ 286 III)**
Gemäß § 286 III 1 kommt der Schuldner einer Entgeltforderung (falls der Verzug nicht schon nach § 286 I und II zu einem früheren Zeitpunkt eingetreten sein sollte) **spätestens** in Verzug, wenn er nicht innerhalb von 30 Tagen nach Fälligkeit und Zu-

---

192 Palandt/*Grüneberg* § 286 Rn. 32; *Brox/Walker* SchuldR AT § 23 Rn. 29 mwN.

gang einer Rechnung oder gleichwertigen Zahlungsaufstellung (die insofern funktional an die Stelle der Mahnung tritt[193]) leistet.

Darin liegt keine Abweichung von § 286 I und II, sondern eine klarstellende Ergänzung der allgemeinen Regeln für den Fall, dass die verzögerte Leistung des Schuldners einer **Entgelt**forderung des Gläubigers entspricht. Die Fristberechnung erfolgt nach §§ 187 I, 188 I, 193. Da es sich um eine Tagesfrist handelt und nicht um vier Wochen oder einen Monat, müssen Sie »auszählen«.

Dies gilt gegenüber einem Schuldner, der Verbraucher (§ 13) ist, gem. § 286 III 1, Hs. 2 nur, wenn er auf diese Folgen in der Rechnung oder Zahlungsaufstellung besonders hingewiesen wurde. Wenn der Zeitpunkt des Zugangs der Rechnung oder Zahlungsaufstellung unsicher ist, kommt der Schuldner, der **nicht Verbraucher** ist, spätestens 30 Tage nach Fälligkeit und Empfang der Gegenleistung in Verzug (§ 286 III 2).   **214**

»**Entgeltforderungen**« iSv § 286 III sind **nicht alle Geldforderungen**, sondern nur rechtsgeschäftliche Entgeltforderungen für die Lieferung von Waren oder die Erbringung von sonstigen Leistungen, wie zB auch Dienstleistungen. Also zB der Kaufpreiszahlungsanspruch oder der Werklohnanspruch.

Nicht erfasst sind Schadensersatzansprüche, Bereicherungsansprüche, Rückzahlungsansprüche aus § 346, Ansprüche aus GoA sowie Ansprüche auf eine Versicherungsleistung und auf Zustimmung zu Mieterhöhung.[194]

4. Rechtsfolgen des Verzugs

a) Ersatz des Verzögerungsschadens

Die Rechtsfolge, dass der Schuldner dem Gläubiger gem. § 280 I und II iVm § 286 den aufgrund eines verschuldeten Verzugs eingetretenen Verzögerungsschaden ersetzen muss, haben Sie bei der Lösung von Fall 9 kennen gelernt. Der Gläubiger ist vom Schuldner so zu stellen, wie er bei rechtzeitiger Leistung gestanden hätte.[195] Dies ergibt sich insbesondere aus den allgemeinen Vorschriften über den Umfang des Schadensersatzes, den §§ 249 ff., von denen Sie noch einmal § 249 I lesen sollten!   **215**

Solche Schäden können, wie in Fall 9 die Mietwagenkosten, Aufwendungen sein, die der Gläubiger tätigen musste, weil die Leistung des Schuldners nicht rechtzeitig erfolgte. Zu diesen Aufwendungen können zB gehören:[196] Fahrtkosten, Kosten der Rechtsverfolgung (etwa wenn der Gläubiger einen Rechtsanwalt beauftragt und – falls es sich bei der Leistung um eine Geldforderung handelt – ein gerichtliches Mahnverfahren[197] beantragt hatte), Mietkosten für eine Ersatzwohnung bei verspäteter Bereitstellung der angemieteten Wohnung, Kosten für ein Inkassobüro (falls kein Rechtsanwalt eingeschaltet wurde) oder auch ein entgangener Gewinn (vgl. dazu § 252 – zur Information lesen), weil der Gewinn bringende Wiederverkauf des Leistungsgegenstands wegen der verspäteten Leistung gescheitert ist. Darüber hinaus

---

193 NK-BGB/*Schulte-Nölke* § 286 Rn. 50.
194 Jauernig/*Stadler* § 286 Rn. 32; *Brox/Walker* SchuldR AT § 23 Rn. 21.
195 Vgl. Palandt/*Grüneberg* § 286 Rn. 42.
196 Sollten Sie selbst einmal Verzugsgläubiger werden und weitere Beispiele suchen: vgl. Palandt/*Grüneberg* § 286 Rn. 43 ff., woraus die hier genannten Beispiele entnommen sind.
197 Zur allg. Information: geregelt in §§ 688–703d der ZPO.

können bei Geldschulden zusätzlich Verzugszinsen (→ Rn. 229) unter den Verzögerungsschaden fallen (§ 288).

b) Schadensersatz statt der Leistung

216 Meistens wird der Gläubiger noch ein Interesse an der verspäteten Erfüllung der Leistung haben, wenn er, wie in Fall 9, den reinen Verzögerungsschaden ersetzt bekommt. Denkbar sind aber durchaus Fälle, in denen der Gläubiger sein Interesse an der Leistung verloren hat, weil er mit der verspäteten Leistung nichts mehr anfangen kann. Er kann dann unter bestimmten Voraussetzungen Schadensersatz statt der Leistung verlangen:

Übungsfall 10

Ede Egal (E), Student der Wirtschaftswissenschaften, war von dem BGB-Kommentar von Palandt so beeindruckt, dass er ihn auszugsweise lesen möchte! Er leiht sich deshalb am 1.3. von seinem Freund, Rechtsreferendar Veit Verleinix (V), dessen veraltetes Exemplar des »Palandt«, das noch einen Wert von 45 EUR hat. Als Rückgabetermin wird der 30.5. vereinbart, da V den »Palandt« für das vom 1.7.–21.7. laufende zweite juristische Staatsexamen und dessen Vorbereitung selbst benötigt. Am 1.6. setzt V dem E eine Frist zur Rückgabe bis zum 30.6. E vergisst auch diesen Rückgabetermin und fährt für drei Wochen in die Ferien nach Italien. Da es V nicht mehr gelingt, sich selbst irgendwo einen »Palandt« zu leihen, muss er sich einen gebrauchten Palandt – gleiche Auflage – kaufen und dafür 50 EUR zahlen. Als E am 22.7. endlich das Buch zurückbringt, lehnt V die Rücknahme ab. Er verlangt stattdessen von E als Schadensersatz statt der Leistung die Erstattung von 50 EUR, die er für das Ersatzexemplar ausgeben musste. Zu Recht?

---

217 Die Anspruchsgrundlage, auf die V sich berufen könnte, ist § 280 I und III iVm § 281 I 1, 1. Var.

aa) Voraussetzungen

■ Lesen Sie diese Vorschriften sorgfältig und versuchen Sie selbst, die sieben Voraussetzungen herauszufinden, die für einen Anspruch auf »Schadensersatz statt der Leistung« erfüllt sein müssen! Decken Sie die folgende Antwort mit einem Blatt Papier ab und formulieren Sie diese Voraussetzungen schriftlich auf einem anderen Blatt, bevor Sie weiterlesen.

218 ▶ Sie haben hoffentlich das Grundschema für den Schadensersatz wegen Pflichtverletzung gem. § 280 I (→ Rn. 189) noch im Kopf und dieses um die zusätzlichen Voraussetzungen des § 281 I 1, 1. Var. ergänzt?! Dann müssten Sie folgende Voraussetzungen für den Anspruch auf »Schadensersatz statt der Leistung« gem. § 280 I und III iVm § 281 I 1, 1. Var. aufgelistet haben:

(1) Vorliegen eines Schuldverhältnisses (§ 280 I 1)
(2) Fällige, noch mögliche Leistung des Schuldners (§ 281 I 1, 1. Var.)
(3) Pflichtverletzung des Schuldners (§ 280 I 1) durch Nichterbringung der fälligen Leistung (§ 281 I 1, 1. Var.)
(4) Leistungsaufforderung mit angemessener Fristsetzung (§ 281 I 1) – falls nicht nach § 281 II entbehrlich
(5) Erfolgloser Fristablauf (§ 281 I 1)
(6) Vertretenmüssen (§ 280 I 2 iVm § 276 oder § 278)
(7) Schaden beim Gläubiger (§ 280 I 1)

219 Prüfen wir, ob diese Voraussetzungen in Fall 10 erfüllt sind!

▪ (1) Welches Schuldverhältnis besteht hier?

▶ Ein Leihvertrag iSv § 598 (lesen!).

▪ (2) Welche Leistung des E als Schuldner war fällig? (Sie kennen die entsprechende Vorschrift schon! [→ Rn. 14])

▶ Die Rückgabepflicht aus § 604!

▪ (3) Hat E eine Pflichtverletzung durch Nichterbringung der fälligen Leistung begangen?

▶ E hat den ursprünglich vereinbarten Rückgabetermin (30.5.) nicht eingehalten, sodass eine Pflichtverletzung vorliegt.

> **Beachte:** Dieser Anspruch auf Schadensersatz statt der Leistung setzt nicht voraus, dass der Schuldner in Verzug ist. Der Verzug ist nur für den Ersatz des Verzögerungsschadens nach § 280 I und II iVm § 286 relevant. Für den Anspruch nach § 280 I und III iVm § 281 hingegen ist keine Mahnung erforderlich.

▪ (4) Hat V eine angemessene Frist zur Leistung bzw. Nacherfüllung gesetzt?

▶ Nachdem E den vereinbarten Rückgabetermin vom 30.5. nicht eingehalten hat, hat V ihm eine Frist bis zum 30.6. gesetzt.

Nach § 281 I 1 muss diese Frist **angemessen** sein.　　　　　　　　　　　　220

Die Angemessenheit bestimmt im Streitfall das Gericht nach objektiven Maßstäben.[198] Die Frist muss so lang sein, dass der Schuldner die Leistung tatsächlich erbringen kann. Sie soll dem Schuldner eine letzte Gelegenheit zur Vertragserfüllung ermöglichen und braucht daher nicht so bemessen zu werden, dass der Schuldner die noch gar nicht begonnene Leistung erst anfangen und fertig stellen kann.[199]

Da der Schuldner seiner ursprünglichen Leistungspflicht nicht hinreichend entsprochen hat, können von ihm nun auch größere Anstrengungen und rascheres Handeln verlangt werden.

Bestimmt der Gläubiger eine zu kurze Frist, ist diese damit nicht unwirksam, sondern setzt regelmäßig eine angemessene Frist in Lauf,[200] wenn der Gläubiger nicht deutlich gemacht hat, dass es ihm gerade auf die Kürze der Frist ankommt.

In unserem Fall bestehen an der Angemessenheit der Frist (von fast einem Monat) keine Zweifel.

▪ (5) Erfolgloser Fristablauf?

▶ Da E auch den Rückgabetermin zum 30.6. vergessen hat, war die Fristsetzung erfolglos.

▪ (6) Liegt Vertretenmüssen nach § 276 vor?

▶ Indem E den Rückgabetermin einfach vergisst, hat er fahrlässig iSv § 276 I 1 und II gehandelt.

Die Prüfungsreihenfolge der Voraussetzungen 4, 5 und 6 ist nicht »verbindlich«. Die hier gewählte Reihenfolge erscheint sinnvoll: Solange der Schuldner innerhalb der gesetzten Frist noch leisten kann, kann noch keine **schuldhafte** Pflichtverletzung

---

198　BGH NJW 1985, 2641; Jauernig/*Stadler* § 281 Rn. 6.
199　Palandt/*Grüneberg* § 281 Rn. 10 (unter Hinweis auf BGH NJW 1985, 323 und 857 sowie auf OLG Düsseldorf NJW-RR 1992, 951).
200　BGH NJW 1985, 2640; 1996, 1814; BeckOK BGB/*Unberath* § 281 Rn. 16.

vorliegen. Erst wenn die Frist erfolglos abgelaufen ist, stellt sich die Frage, ob der Schuldner die Nichtleistung nach Fristablauf zu vertreten hat.

■ (7) Welcher Schaden ist dem V hierdurch entstanden?

▶ Wenn E pünktlich geleistet hätte, hätte V sich die Ausgabe von 50 EUR ersparen können.

bb) Rechtsfolgen

Da alle Voraussetzungen des Anspruchs erfüllt sind, kann V **Schadensersatz statt der Leistung** gem. § 280 I und III iVm § 281 I 1, 1. Var. von E verlangen. Es soll also der durch die Nichterfüllung entstandene Schaden (»positives Interesse« [→ Rn. 271 ff.], früher sog. »Nichterfüllungsschaden«) ersetzt werden.

221 Für den **Umfang** des zu ersetzenden Schadens gilt § 249 I (lesen!) Danach ist V von E so zu stellen, wie er ohne das schädigende Ereignis (Nichterbringung der fälligen Leistung) gestanden hätte. In diesem Fall hätte V sich keinen Ersatz-»Palandt« kaufen müssen. Den Preis für dieses Buch muss E deshalb als Schadensersatz statt der Leistung zahlen, während er den »Palandt«, der 45 EUR wert ist, behalten kann. Dies ergibt sich aus § 281 IV (lesen), nach dem der Anspruch auf die Leistung (= Rückgabe des Palandt) ausgeschlossen ist, wenn der Gläubiger Schadensersatz statt der Leistung verlangt hat.

222 Bei der Lektüre der Anspruchsvoraussetzungen werden Sie gemerkt haben, dass § 281 I 1, 1. Var. nicht die förmlichen Voraussetzungen des Schuldnerverzugs verlangt, wie sie in § 286 aufgestellt werden.

§ 281 I 1, 1. Var. soll dem Gläubiger die Möglichkeit geben, in möglichst einfacher Weise Klarheit über den Fortbestand des Leistungsanspruchs bzw. darüber zu erlangen, ob der Primärleistungsanspruch einem Schadensersatzanspruch weichen kann. Das kann er durch das Setzen einer angemessenen Frist erreichen. Diese Fristsetzung enthält inhaltlich eine Aufforderung zur Leistung, in der stets auch eine Mahnung iSd § 286 I zu sehen ist. Somit kann der Fall nicht eintreten, dass der Gläubiger Schadensersatz statt der Leistung nach § 281 I 1, 1. Var. verlangen kann, während der Schuldner sich noch nicht nach § 286 in Verzug befindet.

Die Vorschriften über den Schuldnerverzug, die Sie bisher kennen gelernt haben und die für alle Schuldverhältnisse (grundsätzlich auch für gegenseitige Verträge) gelten, sowie ihre Voraussetzungen und Rechtsfolgen prägen Sie sich nun mithilfe der folgenden Prüfschemata nochmals ein:

223

Prüfschema

Ersatz von Verzögerungsschaden gem. § 280 I und II iVm § 286

I. **Voraussetzungen:**
    1. Schuldverhältnis (§ 280 I 1)
    2. Pflichtverletzung des Schuldners durch Verzögerung der Leistung (§ 280 I und II iVm § 286)
       – **Voraussetzungen des Verzugs:**
       a) Fälligkeit der Leistung (§ 271)
       b) Mahnung, § 286 I 1

oder: § 286 II Nr. 1–4
   c) Nichtleistung (§ 286 I 1)
  3. Vertretenmüssen (§§ 280 I 2, 286 IV iVm § 276 oder § 278)
  4. Verzögerungsschaden beim Gläubiger (§ 280 I 1)

II. Rechtsfolgen:
- Ersatz des Verzögerungsschadens, Umfang: §§ 249 ff.
- Leistungsverpflichtung besteht weiter:
  »Schadensersatz **neben** der Leistung«

Prüfschema   224

**Schadensersatz <u>statt</u> der Leistung wegen Verzögerung
gem. § 280 I und III iVm § 281 I 1, 1. Var.**

I. Voraussetzungen:
  1. Vorliegen eines Schuldverhältnisses (§ 280 I 1)
  2. Fällige, noch mögliche Leistung des Schuldners (§ 281 I 1, 1. Var.)
  3. Pflichtverletzung des Schuldners durch Nichterbringung der fälligen Leistung (§ 281 I 1, 1. Var.)
  4. Leistungsaufforderung mit angemessener Fristsetzung (§ 281 I 1) – falls nicht nach § 281 II entbehrlich.
  5. Erfolgloser Fristablauf (§ 281 I 1)
  6. Vertretenmüssen (§ 280 I 2 iVm § 276 oder § 278)
  7. Schaden beim Gläubiger

II. Rechtsfolgen:
- Schadensersatz statt der Leistung (§ 281 I 1, 1. Var.), Umfang: §§ 249 ff.
- Erlöschen der Leistungspflicht (§ 281 IV)

---

c) Besondere Folgen des Verzugs

aa) Verantwortlichkeit während des Verzugs (§ 287)

(1) § 287 bestimmt eine erweiterte Haftung des Schuldners, der sich bereits in Verzug **225** befindet. § 287 betrifft zB den Fall, dass der Leistungsgegenstand, der aufgrund des Verzugs noch nicht beim Gläubiger eingetroffen ist, sich noch im Bereich der Risikosphäre des Schuldners befindet.

> **Beispiel:** Der Schuldner Siggi Schluri (S), ein Werkunternehmer (vgl. § 631), schuldete dem Gläu- **226** biger Gustav Gans (G) die Reparatur von dessen Pkw Citröen 2 CV (»Ente«), Baujahr 1987, zum 2.1.2018. Da S den Jahresbeginn allzu heftig gefeiert hatte, war er am 2.1. zur Lieferung nicht imstande. In der Nacht vom 2.1. zum 3.1.2018 brach aus ungeklärter Ursache ein Brand in der Werkstatt des S aus, dem auch die »Ente« zum Opfer fiel. Vermutlich hatte zufällig eine Ratte mit einem Biss in ein Stromkabel den Brand durch Kurzschluss ausgelöst.

Sowohl aus der Sicht des S als auch des G war dies ein dummer Zufall (»dumm gelau- **227** fen«, die Ratte …). Durch »Zufall« (was immer bedeutet: weder durch unmittelbares Verschulden des Schuldners noch des Gläubigers) ist das Auto zerstört, dem S ist die Leistung aus dem Werkvertrag also **unmöglich** (→ Rn. 254) geworden. Hätte er pünktlich (= **rechtzeitig** zum 2.1.) geleistet, wäre er nicht in **Verzug** gekommen! Den

Verzug hat er gem. §§ 280 I 2, 286 IV iVm § 276 I 1 und II zu vertreten, da er den Liefertermin »verschlafen« und somit fahrlässig gehandelt hat. Die Leistung wurde aufgrund eines Umstandes (»Zufall«) unmöglich, den er eigentlich nicht zu vertreten hätte (§ 280 I 2). Diese Beweislastregel hilft ihm indessen nicht, da nun § 287 S. 2 (lesen!) gilt! S haftet also auch für den Zufall; es sei denn, der Schaden wäre auch eingetreten, wenn S die »Ente« rechtzeitig repariert und dem G geliefert hätte.

228   (2) Gemäß § 287 S. 1 haftet der Schuldner während des Verzugs nicht nur für (»normale«), sondern für **jede** Fahrlässigkeit. Soweit ersichtlich hat es der Gesetzgeber versäumt, die Arten der Fahrlässigkeit, die die Rechtsprechung schon seit jeher unterscheidet, zu definieren; zB ist in § 300 von **grober** Fahrlässigkeit« die Rede.

»Jede« Fahrlässigkeit iSv § 287 S. 1 bedeutet: Der Schuldner muss im Verzug auch für durch »leichteste« bzw. »leichte« Fahrlässigkeit verursachte Unmöglichkeit haften:

Wenn § 276 II bestimmt, dass »normal« fahrlässig handelt, »wer die im Verkehr erforderliche Sorgfalt außer Acht lässt«, bedeutet dies, dass

- »leichtest fahrlässig« handelt, wer diese Sorgfalt in **ganz** geringem Maß außer Acht lässt,
- »leicht fahrlässig« handelt, wer diese Sorgfalt in **geringem** Maß außer Acht lässt und
- »grob fahrlässig« handelt, wer diese Sorgfalt in besonders **hohem** Maß außer Acht lässt.

bb) Verzugszinsen

229   **Während** des objektiv vorliegenden Verzugs – auch wenn dieser vom Schuldner nicht zu vertreten ist – muss der Schuldner zwar (wegen §§ 280 I 2, 286 IV) keinen Schadensersatz leisten, aber Verzugszinsen bezahlen, wenn er mit einer Geldschuld in Verzug ist. Lesen Sie **§ 288 I 1**! Diese Vorschrift ist eine **eigenständige Anspruchsgrundlage**. Deren Voraussetzungen sind unabhängig von den allgemeinen Voraussetzungen für den Schadensersatz wegen Verzögerung der Leistung (nur) in § 288 I 1 geregelt. Auf diese Weise wird dem Gläubiger bei Verzug unabhängig vom Nachweis eines Schadens und der Kausalität eine Verzinsung gewährleistet. Durch diese Vereinfachung erhält der Gläubiger einen gesetzlich festgelegten Mindestschaden ersetzt.[201] Lesen Sie auch § 288 I 2! Danach sind für Rechtsgeschäfte, an denen ein Verbraucher beteiligt ist, Verzugszinsen in Höhe von 5% über dem Basiszinssatz zu zahlen.

- Wo würden Sie eine gesetzliche Regelung über die Höhe des Basiszinssatzes suchen? Raten Sie!
- ▶ Wahrscheinlich haben Sie an das Bundesbankgesetz gedacht?! Interessanterweise enthält das BGB in § 247 eine Regelung. Absatz 1 Satz 1 dieser Vorschrift ist allerdings bedeutungslos, da sich der Basiszinssatz aufgrund der Anpassungsregelungen in § 247 II auch ohne Verkündung im Bundesgesetzblatt im Halbjahresrhythmus ändert. Den Basiszinssatz können Sie im Internet unter »www.basiszinssatz.de« abrufen.

Seit dem 1.1.2018 beträgt der Basiszinssatz – 0,88%. Somit beträgt der entsprechende Verzugszins nach § 288 I für Verbraucher seitdem 4,12%, für Unternehmer gem. § 288 II (lesen!) zurzeit 8,12%!

---

201   Vgl. NK-BGB/*Schulte-Nölke* § 288 Rn. 3.

5. Besondere Regelungen für gegenseitige Verträge

a) Notwendigkeit der Sonderregelungen

Die wechselseitige Abhängigkeit der Verpflichtungen beider Vertragsparteien bei gegenseitigen Verträgen (→ Rn. 11–13) sowie der damit verbundene enge Zusammenhang von Leistung und Gegenleistung machten es erforderlich, besondere Vorschriften über das Schicksal der Gegenleistung in das Gesetz aufzunehmen. **230**

Dies sind im Allgemeinen Schuldrecht die §§ 320–326, die im Besonderen Schuldrecht einige auf die dort geregelten speziellen Verträge zugeschnittene Abwandlungen erfahren.

b) Nichterbringung (Verzögerung) der fälligen Leistung durch den Schuldner (§ 323 I, 1. Var.)

Wie bereits dargestellt (→ Rn. 185–189), geht das Leistungsstörungsrecht in § 280 I von einem einheitlichen Pflichtverletzungstatbestand aus. Je nachdem, um welche Art der Pflichtverletzung es sich handelt – Nichtleistung, Verzögerung der Leistung oder Schlechtleistung –, wird der Eintritt der jeweiligen Rechtsfolgen vom Vorliegen besonderer Voraussetzungen abhängig gemacht. **231**

So kann »Schadensersatz wegen Verzögerung der Leistung«, wie Sie gelernt haben (→ Rn. 202, 223), nur unter den Voraussetzungen von § 280 I und II iVm § 286 verlangt werden. »Schadensersatz statt der Leistung« kann der Gläubiger im Falle der Leistungsverzögerung durch den Schuldner nur unter der besonderen Voraussetzung von § 281 I 1, 1. Var. (»erfolglose Fristsetzung zur Leistung oder Nacherfüllung« → Rn. 217 f., 224) verlangen.

Bei Schuldnerverzug im gegenseitigen Vertrag kann von den oben (→ Rn. 223 f.) genannten Vorschriften neben den §§ 280, 281, 286 auch § 323 angewendet werden. Lesen Sie davon zunächst nur Abs. 1. Dieser setzt (ähnlich wie § 281 I 1) voraus, dass der Schuldner – hier nun: bei einem **gegenseitigen Vertrag** – »eine **fällige** Leistung nicht« (= Verzug) **oder** »nicht vertragsgemäß« (= Schlechterfüllung) erbringt. **232**

Erbringt der Schuldner die fällige Leistung nicht oder nicht vertragsgemäß, kann der nicht vorleistungspflichtige[202] Gläubiger beim gegenseitigen Vertrag die Gegenleistung gem. § 320 I 1 verweigern, während das vertragliche Schuldverhältnis bestehen bleibt.[203] Der Gläubiger der gestörten Leistung kann also nach wie vor Erfüllung verlangen oder sich für den Rücktritt nach § 323 I, 1. Var. entscheiden.

§ 323 I, 1. Var. gibt dem Gläubiger bei einem gegenseitigen Vertrag unter der Voraussetzung der erfolglosen angemessenen Fristsetzung zur Leistung ein Rücktrittsrecht. In dieser Vorschrift wird darauf verzichtet, den »Verzug« des Schuldners als Voraussetzung für das Rücktrittsrecht des Gläubigers ausdrücklich zu nennen. Es kommt daher nach dem Wortlaut von § 323 I wie bei § 281 I 1, 1. Var. (anders als für den »Schadensersatz wegen Verzögerung der Leistung« nach § 280 I und II) nicht darauf an, ob die formalen Voraussetzungen von § 286 im Einzelnen vorliegen. Die Leistung muss lediglich fällig und zum vertraglich vereinbarten Zeitpunkt nicht erbracht **233**

---

202 Beispiele für Vorleistungspflichten finden sich unter anderem bei Jauernig/*Stadler* § 320 Rn. 21.
203 *Medicus/Lorenz* SchuldR AT Rn. 498.

worden sein. Das Vorliegen des Verzugs ergibt sich – wie bei § 281 I 1 (→ Rn. 222) – »automatisch« daraus, dass die Aufforderung zur Leistung mit Fristsetzung stets auch eine Mahnung iSd § 286 I enthält.

234 § 323 I, 1. Var. gibt dem Gläubiger beim gegenseitigen Vertrag also die zusätzliche Möglichkeit, von diesem Vertrag zurückzutreten, wenn der Schuldner eine Pflichtverletzung begangen hat. Es muss sich demnach um einen Vertrag handeln, bei dem die wechselseitigen Leistungen in einem Gegenseitigkeitsverhältnis (Synallagma) stehen. Nicht erforderlich ist allerdings, dass eine im Synallagma stehende Leistungspflicht verletzt wird.[204]

235 Durch den Rücktritt wird das Recht, bei einem gegenseitigen Vertrag Schadensersatz (bei Verzögerung der Leistung also nach § 280 I und III iVm § 281 I 1) zu verlangen, nicht ausgeschlossen (§ 325 – lesen!).

236 Im Gegensatz zum Schadensersatzanspruch ist das Rücktrittsrecht unabhängig davon möglich, ob der Schuldner die Nichterbringung der fälligen Leistung iSv § 323 I, 1. Var. zu vertreten hat.[205] Die sachliche Rechtfertigung für diese verschuldensunabhängige Rücktrittsmöglichkeit des Gläubigers gem. § 323 I, 1. Var. liegt darin, dass der Schuldner die von ihm geschuldete fällige Leistung – aus welchem Grund auch immer – nicht (pünktlich) erbringt. Dies rechtfertigt es, ohne Rücksicht auf Verschulden allein darauf abzustellen, dass eine dem Schuldner gesetzte angemessene Frist erfolglos abgelaufen ist.

c) Voraussetzungen und Rechtsfolgen des Rücktritts wegen Verzögerung der Leistung nach § 323 I Hs. 1, 1. Var.

237 Lesen Sie zunächst

Übungsfall 11

Am 25.2. verkauft Siggi Schluri (S) dem Gunther Gutgesell (G) ein altes Notebook für 300 EUR, die G sofort bar bezahlt. Die Übereignung soll vereinbarungsgemäß am 1.3. erfolgen. Nachdem S den Liefertermin vergessen hat, fordert G ihn auf, das Notebook spätestens zum 10.3. zu liefern. Als S auch diesen Termin vergisst, kauft G sich in einem Secondhandshop ein gebrauchtes Notebook zum Preis von 200 EUR und möchte die an S gezahlten 300 EUR zurück.

Welchen Anspruch hat G gegen S?

---

238 Ein Anspruch auf Rückzahlung der empfangenen 300 EUR des G gegen S könnte sich aus § 346 I ergeben, wenn G vom Vertrag wirksam zurücktreten kann.

Der Rücktritt ist eine einseitige empfangsbedürftige Willenserklärung (§ 349), durch die das Vertragsverhältnis beendet und für die Zukunft (**ex nunc**) in ein Rückgewährschuldverhältnis bezüglich der bereits ausgetauschten Leistungen umgewandelt wird. Die Vertragspflichten bestehen in Bezug auf die schon ausgetauschten Leistungen in umgekehrter Richtung als gesetzliche Pflichten.

---

204 Vgl. jurisPK-BGB/*Beckmann* § 323 Rn. 8.
205 Vgl. NK-BGB/*Dauner-Lieb/Dubovitskaya* § 323 Rn. 4.

Im Unterschied dazu führt ein Schadensersatzanspruch das alte Schuldverhältnis **fort**, wobei an die Stelle der Primärleistungspflicht eine Sekundärleistungspflicht als Ersatz tritt.

Durch den Rücktritt wird der Gläubiger also so gestellt, als ob er sich mit dem Schuldner niemals eingelassen hätte. Die Erklärung des Rücktritts ist dem Gläubiger daher dann anzuraten, wenn er ein schlechtes Geschäft gemacht hat, dh, mit einem Gewinn nicht zu rechnen ist, und er im Grunde froh sein kann, von dem Vertrag wieder loszukommen.

Ähnlich liegt unser Fall.

aa) Voraussetzungen für den Rückgewähranspruch aus § 346 I

▧ Lesen Sie nochmals § 346 I und nennen Sie die Voraussetzungen des Rückgewähranspruchs!

▶ Voraussetzung des Rückgewähranspruchs ist zunächst, dass der Gläubiger ein vertragliches oder gesetzliches Rücktrittsrecht hat.

Da G und S vertraglich (also durch zwei übereinstimmende Willenserklärungen) kein Rücktrittsrecht vereinbart haben, kommt nur ein gesetzliches Rücktrittsrecht in Betracht.

▧ Wo ist dieses geregelt? Wo suchen Sie, wenn Sie nicht wissen, in welcher Vorschrift das gesetzliche Rücktrittsrecht zu finden ist?

▶ Im Index der Gesetzessammlung (hier: Beck-Texte im dtv Nr. 5001 = »BGB«).

▧ Taucht dort das Stichwort »gesetzliches Rücktrittsrecht« auf?

▶ Es erscheinen nur der Begriff »Rücktritt« und die Unterbegriffe »wegen nicht oder nicht vertragsgemäß erbrachter Leistung, § 323 bzw. wegen Pflichtverletzung, §§ 323, 324«.

Hier kommt also das gesetzliche Rücktrittsrecht des G gem. § 323 I in Betracht.   **239**

▧ Welche weitere Voraussetzung für den Rückgewähranspruch können Sie der Formulierung, dass die empfangenen Leistungen »**im Fall des Rücktritts zurückzugewähren**« sind (§ 346 I Hs. 2), entnehmen?

▶ Die Ausübung dieses Rechts erfolgt durch Erklärung des Rücktritts gem. § 349.

Prüfen wir nun die   **240**

bb) Voraussetzungen des gesetzlichen Rücktrittsrechts nach § 323 I Hs. 1, 1. Var.

(1) Wirksamer gegenseitiger Vertrag
Diese Voraussetzung haben G und S durch Abschluss eines Kaufvertrags iSv § 433 erfüllt.

(2) Pflichtverletzung durch den Schuldner wegen Verzögerung der fälligen Leistung
Da S das Notebook nicht wie vereinbart zum 1.3. geliefert hat, liegt eine Nichterbringung der fälligen Leistung vor.

(3) Angemessene Fristsetzung zur Leistung
Die Frist muss so lang sein, dass der Schuldner die Leistung tatsächlich erbringen kann. Sie soll ihm eine letzte Gelegenheit zur Vertragserfüllung ermöglichen. Da der Schuldner seiner ursprünglichen Leistungspflicht nicht hinreichend entspro-

chen hat, können von ihm größere Anstrengungen und rascheres Handeln verlangt werden.

G setzt dem S eine Lieferfrist zum 10.3. Es bestehen an der Angemessenheit dieser Frist (10 Tage für ein bei V vorhandenes Notebook) keine Zweifel.[206]

Darauf, ob die Fristsetzung nach § 323 I entbehrlich ist, oder ob § 323 III oder IV eingreifen, ist nur einzugehen, wenn der zu lösende Fall dazu Anlass gibt.

(4) Erfolgloser Fristablauf

Diese Voraussetzung ist ebenfalls erfüllt, da S auch den Termin vom 10.3. vergessen hat bzw. eine Verantwortlichkeit des Gläubigers für den Verzug des Schuldners nicht ersichtlich ist.

(5) Kein Ausschluss gem. § 323 V oder VI (lesen!)

Beide Absätze sind hier nicht einschlägig, da S überhaupt noch nicht geleistet hat und eine Verantwortlichkeit des Gläubigers für den Verzug des Schuldners nicht ersichtlich ist.

Somit liegen alle Voraussetzungen für ein gesetzliches Rücktrittsrecht iSd § 323 I Hs. 1, 1. Var. für G vor. Wenn G seinen Rücktritt gegenüber S gem. § 349 erklärt, ist der Anspruch aus § 346 I iVm § 323 I begründet.

241   **cc) Rechtsfolge(n) des Rücktritts**

■ Welche Rechtsfolge(n) ergeben sich aus dem Rückgewähranspruch?

▶ Gemäß § 346 I Hs. 2 hat der Schuldner (S) dem Gläubiger (G) die bereits empfangene Leistung (300 EUR) zurückzugewähren, dh zurückzuzahlen.

Sofern die zurückzugewährende Leistung nicht in Geld, sondern in einer Sache besteht, hat der Schuldner unter den Voraussetzungen von § 346 II (lesen) Wertersatz zu leisten, welcher wiederum unter den Voraussetzungen von § 346 III (lesen) entfallen kann.

Für »Nutzungen und Verwendungen nach Rücktritt« gilt § 347 (lesen), der die Haftung bei Rückgewähr regelt.

242

> ## Prüfschema
>
> ### Rückgewähranspruch bei Pflichtverletzung durch Verzögerung der Leistung im gegenseitigen Vertrag gem. §§ 346 ff. iVm § 323 I
>
> **I. Voraussetzungen für Anspruch aus § 346 I:**
>   1. Vertragliches oder gesetzliches[207] Rücktrittsrecht
>   2. Ausübung des Rücktritts, § 349
>
> **II. Voraussetzungen des gesetzlichen Rücktrittsrechts nach § 323 I Hs. 1, 1. Var.:**
>   1. Wirksamer gegenseitiger Vertrag
>   2. Pflichtverletzung des Schuldners durch Verzögerung der Leistung

---

206 Nähere Ausführungen zur Angemessenheit: → Rn. 220 (zu § 281 I 1).
207 Hier Prüfung der unter II. dargestellten Voraussetzungen.

3. Angemessene Fristsetzung zur Leistung (falls nicht entbehrlich: § 323 II–IV)*
4. Erfolgloser Fristablauf*
5. Kein Ausschluss gem. § 323 V oder VI

III. Rechtsfolgen des Rücktritts:

* Beendigung des Vertragsverhältnisses und Umwandlung in Rückgewähr-schuldverhältnis: Herausgabe der empfangenen Leistungen und gezogenen Nutzungen (§ 346 I)
* Eventuell Wertersatz nach § 346 II, falls nicht § 346 III
* Nutzungen und Verwendungen nach Rücktritt: § 347

Literatur zur Vertiefung (→ Rn. 182–189, 199–241): *Alpmann und Schmidt* SchuldR AT 1 3. Teil 1. und 5. Abschn.; *Brox/Walker* SchuldR AT § 23; *Däubler* BGB kompakt Kap. 16, 1–3; *Derleder/Hoolmans*, Vom Schuldnerverzug zum Gläubigerverzug und zurück, NJW 2004, 2787; *Derleder/Karabulut*, Schuldnerverzug und Zurückbehaltungsrechte im Allgemeinen Schuldrecht, JuS 2014, 102; *Derleder/Zänker*, Der ungeduldige Gläubiger und das neue Leistungsstörungsrecht, NJW 2003, 2777; *Dornis/Kessenich*, Die »Entschädigungspauschale« bei Zahlungsverzug – Einführung in grundsätzliche Fragen eines neuen Verzugsfolgeninstruments, JURA 2015, 887; *Esser/Schmidt* SchuldR AT II § 28 I; *Fikentscher/Heinemann* SchuldR § 44; *Gebauer/Huber*, Schadensersatz statt der Leistung, ZGS 2005, 103; *Gerhardt*, Die Abgrenzung der wichtigsten Anspruchsgrundlagen im Schadensersatzrecht bei Leistungsstörungen, JURA 2012, 251; *Grunewald* BürgerlR §§ 9, 10; *Gursky*, Der Vindikationsanspruch und § 281 BGB, JURA 2004, 433; *Hellegardt*, Die Ersatzfähigkeit des vorzeitigen Deckungskaufs, JuS 2016, 1057; *Heuser*, Versprechen, Verschulden und Pflichtverletzung (§ 280 BGB), JURA 2012, 663 (Teil 1), 827 (Teil 2); *Hirsch* SchuldR AT §§ 22 f.; *Hirsch*, Schadensersatz statt oder neben der Leistung – Aktuelle Fragen der Abgrenzung, JuS 2014, 97; *Hirsch*, Zufälliges Unmöglichwerden während des Schuldnerverzugs, § 287 Satz 2 BGB, JURA 2003, 42; *Hirsch*, Schadensersatz statt der Leistung, JURA 2003, 289; *Jaensch*, Der Gleichlauf von Rücktritt und Schadensersatz, NJW 2003, 3613; *Körber*, Das Recht der Pflichtverletzungen im Allgemeinen Schuldrecht, JURA 2015, 429 (Teil 1), 554 (Teil 2), 673 (Teil 3); *Krause*, Die Leistungsverzögerung im neuen Schuldrecht, JURA 2002, 217 (Teil 1), 299 (Teil 2); *Larenz* SchuldR AT § 23; *Looschelders* SchuldR AT §§ 24, 26–27; *S. Lorenz*, Grundwissen – Zivilrecht: Was ist eine Pflichtverletzung (§ 280 I BGB)?, JuS 2007, 213; *Medicus*, Die Leistungsstörungen im neuen Schuldrecht, JuS 2003, 521; *Medicus/Lorenz* SchuldR AT Rn. 412 ff.; *Medicus/Petersen* BürgerlR Rn. 236 ff.; *Medicus/Petersen* Grundwissen BürgerlR Rn. 149 ff.; *Metzler-Müller* PrivatRFall Fall 4 und Fall 5; *Münch*, Die nicht wie geschuldet erbrachte Leistung und sonstige Pflichtverletzungen, JURA 2002, 361; *Musielak/Hau* GK BGB Rn. 478 ff.; *Odemer*, Das Fristsetzungserfordernis der §§ 281, 323 BGB, JURA 2016, 842; *Otto*, Die Grundstrukturen des neuen Leistungsstörungsrechts, JURA 2002, 1; *Perkams*, Die Haftung des Rücktrittsberechtigten im neuen Schuldrecht, JURA 2003, 150; *Reichenbach*, Das Tatbestandsmerkmal der Pflichtverletzung im neuen Leistungsstörungsrecht, JURA 2003, 512; *Reische*, Grundfälle zum neuen Schuldrecht, JuS 2003, 453; *Senne*, Das Recht der Leistungsstörungen nach dem Schuldrechtsmodernisierungsgesetz, JA 2002, 424; *Skamel*, Die angemessene Frist zur Leistung oder Nacherfüllung, JuS 2010, 671 ff.; *Steckler/Tekidou-Kühlke* WirtschaftsR Rn. 105 ff.; *Weiss*, Die Ergänzung besonderer Rechtsverhältnisse durch die allgemeinen Vorschriften der §§ 280 ff. BGB, JuS 2012, 965; *Wilhelm*, Die Pflichtverletzung nach dem neuen Schuldrecht, JZ 2004, 1055; *von Wilmowsky*, Pflichtverletzungen im Schuldverhältnis, JuS 2002, Beilage zu Heft 1.

---

* Es ist »genauso richtig«, wenn Sie Voraussetzung (3) und (4) zusammenziehen, zB: »Weitere Voraussetzung ist, dass K dem V erfolglos eine angemessene Frist zur Leistung gesetzt hat«.

IV. Gläubigerverzug

243 »Gläubigerverzug« ist identisch mit »Annahmeverzug«. Gemäß § 293 (lesen) kommt der Gläubiger (unter bestimmten Voraussetzungen, die aus dem Wortlaut dieser Vorschrift nicht alle direkt zu ersehen sind – und daher gelernt werden müssen) in Verzug, wenn er die ihm angebotene Leistung nicht annimmt.

1. Voraussetzungen

a) Erfüllbarkeit der Leistung

244 Erfüllbar ist die Leistung, wenn der Schuldner zur Leistung berechtigt ist. Dies ist, wie Sie gelernt haben, gem. § 271 I regelmäßig, dh sofern nichts anderes bestimmt oder vereinbart ist, »sofort« der Fall (§ 271 I nochmals und auch Abs. 2 lesen!).

b) Ordnungsgemäßes Angebot der Leistung

245 Grundsätzlich muss der Schuldner dem Gläubiger die Leistung »**tatsächlich**«, »so, wie sie zu bewirken ist« (§ 294 – lesen), anbieten. Wann dies der Fall ist, richtet sich vor allem nach der Art der Schuld bezüglich des Leistungsgegenstands und des Leistungsorts. Als **Faustregel** kann man sich merken: **Die Leistung ist ordnungsgemäß angeboten, wenn sie am rechten Ort, zur rechten Zeit und in der richtigen Art und Weise vollständig (vgl. § 266 – lesen!) angeboten wurde.**

Ausnahmsweise kann davon nach Maßgabe des § 295 (lesen!) abgewichen werden. Danach genügt ein nur »wörtliches« Angebot, wenn der Gläubiger bereits vorweg erklärt hat, er werde die Leistung nicht annehmen oder wenn es sich zB um eine Holschuld handelt. Bei kalendermäßig bestimmter Leistungszeit ist das Angebot entbehrlich (vgl. § 296 S. 1 – lesen!). Das Gleiche gilt, wenn der Handlung ein Ereignis, wie etwa eine Kündigung, vorauszugehen hat und eine angemessene Zeit für die Handlung in der Weise bestimmt ist, dass sie sich von dem Ereignis an nach dem Kalender berechnen lässt (§ 296 S. 2).

c) Leistungswille und Leistungsvermögen

246 Dass der Gläubiger nur in Annahmeverzug kommt, wenn der Schuldner auch wirklich in der Lage ist, die von ihm angebotene Leistung zu erbringen, ist eigentlich selbstverständlich, wird aber vom Gesetz in § 297 (lesen) ausdrücklich verlangt.

d) Nichtannahme der Leistung

247 Sofern die genannten Voraussetzungen erfüllt sind, genügt allein die Nichtannahme der Leistung, um den Gläubigerverzug zu begründen. Anders als beim Schuldnerverzug ist für den Gläubigerverzug »Vertretenmüssen« **nicht** erforderlich (das wird bei Anfängern leider häufig vergessen bzw. verwechselt und führt zu »dummen« vermeidbaren Fehlern).

Beim gegenseitigen Vertrag führt – trotz vorliegender Bereitschaft zur Annahme der Leistung – die Verweigerung der Gegenleistung ebenfalls zum Annahmeverzug (§ 298 – lesen).

2. Rechtsfolgen

Grundsätzlich bleibt der Schuldner beim Annahmeverzug des Gläubigers zu seiner **248** Leistung weiter verpflichtet; er kommt aber unter Umständen, falls der Leistungsgegenstand während des Gläubigerverzugs beschädigt oder gar zerstört wird, in den Genuss der nachstehenden

a) Haftungserleichterung

Befindet sich der Gläubiger in Annahmeverzug, haftet der Schuldner in den genann- **249** ten Fällen (Beschädigung oder Zerstörung des Leistungsgegenstands) nur für Vorsatz und grobe Fahrlässigkeit, nicht jedoch für einfache Fahrlässigkeit iSv § 276 II. Dies folgt aus § 300 I (lesen!).

> **Beispiel:** K kauft bei V einen Beamer und vereinbart, dass ihm das Gerät am Mittwoch der darauffolgenden Woche um 10 Uhr ins Büro geliefert werden soll. Als V vereinbarungsgemäß an diesem Tag den Beamer bei V abliefern will, ist niemand anzutreffen. Auf der Rückfahrt – V fährt etwas zu schnell – stößt das Fahrzeug des V mit einem ihm auf seiner Fahrbahn entgegenkommenden Pkw, dessen Fahrer stark angetrunken ist, zusammen, wobei der Beamer zertrümmert wird.
> K befand sich im Gläubigerverzug (§§ 293 ff.). Der Schuldner V hat die Unmöglichkeit nicht zu vertreten (§ 300 I).[208]

b) Gefahrübergang bei Gattungsschulden

Grundsätzlich handelt es sich bei einer Gattungsschuld um eine Beschaffungsschuld **250** (→ Rn. 161). Das **Beschaffungsrisiko** (vgl. § 276 I 1) trägt der Schuldner. Das bedeutet: er trägt die »Leistungsgefahr«, dh das Risiko, die Leistung noch erbringen zu müssen, obwohl der Leistungsgegenstand, der (vom Schuldner) zur Erfüllung vorgesehen (= ausgesondert) war, zerstört wurde: Wenn es sich um eine Gattungsschuld handelt, gibt es einen gleichartigen Leistungsgegenstand (zB die Jeanshose, das Serienfahrrad) noch »en masse«! Der Schuldner, der ihn momentan nicht zu leisten vermag, muss ihn sich beschaffen, um seine vertragliche Leistungspflicht zu erfüllen, und zwar unabhängig davon, ob er den Untergang der geschuldeten Gattungssache verschuldet hat! Diese »Leistungs- oder Sachgefahr« geht mit Beginn des Annahmeverzuges gem. § 300 II auf den Gläubiger über.

> **Beachte:** Das Gesetz verwendet nur den Begriff »Gefahr« und meint damit meist die »Gegenleistungs-« bzw. »Preisgefahr«, seltener die »Leistungs-« bzw. »Sachgefahr« – dazu ausführlicher noch unten Übersicht 16 → Rn. 327.

Die praktische (und »klausurrelevante«) Bedeutung von § 300 II ist recht gering: Meist hat der Schuldner gem. § 243 II bereits das »seinerseits Erforderliche« getan, damit die ursprüngliche Gattungsschuld sich **zur Stückschuld konkretisiert** hat, und auf die Stückschuld findet § 300 II keine Anwendung![209]

> **Beispiel (→ Rn. 249):** Hinsichtlich des Beamers hatten die Vertragsparteien V und K eine Bringschuld vereinbart. Mit der Anlieferung des Geräts »zur rechten Zeit, am rechten Ort und in der richtigen Art und Weise« hat der Schuldner V das »seinerseits Erforderliche« iSd § 243 II getan.

---

208 Nach Fall 7 in *Metzler-Müller* PrivatRFall. Dort finden Sie auch die ausführliche, im Gutachtenstil ausformulierte Lösung. Mit dem Gläubigerverzug beschäftigen wir uns wieder in Fall 15, vor → Rn. 301.

209 *Brox/Walker* SchuldR AT § 26 Rn. 14.

> K hat also keinen Anspruch nach § 433 I 1 auf Lieferung eines (anderen) Beamers, da die Leistung durch Zerstörung des Geräts (= Stückschuld) unmöglich und V von seiner Leistungspflicht frei geworden ist (vgl. § 275 I).

c) Gefahrübergang beim gegenseitigen Vertrag

251 Für den gegenseitigen Vertrag gilt die Sondervorschrift des § 326 II 1: Nach § 326 II 1, 2. Var. bewirkt der Annahmeverzug beim gegenseitigen Vertrag, dass die Preisgefahr (Gegenleistungsgefahr), dh das Risiko, den Preis zahlen zu müssen, obwohl der Leistungsgegenstand nicht erbracht wird, auf den Gläubiger übergeht. Das Verständnis dieser Vorschrift setzt die Kenntnis von Rechtsproblemen voraus, die mit der zweiten Leistungsstörung zusammenhängen, die wir in unserer Grobeinteilung (vgl. Übersicht 8 → Rn. 188) kennen gelernt haben (= Unmöglichkeit). Wir wollen die Analyse von § 326 II zunächst zurückstellen.

d) Ersatz von Mehraufwendungen

252 Anspruchsgrundlage dafür ist § 304 (lesen).

> **Beispiele:** Unnütze Transportkosten,[210] nachdem der Gläubiger die Annahme nach entsprechendem Hinweis des Schuldners trotz Wissens von einem kleinen Fehler des Leistungsgegenstands verweigert; Gläubiger verweigert die Annahme des geschuldeten Gegenstands und Schuldner hat Kosten für die Aufbewahrung und Erhaltung, Lagerkosten.[211]

Lesen Sie zur Zusammenfassung die folgende ...

---

210 Vgl. *Alpmann und Schmidt* SchuldR AT 1 Fall 24 Rn. 340.
211 *Brox/Walker* SchuldR AT § 26 Rn. 16.

Übersicht 10

Leistungsstörungen	253
Gläubigerverzug (»Annahmeverzug«)	

Gesetzliche Regelung: §§ 293–304

I. Voraussetzungen

   1. Erfüllbarkeit der Leistung, § 271
   2. Ordnungsgemäßes Leistungsangebot, § 294
     Faustregel: Tatsächliches Angebot – am rechten Ort (§ 269), zur rechten Zeit (§ 271) und in der richtigen Art und Weise (§§ 241–243) – der vollständigen (§ 266) Leistung. Ausnahmen: §§ 295, 296
   3. Leistungswille und Leistungsvermögen, § 297
   4. Nichtannahme der Leistung, § 293
     Merke: Gläubigerverzug **ohne** Verschulden
   5. Gegenseitiger Vertrag: Annahmeverzug durch Verweigerung der Gegenleistung, § 298
   6. Vorübergehende Annahmeverhinderung, § 299

II. Rechtsfolgen

- Haftungserleichterung, § 300 I
(Bei Untergang oder Beschädigung des Leistungsgegenstands keine Haftung für einfache Fahrlässigkeit iSv § 276)
- Gefahrübergang bei Gattungsschuld:
Leistungsgefahr liegt beim Gläubiger, § 300 II
- Gefahrübergang beim gegenseitigen Vertrag, § 326 II 1, 2. Var.
- Ersatz von Mehraufwendungen, § 304
Außerdem: §§ 372 ff. = Beendigung des Schuldverhältnisses durch Hinterlegung
(→ Rn. 175)

Literatur zur Vertiefung (→ Rn. 243–253): *Alpmann und Schmidt* SchuldR AT 1 I 4. Teil; *Bredemeyer,* Der Regelungsbereich von § 280 BGB, ZGS 2010, 10; *Brox/Walker* SchuldR AT § 26; *Coester-Waltjen,* Verzögerungsgefahr, Sachgefahr, Leistungsgefahr, JURA 2006, 829; *Däubler* BGB kompakt Kap. 16, 6; *Derleder/Hoolmans,* Vom Schuldnerverzug zum Gläubigerverzug und zurück, NJW 2004, 2787; *Esser/Schmidt* SchuldR AT II § 23; *Feuerborn,* Der Verzug des Gläubigers – Allgemeine Grundzüge und Besonderheiten im Arbeitsverhältnis, JR 2003, 177; *Fikentscher/Heinemann* SchuldR § 45; *Grunewald* BürgerlR § 11; *Hirsch* SchuldR AT § 21; *Kreuzer/Stehle,* Grundprobleme des Gläubigerverzugs, JA 1984, 69; *Larenz* SchuldR AT § 25; *Looschelders* SchuldR AT § 36; *Medicus/Lorenz* SchuldR AT Rn. 513 ff.; *Musielak/Hau* GK BGB § 6 VI; *Schade/Graewe* WirtschaftsPrivR Rn. 246 ff.; *Steckler/Tekidou-Kühlke* WirtschaftsR Rn. 162 ff.

V. Unmöglichkeit der Leistung

1. Arten der Unmöglichkeit

Als zweite Gruppe der Leistungsstörungen nach dem Verzug wurde die »Unmöglichkeit der Leistung« genannt. **254**

■ Wann – um das zu wiederholen – ist dem Schuldner eine Leistung unmöglich geworden?

▶ Wenn er die vertraglich geschuldete Leistung gar nicht erbringt (= Nichterfüllung) und diese auch nicht erbringen **kann.**

Die Situation, dass der Schuldner die Leistung nicht erbringt, kann unter verschiedenen Voraussetzungen eintreten und verschiedene Gründe haben.

Je nachdem, welcher Grund für die Unmöglichkeit vorliegt, unterscheidet das Bürgerliche Recht vier grundsätzliche Arten der Unmöglichkeit:

(1) Anfängliche objektive Unmöglichkeit,
(2) anfängliche subjektive Unmöglichkeit,
(3) nachträgliche objektive Unmöglichkeit und
(4) nachträgliche subjektive Unmöglichkeit.

255 ■ Auf welchen Zeitpunkt beziehen sich wohl die **anfängliche** und die **nachträgliche** Unmöglichkeit?

▶ Auf den Zeitpunkt der Begründung des Schuldverhältnisses bzw. auf den Zeitpunkt des Vertragsschlusses.

Es geht um die Möglichkeit oder Unmöglichkeit der Leistung des **Schuldners!**

■ Wann, meinen Sie, ist dem Schuldner eine Leistung **objektiv** unmöglich?

▶ Wenn der Leistungsgegenstand untergegangen ist, dh so zerstört ist, dass **niemand**, weder der Schuldner noch irgendein anderer, **diesen** Leistungsgegenstand erbringen kann.

■ Zunächst aber noch die Frage: Wie würden Sie die **subjektive** Unmöglichkeit von der objektiven Unmöglichkeit unterscheiden? Wann ist dem Schuldner die Leistung subjektiv unmöglich?

▶ Wenn **nur der Schuldner** nicht in der Lage ist, den Leistungsgegenstand zu erbringen, wohl aber ein Dritter – zumindest theoretisch – dazu in der Lage wäre!

Beispiel: V verkauft seinen Pkw an K und weiß nicht, dass dieser kurz vorher gestohlen wurde. V kann den Wagen nicht an den Käufer übergeben; der Dieb dagegen könnte es.

2. Unmöglichkeit als Pflichtverletzung

256 Die Unterscheidung der Unmöglichkeitsarten war nach früherem Recht bedeutsam, da je nach Art der Unmöglichkeit sehr unterschiedliche und auch unverständliche Rechtsfolgen eintreten konnten. Wie zB die damalige »Haftung ohne Verschulden« bei anfänglicher subjektiver Unmöglichkeit.

Hier hat der Gesetzgeber mit der Schuldrechtsreform zum 1.1.2002 Klarheit geschaffen.

Während der Unmöglichkeit im früher geltenden Leistungsstörungsrecht eine dominierende Rolle zukam, ist diese Dominanz nun durch die Einführung des einheitlichen Pflichtverletzungstatbestands (§ 280, → Rn. 187 ff.) gebrochen.

257 Wer die von ihm geschuldete Leistung nicht erbringt, weil sie ihm unmöglich geworden ist oder die fällige Leistung verzögert oder die Leistung nicht in der geschuldeten Qualität erbringt oder wer im Rahmen der Leistungserbringung Nebenpflichten verletzt, verhält sich vertragswidrig und begeht somit eine Pflichtverletzung, die zum Schadensersatz nach der Grundvorschrift des § 280 führt. § 280 I genügt als Schadensersatzanspruchsgrundlage in allen Fällen, in denen »einfacher« Schadensersatz, dh Schadensersatz **neben** der Leistung, verlangt wird.

258 Soll dagegen nicht nur »einfacher« Schadensersatz, sondern »Schadensersatz statt der Leistung« verlangt werden, müssen gem. § 280 III zusätzliche Voraussetzungen erfüllt sein, die in den §§ 281–283 geregelt sind. § 281 I 1 betrifft, wie Sie schon gelernt haben (→ Rn. 217 ff.), dabei auch den Verzug[212] des Schuldners (sowie die Schlechterfüllung, auf die wir später noch zu sprechen kommen). § 282 regelt den Fall, dass der Schuldner eine Pflicht aus § 241 II verletzt hat (auch darauf kommen wir noch einmal zurück) und § 283 den Fall der Unmöglichkeit der Leistung des Schuldners (auf die wir ebenfalls – wie auch auf § 311a II – später noch ausführlicher eingehen).

Zum besseren Verständnis dieser Systematik lesen Sie nun die folgenden Übersichten 11 und 12.

Übersicht 11

259

■ Haben Sie die Verweisung in § 280 III auf die drei dort genannten Paragrafen für den Anspruch auf Schadensersatz statt der Leistung verstanden? Wissen Sie, wie Sie diesen Anspruch in den (vier) möglichen Fallkonstellationen prüfen müssen? Versuchen Sie, ein Prüfungsschema für diese Anspruchsgrundlagen zu entwickeln, bevor Sie weiterlesen!

▶ Man muss das Grundschema für die Prüfung des § 280 I (Schuldverhältnis, Pflichtverletzung, Vertretenmüssen, Schaden) um die zusätzlichen Voraussetzungen, die in § 281, § 282 bzw. § 283 zu finden sind, ergänzen. Da sich das Vertretenmüssen auf die Pflichtverletzung bezieht, muss es **nach** dieser erörtert werden. Der Schaden sollte – wegen des engen Zusammenhangs mit der Rechtsfolge – regelmäßig als letztes Tatbestandsmerkmal geprüft werden.

---

212 Vgl. Palandt/*Grüneberg* § 281 Rn. 7.

Wenn Sie diesem Rat gefolgt sind, könnten Sie sich etwa Folgendes (→ Rn. 260) notiert haben:

Da diese Verweisungstechnik Studierenden einige Schwierigkeiten bereitet, habe ich versucht, mit einer anderen (besseren, verständlicheren?) Formulierung des Gesetzestextes »Durchblick« zu verschaffen.

260 Übersicht 12

Allgemeiner Überblick: Schadensersatz statt der Leistung bei		
Verzögerung der Leistung + Schlechterfüllung	**Unmöglichkeit**	**Nebenpflicht- verletzung**
§ 280 I, III iVm § 281	§ 280 I, III iVm § 283	§ 280 I, III iVm § 282
Bessere/verständlichere Formulierung:		
»Besteht die Pflichtverletzung darin, dass der Schuldner die fällige Leistung nicht oder nicht wie geschuldet erbringt, kann der Gläubiger Schadensersatz statt der Leistung nur verlangen, wenn er dem Schuldner erfolglos **eine angemessene Frist zur Leistung oder Nacherfüllung** bestimmt hat.«	»Besteht die Pflichtverletzung darin, dass dem Schuldner die Leistung **nach** Begründung des Schuldverhältnisses **unmöglich** geworden ist, kann der Gläubiger Schadensersatz statt der Leistung verlangen, **ohne eine Frist setzen zu müssen.«**	»Besteht die Pflichtverletzung nach § 280 I in einer Verletzung von Pflichten nach **§ 241 II**, so kann der Gläubiger Schadensersatz statt der Leistung nur verlangen, wenn ihm die Leistung durch den Schuldner **nicht mehr zuzumuten** ist.«
Prüfschemata		
Voraussetzungen des § 280 I 1. Schuldverhältnis 2. Pflichtverletzung 3. Vertretenmüssen + zusätzliche Voraussetzungen des § 281 I 1:	Voraussetzungen des § 280 I 1. Schuldverhältnis 2. Pflichtverletzung 3. Vertretenmüssen + zusätzliche Voraussetzung des § 283:	Voraussetzungen des § 280 I 1. Schuldverhältnis 2. Pflichtverletzung 3. Vertretenmüssen + zusätzliche Voraussetzungen des § 282:
4. Fällige Leistung wurde nicht erbracht 5. Erfolgloser Ablauf einer angemessenen Frist zur Leistung (es sei denn: § 281 II, 281 III) **6. Schaden** Schadensumfang: §§ 249 ff.	4. Pflichtverletzung beruht auf § 275 **5. Schaden** Schadensumfang: §§ 249 ff.	4. Pflichtverletzung nach § 241 II 5. Leistung durch den Schuldner ist dem Gläubiger nicht mehr zumutbar (Abmahnung!)[213] **6. Schaden** Schadensumfang: §§ 249 ff.

---

213 Unzumutbarkeit setzt in der Regel voraus, dass der Schuldner **abgemahnt** worden ist; nur bei besonders schwerwiegenden Verstößen kann entsprechend dem Rechtsgedanken des § 281 II, 2. Var. darauf verzichtet werden.

Beachte: Vorstehend abgedruckte Prüfschemata sollen dazu dienen, die Gesetzessystematik zu verdeutlichen. In den Falllösungen können bzw. sollten die Voraussetzungen mit gleichem Inhalt zusammengefasst werden.[214]

3. Tatsächlich bestehende Unmöglichkeit und Ausschluss der Leistungspflicht

Das Leistungsstörungsrecht beginnt mit § 275, der alle vier genannten Arten der Unmöglichkeit bezüglich der (Primär-)Leistungspflicht des Schuldners erfasst. Lesen Sie zunächst § 275 I, der den Ausschluss der Leistungspflicht des Schuldners für jede Unmöglichkeit festlegt. Unterstreichen (bzw. markieren) Sie im Gesetzestext die Worte »**soweit**«, »**Schuldner**«, »**jedermann**« und »**ist**« in vier verschiedenen Farben.

261

Dass in § 275 **jede** der vier Unmöglichkeitsarten erfasst ist, ergibt die grammatikalische Auslegung[215] von Abs. 1 dieser Vorschrift:

a) Anfängliche und nachträgliche Unmöglichkeit

Der Gesetzgeber geht in § 275 I davon aus, dass die Leistung für den Schuldner »unmöglich **ist**.«

262

Wenn die Leistung für den Schuldner tatsächlich unmöglich **ist**, dann kann die Unmöglichkeit sowohl **vor** Vertragsschluss als auch **nach** Vertragsschluss eingetreten sein.

Diese grammatikalische, wörtliche Auslegung lässt sich durch die historische Auslegung[216] belegen und ergänzen. Vor der Schuldrechtsreform (1.1.2002) lautete § 275 I aF an dieser Stelle: »unmöglich **wird**«. Damit konnte nur die nachträgliche Unmöglichkeit gemeint sein. Die anfängliche Unmöglichkeit dagegen war in § 306 aF geregelt, der ersatzlos gestrichen wurde und lautete: »Ein **auf** eine unmögliche Leistung gerichteter Vertrag ist nichtig«.

b) Subjektive und objektive Unmöglichkeit

Wie Sie in § 275 I gelesen haben, ist der Anspruch auf Leistung nicht nur ausgeschlossen, wenn sie für den **Schuldner**, sondern auch für ein anderes Rechtssubjekt (»oder für **jedermann**«) unmöglich ist! Wenn die Leistung nur für den **Schuldner** unmöglich ist, ist sie **subjektiv** unmöglich. Wenn sie für **jedermann** unmöglich ist, ist sie **objektiv** unmöglich.

263

Die verspätete Erfüllung führt in der Regel nicht zur Unmöglichkeit, sondern löst nur die Folgen des Schuldnerverzugs (→ Rn. 200 ff.) aus. Eine bestimmte Leistungszeit kann allerdings nach der Art der vereinbarten Leistung so wesentlich sein, dass die Leistung nur zu diesem Zeitpunkt erbringbar ist und nicht nachgeholt werden kann. Bei diesem sog. **absoluten Fixgeschäft** tritt, wenn die Zeit nicht eingehalten worden ist, **Unmöglichkeit** ein.[217]

> **Beispiel:** Kauf eines Hochzeitskleides für die Hochzeit am 5.5. Damit haben die Parteien eine konkrete Leistungszeit mit Fixcharakter vereinbart. Nach dem Vertragszweck kann die Leistung

---

214 S. die Prüfschemata unter → Rn. 224, 291, 348. Beispielsfälle hierfür finden Sie in *Metzler-Müller* PrivatRFall Fall 5 und Fall 12.
215 Dazu *Wörlen/Metzler-Müller* BGB AT Rn. 169.
216 *Wörlen/Metzler-Müller* BGB AT Rn. 171.
217 BGH NJW 2001, 2878.

später nicht mehr nachgeholt werden. Der Schuldner wird wegen Unmöglichkeit der Leistung von seiner Leistungspflicht befreit (§ 275 I).

An einem absoluten Fixgeschäft fehlt es allerdings, wenn der Vertragszweck trotz Verspätung noch erreicht werden kann.

Beispiel: Flugbeförderungsvertrag. Der Vertragszweck (Beförderung des Fahrgastes) kann auch durch eine verspätete Beförderung noch erreicht werden. Das Interesse des Fluggastes, sein Ziel möglichst schnell zu erreichen, entfällt bei einer Verspätung des Fluges regelmäßig nicht.[218]

c) Teilunmöglichkeit

264 § 275 I erfasst auch den Fall, dass nur ein Teil der Leistung unmöglich ist. Dies ergibt sich aus der Formulierung »**soweit**«. Zu beachten ist, dass eine Teilunmöglichkeit nur in Betracht kommt, wenn die Leistung teilbar ist.

Beispiel: K kauft bei V 90 Flaschen Weißwein einer bestimmten Sorte aus dessen Vorrat. Vor Übergabe gehen 40 Flaschen zu Bruch. Da V über keine weiteren Vorräte mehr verfügt, kann er nur noch 50 Flaschen liefern (= Teilunmöglichkeit).

d) Ausschluss der Leistungspflicht bei grob unverhältnismäßigem Aufwand (§ 275 II)

265 Wenn die Leistung für den Schuldner einen Aufwand erfordert, der in einem groben Missverhältnis zu dem Leistungsinteresse des Gläubigers steht, gibt **§ 275 II** dem Schuldner eine **Einrede**. Diese Vorschrift erfasst Fälle, in denen der Leistungserfolg theoretisch machbar ist bzw. das Leistungshindernis entfernt werden kann; es würde allerdings ein extremes Missverhältnis zwischen Behebung des Leistungshindernisses und dem dazu entsprechenden Aufwand entstehen, sodass es keinem vernünftigen Menschen zumutbar wäre, dies zu leisten (**faktische Unmöglichkeit**). Es sind bei der erforderlichen Verhältnismäßigkeitsprüfung im Einzelfall gem. § 275 II 1 und 2 neben den Geboten von Treu und Glauben auch ein etwaiges Vertretenmüssen des Schuldners und der Inhalt des Schuldverhältnisses zu berücksichtigen.

Beispiel: Auf einer Schifffahrt verkauft Viktor Vischer (V) Karla Krause (K) einen Ring. In dem Moment, in dem V das Schmuckstück an K übergeben und ihr daran Eigentum verschaffen will, fällt dieses über Bord und landet auf dem Meeresgrund. V kann sich auf § 275 II berufen. Der Ring kann zwar theoretisch geborgen werden, allerdings nur mit einem immensen Aufwand, der in keinem vernünftigen Verhältnis zum Wert des Ringes steht.

Die Leistungspflicht des Schuldners entfällt hier nicht – wie bei § 275 I – kraft Gesetzes. Der Schuldner muss sich vielmehr auf sein **Leistungsverweigerungsrecht berufen (Einrede)**.

Abzugrenzen ist diese vorgenannte faktische Unmöglichkeit von der **wirtschaftlichen Unmöglichkeit**. Beide Fälle umfassen dasselbe Grundprinzip: Der Leistungserfolg ist grundsätzlich erreichbar, allerdings nur mit einem extremen Aufwand, der nicht im Verhältnis steht. Erfasst sind hier vor allem solche Fälle, bei denen sich die Leistung aufgrund von Preissteigerungen für den Schuldner erheblich verteuert hat. In diesem Fall steigt wegen des nun gestiegenen Marktwerts auch das Leistungsinte-

---

218 BGH NJW 2009, 2743.

resse des Gläubigers an, weshalb es nie zu einer praktischen Unmöglichkeit iSd § 275 II BGB kommen kann.

> **Beispiel:** Im Sommer verkauft Getreidehändler Günther Grünkern (G) an Karl Kunde (K) Getreide für 1.000 EUR. Zum Zeitpunkt des Vertragsschlusses hätte G dieses für 500 EUR vom Bauern erhalten. Aufgrund eines verregneten Sommers und der dadurch bedingten schlechten Ernte erhöht sich der Einkaufspreis für G auf 2.000 EUR. G muss also erheblich mehr Geld aufwenden, um Getreide am Markt zu beschaffen.

Da in diesen Fällen das Äquivalenzverhältnis von Leistung und Gegenleistung gestört ist, sind sie nach den Grundsätzen der Störung der Geschäftsgrundlage (§ 313; Näheres hierzu unter → Rn. 385 ff.) zu behandeln. Denn nach § 275 II 1 ist lediglich das Verhältnis zwischen dem zur Leistung erforderlichen Aufwand und dem Leistungsinteresse des Gläubigers maßgeblich. Hingegen gehen die Interessen des Schuldners, die bei der wirtschaftlichen Unmöglichkeit bedeutsam sind, nicht in die Abwägung ein.[219] Wenn sich, wie im vorgenannten Beispielsfall, die Verhältnisse nach Vertragsschluss wesentlich geändert haben, durch zum Beispiel erhebliche Preiserhöhung, kann die Leistungsverpflichtung nach § 313 der richtigen oder geänderten Geschäftsgrundlage angepasst werden. Die starre Rechtsfolge des § 275 II kann so vermieden werden.[220]

e) Ausschluss der Leistungspflicht bei Unzumutbarkeit höchstpersönlicher Leistung (§ 275 III)

Gemäß **§ 275 III** kann der Schuldner eine in Person zu erbringende Leistung durch eine **Einrede** verweigern, wenn sie ihm unter Abwägung des seiner Leistung entgegenstehenden Hindernisses mit dem Leistungsinteresse des Gläubigers nicht zugemutet werden kann. Es handelt sich hierbei um eine **Sonderregelung für persönlich zu erbringende Leistungsverpflichtungen**, die in der Regel bei Dienst- und Arbeitsverträgen bestehen (vgl. § 613 S. 1). Im Gegensatz zu § 275 II können nicht nur objektive, sondern auch persönliche Umstände und Interessen des Schuldners zum Ausschluss seiner Leistungspflicht führen. **265a**

> **Beispiele:** Die Sängerin weigert sich aufzutreten, weil ihr Kind lebensgefährlich erkrankt ist. Ein Arbeitnehmer bleibt seiner Arbeit fern, weil er in seinem Heimatland zum Wehrdienst einberufen ist und bei Nichtbefolgung des Einberufungsbefehls mit der Todesstrafe rechnen muss.
> Beispiele für den Ausschluss der Leistungspflicht während der Arbeitszeit: notwendige Arztbesuche, notwendige Versorgung schwerwiegend erkrankter Angehöriger, Ladung zu Behörden und Gerichtsterminen.[221]

Hier besteht also ein Leistungshindernis in der Person des Schuldners selbst gegenüber dem Leistungsinteresse des Gläubigers.

Bei der **Leistungsverweigerung aus Gewissensgründen** ist, sofern es sich um persönliche Leistungspflichten handelt, § 275 III ebenfalls anwendbar.[222]

> **Beispiel:** Ein Briefträger weigert sich, Postwurfsendungen einer rechtsextremen Partei oder einer religiösen Sekte auszutragen, da er dies nicht mit seinem Gewissen vereinbaren kann.[223]

---

219 BT-Drs. 14/6040, 130.
220 So auch *Brox/Walker* SchuldR AT § 22 Rn. 21; *Looschelders* SchuldR AT Rn. 439.
221 BT-Drs. 14/6040, 130.
222 Ebenso *Brox/Walker* SchuldR AT § 22 Rn. 23; *Looschelders* SchuldR AT Rn. 442 mwN.
223 BVerwG NJW 2000, 88 – Scientology.

Für § 275 I lässt sich folgende Checkliste Übersicht 13 (→ Rn. 266) anwenden, wenn festgestellt werden muss, ob der Schuldner von seiner ursprünglichen Leistungspflicht (Primärleistungspflicht) frei geworden ist:

Übersicht 13

266

Leistungsstörungen
§ 275 I
Ausschluss der Leistungspflicht

I.	**Voraussetzungen**
	1. Wirksames Schuldverhältnis (Wo ein »**Schuldner**« ist, ist auch ein »**Gläubiger**«)
	2. Leistungspflicht des Schuldners
	3. Leistungserbringung ist (auf welche Art auch immer) ganz oder teilweise unmöglich

II.	**Rechtsfolge**
	Der Schuldner ist von seiner (Primär-)Leistungspflicht befreit.

4. Anfängliche Unmöglichkeit

Übungsfall 12
Volker Vischer (V) verkauft Karl Kajüte (K) am 1.3. um 12.00 Uhr seine Segelyacht »Alte Liebe I«. Die Übereignung soll am nächsten Tag erfolgen. K mietet sich daraufhin sofort einen Bootsanhänger für 200 EUR, mit dem er das Schiff am nächsten Tag abholen will. Kurz vor 13.00 Uhr erfährt V, dass seine »Alte Liebe« um 11.00 Uhr aus ungeklärter Ursache untergegangen und dadurch völlig zerstört ist. Als V das dem K mitteilt, ist dieser empört.
Welchen Anspruch hat K gegen V?

a) Leistungshindernis bei Vertragsschluss

267 Um festzustellen, welcher Anspruch für K gegen V in Betracht kommt, müssen wir zunächst klären, welchen Vertrag K und V geschlossen haben, zu welcher Leistung V als Schuldner verpflichtet war und worin das Leistungshindernis besteht.

■ Welcher Vertrag besteht zwischen K und V?

▶ K und V haben einen Kaufvertrag iSv § 433 geschlossen. Gefragt ist nach dem Anspruch des Käufers gegen den Verkäufer. Es geht um die Leistung, die V als Schuldner dem K erbringen muss. Gemäß § 433 I 1 (Anspruchsgrundlage) war V aufgrund des am 1.3. geschlossenen Kaufvertrags verpflichtet, dem K die Segelyacht zu übergeben und ihm das Eigentum daran (gem. § 929 S. 1) zu verschaffen (§§ nachlesen!).

■ Kann V diese Leistungspflicht noch erfüllen?

▶ Nein! Das Schiff ist untergegangen und völlig zerstört.

■ Anfänglich oder nachträglich?

▶ Da der Untergang des Schiffs bereits am 1.3. um 11.00 Uhr stattfand, war die Leistung dem V schon bei Vertragsschluss um 12.00 Uhr, also anfänglich, unmöglich.

▦ Welche Auswirkung dieses Leitungshindernis auf die Leistungspflicht des V hat, sollten Sie nach dem bisher Gelesenen selbst beantworten können. Welche Vorschrift gilt zunächst?

▶ Da die Leistung des V, das Schiff zu liefern, offensichtlich unmöglich ist, ist zunächst § 275 I zu prüfen. **268**

▦ Welche Voraussetzungen müssen für den Ausschluss der Leistungspflicht gem. § 275 I erfüllt sein?

▶ Zwischen K und V muss zunächst ein wirksames Schuldverhältnis vorliegen, welches in dem Kaufvertrag vom 1.3. um 12.00 Uhr zu sehen ist.

Die Leistungspflicht des V bestand darin, die Segelyacht »Alte Liebe I« an K zu übereignen. Die Erbringung dieser Leistung ist ihm jedoch wegen der vorherigen Zerstörung des Schiffs um 11.00 Uhr am selben Tag bei Vertragsschluss unmöglich gewesen.

Somit ist gem. § 275 I ein Anspruch des K gegen V ausgeschlossen. V wurde von seiner Primärleistungspflicht frei. In diesem Fall ergeben sich die Rechte des Gläubigers aus § 275 IV.

Lesen Sie nun § 311a I (auf den § 275 IV auch verweist)! Tipp (»Eselsbrücke«): »a« bei § 311 steht für **an**fängliche Unmöglichkeit – was der Gesetzgeber sich aber nicht so »ausgedacht« hat. **269**

Nach § 311a I steht die Befreiung des V von der Leistungspflicht gem. § 275 I (–III) der Wirksamkeit des Vertrags also nicht entgegen. Welchen Nutzen kann K daraus ziehen? Was soll er mit einem wirksamen Vertrag, wenn der Schuldner von seiner Leistungspflicht befreit wurde?

Wäre es nicht einfacher, einen auf **eine unmögliche Leistung gerichteten Vertrag** – wie nach altem Recht gem. § 306 aF – nichtig sein und denjenigen, der bei der Schließung des Vertrags die (anfängliche) Unmöglichkeit der Leistung kannte oder »kennen musste«,[224] den **Vertrauensschaden**, das sog. »**negative Interesse**«[225] ersetzen zu lassen – wie es § 307 aF bestimmte? Die Antwort heißt »nein«; denn nach der Schuldrechtsreform ist der Schadensersatz nicht mehr auf das negative Interesse begrenzt. **270**

b) Schadensersatz

Lesen Sie dazu § 311a II!

aa) Positives und negatives Interesse

Danach kann der **Gläubiger** nach seiner Wahl »Schadensersatz statt der Leistung« oder »Ersatz seiner Aufwendungen in dem in § 284 (→ Rn. 378–384) bestimmten Umfang verlangen«. **271**

Wäre der Vertrag – wie nach § 306 aF – wegen der anfänglichen Unmöglichkeit nichtig, wäre K nicht mehr **Gläubiger**! Denn ohne wirksames Schuldverhältnis (hier: wirksamen **Vertrag**) gibt es weder Gläubiger noch Schuldner. Dies rechtfertigt die Regelung von § 311a nF, die insofern klarstellenden Charakter hat. Da nach altem Recht der Vertrag gem. § 306 aF nichtig war, bestanden keinerlei Erfüllungsansprüche; somit konnte folgerichtig auch kein »Schadensersatz wegen Nichterfüllung« (»**Erfüllungsinteresse**«, »**positives Interesse**«[226]) verlangt werden.

---

224 Vgl. dazu § 122 II und *Wörlen/Metzler-Müller* BGB AT Rn. 246.
225 *Wörlen/Metzler-Müller* BGB AT Rn. 246.
226 Vgl. dazu *Wörlen/Metzler-Müller* BGB AT Rn. 380.

272 »Schadensersatz statt der Leistung« gem. § 311a II 1 kann der Gläubiger verlangen, weil der Vertrag nach § 311a I noch wirksam ist. »Schadensersatz statt der Leistung« entspricht dem früheren »Schadensersatz wegen Nichterfüllung« und geht auf das **positive Interesse**. Dadurch ist der Gläubiger aus gutem Grund bei der anfänglichen Unmöglichkeit der Leistung des Schuldners besser gestellt als nach altem Recht, das nur den Vertrauensschaden, das **negative Interesse**, gewährte.

273 ■ Worin besteht der Unterschied zwischen positivem und negativem Interesse? Lesen Sie dazu § 249 I!

▶ Danach hat derjenige, der zum Schadensersatz verpflichtet ist, den Zustand herzustellen, der bestehen würde, wenn der zum Ersatz verpflichtende Umstand nicht eingetreten wäre.

Für die anfängliche Unmöglichkeit bedeutet das: Wäre der Vertrag nichtig (wie nach § 306 aF), hätte der Schuldner dem Gläubiger nur den Schaden zu ersetzen, den er erlitten hat, weil der Vertrag **nicht** (= **negativ**) zustande gekommen ist.

Da aber der Vertrag nach § 311a I wirksam bleibt und der Gläubiger gem. § 311a II »Schadensersatz statt der Leistung« verlangen kann, bedeutet das:

274 Der Schuldner muss den Gläubiger im Wege des Schadensersatzes so stellen, wie dieser stehen würde, wenn die Leistung ordnungsgemäß (= **positiv**) erbracht worden wäre.

bb) Voraussetzungen für den Schadensersatzanspruch aus § 311a II

275 Aus dem **Wortlaut von § 311a II** (nochmals sorgfältig lesen!) folgt, dass es sich bei dieser Vorschrift um **eine eigene Anspruchsgrundlage** und nicht nur um einen Unterfall des allgemeinen Pflichtverletzungtatbestands von § 280 handelt. Das wird zB dadurch deutlich, dass in § 311a II (lesen!) – anders als in den §§ 281–283 – nicht auf § 280 Bezug genommen wird.

Der Grund dafür ist, dass die Pflichtverletzung des Schuldners nicht darin liegt, den Leistungsgegenstand beschädigt, zerstört oder verspätet geliefert zu haben, sondern dass er sich über sein Leistungsvermögen nicht sorgfältig informiert hat (→ Rn. 278).

■ Versuchen Sie selbst – nach der genauen Lektüre von § 311a I und II – ein Prüfungsschema für diese Anspruchsgrundlage zu entwickeln, bevor Sie weiterlesen!

▶ Wenn Sie diesem Rat gefolgt sind, könnten Sie sich etwa Folgendes notiert haben:

276

Prüfschema

**Schadensersatz bei anfänglicher Unmöglichkeit
gem. § 311a II**

I. **Voraussetzungen:**
1. Wirksamer Vertrag (§ 311a I)
2. Ausschluss der (Primär-)Leistungspflicht des Schuldners nach § 275 I–III (§ 311a I)
3. Leistungshindernis besteht bei Vertragsschluss (§ 311a I)
4. Kenntnis oder verschuldete Unkenntnis der Unmöglichkeit der Leistung aufseiten des Schuldners (§ 311a II 2 iVm § 276 oder § 278)
5. Schaden beim Gläubiger (durch das Leistungshindernis)

II. Rechtsfolgen:
- Grundsätzlich Schadensersatz statt der Leistung, »soweit« (vgl. § 275 I) (Primär-) Leistungspflicht des Schuldners ausgeschlossen ist
  (**Ausnahme**: Interessenwegfall bei Teilunmöglichkeit gem. § 311a II 3 iVm § 281 I 2)
  oder
- Ersatz der vergeblichen Aufwendungen des Gläubigers nach § 284 (→ Rn. 378–384).

Wenden wir nun dieses Prüfungsschema auf unseren Übungsfall 12 an:

K könnte gegen V einen Anspruch auf Schadensersatz (200 EUR) gem. § 311a II 1 **277** haben.

Dann müssten folgende Voraussetzungen erfüllt sein:

(1) Zwischen V und K als Gläubiger muss ein wirksamer Vertrag vorliegen, welcher hier in dem am 1.3. geschlossenen Kaufvertrag iSv § 433 besteht.
(2) Die Primärleistungspflicht muss ausgeschlossen sein. Diese Voraussetzung ist ebenfalls erfüllt, da dem V die Leistung unmöglich ist (§ 275 I).
(3) Das Leistungshindernis muss bereits bei Vertragsschluss bestehen (anfängliche Unmöglichkeit). Auch diese Voraussetzung ist erfüllt, da die Yacht eine Stunde vor Vertragsschluss gesunken ist.
(4) Der Schuldner muss das Leistungshindernis bei Vertragsschluss gekannt oder seine Unkenntnis zu vertreten haben. Hier liegen keine Anhaltspunkte vor, die darauf hindeuten, dass V bei Vertragsschluss von der Zerstörung der Yacht Kenntnis hatte oder seine Unkenntnis zu vertreten hat.

Letzteres wäre nur der Fall, wenn V's Unkenntnis auf Fahrlässigkeit iSv § 276 II beruht hätte (vgl. dazu auch die Legaldefinition »Kennenmüssen« in § 122 II). Die im **278** Verkehr erforderliche Sorgfalt hätte V sicher außer Acht gelassen, wenn das Schiff nicht erst eine Stunde, sondern etwa eine Woche vor Vertragsschluss gesunken wäre. Wer etwas verkauft, muss sich vergewissern, dass die Kaufsache existiert. Der Schuldner hat vor Vertragsschluss die Pflicht, sich über seine Leistungsfähigkeit zu informieren. Verletzt er diese **Informationspflicht**, soll er gem. § 311a II 1 haften! Man kann jedoch schwerlich von ihm erwarten, dass er die Existenz des Leistungsgegenstandes »stündlich« überprüft. Somit ist V gem. § 311a II 2 entlastet. Der Anspruch des K gegen V ist somit nicht begründet.

Hätte sich V nicht gem. § 311a II 2 entlasten können, hätte man die Anspruchsvor- **279** aussetzungen prüfen und feststellen müssen, ob K einen Schaden erlitten hat.

Für den Umfang des Schadens gilt § 249 I. Für unseren Fall bedeutet das: K ist »posi- **280** tiv« so zu stellen, wie er bei ordnungsgemäßer Erfüllung gestanden hätte. In diesem Fall hätte er die 200 EUR zwar auch ausgeben müssen, aber nicht vergeblich, da er dann die Yacht mit dem Anhänger transportiert hätte.

Sofern K, was hier nicht zutrifft, seine Gegenleistung (den Kaufpreis) bereits erbracht hat, könnte er als Schadensersatz einen Geldbetrag in gleicher Höhe verlangen.

Hätte V also seine Unkenntnis vertreten müssen, hätte K einen Anspruch auf Schadensersatz gem. § 311a II in Höhe von 200 EUR gehabt.

281 Zur Übung wandeln wir Fall 12 wie folgt ab:

1. Der noch nicht bezahlte Kaufpreis der Yacht beträgt 10.000 EUR.
2. K hat bereits einen potenziellen Käufer, der nachweislich 12.000 EUR für die Yacht bezahlt hätte.
3. V hat die Unkenntnis der Unmöglichkeit zu vertreten.

K verlangt von V 2.200 EUR Schadensersatz. Zu Recht?

▦ Wenden Sie nun das Prüfungsschema unter → Rn. 276 an und prüfen Sie die Voraussetzungen 1–5!

▶ Wenn Sie das getan haben, werden Sie festgestellt haben, dass alle fünf Voraussetzungen erfüllt sind.

Fraglich ist nun der Umfang des Schadens nach §§ 249 ff. Gemäß § 252 S. 1 umfasst der unter § 249 I fallende Schaden auch den entgangenen Gewinn.

▦ Wie würden **Sie** entscheiden? Überlegen Sie erst, bevor Sie weiterlesen!
Sind Sie zu dem Ergebnis gekommen, dass K 2.200 EUR Schadensersatz zustehen?

▶ Dann haben Sie zwar richtig addiert, aber nicht berücksichtigt, dass K ein Wahlrecht zwischen dem Schadensersatz (= 2.000 EUR) und dem Ersatz für die nutzlos gewordenen Aufwendungen (= 200 EUR) hat. Eine Kombination des Schadensersatzanspruchs mit dem Anspruch aus § 284 ist ausgeschlossen.

Der Schadensersatzanspruch aus § 311a II ist auf das »positive Interesse« gerichtet. Der Gläubiger ist also so zu stellen, wie er stehen würde, wenn der Vertrag ordnungsgemäß erfüllt worden wäre.[227]

▦ Wie lautet jetzt Ihr Ergebnis? Bitte begründen Sie dieses!
▶ Wäre der Vertrag ordnungsgemäß erfüllt worden, hätte K aus dem Weiterverkauf einen Gewinn von 2.000 EUR erzielt.

▦ Und was ist mit den Kosten für den Bootsanhänger in Höhe von 200 EUR?
▶ Diese Kosten sind »vergebliche Aufwendungen«, deren Ersatz nur nach § 284 in Betracht kommt.

K kann also nicht den Ausgleich von Vermögenseinbußen fordern, die er bei Erfüllung des Vertrages selbst hätte tragen müssen. Entweder – oder!

5. Nachträgliche Unmöglichkeit

a) Ausschluss der Leistungspflicht des Schuldners

282 Wie bereits dargestellt (→ Rn. 261 ff.), wird auch die nachträgliche Unmöglichkeit von § 275 erfasst.

Um festzustellen, ob die **Leistungspflicht** des Schuldners aufgrund nachträglicher Unmöglichkeit ausgeschlossen ist, können wir also die in Übersicht 13 (→ Rn. 266) dargestellte Checkliste anwenden.

Auch im Fall der nachträglichen Unmöglichkeit wird der Schuldner gem. § 275 von seiner Primärleistungspflicht befreit.

---

227 Palandt/*Grüneberg* § 311a Rn. 7, § 281 Rn. 17.

b) Schadensersatz

Unterschiede zur anfänglichen Unmöglichkeit ergeben sich vor allem bezüglich der **283** Rechtsfolgen, wenn die Unmöglichkeit durch eine vom Schuldner zu vertretende Pflichtverletzung herbeigeführt wurde.

In diesem Fall bestimmen sich die Rechte des Gläubigers bei der nachträglichen Unmöglichkeit gem. § 275 IV nach den §§ 280, 283–285 und § 326, während für die anfängliche Unmöglichkeit auf § 311a verwiesen wird.

Diese Differenzierung hat ihren Grund in der unterschiedlichen Art der Pflichtverletzung, für die der Schuldner bei der anfänglichen und nachträglichen Unmöglichkeit im Falle des Vertretenmüssens haften soll.

Anknüpfungspunkte für die Haftung nach den §§ 280 ff. bei der nachträglichen Unmöglichkeit ist die Verletzung von Pflichten, die in Bezug auf den Leistungsgegenstand bestehen, der ja bei Vertragsschluss existiert hat. Im Fall der anfänglichen Unmöglichkeit war der Leistungsgegenstand indessen gar nicht vorhanden, sodass bezüglich des Leistungsgegenstandes keine Pflichten bestanden, die der Schuldner verletzen konnte. Anknüpfungspunkt für die Haftung aus § 311a II ist daher die Verletzung einer **vor** dem Vertragsschluss bestehenden **Informationspflicht** (→ Rn. 278) des Schuldners über seine Leistungsfähigkeit.

c) Einzelfälle

Die Haftung für Pflichtverletzungen im Zusammenhang mit nachträglicher Unmöglichkeit nach den §§ 275, 280, 283–285 und § 326 soll im Folgenden anhand einiger **284** Übungsfälle verdeutlicht werden.

aa) Ausschluss der Leistungspflicht

> **Übungsfall 13**
>
> Egon Eigen (E) ist Eigentümer eines echten Brillantrings, der als uraltes Familienstück für ihn von unersetzlichem Wert ist. Als E diesen Ring verliert, gibt er im »Kölner Stadtanzeiger« vom 25.3. eine entsprechende Anzeige auf, in der es heißt: »Der ehrliche Finder soll meinen Porsche erhalten.« Am 22.4. findet Felix Findler (F) den Ring und bringt ihn sofort zu E. Jetzt erst stellt E fest, dass wenige Stunden zuvor sein Auto bei einem Brand völlig zerstört worden ist. An dem Brand traf niemanden ein Verschulden. Die Kaskoversicherung erstattet E einen Betrag von 10.000 EUR.
>
> F verlangt von E statt des Autos die Versicherungssumme. Zu Recht?

Das Rechtsgeschäft, das E in Form der Anzeige vorgenommen hat, ist die bereits **285** einmal erwähnte »Auslobung« iSd §§ 657 ff. (Übersicht 1 → Rn. 16), von denen Sie zur Information § 657 **lesen**, der als »Anspruchsgrundlage« zugunsten des F in Betracht kommen würde, wenn das Auto noch vorhanden wäre.

Aufgrund dieses einseitig verpflichtenden Rechtsgeschäfts war E ursprünglich verpflichtet, dem F das Auto zu übereignen. F hatte gem. § 657 einen Anspruch auf Übergabe des Porsche, und als E die Zeitungsanzeige veröffentlichen ließ, war ihm die Erfüllung dieses Anspruchs auch noch möglich.

Der Anspruch könnte aber erloschen sein, da das Auto inzwischen zerstört ist.

▨ Welche rechtlichen Voraussetzungen müssen erfüllt sein, damit ein entstandener Anspruch auf Leistung erlischt und E von seiner Leistungspflicht frei werden kann?

▶ Dem E müsste seine Leistungserbringung unmöglich sein.

Das ergibt sich aus der Kernvorschrift des Unmöglichkeitsrechts, § 275 I, den Sie bereits kennen.

▨ Wenn Sie die Checkliste zu § 275 (→ Rn. 266) anwenden, die Sie mit der Zeit auch ohne im Lehrbuch nachzuschlagen aus dem Gesetz herleiten müssen, darf die Antwort auf die Frage, ob E von seiner Leistungspflicht befreit ist, nicht schwerfallen.

▶ Zwischen E und F bestand ein Schuldverhältnis gem. § 657, aus dem E zur Leistung (Übergabe) des Porsches verpflichtet war. Da der Porsche bei einem Brand völlig zerstört wurde, ist dem E diese Leistung unmöglich, sodass die Leistungspflicht des E gem. § 275 I ausgeschlossen ist.

Da an dem Brand niemanden ein Verschulden trifft, liegt keine von E zu vertretende Pflichtverletzung vor. Ein »Schadensersatz wegen Pflichtverletzung« kommt nicht in Betracht.

▨ Haben wir damit die Lösung unseres Falls gefunden?

▶ Normalerweise ja, wenn E nicht versichert gewesen wäre; F will jedoch die Versicherungssumme. Mit anderen Worten: Er will von E das, was dieser als Ersatz für die unmöglich gewordene Leistung bekommen hat.

bb) Anspruch auf Herausgabe des Ersatzes für die unmögliche Leistung (»stellvertretendes commodum«)

286 Die Frage, ob der Gläubiger den Ersatz, den der Schuldner für die unmögliche Leistung bekommen hat, verlangen kann, beantwortet der Gesetzgeber in § 285 I (lesen!).

§ 285 I schränkt den Grundsatz ein, dass der Schuldner bei Vorliegen der Voraussetzungen von § 275 I–III von jeglicher Leistungsverpflichtung frei wird.

Das ist auch nicht mehr als recht und billig. Es ist nicht einzusehen, dass der Schuldner von der Leistungspflicht frei wird und das, was er als Ersatz für die ursprünglich geschuldete Leistung bekommt, auch noch behalten soll.

Man nennt übrigens das, was der Schuldner dem Gläubiger anstelle des ursprünglich geschuldeten Leistungsgegenstands herausgeben muss, »**stellvertretendes commodum**« (lat., Übersetzung: Vorteil), woran man einmal mehr sieht, dass auch schon die römischen Juristen mit ähnlichen Problemen bei der Unmöglichkeit beschäftigt waren.

▨ Verständnisfrage: Meinen Sie, dass § 285 auch gilt, wenn der Schuldner für die Unmöglichkeit aufgrund einer von ihm zu vertretenden Pflichtverletzung haften muss?

▶ Selbstverständlich! Wenn er schon ohne Pflichtverletzung den erlangten Ersatz herausgeben muss, dann erst recht bei verschuldeter Pflichtverletzung!

> »**Warnung**«: Prüfen Sie § 285 I niemals in einer Klausur, wenn der Sachverhalt überhaupt nichts über eine Ersatzleistung (bzw. einen Ersatzanspruch), die (bzw. den) der Schuldner erlangt hat, aussagt! In manchen Klausuren muss man lesen: »Es ist davon auszugehen, dass E versichert war und von der Versicherung Ersatz erhalten hat. F könnte daher einen Anspruch aus § 285 I ... haben ... « = Grob falsche Unterstellung, wenn im Sachverhalt von einer Versicherung aufseiten des E nicht die Rede ist!

So oder so (ob E die Pflichtverletzung zu vertreten hat oder nicht): F kann in Fall 13 die 10.000 EUR gem. § 285 I von E verlangen.

cc) Vom Schuldner zu vertretende Pflichtverletzung
Wie wäre Fall 13 zu lösen, wenn E den Brand fahrlässig verursacht hätte?   **287**

■ Was kann der Gläubiger vom Schuldner verlangen, wenn dieser eine Pflichtverletzung zu vertreten hat?

▶ Schadensersatz gem. § 280 I und III iVm § 283 (lesen!) [dazu gleich: → Rn. 290]. Der Schuldner wird zwar gem. § 275 I von seiner Leistungsverpflichtung frei, doch seine ursprüngliche Verpflichtung (Primärleistungspflicht) wandelt sich, wie Sie bereits wissen, in eine Schadensersatzpflicht (Sekundärleistungspflicht) um.

Anders als nach altem Recht wird bezüglich des Schadensersatzes bei gegenseitigen Verträgen nicht mehr unterschieden, ob die unmögliche Leistungspflicht im Gegenseitigkeitsverhältnis (Synallagma) steht oder nicht (ähnlich schon → Rn. 234).

§ 280 I ist – von der Sonderregel des § 311a II für die anfängliche Unmöglichkeit abgesehen – **die** einzige und **zentrale Anspruchsgrundlage für Schadensersatz aufgrund einer Pflichtverletzung** bei einem Vertrag oder einem anderen Schuldverhältnis.

Damit Schadensersatz »statt der Leistung« verlangt werden kann, müssen, wie schon oben (→ Rn. 258 und Übersicht 12 → Rn. 260) erwähnt, gem. § 280 III zusätzliche Voraussetzungen nach §§ 281, 282 oder 283 erfüllt sein.

Grundsätzlich gilt § 280 auch für Leistungspflichten aus gesetzlichen Schuldverhältnissen[228] (→ Rn. 111 ff.).   **288**

> **Beispiel:** Lesen Sie § 681 und dann § 667! Nach § 681 S. 2 iVm § 667 muss also derjenige, der ein fremdes Geschäft ohne Auftrag führt (= »Geschäftsführer«), dem Geschäftsherrn das durch die Geschäftsführung Erlangte herausgeben. Ist die Herausgabe dieses Erlangten aufgrund eines von ihm zu vertretenden Umstands unmöglich geworden, muss er Schadensersatz nach § 280 I und III iVm § 283 leisten.

An dem Beispiel haben Sie erneut gesehen, dass § 280 I als alleinige Anspruchsgrundlage bei vom Schuldner zu vertretender Unmöglichkeit nicht in Betracht kommt.   **289**

> **Zur Wiederholung:** Die »allgemeine«, zentrale Schadensersatzanspruchsgrundlage § 280 I greift unmittelbar und allein nur ein, wenn es um die Haftung auf »einfachen Schadensersatz« wegen Verletzung einer Pflicht aus dem Schuldverhältnis geht, da sie durch die Verweisungen in Abs. 2 und Abs. 3 erhebliche Einschränkungen erfährt. So kommt § 280 I in Fällen der Leistungsverzögerung (→ Rn. 200 ff.) regelmäßig nur in Verbindung mit Abs. 2 und § 286 oder mit Abs. 3 und § 281 und in Fällen der nachträglichen Unmöglichkeit nur in Verbindung mit Abs. 3 und § 283 (alle Vorschriften lesen!) zur Anwendung.
> Bei vom Schuldner zu vertretender nachträglicher Unmöglichkeit der Leistung kann § 280 I als alleinige Anspruchsgrundlage schon deshalb nicht in Betracht kommen, weil der Gläubiger **immer** Ersatz für die unmögliche Leistung, also »Schadensersatz statt der Leistung« (oder Herausgabe des »stellvertretenden commodums« nach § 285), verlangen wird. **Diesen** Schadensersatz bekommt er nur bei Vorliegen der zusätzlichen Voraussetzung von § 283.

---

228 Jauernig/*Stadler* § 280 Rn. 2.

dd) Zusätzliche Voraussetzung von § 283

290 Für den Schadensersatz statt der Leistung müssen nach § 280 III die »zusätzlichen Voraussetzungen« des § 283 vorliegen. Gemäß § 283 S. 1 muss also eine **Leistungsbefreiung** des Schuldners nach § 275 I, II oder III aufgrund eines Leistungshindernisses vorliegen, das nach Vertragsschluss eingetreten ist. Dass das Leistungshindernis nach Vertragsschluss eingetreten sein muss, ergibt sich aus einem Umkehrschluss von § 311a I, der für Leistungshindernisse gilt, die schon bei Vertragsschluss vorlagen.

Allerdings nennt § 283 S. 1 keine echten zusätzlichen Voraussetzungen. Man könnte den Leistungsausschluss nach § 275 I, II oder III als zusätzliche Voraussetzung ansehen.[229] Hierbei handelt es sich allerdings um ein Problem der Pflichtverletzung (→ Rn. 257)! § 283 stellt folglich klar, dass die Nichtleistung aufgrund nachträglicher Unmöglichkeit eine Pflichtverletzung iSd § 280 I 1 ist. § 283 verdeutlicht auch, dass sich das Vertretenmüssen nicht unmittelbar auf die Pflichtverletzung als solche (= die Nichtleistung) zu beziehen hat, sondern vielmehr auf die Gründe, die zu dem Leistungshindernis geführt haben, welches ursächlich für die Nichtleistung war.[230]

Ist der Schuldner wegen Unmöglichkeit der Leistung nach § 275 I befreit, ist es für § 283 – anders als beim Schadensersatz statt der Leistung beim Schuldnerverzug nach § 281 I 1, 1. Var. (→ Rn. 217 ff.) – nicht erforderlich, dass der Gläubiger dem Schuldner eine angemessene Frist zur Leistung oder Nacherfüllung setzt.

Das folgt daraus, dass beim Ausschluss der Leistungspflicht nach § 275 I die Leistung gar nicht mehr möglich (»nomen est omen«[231]) bzw. der Schuldner bei der rechtmäßigen Leistungsverweigerung nach § 275 II oder III von der Leistung befreit ist, sodass eine Fristsetzung zur Leistung unsinnig wäre.[232] Konsequenterweise wird in § 283 S. 2 daher nur auf § 281 I 2 und 3, nicht aber auf § 281 I 1 verwiesen.

Somit gilt folgendes **Prüfungsschema** für den Schadensersatzanspruch bei der Pflichtverletzung in Form nachträglicher Unmöglichkeit:

291

Prüfschema

Schadensersatz statt der Leistung wegen nachträglicher Unmöglichkeit gem. § 280 I und III iVm § 283

I. Voraussetzungen:
 1. Wirksames Schuldverhältnis
 2. Pflichtverletzung durch den Schuldner ⎫
    (nachträgliche Unmöglichkeit der Leistung) ⎬ § 280 I
 3. Leistungsbefreiung für den Schuldner (§ 275 I–III) – § 283
 4. Vertretenmüssen (§ 280 I 2 iVm § 276 oder § 278) ⎫
 5. Schaden beim Gläubiger ⎬ § 280 I

II. Rechtsfolge:
 • Schadensersatz »statt der Leistung«
 • Umfang: §§ 249 ff. = Erfüllungsinteresse/positives Interesse

---

229 So NK-BGB/*Dauner-Lieb* § 283 Rn. 5.
230 Ebenso: *Looschelders* SchuldR AT Rn. 617.
231 Lat.: »Im Namen liegt eine Vorbedeutung«.
232 Vgl. *Brox/Walker* SchuldR AT § 22 Rn. 56.

■ Wenn Sie die Prüfschemata für den Schadensersatzanspruch bei anfänglicher Unmöglichkeit (→ Rn. 276) und bei nachträglicher Unmöglichkeit vergleichen, fallen Ihnen welche Unterschiede bzw. Gemeinsamkeiten bei den Tatbestandsvoraussetzungen auf?

▶ Sie kommen hoffentlich zu folgender Übersicht:[233]

I. Tatbestands-voraussetzung	Schadensersatzanspruch bei anfänglicher Unmöglichkeit gem. § 311a II	Schadensersatzanspruch bei nachträglicher Unmöglichkeit gem. § 280 I und III iVm § 283
1.	Vertrag (§ 311a I)	Schuldverhältnis
2.	- Nichtleistung wegen anfänglicher Unmöglichkeit (§ 311a I)	Pflichtverletzung Nichtleistung wegen nachträglicher Unmöglichkeit
3.	Vertretenmüssen (§ 311a II 2) Bezugspunkt = Kenntnis oder verschuldete Unkenntnis des Leistungshindernisses »ich habe es nicht gewusst und auch nicht wissen können«	Vertretenmüssen (§ 280 I 2) Bezugspunkt = Umstand, der zur Unmöglichkeit geführt hat »ich konnte nichts dafür«
4.	Schaden beim Gläubiger	Schaden beim Gläubiger
II. Rechtsfolge	Schadensersatz statt der Leistung oder Ersatz vergeblicher Aufwendungen nach § 284	Schadensersatz statt der Leistung oder Ersatz vergeblicher Aufwendungen nach § 284

Hat der Gläubiger im Falle zu vertretender Pflichtverletzung in Form von nachträglicher Unmöglichkeit einen Schadenersatzanspruch aus § 280 I und III iVm § 283 **und** der Schuldner für den Leistungsgegenstand einen Ersatz (**stellvertretendes commodum**) erlangt, hat der Gläubiger ein Wahlrecht!   **292**

■ Worin besteht das? Welche beiden Möglichkeiten hat der Gläubiger, von dem Schuldner etwas zu verlangen?

▶ Entweder
Schadensersatz nach § 280 I und III iVm § 283
oder
Herausgabe des »stellvertretenden commodums« nach § 285 I. Dass er zwischen diesen beiden Ansprüchen wählen kann, folgt aus § 285 II (lesen!).

Beispiele: **293**
● Der Porsche in Übungsfall 13 (→ Rn. 284), für den E 10.000 EUR von der Versicherung erhielt, ist tatsächlich nur 9.000 EUR wert.
Würde F Schadensersatz gem. §§ 280 I und III, 283 wählen, bekäme er nur den Wert des geschuldeten Porsche, dh: 9.000 EUR. Er wird deshalb anstelle des Schadensersatzes den An-

---

233 Ähnlich: *Looschelders* SchuldR AT Rn. 1306.

spruch aus § 285 I geltend machen (10.000 EUR). Der Schuldner soll bei Unmöglichkeit seiner Leistung keinesfalls besser gestellt werden!

- Der Porsche ist tatsächlich 11.000 EUR wert, F hat deshalb gem. §§ 280 I und III, 283 einen Schadensersatzanspruch auf 11.000 EUR. Hat er schon 10.000 EUR nach § 285 I als Ersatz bekommen, vermindert sich nach § 285 II sein Schadensersatzanspruch um diese 10.000 EUR, dh, er kann nach § 280 I und III iVm § 283 von seinem bestehenden Schadensersatzanspruch nur noch 1.000 EUR verlangen.

294 **Für die nachträgliche Unmöglichkeit können wir daher als Rechtsfolgen festhalten:**
(a) Liegt Unmöglichkeit vor, wird der Schuldner von seiner Leistungspflicht nach § 275 I frei.
(b) Hat der Schuldner der unmöglichen Leistung eine zu vertretende Pflichtverletzung begangen, kann der Gläubiger anstelle der ursprünglichen Leistungserfüllung Schadensersatz statt der Leistung gem. § 280 I und III iVm § 283 verlangen.
(c) Unabhängig davon, ob der Schuldner die Pflichtverletzung vertreten muss oder nicht, kann der Gläubiger gem. § 285 I Herausgabe des Ersatzes verlangen, den der Schuldner für den ursprünglich geschuldeten Gegenstand erlangt hat.

Zwischen b) und c) kann der Gläubiger wählen. Es ist § 285 II zu beachten!

6. Besondere Regelungen für gegenseitige Verträge

295 Erinnern Sie sich an den Schuldnerverzug: Grundsätzlich gelten alle allgemeinen Regelungen über den Verzug – und das trifft auch für die Unmöglichkeit zu – für **alle** Schuldverhältnisse; es sei denn, diese allgemeinen Vorschriften werden durch besondere Regelungen verdrängt.

- Wo stehen im allgemeinen Schuldrecht besondere Vorschriften für die gegenseitigen Verträge? (Überlegen Sie erst, bevor Sie weiterlesen!)
▶ Sicherlich wussten Sie das noch: in den §§ 320–326!

Von diesen Vorschriften haben Sie § 323 (»Rücktritt wegen nicht oder nicht vertragsgemäß erbrachter Leistung«) schon relativ ausführlich kennen gelernt (→ Rn. 231 ff.) und außerdem erfahren, dass »Schadensersatz und Rücktritt« gem. § 325 nicht nur alternativ, sondern kumulativ (also: nebeneinander) möglich sind.

296 Die Unterscheidung zwischen gegenseitigen Verträgen und anderen Schuldverhältnissen ist seit der Einführung des einheitlichen Pflichtverletzungstatbestands von § 280 bezüglich der Unmöglichkeit nicht mehr so bedeutend, wie sie es noch vor der Schuldrechtsreform war. Da § 280 nunmehr alle Fälle der Pflichtverletzung erfasst, ist es grundsätzlich unerheblich, ob die Leistungspflicht des Schuldners aus einem einseitig verpflichtenden Vertrag (→ Rn. 15), einem unvollkommen zweiseitig verpflichtenden Vertrag (→ Rn. 14) oder einem gegenseitigen Vertrag (→ Rn. 11–13) herrührt.

Liegt also eine Pflichtverletzung durch einen Partner eines gegenseitigen Vertrags vor, so ist es als Haftungsvoraussetzung nicht erforderlich, dass eine im Synallagma, also im Gegenseitigkeitsverhältnis stehende Leistungspflicht verletzt wurde.

297 Konsequenterweise hat der Gesetzgeber nun für gegenseitige Verträge nur noch den **Rücktritt** [in den §§ 323 I, 324 (325) und § 326 V – lesen Sie die drei letztgenannten Vorschriften zur ersten Information] und das **Schicksal der Gegenleistung** geregelt. Wenn Sie § 326 V eben gelesen haben, werden Sie bemerkt haben, dass er sich auf § 275 bezieht, in dessen Abs. 1 der Ausschluss der Leistungspflicht aufgrund der Unmöglichkeit der Leistung des Schuldners und in Abs. 2 und 3 der Ausschluss der Leistungspflicht aus anderen Gründen geregelt ist. Welche weiteren Auswirkungen die Unmöglichkeit der Leistung im gegenseitigen Vertrag hat, ist in § 326 I–IV festgelegt, die im Folgenden etwas näher betrachtet werden sollen (lesen Sie nun § 326 einmal **ganz**).

a) Befreiung von der Gegenleistung bei Ausschluss der Leistungspflicht

Die Antwort auf die Frage, ob der Gläubiger trotz Befreiung des Schuldners von seiner Leistungspflicht nach § 275 I–III seine Gegenleistung noch erbringen muss oder nicht, ergibt sich aus § 275 IV iVm § 326. | **298**

Wegen der durch das Synallagma bedingten engen Verknüpfung von Leistung und Gegenleistung muss grundsätzlich auch der Gläubiger von seiner Gegenleistungspflicht befreit werden, wenn und soweit sein Anspruch auf die Leistung des Schuldners gem. § 275 I–III ausgeschlossen ist. Diesen Grundsatz enthält § 326 I 1 Hs. 1.

§ 326 I 1 gilt nicht nur dann, wenn der Schuldner von der **ganzen** Primärleistung befreit ist und der Gläubiger deshalb die ganze Gegenleistung nicht zu erbringen braucht. § 326 I 1 gilt auch dann, wenn sich das Leistungshindernis nur auf einen **Teil** der geschuldeten Leistung bezieht. In diesem Fall wird der Gläubiger, wie sich aus § 326 I 1 Hs. 2 ergibt, teilweise von der Gegenleistung befreit.

Bei § 441 III, auf den hier verwiesen wird, handelt es sich um eine Berechnungsregelung für die sog. »Minderung« des Kaufpreises durch den Käufer im Falle der **Schlechterfüllung** durch den Verkäufer. Diese Berechnungsregelung, auf die hier nicht näher eingegangen wird,[234] soll entsprechend angewendet werden, um den Umfang zu berechnen, in dem der Gläubiger nach § 326 I 1 Hs. 2 teilweise von der Gegenleistung befreit wird.

§ 326 I 2 stellt durch Bezugnahme auf die »nicht vertragsgemäße Leistung« (= Schlechterfüllung) klar, dass Satz 1 nur für die Unmöglichkeit der Leistung (= Nichterfüllung), aber nicht für die Schlechtleistung gilt. | **299**

> **Beispiel für die Anwendung von § 326 I 1:** Das verkaufte Auto wird nach Vertragsschluss vor Übergabe an den Käufer durch Blitzschlag zerstört. Die Leistungspflicht des Verkäufers ist nach § 275 I ausgeschlossen! Der Käufer ist von seiner Gegenleistung (Zahlung des Kaufpreises) gem. § 326 I 1 Hs. 1 befreit.

Nehmen Sie an, es wurde ein Lastwagen mit Anhänger verkauft, und vor der Übergabe wird der Anhänger durch Blitzschlag zerstört.[235]

»Soweit« die Leistung dem Verkäufer – bezüglich des Anhängers – unmöglich ist, ist seine Leistungspflicht nach § 275 I ausgeschlossen; den vorhandenen Lastwagen muss er noch liefern.

Der Käufer ist nach § 326 I 1 Hs. 2 **teilweise** von seiner Gegenleistung befreit. Hat der Lastwagen einen Wert von zwei Drittel des Gesamtkaufpreises, von dem ein Drittel auf den zerstörten Anhänger entfiel, so muss der Käufer gem. § 326 I 1 Hs. 2 iVm § 441 III nur zwei Drittel des Gesamtkaufpreises bezahlen.

---

234 Dazu *Wörlen/Metzler-Müller* SchuldR BT Rn. 48.
235 Ähnlich *Brox/Walker* SchuldR AT § 22 Rn. 33.

b) Anspruch auf die Gegenleistung bei Ausschluss der Leistungspflicht

aa) Verantwortlichkeit des Gläubigers

Lesen Sie zunächst § 326 II 1 und dann

Übungsfall 14

Viktor Vauweh (V) verkauft einen Pkw an Karlo Kummer (K). Nach Unterzeichnung des Kaufvertrags vereinbaren V und K, dass das Auto noch einige Tage bei V bleiben soll, bis dieser noch einige »Extras« angebracht hat. Da K das Fahrzeug schon einmal testen will, lässt V ihn eine Probefahrt machen. Dabei verursacht K schuldhaft einen Unfall, bei dem der Pkw – im Gegensatz zu K – total zerstört wird. V verlangt von K Bezahlung des Kaufpreises. Zu Recht?

---

300 Der Anspruch des Verkäufers V auf Bezahlung des Kaufpreises folgt aus § 433 II, während V als Schuldner gem. § 433 I 1 zur Leistung »Übergabe und Verschaffung des Eigentums« verpflichtet ist. Da das Auto total zerstört ist, ist dem Schuldner V diese Leistung unmöglich, dh seine Leistungspflicht ist gem. § 275 I ausgeschlossen. Das Schicksal der Gegenleistung des Gläubigers K (Kaufpreiszahlung) ist in § 326 geregelt.

Gemäß § 326 II 1, 1. Var. (vor dem zweiten »oder«) behält der Schuldner der unmöglichen Leistung, der nach § 275 I nicht zu leisten braucht, den Anspruch auf die Gegenleistung, wenn der Gläubiger für den Eintritt der Unmöglichkeit (für den »Umstand«) allein oder weit überwiegend verantwortlich ist. Dies ist der Fall, wenn der Gläubiger den Eintritt der Unmöglichkeit der Leistung des Schuldners nach § 276 zu vertreten hat.

■ Was bedeutet das für Übungsfall 14?

▶ Da der Gläubiger K den Unfall, der die Unmöglichkeit der Leistung des V zur Folge hatte, »verschuldet« hat, hat er zumindest fahrlässig iSv § 276 II (§ 276 gilt für jeden Schuldner, somit **analog** auch für den Gläubiger, wenn er etwas schuldet) gehandelt und ist somit allein für den Eintritt der Unmöglichkeit verantwortlich. Gemäß § 326 II 1, 1. Var. behält also V seinen Anspruch aus § 433 II, sodass er die Bezahlung des Kaufpreises zu Recht verlangt.

bb) Annahmeverzug des Gläubigers

301 Wie Sie in § 326 II 1, 2. Var. (nach dem zweiten »oder«) gelesen haben, behält der Schuldner den Anspruch auf die Gegenleistung (hier: Zahlung des Kaufpreises gem. § 433 II) auch, wenn der Umstand, aufgrund dessen der Schuldner nach § 275 von der Leistung befreit ist, von diesem nicht zu vertreten ist und zu einer Zeit eintritt, zu welcher sich der Gläubiger im Annahmeverzug befindet. Dazu folgender Fall:

Übungsfall 15

Gastwirt Kurt Kneipe (K) bestellt beim Metzgermeister Volker Vorderbein (V) 100 Schnitzel. K und V vereinbaren, dass V dem K die Ware am Samstag um 15.00 Uhr persönlich liefert. Als V zum Liefertermin pünktlich am Gasthaus des K eintrifft, steht er vor verschlossenen Türen. K konnte den Termin nicht einhalten, da er unverschuldet in einen Stau geraten war. Ärgerlich fährt V unverrichteter Dinge wieder nach Hause. Auf der Rückfahrt verursacht er leicht fahrlässig einen Unfall, bei dem alle Schnitzel verderben. Am nächsten Tag ruft V bei K an und verlangt Bezahlung des Kaufpreises. Zu Recht?

Ein Anspruch des V gegen K auf Zahlung des Kaufpreises könnte sich aus § 433 II ergeben.

Voraussetzung dafür ist, dass ein wirksames Angebot erfolgte und dieses angenommen wurde (§§ 145 ff.). Hier lag das Angebot in der Bestellung des K, welches V mit der Liefervereinbarung angenommen hat.

Der Anspruch ist somit entstanden.

Der Anspruch könnte jedoch gem. § 326 I 1 Hs. 1 (lesen!) untergegangen sein, wenn die Leistungspflicht des V aus § 433 I 1 gem. § 275 I–III ausgeschlossen wäre.

Hier könnte ein Ausschluss der Leistungspflicht nach § 275 I in Betracht kommen.

- ▦ Wovon hängt es ab, ob die Lieferung von 100 Schnitzeln unmöglich ist oder nicht? **302**
- ▶ Das hängt davon ab, ob es sich dabei zum Zeitpunkt ihrer Zerstörung um eine Stück- oder Gattungsschuld handelte.

Als K die Schnitzel bei V bestellte, handelte es sich bei diesen um eine Gattungsschuld iSv § 243 I (→ Rn. 160 ff.), bei deren Verderb der Schuldner grundsätzlich das Beschaffungsrisiko trägt. Dieses Beschaffungsrisiko entfällt allerdings, wenn sich die ursprünglich geschuldete Gattungsschuld gem. § 243 II zu einer Stückschuld konkretisiert hat.

- ▦ **Wiederholung:** Wovon hängt es nun ab, ob der Schuldner das gem. § 243 II »seinerseits Erforderliche« zur Herbeiführung dieser Konkretisierung getan hat?
- ▶ Das hängt davon ab, um welche Art der Schuld bezüglich des Leistungsorts es sich handelt.

Hier haben K und V eine Bringschuld (→ Rn. 156) vereinbart.

- ▦ Was muss der Schuldner dabei tun, um die Konkretisierung der Gattungsschuld **303** zur Stückschuld herbeizuführen?
- ▶ Er muss dem Gläubiger den Leistungsgegenstand **bringen** und ihn dem Gläubiger ordnungsgemäß **anbieten.**

Dies hat V (vgl. § 296 S. 1) mit dem Lieferungsversuch zum vereinbarten Termin getan. Somit haben sich die ursprünglich als Gattungsschuld geschuldeten Schnitzel am Samstag um 15.00 Uhr zu einer Stückschuld konkretisiert, dh V schuldete dem K nur noch **diese** 100 Schnitzel.

Da diese Schnitzel durch den Unfall verdorben sind, ist dem V die Leistung unmöglich, sodass seine Leistungspflicht gem. § 275 I ausgeschlossen ist.

Grundsätzlich würde in diesem Fall gem. § 326 I 1 der Anspruch des Schuldners auf **304** die Gegenleistung (hier: Kaufpreiszahlung) entfallen.

- ▦ **Wiederholung:** Unter welchen Voraussetzungen kann der Schuldner den Gegenleistungsanspruch dennoch erhalten?
- ▶ Unter den Voraussetzungen von § 326 II 1, 1. oder 2. Var. (nochmals lesen!).
- ▦ Welche Variante kommt hier in Betracht?
- ▶ Die zweite Variante, dh, der Gläubiger (K) müsste sich bei Eintritt der Unmöglichkeit in Annahmeverzug befunden haben und der Schuldner (V) dürfte den Umstand, der zur Unmöglichkeit führte, nicht zu vertreten haben.
- ▦ Prüfen Sie also, ob K sich in Annahmeverzug (→ Rn. 243 ff.) befand, nachdem V versucht hatte, die Schnitzel zu liefern!

▶ Wenn Sie das getan haben, werden Sie festgestellt haben, dass die Voraussetzungen »Erfüllbarkeit der Leistung« (§ 271 I), »ordnungsgemäßes Leistungsangebot« (§§ 294–296) sowie »Leistungswille und Leistungsvermögen« (§ 297) erfüllt sind, sodass allein die Nichtannahme der Leistung (§ 293) ausreicht, um den Annahmeverzug zu begründen. Ob dieser vom Gläubiger (K) verschuldet wurde oder nicht, ist unerheblich (→ Rn. 247).

▨ Was müssen wir nun noch prüfen?

▶ Der Schuldner (V) dürfte den Umstand, der zur Unmöglichkeit führte, nicht zu vertreten haben.

▨ Prüfen Sie selbst, ob diese Voraussetzung erfüllt ist!

▶ Nach § 276 I 1 hat der Schuldner Vorsatz und jede Fahrlässigkeit zu vertreten, wenn eine strengere oder mildere Haftung nicht bestimmt ist.
Hier kommt eine mildere Haftung des V gem. § 300 I in Betracht. Da K sich in Annahmeverzug befand, muss V nur für Vorsatz und grobe Fahrlässigkeit haften. V hat den Unfall indessen »leicht fahrlässig« verursacht, sodass er den Umstand, der zur Unmöglichkeit führte, nicht zu vertreten hat.

Somit sind alle Voraussetzungen von § 326 II 1, 2. Var. erfüllt mit der Folge, dass V seinen Anspruch auf die Gegenleistung – Zahlung des Kaufpreises durch K gem. § 433 II – behält.

305 **Beachte:** Der Schuldner muss sich gem. § 326 II 2 gegebenenfalls das anrechnen lassen, was er infolge der Befreiung von der Leistung erspart oder durch anderweitige Verwendung seiner Arbeitskraft erwirbt oder zu erwerben böswillig unterlässt.

> **Beispiel:** Der Verkäufer erspart aufgrund der Unmöglichkeit Versendungskosten. Diesen Betrag könnte der Käufer vom Kaufpreis abziehen.[236]

c) Rücktritt bei Ausschluss der Leistungspflicht

Übungsfall 16

Valentin Vogt (V) verkauft am 1.3. seinen gebrauchten Pkw an Kuno Keck (K) für 5.000 EUR. K zahlt sofort in bar. Die Übereignung soll am 3.3. erfolgen. Am 2.3. wird das Auto bei einem Brand, den V fahrlässig verursacht hat, völlig zerstört. Die Kasko-Versicherung des V zahlt diesem entsprechend dem tatsächlichen Listenwert des Wagens 6.000 EUR. K seinerseits hätte das Auto nachweislich an Dagobert Dreier (D) für 5.500 EUR weiterverkaufen können.

Frage 1: Kann K vom Vertrag zurücktreten?
Frage 2: Welche Ansprüche stehen K gegen V zu?
Frage 3: Welche Möglichkeit ist für K am günstigsten?

Frage 1:

306 Ein Rücktrittsrecht für K könnte sich aus § 326 V (lesen) ergeben. Voraussetzung für den Rücktritt ist danach, dass der Schuldner nach § 275 I–III nicht zu leisten braucht, dh, dass die Leistungspflicht des Schuldners ausgeschlossen ist.

Wenn Sie sich an die Checkliste zum Ausschluss der Leistungspflicht nach § 275 (→ Rn. 266) erinnern und diese anwenden, werden Sie leicht feststellen, dass die

---

236 Vgl. *Brox/Walker* SchuldR AT § 22 Rn. 42.

(Primär-)Leistungspflicht des V wegen (objektiver nachträglicher) Unmöglichkeit gem. § 275 I ausgeschlossen ist.

Somit ist die Voraussetzung für den Rücktritt nach § 326 V erfüllt. Auf den Rücktritt findet § 323 (→ Rn. 237 ff.) entsprechende Anwendung mit der Maßgabe, dass die Fristsetzung entbehrlich ist (§ 326 V).

■ Warum ist die Fristsetzung entbehrlich?

▶ Die Fristsetzung ist entbehrlich, weil im Fall der Unmöglichkeit iSv § 275 ohnehin feststeht, dass eine Nacherfüllung keinen Erfolg haben kann. Für dieses gesetzliche Rücktrittsrecht gelten wie bei § 323 die §§ 346 ff. (→ Rn. 239 ff.).

■ Lesen Sie nochmals § 346 I! Was kann K danach von V verlangen?

▶ Den bezahlten Kaufpreis in Höhe von 5.000 EUR, nicht aber den entgangenen Gewinn von 500 EUR, da dieser nur bei Geltendmachung von Schadensersatz verlangt werden kann.

Frage 2:
Da die Primärleistungspflicht des V ausgeschlossen ist, er den Brand aber fahrlässig verursacht hat (= schuldhafte Pflichtverletzung), drängt sich die Frage auf, ob K nicht einen Anspruch auf eine Sekundärleistung in Form von Schadensersatz hat.

■ Welche Anspruchsgrundlage kommt dafür zunächst in Betracht? (Nachdenken!)   307

▶ Ein Anspruch auf »Schadensersatz statt der Leistung« – welche **vertragliche** Pflichtverletzung auch immer – kann sich (vgl. § 275 IV) hier aus § 280 I und III iVm § 283 ergeben.

Prüfen wir daher – nach dem oben (→ Rn. 291) entwickelten Schema –, ob die Voraussetzungen für diesen Anspruch vorliegen.

(1) Erste Voraussetzung für den Anspruch auf Schadensersatz statt der Leistung gem. § 280 I 1 und III iVm § 283 (lesen Sie diese Vorschriften nochmals) ist ein wirksames Schuldverhältnis, das hier mit dem Kaufvertrag iSv § 433 vorliegt. Aus diesem Schuldverhältnis folgt für V gem. § 433 I 1 die Leistungspflicht, dem K das Auto zu übergeben und ihm das Eigentum daran zu verschaffen.

(2) Diese Leistungspflicht kann V nicht mehr erfüllen, da das Auto völlig zerstört ist. Somit liegt eine Pflichtverletzung (§ 280 I 1) vor.

(3) Folglich ist die Leistungspflicht des V nach § 275 I ausgeschlossen, dh er ist von seiner (Primär-)Leistungspflicht befreit.

(4) Da V den Brand fahrlässig verursacht hat, hat er diese Pflichtverletzung gem. § 280 I 2 iVm § 276 I und II auch zu vertreten.

(5) K hat zumindest einen Schaden in Höhe von 5.000 EUR, da er den Kaufpreis schon bezahlt hat, ohne eine Gegenleistung dafür zu erhalten.

Da die Pflichtverletzung des Schuldners V zur Folge hatte, dass V nach § 275 I   308
nicht zu leisten braucht, liegt die zusätzliche Voraussetzung von § 283 S. 1 vor. Somit kann K Schadensersatz statt der Leistung gem. § 280 I und III iVm § 283 verlangen.

Für den **Umfang** des zu ersetzenden Schadens gelten die §§ 249 ff. Nach §§ 249 I,   309
251 I fallen zunächst die vergeblich bezahlten 5.000 EUR darunter. Auch die 500 EUR, die K an dem Weiterverkauf nachweislich verdient hätte, gehören zum Schadensumfang.

■ Suchen Sie bei den §§ 249 ff. nach einer Vorschrift, aus der dies hervorgeht!

▶ Selbstverständlich haben Sie schnell § 252 S. 1 gefunden und gelesen, dass K auch den »entgangenen Gewinn« verlangen kann.

310 ■ Welcher Anspruch des K gegen V kommt außerdem in Betracht?

▶ Gemäß § 285 I (→ Rn. 286) kann der Gläubiger, wenn der Schuldner infolge des Umstandes, aufgrund dessen er die Leistung nach § 275 I (–III) nicht zu erbringen braucht, für den geschuldeten Gegenstand einen Ersatz erlangt hat, Herausgabe des als Ersatz Erlangten (**stellvertretendes commodum**) verlangen.

■ Was bedeutet das für unseren Fall?

▶ Da V von der Versicherung entsprechend dem tatsächlichen Listenwert des Wagens 6.000 EUR erhalten hat, kann K diese 6.000 EUR gem. § 285 I von V herausverlangen.

Gemäß § 326 III 1 bleibt der Gläubiger, wenn er den Anspruch aus § 285 I geltend macht, seinerseits zur Gegenleistung verpflichtet. **Statt** des bereits bezahlten Kaufpreises kann K von V nach § 285 I also die 6.000 EUR verlangen.

Frage 3:

311 Die günstigste Möglichkeit für K ist selbstverständlich die, welche ihm das meiste Geld bringt.

Da er beim Rücktritt lediglich den gezahlten Kaufpreis (5.000 EUR) zurückfordern kann, sein Schadensersatzanspruch (inklusive entgangenem Gewinn) 5.500 EUR ausmacht und das stellvertretende commodum 6.000 EUR beträgt, wird K sinnigerweise den Herausgabeanspruch nach § 285 I geltend machen.

■ Einwand eines Studenten: »Da K im letzten Fall (§ 285) gem. § 326 III 1 zur Gegenleistung verpflichtet bleibt, muss er doch 5.000 EUR zahlen, bekommt also nur 1.000 EUR von den 6.000 EUR«?!

▶ »Iudex non calculat?«,[237] dachte ich einige Sekunden. Rechnen Sie selbst nach! Nein, lesen Sie lieber das Gesetz (und gegebenenfalls den Sachverhalt nochmals): K kann nach § 285 I 6.000 EUR von V verlangen. Gemäß § 326 III 1 bleibt er zur Gegenleistung (5.000 EUR) verpflichtet. Da er diese 5.000 EUR (Sachverhalt) bereits bezahlt hat, hat er seine Gegenleistungsverpflichtung erfüllt und kann selbstverständlich 6.000 EUR nach § 285 I herausverlangen.

Wiederholen und vertiefen Sie die besonderen Regelungen für gegenseitige Verträge bei Unmöglichkeit der Leistung mit der folgenden Übersicht.

---

237 Lat.: »Der Richter rechnet nicht«.

Übersicht 14

Leistungsstörungen	312

§ 326
Ausschluss der Leistungspflicht

Besondere Regelungen für gegenseitige Verträge

1. **Befreiung von der Gegenleistung bei Ausschluss der Leistungspflicht**

   - **§ 326 I 1 Hs. 1**
     - **Voraussetzung:** Leistungspflicht des Schuldners ist nach § 275 I–III ausgeschlossen.
     - **Rechtsfolge:** Der Anspruch auf Gegenleistung entfällt (Befreiung des Gläubigers von der Gegenleistung).
   - **§ 326 I 1 Hs. 2**
     - Bei **teilweiser** Unmöglichkeit anteilige Befreiung des Gläubigers von der Gegenleistung. Berechnung entsprechend § 441 III.
   - **§ 326 IV**
     - Rückforderung der bereits bewirkten, nicht geschuldeten Gegenleistung nach §§ 346–348.

2. **Anspruch auf die Gegenleistung beim Ausschluss der Leistungspflicht**
   - **§ 326 II 1, 1. Var.**
     - **Voraussetzung:** Verantwortlichkeit des Gläubigers.
     - **Rechtsfolge:** Schuldner behält Anspruch auf die Gegenleistung.
   - **§ 326 II 1, 2. Var.**
     - **Voraussetzung:** Gläubiger befindet sich bei Eintritt der Unmöglichkeit, die der Schuldner nicht zu vertreten hat, in Annahmeverzug (§§ 293 ff.).
     - **Rechtsfolge:** Schuldner behält Anspruch auf die Gegenleistung.
     Beachte (bei beiden Varianten): § 326 II 2 und gegebenenfalls § 326 IV.

3. **Rücktritt bei Ausschluss der Leistungspflicht**
   - **§ 326 V**
     - **Voraussetzung:** Leistungspflicht des Schuldners ist nach § 275 I–III ausgeschlossen.
     - **Rechtsfolge:** Rücktrittsrecht des Gläubigers entsprechend § 323 ohne Fristsetzung; Anwendung von §§ 346 ff.

4. **Herausgabe des erlangten Ersatzes**
   - **§ 326 III 1**
     - **Voraussetzung:** Gläubiger verlangt stellvertretendes **commodum** gem. § 285.
     - **Rechtsfolge:** Gläubiger bleibt zur Gegenleistung verpflichtet.

Die einschlägigen Vorschriften für die Arten der Unmöglichkeit sowie die daraus folgenden Ansprüche auf die Leistung bzw. die Gegenleistung können Sie »auf einen Blick« der nachfolgenden Übersicht entnehmen.

312a **Übersicht 14a**

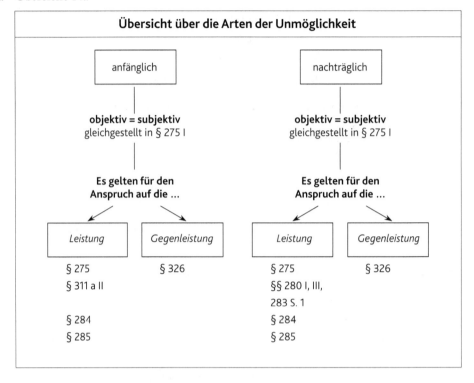

Übersicht über die Arten der Unmöglichkeit

anfänglich	nachträglich
objektiv = subjektiv gleichgestellt in § 275 I	objektiv = subjektiv gleichgestellt in § 275 I
Es gelten für den Anspruch auf die ...	Es gelten für den Anspruch auf die ...

Leistung	Gegenleistung	Leistung	Gegenleistung
§ 275	§ 326	§ 275	§ 326
§ 311 a II		§§ 280 I, III, 283 S. 1	
§ 284		§ 284	
§ 285		§ 285	

7. Der Ausschluss der Leistungspflicht nach § 275 im System des Allgemeinen Schuldrechts

a) Gattungsschuld: Beschaffungsrisiko; Vorratsschuld

Das Unmöglichkeitsrecht bereitet Anfängern erfahrungsgemäß immer wieder große Schwierigkeiten. Wenngleich die Schuldrechtsreform zum 1.1.2002 wesentliche Vereinfachungen durch die Vereinheitlichung des Pflichtverletzungstatbestands und die damit verbundene Beseitigung der Dominanz der Unmöglichkeit mit sich gebracht hat, wird sich daran wenig ändern. Wir wollen deshalb weitere Übungsfälle lösen, um uns mit dem Ausschluss der Leistungspflicht nach § 275 vertrauter zu machen:

> **Übungsfall 17**
>
> Am 1.4. kauft Kurt Konsum (K), der einen kleinen Gemischtwarenladen betreibt, beim Obst**händler** Vinzenz Vielfrucht (V) einen Zentner Delicious-Äpfel (→ Rn. 161). Die Übereignung soll am 15.4. erfolgen. Noch bevor V den Zentner Äpfel für K bereitgestellt hat, brennt am 9.4. die Lagerhalle des V mit dem gesamten Obstvorrat ab. In der Halle befanden sich unter anderem auch 10 Zentner Delicious. V, der leider nicht gegen einen solchen Schaden versichert ist, trifft an dem Brand kein Verschulden. Als K am 15.4. die Lieferung von einem Zentner Delicious verlangt, beruft V sich auf § 275. Zu Recht?
>
> **Anmerkung:** Da es sich hier um einen Kauf zwischen »Unternehmer und Unternehmer« handelt, sind die Vorschriften über den Verbrauchsgüterkauf (§§ 474 ff.) nicht zu berücksichtigen.

Die Fallfrage ist so konkret gestellt, dass wir uns nicht die Mühe machen müssen, 313
nach einer Anspruchsgrundlage zu suchen, sondern direkt die Frage nach dem Eingreifen von § 275 I als mögliches Ergebnis einer gutachtlichen Untersuchung voranstellen können.

■ Welchen Satz würde man zB in einer Klausur sinngemäß voranstellen?

▶ »V könnte von seiner Leistungspflicht aus § 433 I 1, dem K einen Zentner Delicious-Äpfel liefern zu müssen, gem. § 275 I frei geworden sein, wenn ihm diese
Leistung unmöglich ist.«

Voraussetzung ist also zunächst die Unmöglichkeit der Leistung, zu der V gem.
§ 433 I 1 verpflichtet ist!

■ Ist dem V die Lieferung des bestellten Zentners Delicious-Äpfel unmöglich geworden?

▶ Da diese Äpfel verbrannt sind: ja!

■ Hatte V an K einen **bestimmten** Zentner Delicious-Äpfel zu liefern? 314

▶ Nein, nur irgendeinen Zentner Delicious-Äpfel!

■ Um welche Art der Schuld in Bezug auf den Leistungsgegenstand handelt es sich?

▶ Um eine Gattungsschuld! Anders als in den letzten Pkw-Fällen. Da wurde eine
Stück- oder Speziesschuld geschuldet.

Im vorliegenden Fall schuldete V jedoch nicht einen **bestimmten** Zentner Delicious-
Äpfel, sondern eben **irgendeinen** von mittlerer Art und Güte iSv § 243 I. K war es
sicherlich gleichgültig, ob der Zentner Delicious-Äpfel aus dem Lager des Obsthändlers V stammt, oder ob V sich die Äpfel irgendwo auf dem Obstmarkt beschafft. Die
gewöhnliche Gattungsschuld ist daher eine Beschaffungsschuld (→ Rn. 161), dh die
Verpflichtung, eine nur der Gattung nach bestimmte Sache zu liefern, schließt die
Verpflichtung des Schuldners ein, sich diese Sache wenn nötig zu beschaffen, falls er
sie nicht mehr auf Lager hat. **Unmöglich** ist ihm die Leistung jedenfalls nicht! Somit
liegt kein Ausschluss der Leistungspflicht nach § 275 I vor.

■ Indem K sich »auf § 275« beruft, kann er auch § 275 II oder III gemeint haben. 315
Lesen Sie diese beiden Absätze ganz und entscheiden Sie zunächst, ob § 275 II 1
zugunsten des V eingreifen kann!

▶ Für V als Obsthändler wird es keinen großen Aufwand erfordern, sich auf dem
Markt neue Äpfel inklusive einem Zentner Delicious-Äpfel zu besorgen.

■ Gemäß § 275 II 2 ist auch zu berücksichtigen, ob der Schuldner das Leistungshindernis zu vertreten hat oder nicht. Ändert das etwas daran, dass V die Äpfel noch
liefern muss? Die Antwort finden Sie in § 276 I 1.

▶ Danach hat der Schuldner Vorsatz und Fahrlässigkeit zu vertreten, wenn eine
strengere Haftung weder bestimmt noch aus dem sonstigen Inhalt des Schuldverhältnisses, insbesondere aus der Übernahme eines Beschaffungsrisikos zu entnehmen ist. Da die Gattungsschuld eine Beschaffungsschuld ist, ergibt sich für das
Leistungshindernis, dass V vorübergehend keine Äpfel auf Lager hat, eine strengere Haftung des V, dh er hat das Leistungshindernis zu vertreten und muss liefern.

Anders ist das bei der sog. »Vorratsschuld«, die wir schon angesprochen haben 316
(→ Rn. 161). Dass es sich bei der Schuld des Obst**händlers** V soeben nicht um eine

solche Vorratsschuld, sondern um eine gewöhnliche Gattungsschuld handelt, wird Ihnen klar, wenn Sie folgende Abwandlung von Fall 17 lesen:

Übungsfall 17 Abwandlung

K bestellt einen Zentner Delicious-Äpfel nicht beim Obst**händler** V, sondern beim Obst**bauern** V aus dessen Obstplantage, und die gesamte Delicious-Ernte 2017 verbrennt in der Scheune des V.

Dem K kommt es hier offensichtlich darauf an, einen Zentner der guten Bauern-Delicious von V zu bekommen; zwar nicht einen ganz bestimmten Zentner, aber einen aus der Ernte 2017 des V, aus dessen Vorrat. Auch für diese »Vorratsschuld« gilt zunächst, dass sie eine Gattungsschuld ist. Allerdings findet das Beschaffungsrisiko des Schuldners seine Grenzen, wenn der gesamte Vorrat untergegangen ist!

- ▦ Warum?
- ▷ Die Lieferung von einem Zentner »Delicious« aus dem Vorrat (Ernte 2017) des V ist niemandem mehr möglich, sodass § 275 I anwendbar ist.

In der Abwandlung von Übungsfall 17 wird V nach Untergang des gesamten Vorrats also von seiner Leistungspflicht gem. § 275 I frei!

b) Gattungsschuld: Konkretisierung zur Stückschuld

Die Bedeutung der Schuldarten sowohl hinsichtlich des Leistungsgegenstands als auch bezüglich des Leistungsorts im Zusammenhang mit der Unmöglichkeit der Leistung veranschaulicht auch der nächste Übungsfall:

Übungsfall 18

Wieder kauft K beim Obsthändler V (es handelt sich immer noch – wie in Fall 17 – um die »Unternehmer« K und V) einen Zentner Delicious-Äpfel. Die Vertragspartner vereinbaren, dass V die Äpfel auf Verlangen des K an diesen versenden soll.

V gibt die Äpfel ordnungsgemäß verpackt als Bahnfracht auf. Unterwegs geht die Ware verloren, ohne dass V daran ein Verschulden trifft.

Kann K dennoch die Lieferung eines Zentners Delicious-Äpfel von V verlangen?

317
- ▦ Welche Anspruchsgrundlage des K gegen V kommt für das Verlangen des K in Betracht?
- ▷ Eine der wenigen Vorschriften, die Sie vielleicht schon auswendig können: § 433 I 1.
- ▦ Formulieren Sie das für möglich gehaltene Fallergebnis als Einleitungssatz für ein schriftliches Gutachten selbst auf einem Blatt Papier!
- ▷ »K könnte gegen V einen Anspruch auf Lieferung von einem Zentner Delicious-Äpfel gem. § 433 I 1 haben«.

Die Voraussetzung für diesen Anspruch, ein wirksamer Kaufvertrag, ist erfüllt, sodass der Anspruch entstanden ist. Die Leistungspflicht des V könnte aber ausgeschlossen sein, wenn die Leistung für V unmöglich ist (§ 275 I).

- ▦ Wovon hängt es wiederum ab, ob die Leistung dem V unmöglich ist oder nicht?
- ▷ Davon, ob es sich um eine Stück- oder Gattungsschuld handelt!
- ▦ Um welche dieser Schuldarten handelt es sich?

▶ Um eine Gattungsschuld! Dies jedenfalls bei Vertragsschluss, da V dem K (irgend)einen Zentner Delicious-Äpfel »mittlerer Art und Güte« liefern sollte (vgl. § 243 I – nochmals lesen!).
Die Anwendung von § 243 I ist indessen ausgeschlossen, wenn die Voraussetzungen von § 243 II vorliegen (vgl. Fall 15, → Rn. 302 ff.).

▪ Was besagt diese Vorschrift? (Überlegen Sie!)

▶ Wenn der Schuldner das zur Leistung einer Gattungsschuld seinerseits Erforderliche getan hat, beschränkt sich das Schuldverhältnis auf **diese** Sache; anders ausgedrückt: die Gattungsschuld hat sich in diesem Fall »zur Stückschuld konkretisiert«.

▪ Wonach beurteilt man, wann der Schuldner das seinerseits Erforderliche zur   318
Konkretisierung getan bzw. seine vertragliche Leistungshandlung erbracht hat? (Überlegen Sie erst wieder, bevor Sie weiterlesen!)

▶ Nach der Art der Schuld bezüglich des Leistungsorts!

▪ **Wiederholung:** Welche Arten der Schuld haben wir dazu kennen gelernt?

▶ Hol-, Bring- und Schickschuld!

Versuchen Sie, sich daran zu erinnern, wann der Schuldner bei diesen Schuldarten jeweils das »seinerseits Erforderliche« (§ 243 II) zur Leistungserbringung getan hat! Notieren Sie sich dies auf einem Blatt, bevor Sie weiterlesen und vergleichen Sie dann.

▪ Wann hat der Schuldner bei der Holschuld das seinerseits Erforderliche iSv § 243 II getan, damit sich die Gattungsschuld zur Stückschuld konkretisieren konnte?

▶ Bei der Holschuld (Regelfall des § 269!) hat der Schuldner das seinerseits Erforderliche getan, wenn er die für den Gläubiger bestimmte Sache (oder Menge) ausgesondert, bereitgestellt und den Gläubiger davon benachrichtigt hat. Von diesem Zeitpunkt an hat sich die Gattungsschuld gem. § 243 II zur Stückschuld konkretisiert!

▪ Was gilt für die Bringschuld?   319

▶ Bei der Bringschuld hat der Schuldner das nach § 243 II seinerseits Erforderliche getan, wenn er dem Gläubiger die Sache gebracht und dort tatsächlich angeboten hat.

▪ Und bei der Schickschuld?   320

▶ Bei dieser konkretisiert sich die Gattungsschuld zur Stückschuld, wenn der Schuldner die Sache ordnungsgemäß abgeschickt (oder einer zuverlässigen Transportperson übergeben) hat.

▪ Welche Schuldart haben V und K in unserem Fall vereinbart?

▶ Eine Schickschuld! V sollte die Äpfel an K auf dessen Kosten versenden.

▪ Hat V das seinerseits Erforderliche getan, damit sich die Gattungsschuld gem. § 243 II zu einer Stückschuld konkretisiert hat?

▶ Er hat die Äpfel ordnungsgemäß verpackt als Bahnfracht aufgegeben, sodass zu diesem Zeitpunkt aus der Gattungsschuld »ein Zentner Delicious-Äpfel« eine Stückschuld bezüglich **dieses** bestimmten Zentners geworden ist. Da diese Äpfel auf der Bahnfahrt vernichtet wurden, ist dem V seine Leistung unmöglich geworden.

▪ Welche Rechtsfolge greift ein?

▶ § 275 I: V ist von seiner Leistungspflicht frei geworden, während K den Kaufpreis zahlen muss.

Als Zusammenfassung und Wiederholung des bisher Gelernten lesen Sie die folgende Übersicht.

Übersicht 15

321

Konkretisierung gem. § 243 II

Konkretisierung (Konzentration, Individualisierung) gem. § 243 II:
Gattungsschuld verwandelt sich in eine Stückschuld.

↓

Erforderliche Erfüllungshandlungen

Holschuld	Bringschuld	Schickschuld
⇒ Aussondern und ⇒ Auffordern zum Abholen bzw. Mitteilung von der Bereitstellung **§ 269 – Regelfall**	⇒ Aussondern und ⇒ tatsächlich anbieten	⇒ Aussondern, sorgfältig verpacken und ⇒ Übergabe an eine sorgfältig ausgewählte Transportperson § 270 I § 447

	Holschuld	Bringschuld	Schickschuld
Leistungsort = Ort der Leistungs-Handlung	Sitz des Schuldners	Sitz des Gläubigers	Sitz des Schuldners
Erfüllungsort = Ort des Erfolgseintritts	Sitz des Schuldners	Sitz des Gläubigers	Sitz des Gläubigers

Beachte: Nur die Leistung am **richtigen** Ort befreit den Schuldner von seiner Verbindlichkeit.

Leistung am **falschen** Ort berechtigt den Gläubiger zur Ablehnung. Er kommt nicht in Annahmeverzug, der Schuldner jedoch in Schuldnerverzug.

c) Gefahrtragung: Sach- und Preisgefahr

Die Frage nach der Gefahrtragung wird immer dann relevant, wenn einer Vertrags- **322** partei die **Leistung einer Sache** (die zerstört oder beschädigt wurde) und der anderen Partei als **Gegenleistung die Bezahlung des Preises** dieser Sache obliegt. Man kann deshalb Sachgefahr auch als »Leistungsgefahr« und Preisgefahr als »Gegenleistungs- gefahr« bezeichnen. Was Leistungsgefahr und Gegenleistungsgefahr im Einzelnen bedeuten, ist aus der Sicht des Leistenden und Gegenleistenden (verschieden) zu be- urteilen.

aa) Sachgefahr (Leistungsgefahr)

Mit »**Gefahr**« ist im BGB zunächst die sog. **Leistungsgefahr (= Sachgefahr)** ge- **323** meint. Aus Schuldnersicht bedeutet Leistungsgefahr die Gefahr, die Leistung trotz zufälligen Untergangs des Leistungsgegenstandes noch erbringen zu müssen. Aus Gläubigersicht bedeutet Leistungsgefahr die Gefahr, dass der Schuldner der Leistung bei zufälligem Untergang der Sache von der Leistungspflicht frei wird, mithin der Gläubiger seinen Leistungsanspruch verliert. Das ist regelmäßig bei der Stückschuld der Fall (→ Rn. 160). Wenn diese nicht mehr existiert, kann sie auch nicht mehr ge- leistet werden: Der Schuldner wird also von seiner Leistungspflicht nach § 275 I be- freit. Bei der Gattungsschuld hingegen kann die Leistung im Regelfall auch dann noch erbracht werden, wenn die Sache untergegangen ist. Der Schuldner hat dann eine andere Sache mittlerer Art und Güte iSd § 243 I aus dieser Gattung zu leisten. Ihn trifft sogar eine Beschaffungspflicht, sofern er keinen Leistungsgegenstand der gleichen Gattung vorrätig hat. Bei der Gattungsschuld trägt also der Schuldner die Leistungsgefahr. Er muss erneut leisten, wenn die Sache untergegangen ist; es sei denn, alle Gegenstände der Gattung sind zerstört oder der Vorrat der Gattungssache ist erschöpft (→ Rn. 161). Etwas anderes gilt bei der Gattungsschuld auch dann, wenn der Schuldner »das seinerseits zur Leistung Erforderliche« getan hat (§ 243 II). Dann hat sich die Gattungsschuld zur Stückschuld konkretisiert mit der Folge, dass die Leistungsgefahr vom Schuldner auf den Gläubiger übergeht. Wann der Schuldner das seinerseits Erforderliche zur Konkretisierung getan hat, hängt davon ab, ob es sich um eine Hol-, Bring- oder Schickschuld handelt (→ Rn. 318). Daneben findet ein Übergang der Leistungsgefahr nach § 300 II auch dann statt, wenn sich der Gläubiger im Annahmeverzug (→ Rn. 243 ff.) befindet.

bb) Preisgefahr (Gegenleistungsgefahr)

Bei gegenseitigen Verträgen regelt das Gesetz, was mit der Pflicht zur Erbringung der **324** Gegenleistung geschieht, wenn die Pflicht zur Leistung wegen Unmöglichkeit erlo- schen ist.

> **Merke:** In allen Vorschriften im BGB, die **gegenseitige Verträge** betreffen (§§ 320 ff.), ist mit »**Ge- fahr**« die sog. **Gegenleistungsgefahr** gemeint.

Gegenleistungsgefahr bedeutet aus Sicht des Schuldners der Leistung bei zufälligem Untergang seines geschuldeten Leistungsgegenstandes die Gefahr, die Gegenleistung (das ist in der Regel der Preis für die Leistung) nicht zu erhalten. Aus der Sicht des Gläubigers bedeutet Gegenleistungsgefahr die Gefahr, die Gegenleistung erbringen zu müssen (regelmäßig also den Preis zahlen zu müssen), ohne die Leistung zu erhal- ten.

> **Beachte:** Wer im Leistungsstörungsrecht Schuldner und Gläubiger ist, bestimmt sich nach der »gestörten Leistung« in dem jeweiligen Schuldverhältnis.

Im Kaufvertragsrecht zB hat der Käufer gem. § 433 I 1 einen Anspruch gegen den Verkäufer auf Übergabe und Eigentumsverschaffung der Kaufsache. Geht die Kaufsache zufällig unter, handelt es sich bei dieser um die »gestörte Leistung«. Gläubiger der Kaufsache (= gestörte Leistung) ist hier also der Käufer. Schuldner der gestörten Leistung ist der Verkäufer. Die Gegenleistung (hier: der Anspruch des Verkäufers auf Zahlung des Kaufpreises nach § 433 II) ist nicht »gestört«. Deren Schicksal ist in § 326 geregelt. § 326 I 1 enthält als Grundnorm für den Übergang der Gegenleistungsgefahr die Rechtsfolge, dass derjenige, der nach § 275 I–III nicht zu leisten braucht, seinen Anspruch auf die Gegenleistung verliert. Die Gefahr, die Gegenleistung erbringen zu müssen, geht vom Schuldner auf den Gläubiger der untergegangenen Leistung über. Voraussetzung für den Übergang der Gegenleistungsgefahr ist der Übergang der Leistungsgefahr nach § 275 I.

> **Merke:** Grundsätzlich gilt: Ohne Leistung keine Gegenleistung. Anders ausgedrückt: »Für nichts gibt's nichts«.

325 Der Grundsatz des § 326 I 1 enthält folglich eine **Gefahrtragungsregel** dahingehend, dass der Schuldner (vorliegend also der Verkäufer) die Gegenleistungsgefahr trägt.

Von diesem Grundsatz gibt es einige Ausnahmen, in denen die Gegenleistungsgefahr vom Schuldner auf den Gläubiger übergeht. In diesem Fall muss der Gläubiger die Gegenleistung erbringen, ohne die Leistung zu erhalten. Das ist der Fall,

- wenn der Gläubiger der gestörten Leistung die Unmöglichkeit der Leistung alleine oder weit überwiegend zu verantworten hat (§ 326 II 1, 1. Var.)
  oder
- wenn sich der Gläubiger im Annahmeverzug befindet und die Leistung in dieser Zeit zufällig untergeht (§ 326 II 1, 2. Var.).

In diesen beiden Fällen bleibt die Pflicht zur Gegenleistung bestehen.

326 Im Besonderen Schuldrecht finden sich für einige Schuldverhältnisse indessen Sonderregelungen hierzu (zB für das Kaufvertrags- und Werkvertragsrecht), die den allgemeinen Vorschriften vorgehen. So findet der Gefahrübergang beim Kaufvertrag gem. § 446 S. 1 schon mit der Übergabe der Kaufsache an den Käufer statt. Gerät der Käufer mit der Annahme in Verzug, geht die Gefahr nach § 446 S. 3 ebenfalls auf ihn über. Beim Versendungskauf erfolgt der Gefahrübergang nach § 447 I bereits mit der Übergabe der Kaufsache an das Transportpersonal, also zB mit der Übergabe an den Spediteur.[238]

Beim Werkvertrag findet der Gefahrübergang gem. § 644 I 1 erst mit der Abnahme des Werkes durch den Besteller statt. Kommt der Besteller mit der Abnahme in Verzug, so geht die Gefahr nach § 644 I 2 auf ihn über. Versendet der Unternehmer das Werk auf Verlangen des Bestellers, geht die Gefahr gem. § 644 II bereits mit der Übergabe des Werkes an das Transportpersonal auf den Gläubiger (hier: Besteller) über.

---

238 Hierzu *Wörlen/Metzler-Müller* SchuldR BT Rn. 13.

Für den Dienstvertrag bestimmt § 615 S. 1, dass der Gläubiger im Falle des Annahmeverzugs verpflichtet ist, die aus diesem Grunde nicht geleisteten Dienste zu vergüten. § 615 S. 3 erweitert dies für das Arbeitsrecht auf diejenigen Fälle, in denen der Arbeitgeber das Risiko des Arbeitsausfalls trägt.[239]

Mit diesem Wissen können Sie nun die folgende Frage zu unserem Übungsfall 18 (→ Rn. 317) beantworten:

- ▪ Warum muss K den Kaufpreis zahlen, dh, die Gegenleistung erbringen, obwohl auch er die Unmöglichkeit der Leistung nicht zu vertreten hat? Eigentlich müsste K doch gem. § 326 I 1 von seiner Gegenleistungspflicht frei geworden sein? Warum ist dies nicht der Fall?

- ▶ Das Risiko oder die »Gefahr«, trotz des zufälligen, dh des von keiner der Vertragsparteien verschuldeten Untergangs der Sache den Preis dafür zahlen zu müssen, muss der Gläubiger tragen (Preisgefahr). Der Gläubiger hat keinen Anspruch mehr darauf, die Sache zu bekommen, da der Schuldner gem. § 275 I von seiner Leistungspflicht frei wurde. § 326 I 1 kann als allgemeinere Vorschrift zugunsten des Gläubigers nicht eingreifen, da für die Schickschuld die Sondervorschrift des § 447 gilt (Abs. 1 lesen! – vgl. Übersicht 6 → Rn. 166). K kann in Fall 18 keine Neulieferung der Äpfel mehr verlangen, obwohl er gem. § 433 II iVm § 447 I den Kaufpreis zahlen muss!

Verdeutlichen Sie sich den Unterschied zwischen Sachgefahr (Synonym = Leistungsgefahr) und Preisgefahr (= Gegenleistungsgefahr) sogleich in Übersicht 16:

---

239 Bei Interesse: *Wörlen/Kokemoor* ArbR Rn. 338 ff.

Übersicht 16

327

| **Sachgefahr und Preisgefahr** |

| **Sachgefahr** | **Preisgefahr** |
| = **Leistungsgefahr** | = **Gegenleistungsgefahr** |

Schuldnersicht:

Falls Leistungsgegenstand zufällig untergeht: Risiko, die Leistung noch erbringen zu müssen.

Schuldnersicht:

Falls Leistungsgegenstand zufällig untergeht: Risiko, die Gegenleistung, also den Preis für die Leistung, nicht zu erhalten.

Der Grundsatz des **§ 326 I 1** enthält eine **Gefahrtragungsregel:** Ist der Schuldner von seiner Leistungspflicht nach § 275 befreit, erhält er auch keine Gegenleistung.

Kurz gesagt: ohne Leistung keine Gegenleistung.

Der Schuldner trägt folglich die Gegenleistungs(Preis)gefahr.

Gläubigersicht:

Risiko, dass der Schuldner der Leistung bei zufälligem Untergang der Sache von der Leistungspflicht frei wird.

Die Leistungsgefahr geht vom Schuldner auf den Gläubiger über zB
- bei Unmöglichkeit einer Stückschuld (§ 275 I)
- bei Konkretisierung einer Gattungsschuld (§ 243 II)
- bei Gläubigerverzug (§ 300 II).

Gläubigersicht:

Risiko, die Gegenleistung erbringen zu müssen (den Preis zahlen zu müssen), ohne die Leistung zu erhalten.

Die Preisgefahr geht vom Schuldner auf den Gläubiger in folgenden Fällen über (= wesentliche Ausnahmen von § 326 I 1):
- § 326 II 1, 1. Var. (Verantwortlichkeit des Gläubigers)
- § 326 II 1, 2. Var. (Annahmeverzug)
- § 446 S. 1 (Übergabe der Kaufsache vor Übereignung)
- § 447 I (Versendungskauf)
- § 644 I (Abnahme des Werkes)
- § 644 II (Versendung des Werkes)
- § 645 (Verantwortlichkeit des Werkbestellers)
- § 615 (Annahmeverzug und Betriebsrisiko)

Beachte: Im BGB wird kein terminologischer Unterschied gemacht; dort ist nur von »Gefahr« die Rede. Das liegt daran, dass der Gesetzgeber damals den dahinterstehenden begrifflichen Unterschied selbst noch nicht klar erkannt hatte.

Faustregel: In den §§ 275, 243 und 300 II ist mit »Gefahr« die Sachgefahr (= Leistungsgefahr), in allen übrigen Vorschriften (ab den Regelungen der §§ 320 ff. – gegenseitige Verträge) grundsätzlich die Preisgefahr (= Gegenleistungsgefahr) gemeint.

cc) Sonderregelungen für den Verbrauchsgüterkauf

Mit dem Verbrauchsgüterkauf (§§ 474–479) brauchen Sie sich erst ausführlich zu be- **328**
fassen, wenn Sie das Besondere Schuldrecht studieren.[240]

Lesen Sie zur ersten Information aber einmal § 474 ganz durch! Sie werden gemerkt
haben, dass gem. § 474 IV die Vorschrift über den Versendungskauf (§ 447 I) nur
dann Anwendung findet, wenn der Käufer die zur Ausführung der Versendung bestimmte Person beauftragt und der Unternehmer (= Verkäufer) dem Käufer diese
Person nicht zuvor benannt hat. Im Fall des § 447 I wird, wie Sie eben gelernt haben,
der Zeitpunkt des Gefahrübergangs bei zufälligem Untergang der Kaufsache entgegen der Grundregel des § 446 (= Übergabe) vorverlegt, dh gem. § 447 I soll der
Käufer diese Gefahr bereits ab Absendung der Ware tragen.

Gemäß § 474 IV ist diese Vorverlegung des Gefahrübergangs auf den Verbrauchsgüterkauf in der Regel ausgeschlossen. Nur für die Sonderkonstellation, dass der
Verbraucher die Beförderung der Sache selbst organisiert, also den oder die möglichen Beförderer ohne Rückgriff auf einen Vorschlag des Unternehmers auswählt, ist
§ 447 I anwendbar.

Ist der Käufer, was überwiegend der Fall sein wird, Verbraucher, und bestellt er eine
bewegliche Sache bei einem Versandhaus, bleibt die Preisgefahr beim Verkäufer, dh
die Sache reist auf Gefahr des Unternehmers; es sei denn, der Käufer hat den Spediteur selbst ausgesucht und beauftragt. Das Risiko, den Preis bei zufälligem Untergang
der Sache nicht zu erhalten, verbleibt also grundsätzlich beim Unternehmer. Wird die
Kaufsache durch Zufall (= weder durch Verschulden des Unternehmers noch des
Verbrauchers) zerstört, muss der Verbraucher grundsätzlich den Kaufpreis nicht zahlen. Hat der Verbraucher den Spediteur dagegen selbst ausgesucht und beauftragt,
geht die Preisgefahr gem. § 474 IV iVm § 447 I mit Absendung der Ware auf den
Käufer über.

Dazu folgender Fall, dessen Lösung ich Ihnen in einem klausurmäßigen Gutachten[241]
vermitteln werde.

Übungsfall 19

Hausfrau Hulda Himmel (H) in Altstadt bestellte im Januar bei Weinhändler Wieland Weinmann
e.K. (W) in Bergdorf 60 Flaschen Rotwein der Marke »Thüringer Tränentropfen«. Vereinbart war ein
Gesamtpreis für die geordnete Menge Wein von 600 EUR (10 EUR pro Flasche), und W hatte die
Versendung zu besorgen sowie die dafür anfallenden Kosten zu tragen.

Als Anfang Februar der von Weinmann eingeschaltete Spediteur Siggi Speedy (S) die Ware H übergeben wollte, stellte man fest, dass alle Flaschen während des Transports geplatzt waren und der
Wein ausgelaufen war, obwohl W die Ware ordnungsgemäß verpackt an S ausgeliefert hatte.

W verlangt von H Bezahlung des Kaufpreises der 60 Flaschen Wein in Höhe von 600 EUR.

Zu Recht?

---

240 Vgl. *Wörlen/Metzler-Müller* SchuldR BT Rn. 96–134.
241 Vgl. dazu *Wörlen/Metzler-Müller* BGB AT Rn. 132 ff. und 195 ff.; *Metzler-Müller* PrivatRFall
    43 ff.

■ Versuchen Sie zunächst einmal selbst, den Fall in einem Gutachten zu lösen bzw. zumindest, eine Lösungsskizze/Gliederung anzufertigen, bevor Sie die folgende Lösung durchlesen (besser: durcharbeiten!).

▶ Lösung:

329 (I) Ein Anspruch des W gegen H auf Zahlung des Kaufpreises in Höhe von 600 EUR könnte sich aus § 433 II BGB ergeben.

(1) Voraussetzung ist ein gültiger Kaufvertrag zwischen W und H iSv § 433, dh, es müssten ein Angebot und dessen Annahme nach den §§ 145 ff. vorliegen.

Indem H im Januar 60 Flaschen Rotwein bei W bestellte, hat sie dem W ein Angebot gemacht, das dieser – nach Vereinbarung der Lieferungsmodalitäten (Versendung und deren Kostentragung durch W) – spätestens (konkludent) angenommen hat, als er dem Spediteur S den bestellten Wein übergeben hat.

Der Anspruch ist somit entstanden.

330 (2) Der Anspruch auf Kaufpreiszahlung (Gegenleistung) könnte jedoch gem. § 326 I 1 Hs. 1 erloschen sein, wenn W (als Schuldner) selbst nach § 275 I–III nicht zu leisten brauchte.

(a) Gemäß § 275 I ist der Anspruch auf Primärleistung ausgeschlossen, soweit diese (subjektiv oder objektiv) unmöglich ist.

(aa) Bei subjektiver Unmöglichkeit trägt der Schuldner allerdings gem. § 276 I 1 das Beschaffungsrisiko, wenn es sich bei der geschuldeten Sache um eine Gattungsschuld iSv § 243 I handelt.

(bb) Ob dies der Fall ist und ob der Schuldner bereits das seinerseits Erforderliche getan hat, damit sich die ursprünglich geschuldete Gattungsschuld iSv § 243 I (um die es sich bei der Bestellung der 60 Flaschen Wein zunächst handelte) gem. § 243 II zu einer Stückschuld konkretisiert, hängt davon ab, welche Art der Schuld bezüglich des Leistungsorts vereinbart wurde. Indem W sich verpflichtete, die Versendung der Ware zu besorgen und die dafür anfallenden Kosten zu tragen, haben die Parteien eine Schickschuld vereinbart. Dabei hat der Schuldner das seinerseits Erforderliche iSv § 243 II getan, wenn er die Ware ordnungsgemäß verpackt abgesendet bzw. einer zuverlässigen Transportperson übergeben hat. Indem W die Ware ordnungsgemäß verpackt an den »Spediteur S« (bei dem es sich tatsächlich um einen »Frachtführer« iSv § 407 I HGB handelt,[242] was aber für die Falllösung unerheblich ist) übergeben hat, hat er dies getan.

Somit hatte sich die Gattungsschuld zu diesem Zeitpunkt zu einer Stückschuld konkretisiert, sodass mit der Zerstörung der Weinflaschen nachträgliche objektive Unmöglichkeit eingetreten ist.

(b) Folglich ist die Primärleistungspflicht des W gem. § 275 I ausgeschlossen, sodass diese Voraussetzung des § 326 I 1 Hs. 1 erfüllt ist.

331 Danach ist der Anspruch auf Kaufpreiszahlung aus § 433 II des W entfallen.

---

242 Vgl. *Wörlen/Kokemoor* HandelsR Rn. 372.

(3) Dem könnte jedoch § 447 I entgegenstehen, der im Falle des zufälligen Untergangs vor Übergabe der Sache (vgl. § 446) das Preisrisiko, dh, das Risiko, den Kaufpreis zahlen zu müssen, ohne die Kaufsache zu erhalten, dem Käufer auferlegt.

Zufälliger Untergang bedeutet, dass die Sache weder durch Verschulden des Verkäufers noch des Käufers zerstört wurde. Da nicht ersichtlich ist, dass W oder H die Zerstörung der Weinflaschen iSv § 276 I und II zu vertreten haben, ist diese Voraussetzung grundsätzlich erfüllt. Somit wäre H entgegen der Regelung von § 326 I 1 Hs. 1 nach § 447 I zur Kaufpreiszahlung verpflichtet.

(II) Dabei bliebe aber unberücksichtigt, dass H Verbraucherin iSv § 13, während W als »e.K.« (vgl. § 19 HGB) Unternehmer nach § 14 ist. H hat den Kaufvertrag getätigt, ohne dass er ihrer gewerblichen oder selbstständigen beruflichen Tätigkeit zugerechnet werden kann, während W bei Abschluss des Kaufvertrags in Ausübung seiner gewerblichen Tätigkeit handelte.

Somit liegt hier ein Verbrauchsgüterkauf vor, für den die zwingenden Vorschriften **332** der §§ 474 ff. gelten.

(1) Gemäß § 474 IV findet § 447 I auf Verbrauchsgüterkaufverträge keine Anwendung, sofern nicht die Verbraucherin H die Beförderung der Sache selbst organisiert, also den oder die möglichen Beförderer ohne Rückgriff auf einen Vorschlag des Unternehmers W ausgewählt hat – was vorliegend nicht der Fall ist. Das bedeutet, dass es zugunsten des Verbrauchers bei der allgemeinen Gefahrtragungsregelung des § 446 verbleibt. Danach geht die Gefahr des zufälligen Untergangs erst nach Übergabe der Kaufsache auf den Käufer über. Da der H die Weinflaschen noch nicht übergeben worden waren, ist auch die Gefahr iSv § 446 noch nicht auf sie übergegangen.

(2) Mangels Anwendbarkeit des § 447 I verbleibt es daher bei dem Ergebnis, dass W gem. § 275 I von seiner Leistungspflicht frei geworden ist und sein Anspruch auf die Gegenleistung gem. § 326 I 1 Hs. 1 entfallen ist.

W kann somit von H nicht die Zahlung des Kaufpreises in Höhe von 600 EUR gem. § 433 II verlangen.

Für die Gegenleistung des Gläubigers (Käufer) können wir Folgendes zusammenfassen:

Übersicht 17

333

Gegenleistung des Gläubigers (Käufers) im Kaufvertrag bei Ausschluss der Leistungspflicht des Schuldners (Verkäufers)

1. **Voraussetzung**
   Ausschluss der Leistungspflicht nach § 275 I–III

2. **Grundsatz**
   Befreiung von der Gegenleistung gem. § 326 I 1

3. **Ausnahme**
   Versendungskauf, bei dem Käufer **nicht** Verbraucher (§ 13) ist → § 447 I:
   Verpflichtung zur Gegenleistung bleibt bestehen.

4. **Besonderheit: Verbrauchsgüterkauf**
   (»Ausnahme von der Ausnahme«)

   §§ 474 ff.:   Käufer = Verbraucher (§ 13)
                   Verkäufer = Unternehmer (§ 14)

   →   § 447 I gilt nur bei in § 474 IV genannter Sonderkonstellation!
       Dh: Käufer wird grundsätzlich nach § 326 I 1 von der Gegenleistungspflicht befreit; es sei
       denn, er hat den Spediteur selbst ausgesucht und beauftragt.

Literatur zur Vertiefung (→ Rn. 254–333): *Ackermann*, Schadensersatz statt der Leistung: Grundlagen und Grenzen, JuS 2012, 865; *Alpmann und Schmidt* SchuldR AT 1 3. Teil 2. Abschn.; *Althammer*, Zur Problematik der Selbstbindung des Leistungsgläubigers nach Fristablauf, NJW 2006, 1179; *Annus*, Die Folgen des Rücktritts, JuS 2006, 184; *Brade*, Die beiderseits zu vertretende Unmöglichkeit, JA 2013, 413; *Bernhard*, Das grobe Missverhältnis in § 275 Abs. 2 BGB, JURA 2006, 801; *Brox/Walker* SchuldR AT § 22; *Canaris*, Die Bedeutung des Übergangs der Gegenleistungsgefahr im Rahmen von § 243 Abs. 2 BGB und § 275 Abs. 2 BGB, JuS 2007, 793; *Coester-Waltjen*, Verzögerungsgefahr, Sachgefahr, Leistungsgefahr, JURA 2006, 829; *Coester-Waltjen*, Die Gegenleistungsgefahr, JURA 2007, 110; *Däubler* BGB kompakt Kap. 16, 4; § 3; *Esser/Schmidt* SchuldR AT II § 22; *Fikentscher/Heinemann* SchuldR § 43; *Grunewald* BürgerlR § 12; *Gsell*, Das Verhältnis von Rücktritt und Schadensersatz, JZ 2004, 643; *Hirsch* SchuldR AT §§ 26-28; *Hirsch*, Zufälliges Unmöglichwerden während des Schuldnerverzuges (§ 287 S. 2 BGB), JURA 2003, 42; *Hirsch*, Schadensersatz statt der Leistung, JURA 2003, 289; *Kohler*, Probleme der verschuldensunabhängigen Schadensersatzhaftung gemäß § 311a Abs. 2 BGB, JURA 2006, 241; *Larenz* SchuldR AT §§ 8, 21, 22; *Looschelders* SchuldR AT §§ 21, 27, 28, 35; *Looschelders*, Unmöglichkeit und Schadensersatz statt der Leistung, JuS 2010, 849; *S. Lorenz*, Pflichtverletzung, JuS 2007, 213; *Löwisch*, Herausgabe von Ersatzverdienst, NJW 2003, 2049; *Medicus/Lorenz* SchuldR AT Rn. 412 ff.; *Meier*, Neues Leistungsstörungsrecht: Nachträgliche Unmöglichkeit und nachträgliches Unvermögen in der Fallbearbeitung, JURA 2002, 118; *Meier*, Neues Leistungsstörungsrecht: Anfängliche Leistungshindernisse, Gattungsschuld und Nichtleistung trotz Möglichkeit, JURA 2002, 187; *Metzler-Müller* PrivatRFall Fall 6, Fall 7; *Musielak/Hau* GK BGB § 6 III; *Otto*, Die Grundstrukturen des neuen Leistungsstörungsrechts, JURA 2002, 1; *Perkams*, Die Haftung des Rücktrittsberechtigten im neuen Schuldrecht, JURA 2003, 150; *Reichenbach*, Das Tatbestandsmerkmal der Pflichtverletzung im neuen Leistungsstörungsrecht, JURA 2003, 512; *Reischl*, Grundfälle zum neuen Schuldrecht, JuS 2003, 453; *Schade/Graewe* WirtschaftsPrivR Rn. 227 ff.; *Schulze/Ebers*, Streitfragen im neuen Schuldrecht, JuS 2004, 265; *Schwarze*, Unmöglichkeit, Unvermögen und ähnliche Leistungshindernisse im neuen Leistungsstörungsrecht, JURA 2002, 73; *Skamel*, Die angemessene Frist zur Leistung oder Nacherfüllung, JuS 2010, 671; *Stoppel*, Die beiderseits zu vertretende Unmöglichkeit nach neuem Schuldrecht, JURA 2003, 224; *Stürner*, »Faktische Unmöglichkeit« (§ 275 II BGB) und Störung der Geschäftsgrundlage (§ 313 BGB) – unmöglich abzugrenzen?, JURA 2010, 721; *Sutschet*, Haftung für anfängliches Unvermögen, NJW 2005, 1404; *Wieser*, Schuldrechtsreform – Die Unmöglichkeit der Leistung nach neuem Recht, MDR 2002, 258; *Wieser*, Gleichzeitige Klage auf Leistung und Schadensersatz aus § 281 BGB, NJW 2003, 2432; *Wilhelm*, Die Pflichtverletzung nach dem neuen Schuldrecht, JZ 2004, 1055

Anmerkung:
Eine Vielzahl von Aufsätzen zum neuen Schuldrecht, die uns die Schuldrechtsreform zum 1.1.2002 beschert hat, enthält alle Arten der »Pflichtverletzung«. Um einige Wiederholungen zu vermeiden, verweise ich auf die »Literatur zur Vertiefung« vor → Rn. 243 und zu → Rn. 253.

VI. Schlechterfüllung

1. Begriff

Im »Überblick« zu diesem Kapitel hatten wir die Leistungsstörungen in drei große **334** Gruppen unterteilt.

▮ Mit welchen Oberbegriffen wurden diese Gruppen bezeichnet? (Überlegen Sie!)

▶ Zu der ersten Gruppe gehört der Verzug, zur zweiten Gruppe die Unmöglichkeit! Die entsprechenden Leistungsstörungsgruppen hatten wir mit **Späterfüllung** und **Nichterfüllung** bezeichnet und von der dritten Gruppe, der **Schlechterfüllung**, abgegrenzt.

▮ Dabei wurde bereits erwähnt, dass die Schlechterfüllung in zwei grundsätzlichen Formen geschehen kann. Wissen Sie noch, welche Formen dies sind?

▶ Zum einen kann der **Leistungsgegenstand selbst** einen **Mangel** aufweisen, zum anderen können durch die Schlechterfüllung **Schäden an anderen Rechtsgütern des Gläubigers** als an dem Leistungsgegenstand auftreten.

Weist der Leistungsgegenstand (oder die Leistung) selbst einen Mangel auf, gibt es für **335** einige besondere Schuldverhältnisse, wie zB Kauf-, Miet- und Werkvertrag – auch nach der Vereinheitlichung des Leistungsstörungsrechts mit der Einführung des allgemeinen Pflichtverletzungstatbestandes (→ Rn. 185 ff.) – spezielle Regelungen für die Rechtsfolgen der Schlechterfüllung. Darauf wird hier nur andeutungsweise[243] eingegangen.

Soweit das jeweilige besondere Schuldverhältnis (wie zB der Dienst- bzw. Arbeitsvertrag iSv §§ 611 ff. oder der Auftrag iSv §§ 662 ff.[244]) keine Regelungen enthält, ergibt sich der durch die Mangelhaftigkeit der Leistung (Pflichtverletzung) unmittelbar entstehende Schadensersatzanspruch aus den §§ 280 I und III, 281 I 1 Hs. 1, 2. Var.: »**oder** nicht wie geschuldet erbringt«.

Nach dem Wortlaut von § 280 I (iVm § 249) würde der Gläubiger bei jeder Pflicht- **336** verletzung durch den Schuldner grundsätzlich seinen gesamten Schaden ersetzt bekommen. Das wäre bei einer Schlechterfüllung, bei der die Leistung ja tatsächlich (und auch pünktlich) erbracht wurde, für den Schuldner eine unangemessene »Sanktion«, da ihm so die Möglichkeit genommen würde, die Schlechterfüllung zu beheben. Daher gibt zB das Kaufrecht dem Verkäufer die Möglichkeit zur Nacherfüllung

---

243 Ausführlicher *Wörlen/Metzler-Müller* SchuldR BT Rn. 14 ff. (Kaufvertrag), 173 ff. (Mietvertrag), 282 ff. (Werkvertrag).

244 **Um zu erfahren, wovon hier die Rede ist, lesen Sie zur ersten Information nur § 611 und § 662.**

durch Beseitigung des Mangels oder der Lieferung einer mangelfreien Sache (§ 439 I).[245]

Schäden, die durch eine Schlechtleistung, sei es durch Pflichtverletzung in Form der Lieferung einer mangelhaften Sache, sei es durch die Verletzung von nicht leistungsbezogenen Nebenpflichten iSv § 241 II **an anderen Rechtsgütern des Gläubigers** entstehen, werden nach § 280 I ersetzt.

2. »Einfacher Schadensersatz« (§ 280 I)

337 Von § 280 I wird **jede** Pflichtverletzung erfasst, also auch die in Form der Schlechterfüllung. Sofern keine »zusätzlichen Voraussetzungen« nach § 280 III iVm § 281 oder § 282 erfüllt sind, ist bei der Schlechterfüllung einfacher Schadensersatz zu leisten.

> **Beispiele:**
> (1) Der mit dem Streichen der Wände beauftragte Malermeister Viktor Klecksel (V) hat den Teppichboden in der Wohnung seines Kunden Kurt Kummer (K) nicht sorgfältig abgedeckt und hinterlässt auf diesem Farbkleckse.
> (2) Kasimir Maunz (K) ist Katzenliebhaber und kauft sich seine 17. Katze. Infolge leichter Fahrlässigkeit hat der Verkäufer, Rentner Viktor Raunz (V), eine ansteckende Seuche bei der übereigneten Katze nicht bemerkt. Sämtliche 16 anderen Katzen des K gehen ein, während Kätzchen Nr. 17 wieder gesund wird und überlebt.
> (3) Bürobedarfshändler Volker Vogt (V) liefert vereinbarungsgemäß an Karl Kaufmann (K) ein großes Fotokopiergerät, das dieser bei V gekauft hat. Beim Aufstellen des Geräts verhalten sich die Mitarbeiter von V so ungeschickt, dass dieses auf den Fuß des K abrutscht. K bricht sich einen Zeh, was Arztkosten verursacht (vgl. auch Übungsfall 8, vor → Rn. 146, dessen zweite Frage noch nicht beantwortet wurde).

In allen drei Beispielen ist dem Gläubiger K ein **Schaden an anderen Rechtsgütern** als dem Leistungsgegenstand entstanden. In allen Fällen erbringt der Schuldner V seine vertraglich geschuldete Leistung: Maler U mit dem Streichen der Wohnung (Werkvertrag iSv § 631); Rentner V liefert zwar eine mangelhafte »Kaufsache«, aber bevor K an Gewährleistungsansprüche nach §§ 437 ff.[246] denken kann, ist die Sache wieder intakt (die Katze Nr. 17 ist gesund); die Firma V hat pünktlich geliefert, aber bei der Lieferung begehen ihre Mitarbeiter, was V sich über § 278 (Einzelheiten dazu → Rn. 397 ff.) zurechnen lassen muss, eine Sorgfaltspflichtverletzung iSv § 241 II.

■ Überprüfen Sie, ob K (in allen Fällen) Schadensersatz nach § 280 I und in welchem Umfang (Vorschriften angeben) verlangen kann! Decken Sie die folgende Antwort zunächst ab und machen Sie sich eine Lösungsskizze! Blättern Sie gegebenenfalls zum Prüfschema unter → Rn. 189 zurück.

338 ▶ Die **Voraussetzungen für einen einfachen Schadensersatz** des K gegen V **aus § 280 I wegen Schlechtleistung** sind:

(1) Wirksames Schuldverhältnis (§ 280 I 1)
(2) Pflichtverletzung (gegebenenfalls iSv § 241 II) durch den Schuldner (§ 280 I 1) in Form von Schlechtleistung
(3) Vertretenmüssen (§ 280 I 2 iVm § 276 oder § 278)
(4) »Hierdurch« Schaden beim Gläubiger (§ 280 I 1)

---

245 Ausführlicher: *Wörlen/Metzler-Müller* SchuldR BT Rn. 22 ff.
246 Dazu *Wörlen/Metzler-Müller* SchuldR BT Rn. 14 ff.

Auf die Beispiele (→ Rn. 337) bezogen bedeutet dies:

Beispiel 1: Malermeister V
(1) Werkvertrag gem. § 631
(2) Beschädigung des Eigentums von K
(3) V hat nicht sorgfältig gearbeitet, also fahrlässig (§ 276 II) gehandelt
(4) Farbkleckse (Flecken) auf dem Teppich des K

Beispiel 2: Rentner V
(1) Kaufvertrag gem. § 433
(2) Lieferung mangelhafter »Kaufsache«
(3) V handelte leicht fahrlässig (§ 276 II)
(4) Kaufsache ist nicht mehr mangelhaft, aber andere Rechtsgüter sind verletzt (16 Katzen sind tot) – Mangelfolgeschaden

Beispiel 3: Bürobedarfshändler V
(1) Kaufvertrag gem. § 433
(2) Gesundheits-/Körperverletzung des K
(3) Kein eigenes Verschulden (§ 276) des V, aber Verschulden (»ungeschickt«) seiner Mitarbeiter (Erfüllungsgehilfen), für das V über § 278 haftet
(4) Arztkosten

Rechtsfolgen:
Einfacher Schadensersatz gem. § 280 I iVm §§ 249 ff.
In **Beispiel 1** richtet sich der Umfang des Schadenersatzes für den **beschädigten** Teppich nach § 249 I (Beseitigung der Flecken) oder nach § 249 II 1 (Zahlung des zur Fleckenbeseitigung erforderlichen Geldbetrags).
In **Beispiel 2** gilt für die »zerstörten« Katzen § 251 I: K kann den Wert der Katzen in Geld verlangen.
In **Beispiel 3** sind die Arztkosten für die Verletzung des K über § 249 II 1 zu ersetzen.[247]

Im Fall der Schlechterfüllung kann der Gläubiger **Schadensersatz statt der Leistung** gem. §§ 280 I und III, 281 I 1 dagegen nur verlangen »soweit« der Schuldner die Leistung »nicht wie geschuldet erbringt« (sog. »**kleiner Schadensersatzanspruch**«). 339

Schadensersatz statt der **ganzen** Leistung kann der Gläubiger nur unter den besonderen Voraussetzungen von § 281 I 3 verlangen, dh die **Pflichtverletzung** des Schuldners darf **nicht unerheblich** gewesen sein (sog. »**großer Schadensersatzanspruch**«).

Schadensersatz statt der Leistung kann der Gläubiger unter den Voraussetzungen des § 280 I außerdem verlangen, wenn der Schuldner eine Pflicht aus § 241 II verletzt hat und dem Gläubiger die Leistung durch den Schuldner nicht mehr zumutbar ist (§ 282) → Rn. 260.

---

247 In Übungsfall 8 (vor → Rn. 146) kann K von V Schadensersatz gem. § 280 I verlangen. Kein eigenes Verschulden (§ 276) des V, aber Verschulden (»Unachtsamkeit«) seiner Mitarbeiter (Erfüllungsgehilfen), für das V über § 278 haftet.

3. »Kleiner Schadensersatz« (§ 281 I 1)

Übungsfall 20

Gastwirt Karl Kauz (K) bestellt beim Weinhändler Volker Vogt (V) 100 Flaschen Wein »Oberdollendorfer Tränenberg, Riesling, Kabinett« zum Preis von 5 EUR pro Flasche. V liefert pünktlich. Als K die vielen Kartons mühsam geöffnet hat, findet er eine Rechnung über 500 EUR, aber nur 90 Flaschen Wein, weil V sich verzählt hat.

K verlangt Nachlieferung binnen einer Woche. Nichts geschieht. K möchte Schadensersatz! Welchen Anspruch hat K gegen V?

---

340 K könnte Schadensersatz »statt der Leistung« nach § 280 I und III iVm § 281 I 1, 2. Var. verlangen.

Unter welchen **Voraussetzungen** dies möglich ist, verdeutlicht folgendes Prüfungsschema:

(1) Wirksames Schuldverhältnis (§ 280 I 1),
(2) Pflichtverletzung durch Schlechtleistung (»nicht wie geschuldet« – § 281 I 1, 2. Var.),
(3) (a) Angemessene und erfolglose Fristsetzung (§ 281 I 1), falls nicht entbehrlich (§ 281 II) **oder**
    (b) Abmahnung (§ 281 III),
(4) Vertretenmüssen (§ 280 I 2 iVm § 276 oder § 278) und
(5) Schaden beim Gläubiger.

Wenden wir dieses Prüfungsschema nun auf Übungsfall 20 an:

(1) Indem K bei V 100 Flaschen Wein bestellte und V lieferte, ist zwischen K und V (der das Angebot des K zumindest konkludent angenommen hat) ein Kaufvertrag iSv § 433 zustande gekommen. Somit liegt ein wirksames Schuldverhältnis vor.
(2) Da V nur 90 statt 100 Flaschen Wein lieferte, hat er seine Leistung nicht wie geschuldet erbracht (= Schlechtleistung iSv § 281 I 1, 2. Var.) und somit eine Pflichtverletzung iSv § 280 I 1 begangen.
(3) K hat Nachlieferung von 10 Flaschen Wein innerhalb einer Woche verlangt und somit eine angemessene Frist nach § 281 I 1 gesetzt, was erfolglos blieb.
(4) Da V sich »verzählt« hatte, hat er fahrlässig iSv § 276 II gehandelt und diese Pflichtverletzung gem. § 280 I 2 iVm § 276 I zu vertreten.
(5) K hat auch einen Schaden, da er 500 EUR bezahlt und nur einen Gegenwert von 450 EUR bekommen hat.

Rechtsfolge ist, dass K gem. §§ 280 I, III, 281 I 1, 2. Var. iVm § 249 I Schadensersatz statt der Leistung in Form von 10 Flaschen Wein oder – falls V diese Sorte nicht mehr auf Lager haben sollte – 50 EUR (§ 251 I) verlangen kann.[248]

»Schadensersatz statt der Leistung« (kleiner Schadensersatz) bedeutet also, dass der Gläubiger, wie in Fall 20, bei Lieferung einer nicht vollständigen Leistung als Schadensersatz den Teil der Leistung (oder des Wertes) verlangen kann, der nicht wie ursprünglich geschuldet erbracht wurde.

---

248 Es ist auch eine Lösung über § 437 Nr. 3, 1. Var. iVm §§ 280 I, III und 281 I 1, 2. Var. wegen Lieferung einer geringeren Menge (= Sachmangel iSv § 434 III) möglich. Mehr dazu in *Wörlen/Metzler-Müller* SchuldR BT Rn. 51 ff.

Gleiches gilt, wenn die geleistete Sache einen Sachmangel aufweist, der behebbar ist. **341**

Ist zum Beispiel bei einem Pkw nur die Navigationsanlage beschädigt, kann der Gläubiger als Schadensersatz statt der Leistung grundsätzlich nach (§ 437 Nr. 1 iVm) §§ 280 I, III, 281 I 1, 2. Var. nur die Ersatzbeschaffungskosten für das defekte Navigationsgerät beanspruchen.

4. »Großer Schadensersatz« (§ 281 I 2 und 3)

Der kleine Schadensersatz wird den Interessen des Gläubigers nicht in allen Fällen **342** der Schlechterfüllung gerecht. Der Gläubiger muss dann auch die Möglichkeit haben, Schadensersatz statt der **ganzen** Leistung zu verlangen. Die Anforderungen hierfür müssen aber höher sein, da die Belastung des Schuldners durch die gesteigerte Schadensersatzverpflichtung beim großen Schadensersatz höher ist und dieser zum Scheitern des gesamten Vertrags führt.

Für den großen Schadensersatz müssen daher strengere Voraussetzungen erfüllt sein. Er kann nur dann verlangt werden, wenn der Gläubiger bei einer Teilleistung an dieser kein Interesse hat (§ 281 I 2) oder wenn die Schlechterfüllung auf einer **erheblichen** Pflichtverletzung des Schuldners beruht (§ 281 I 3 – lesen!).

Der Gläubiger (hier: K) kann somit Schadensersatz statt der **ganzen** Leistung (= großer Schadensersatz) nach den §§ 280 I und III (lesen), 281 I 2 oder S. 3 (lesen!) unter folgenden Voraussetzungen verlangen:

(1) Wirksames Schuldverhältnis (§ 280 I 1)
(2) Pflichtverletzung (§ 280 I 1)
    (a) Teilleistung (§ 281 I 2) oder
    (b) Schlechtleistung (§ 281 I 1, 2. Var.: »Leistung nicht wie geschuldet«)
(3) Erfolglose Fristsetzung (§ 281 I 1) oder Abmahnung (§ 281 III), falls nicht nach § 281 II entbehrlich (beim Kaufvertrag nach § 440 bzw. beim Werkvertrag nach § 636)
(4) (a) Kein Interesse des Gläubigers an der Teilleistung (§ 281 I 2)
    (b) Erheblichkeit der Pflichtverletzung (§ 281 I 3)
(5) Vertretenmüssen (§ 280 I 2 iVm § 276 oder § 278) und
(6) Schaden beim Gläubiger.

> **Beispiele:**
> (1) Die Voraussetzung, dass der Gläubiger kein Interesse an der Teilleistung hat, ist gegeben, wenn er an dem eingeschränkten Leistungsaustausch nicht interessiert ist, etwa weil es günstiger ist, einen neuen Vertrag zu schließen, wenn bei Bestellung einer EDV-Anlage die auf den Zweck des Bestellers zugeschnittene Software ausbleibt.[249]
> (2) K kauft aus einem Sonderangebot bei V das letzte Set mit sechs zusammengehörenden Designerlampen. Wenn eine dieser Lampen einen unbehebbaren Mangel aufweist, kann K das ganze Set zurückgeben und als Schadensersatz statt der ganzen Leistung von V die (gegebenenfalls höheren) Kosten einer Ersatzbeschaffung bei einem anderen Verkäufer verlangen.[250]

Wenn Sie von → Rn. 337 bis hierhin sehr aufmerksam gelesen haben, werden Sie gemerkt haben, dass die Prüfungsschemata für die verschiedenen Schadensersatzansprüche teilweise sehr ähnlich sind. Die Haftungsvoraussetzungen werden aber entsprechend dem Umfang der Haftung jeweils um eine Voraussetzung (gegebenenfalls mit einer Variante) erweitert. Die folgende Gegenüberstellung (Übersicht 18) soll dies verdeutlichen:

---

249 Vgl. Palandt/*Grüneberg* § 281 Rn. 38.
250 *Brox/Walker* SchuldR AT § 22 Rn. 62.

343   Übersicht 18

Leistungsstörungen

	A	Schadensersatz bei Schlechtleistung	
		B	C
Anspruchsgrundlagen	»Einfacher« Schadensersatz (= **neben** der Leistung) → § 280 I	Schadensersatz **statt** der Leistung → §§ 280 I und III, 281 I 1, 2. Var.	Schadensersatz **statt der ganzen** Leistung → §§ 280 I und III, 281 I 2 oder 3

Voraussetzungen	1. Wirksames Schuldverhältnis (§ 280 I 1)
	2. Pflichtverletzung (auch: § 241 II) durch Schlechtleistung, die den anderes Rechtsgut als den Leistungsgegenstand betrifft
	3. Vertretenmüssen (§ 280 I 2 iVm § 276 oder mit § 278)
	4. Schaden beim Gläubiger
		1. Wirksames Schuldverhältnis (§ 280 I 1)
		2. Pflichtverletzung durch Schlechtleistung (»nicht wie geschuldet« – § 281 I 1, 2. Var.)
		3. a) Angemessene und erfolglose Fristsetzung (§ 281 I 1), falls nicht entbehrlich (§ 281 II) **oder**
		   b) Abmahnung (§ 281 III)
		4. Vertretenmüssen (§ 280 I 2 iVm § 276 oder mit § 278)
		5. Schaden beim Gläubiger
			1. Wirksames Schuldverhältnis (§ 280 I 1)
			2. Pflichtverletzung
			   a) Pflichtverletzung durch Schlechtleistung (»nicht wie geschuldet« – § 281 I 1, 2. Var.) **oder**
			   b) durch Teilleistung (§ 281 I 2)
			3. a) Angemessene und erfolglose Fristsetzung (§ 281 I 1), falls nicht entbehrlich (§ 281 II) **oder**
			   b) Abmahnung (§ 281 III)
			4. a) Erheblichkeit der Pflichtverletzung (§ 281 I 3) **oder**
			   b) Kein Interesse des Gläubigers an der Teilleistung (§ 281 I 2)
			5. Vertretenmüssen (§ 280 I 2 iVm § 276 oder mit § 278)
			6. Schaden beim Gläubiger

	A	B	C
Rechtsfolge	»**Einfacher**« Schadensersatz (neben der Leistung – s. oben) Umfang: §§ 249 ff. (= »**Mangelfolgeschaden**«)	»**Kleiner Schadensersatz**« statt der Leistung (»**soweit**« nicht wie geschuldet erbracht – s. oben) • Umfang: §§ 249 ff. (= »**Mangelschaden**«) • Sonderregelungen: – § 437 ⎫ – § 634 ⎬ verweisen auf §§ 280 ff. – § 536a ⎭	»**Großer Schadensersatz**« statt der ganzen Leistung (s. oben) Umfang: §§ 249 ff.

5. Schadensersatz statt der Leistung wegen Pflichtverletzung nach § 241 II (§ 282)

344 Sorgfalts- bzw. Schutzpflichten (Verhaltenspflichten) können unter Umständen eine solche Intensität erreichen, dass dem Gläubiger das Festhalten am Vertrag trotz im Übrigen mangelfreier Leistung nicht mehr zuzumuten ist. In diesem Fall kann der Gläubiger Schadensersatz statt der Leistung unter den Voraussetzungen des § 280 I und III iVm § 282 verlangen.

a) Voraussetzungen

aa) Wirksames Schuldverhältnis

345 Diese Voraussetzung ergibt sich, wie gehabt, aus § 280 I 1.

bb) Pflichtverletzung nach § 241 II

Der Schuldner muss gem. § 282 die Pflicht verletzt haben, auf die Rechte, Rechtsgüter und Interessen des Gläubigers Rücksicht zu nehmen (§ 241 II).

> **Beispiel:**[251] Malermeister V (→ Rn. 337) hat nicht nur Farbkleckse auf dem Teppich des K hinterlassen, sondern mehrfach wertvolle antike Möbel des K bei Ausführung seiner Malerarbeiten beschädigt. K möchte daher die Arbeiten von einem anderen Maler fertig stellen lassen und dem V die Mehrkosten in Rechnung stellen.

cc) Vertretenmüssen

Hier gilt wiederum das Gleiche wie bei den bisher genannten Schadensersatzansprüchen bei Schlechtleistung, dh, es ist § 280 I 2 sowie § 276 und gegebenenfalls § 278 zu prüfen.

dd) Unzumutbarkeit der Schuldnerleistung für den Gläubiger

346 Unzumutbarkeit setzt in der Regel voraus, dass der Schuldner abgemahnt worden ist, obwohl sich dies aus dem Wortlaut des § 282 nicht ergibt. Dies wird aus dem Rechtsgedanken des § 281 II, 2. Var. hergeleitet,[252] wonach besondere Umstände vorliegen müssen, die unter Abwägung der beiderseitigen Interessen die sofortige Geltendmachung des Schadensersatzanspruchs rechtfertigen.

Die Abmahnung ist daher nur bei besonders groben Pflichtverletzungen entbehrlich,[253] zB wenn eine schwere Beleidigung des Gläubigers durch den Schuldner oder eine andere Straftat des Schuldners gegenüber dem Gläubiger vorliegt. Eine Fristsetzung ist dagegen nicht erforderlich, da es auf die vertragsmäßige (Haupt-)Leistung des Schuldners, die der Gläubiger im Wege der Fristsetzung verlangen könnte, nicht ankommt.[254]

Da im vorgenannten Beispielsfall Malermeister V bereits mehrfach Möbel des K beschädigt hat, ist von einem Überschreiten der Zumutbarkeitsgrenze auszugehen.[255]

ee) Schaden beim Gläubiger

Hierbei handelt es sich zunächst um denselben Schaden, den der Gläubiger im Rahmen eines »einfachen« Schadensersatzes nach § 280 I iVm § 241 II **neben** der Leistung geltend machen kann. Hinzu kommt aber, dass dem Gläubiger die Leistung des Schuldners unzumutbar ist und er nun für die Leistung von einem neuen Vertrags-

---

251 Vgl. *Brox/Walker* SchuldR AT § 25 Rn. 1.
252 Palandt/*Grüneberg* § 282 Rn. 4.
253 BeckOK BGB/*Unberath* § 282 Rn. 3.
254 *Brox/Walker* SchuldR AT § 25 Rn. 7.
255 *Brox/Walker* SchuldR AT § 25 Rn. 5.

partner mehr bezahlen muss. Dieser Schaden würde durch den Schadensersatz neben der Leistung nicht mehr gedeckt.

b) Rechtsfolgen

Bei Vorliegen der Voraussetzungen von § 280 I und III iVm § 282 kann der Gläubiger **347** Schadensersatz **statt der Leistung** verlangen. Sobald der Gläubiger dies getan hat, ist der Anspruch auf die Leistung gem. § 281 IV ausgeschlossen. In diesem Fall ist (iVm §§ 249 ff.) sein positives Interesse zu ersetzen, dh der Gläubiger ist so zu stellen, wie er ohne die Pflichtverletzung bei ordnungsgemäßer Vertragserfüllung gestanden hätte.[256] Somit kann B im Malerbeispiel nicht nur Ersatz für den beschädigten Teppich und die beschädigten Möbel, sondern auch für die angefallenen Mehrkosten verlangen.

Somit gilt folgende **Prüfungsreihenfolge** für diesen Schadensersatzanspruch:

Prüfschema   **348**

**Schadensersatz statt der Leistung wegen
Verletzung einer Pflicht aus § 241 II
gem. § 280 I und III iVm § 282**

I. **Voraussetzungen:**
1. Wirksames Schuldverhältnis (§ 280 I 1)
2. Pflichtverletzung nach § 241 II (§ 282 Hs. 1)
3. Vertretenmüssen (§ 280 I 2 iVm § 276 oder § 278)
4. Unzumutbarkeit der Schuldnerleistung für den Gläubiger (§ 282 Hs. 2)
5. Schaden beim Gläubiger (§ 280 I 1)

II. **Rechtsfolge:**
- Schadensersatz »statt der Leistung«
- Umfang: §§ 249 ff. = Erfüllungsinteresse/positives Interesse.

---

6. Besondere Regelungen für gegenseitige Verträge

Die Vereinheitlichung des Pflichtverletzungstatbestands, der sowohl die Nichtleistung **349** (Nichterfüllung), die Verzögerung der Leistung (Verzug) und die Schlechtleistung (Schlechterfüllung) erfasst, hat dazu geführt, dass nicht nur im Falle der Nichtleistung (→ Rn. 295 ff.) und der Verzögerung der Leistung (→ Rn. 231 ff.), sondern auch bei der Schlechtleistung besondere Regelungen für gegenseitige Verträge zu beachten sind.

Für die Schlechterfüllung gilt hier zunächst § 323, der nicht nur die Nichterbringung einer fälligen Leistung, sondern auch die »nicht vertragsgemäße« Leistungserbringung erfasst (§ 323 I – nochmals lesen) und dem Gläubiger auch in diesem Fall neben dem Schadensersatzanspruch (vgl. § 325!) ein Rücktrittsrecht gibt. Dieses kann der Gläubiger jedoch nur ausüben, wenn in der Schlechterfüllung eine **erhebliche** Pflichtverletzung zu sehen ist (§ 323 V 2 – lesen!). Andernfalls ist er auf die Schadensersatzansprüche angewiesen, die sich aus § 280 I und III mit den Verweisungen auf § 281 und § 282 ergeben (vgl. soeben → Rn. 337–348).

---

256 HK-BGB/*Schulze* § 282 Rn. 4 und § 281 Rn. 11.

350 Unabhängig davon kann der Gläubiger gem. § 324 (lesen!) vom Vertrag zurücktreten, wenn die Schlechterfüllung nicht in einer leistungsbezogenen Pflichtverletzung (wie im Fall 20 vor → Rn. 340) liegt, sondern in der Verletzung einer nicht leistungsbezogenen Nebenpflicht aus § 241 II und dem Gläubiger ein Festhalten am Vertrag nicht mehr zuzumuten ist.

a) Rücktritt bei Schlechterfüllung gem. § 323 I Hs. 1, 2. Var.

351

Übungsfall 21

Rentner Kuno Köster (K) hat lange gespart, um sich seinen Traum zu erfüllen und kauft sich beim Vertragshändler Vinzenz Vogt (V) ein Coupé 630 GT einer deutschen Nobelautomarke mit allem modernen Schnickschnack, der das Rentnerleben erleichtern soll, unter anderem Navigationsanlage, Klimaanlage und zusätzlich ein elektrisches Glasschiebedach. K gibt in den Navigator ein, dass er nach Österreich an den Wolfgangsee fahren möchte. Da strahlend warmes Sonnenwetter ist, drückt er auf einen der vielen Knöpfe, um das Schiebedach zu öffnen, aber nichts bewegt sich! Schwitzend stellt K die Klimaanlage auf Kühlung, doch der Temperaturanzeiger bleibt bei 30° Celsius (+) stehen. Als K schließlich seine Alpenpanoramafahrt beendet hat, befindet er sich dank des Navigators vor dem Ortsschild »Davos Wolfgang« in der Schweiz! Viel Alpen, aber kein See! K ist völlig »fertig« und will mit dem Luxuscoupé und V nichts mehr zu tun haben.

Welche Ansprüche und Rechte hat K gegen V?

Anmerkung:

Bei den Mängeln des Autos handelt es sich um Sachmängel der Kaufsache iSv § 434, für die § 437 Nr. 3 unter anderem auf die Anwendung von §§ 280, 281 verweist. Mit den Besonderheiten der kaufrechtlichen Mängelhaftung befassen wir uns erst im Besonderen Schuldrecht (vgl. *Wörlen/ Metzler-Müller* SchuldR BT Rn. 14 ff.). Sonderregelungen für den Verbrauchsgüterkauf (§§ 474 ff.) sind für diesen Fall ohne Bedeutung.

Wenn Sie sich an das Prüfungsschema zu §§ 280 I und III, 281 I 1 (→ Rn. 224) und die Lösung zu Fall 20 erinnern, wissen Sie, dass K jedenfalls den »kleinen Schadensersatz« für die defekten Teile (Navigationsanlage, Klimaanlage und Schiebedach) verlangen kann.

■ Was will aber K von V?

▶ Offensichtlich möchte er Schadensersatz statt der ganzen Leistung und vom Vertrag zurücktreten!

352 Den großen Schadensersatz statt der ganzen Leistung kann er nur unter den besonderen Voraussetzungen der §§ 280 I und III, 281 I 3 (→ Rn. 342 ff.) iVm § 249 verlangen, dh die Pflichtverletzung des Verkäufers V muss **erheblich** gewesen sein.

Es ist davon auszugehen, dass es eine erhebliche Pflichtverletzung des V darstellt, wenn er als Autohändler nicht überprüft, ob der Neuwagen voll funktionsfähig ist, oder nicht merkt, dass die hier genannten technischen Extras defekt sind. Anders wäre zu entscheiden, wenn lediglich das Autoradio defekt gewesen wäre.[257]

Nach den genannten Vorschriften könnte K dann den gesamten Schaden, der ihm entstanden ist, verlangen, wobei eine Fristsetzung zur Leistung bzw. Nacherfüllung gem. § 281 II (lesen) wegen »besonderer Umstände« entbehrlich wäre. Besondere Umstände, welche nach Interessenabwägung die sofortige Geltendmachung des Schadenersatz-

---

257 Palandt/*Grüneberg* § 281 Rn. 47, § 323 Rn. 32 unter Hinweis auf OLG Düsseldorf ZGS 2007, 157.

anspruches rechtfertigen, können insbesondere erhebliche Pflichtverletzungen seitens des Schuldners sein, die das Vertrauen des Gläubigers derart erschüttern, dass ihm ein Festhalten am Vertrag unzumutbar erscheinen muss.[258] Dies kann man in unserem Fall ebenso annehmen wie der BGH es in dem Fall angenommen hat, in dem bei einem bestellten Neuwagen neue gegen gebrauchte Teile ausgetauscht wurden.[259]

Der Anspruch auf Schadensersatz statt der ganzen Leistung gem. § 280 I und III iVm § 281 I 3 ist somit begründet.

Gemäß § 325 kann K aber, außer Schadensersatz zu verlangen, auch vom Vertrag zurücktreten, wenn die Rücktrittsvoraussetzungen erfüllt sind.

aa) Voraussetzungen

Die Voraussetzungen des Rücktritts im gegenseitigen Vertrag bei nicht vertragsgemäßer Leistung (Schlechterfüllung) richten sich nach § 323, auf den § 437 Nr. 2 (lesen) für den Fall der Lieferung einer mangelhaften Kaufsache verweist.   353

Diese Voraussetzungen sind die gleichen wie die für den Rücktritt beim Schuldnerverzug im gegenseitigen Vertrag, die Sie oben unter → Rn. 237–242 (zumindest → Rn. 242 nachlesen!) gelernt haben.

Da, anders als beim Schuldnerverzug, der Schuldner bei der Schlechterfüllung bereits geleistet hat, ist hier § 323 V 2 besonders zu beachten. Die Pflichtverletzung muss erheblich sein, damit der Rücktritt nicht ausgeschlossen ist.

bb) Rechtsfolgen

Auch die Rechtsfolgen des Rücktritts sind bei der Schlechterfüllung die gleichen wie beim Schuldnerverzug im gegenseitigen Vertrag (= Folge der vereinheitlichten Pflichtverletzung!): §§ 346 ff. (lesen Sie → Rn. 241!).   354

Für Rentner K in unserem Übungsfall 21 bedeutet das: Rückgabe des Nobelautos gegen Erstattung des Kaufpreises.

b) Rücktritt gem. § 324 wegen einer Nebenpflichtverletzung nach § 241 II

§ 324 regelt für gegenseitige Verträge den Fall, dass zwar die Leistung selbst erbracht und auch nicht schlecht erbracht wurde, der Schuldner aber sonstige, nicht leistungsbezogene Nebenpflichten (Verhaltenspflichten) iSv § 241 II verletzt hat.   355

Dabei handelt es sich um die gleichen Pflichten, die in § 282 für den Schadensersatz statt der Leistung angesprochen sind (→ Rn. 344 ff.). § 324 entspricht deshalb in seinen Voraussetzungen im Wesentlichen § 282 und gibt dem Gläubiger im gegenseitigen Vertrag ein zusätzliches Rücktrittsrecht.

§ 324 verweist – im Gegensatz zu § 282 – allerdings nicht auf § 280 I, der eine **schuldhafte** Pflichtverletzung durch den Schuldner voraussetzt. Daraus folgt, dass der Rücktritt nach § 324 auch möglich sein soll, wenn der Schuldner die objektive Pflichtverletzung nach § 241 II nicht zu vertreten hat. Dies ist nur konsequent, da es ebenfalls bei den gesetzlichen Rücktrittsrechten nach § 323 I und § 326 V nicht darauf ankommt, ob der Schuldner den Rücktrittsgrund zu vertreten hat.

---

258 HK-BGB/*Schulze* § 323 Rn. 8.
259 BGH NJW 1978, 260.

Dem Gläubiger muss jedoch ein Festhalten am Vertrag unzumutbar sein (§ 314 II analog) – vor allem, wenn die Pflichtverletzung einen Bezug zur Leistungsstörung hat. Dies setzt (→ Rn. 346) regelmäßig eine erfolglose Abmahnung voraus.[260]

Anders als § 326 V enthält § 324 keine Verweisung auf § 323, sodass es (wie aber in § 326 V) keiner Klarstellung bedurfte, dass beim Rücktritt nach § 324 eine Fristsetzung entbehrlich ist (Vorschriften lesen!).

aa) Voraussetzungen

356 Der Rücktritt gem. § 324 ist daher unter folgenden Voraussetzungen möglich:

(1) Gegenseitiger Vertrag,
(2) Pflichtverletzung des Schuldners nach § 241 II
und
(3) aufgrund der Pflichtverletzung Unzumutbarkeit für den Gläubiger, nach Abmahnung am Vertrag festzuhalten.

Dazu folgender

Übungsfall 22

Volkmar Vogt (V) verkauft im Januar an Klaus Kolbendreher (K) zwei Drehbänke mit Zubehör (insbesondere Kopiereinrichtungen). Die Lieferung sollte bis Ende März erfolgen. Obwohl K noch im Februar um rechtzeitige Lieferung gebeten hatte, liefert V erst Ende Juli eine andere, nicht bestellte Drehbank, und zwar ohne die dazugehörige Kopiereinrichtung. Auf ein Schreiben des K von Ende August, mit dem K schnellste Lieferung der zweiten Drehbank und des gesamten Zubehörs anmahnt, da er andernfalls kein Interesse an dem Vertrag habe, sagte V die Lieferung für September zu, ohne dieses Versprechen einzuhalten. Als V im Dezember noch nicht geliefert, stattdessen aber einen Rechnungsbetrag von 10.000 EUR für eine weder bestellte noch gelieferte Drehbank angemahnt hat, erklärt K dem V, er trete fristlos vom Vertrag zurück.

V besteht auf Abnahme der Restlieferung und Bezahlung.

---

357 Da V und K einen wirksamen Kaufvertrag geschlossen haben, ist der Anspruch des V gegen K auf Bezahlung des Kaufpreises gem. § 433 II entstanden. Der Anspruch auf diese Leistung ist nicht nach § 323 I durch den Rücktritt des K erloschen. Zwar befand sich V im Dezember mit der Lieferung einer Drehbank und des Zubehörs – also mit seiner Leistungserfüllung – im Verzug, doch hat K ihm zu diesem Zeitpunkt nicht erfolglos eine Frist gesetzt. Diese Fristsetzung ist hier auch nicht gem. § 323 II Nr. 1 wegen ernsthafter und endgültiger Verweigerung der Leistung entbehrlich, da V weiter erfüllungsbereit ist.

Der Anspruch des V gegen K gem. § 433 II könnte aber erloschen sein, wenn K ein gesetzliches Rücktrittsrecht gem. § 324 ausgeübt hat.

(1) Zwischen V und K besteht ein gegenseitiger Vertrag in Gestalt des Kaufvertrags.
(2) Es muss eine Pflichtverletzung nach § 241 II (nochmals lesen!) vorliegen.

V hat durch sein Verhalten die Vertrauensbasis für die Abwicklung des Vertrags zerstört: Er hat nicht nur die auf Drängen des K gemachten Lieferungszusagen nicht eingehalten, sondern hat darüber hinaus eine nicht bestellte, andere Drehbank geliefert und in Rechnung gestellt. Aufgrund dieses Verhaltens konnte K

---

260 Jauernig/*Stadler* § 324 Rn. 5.

nicht mehr erwarten, dass V seinen vertraglichen Nebenpflichten aus § 241 II nachkommen werde. Das Verhalten des V stellt eine Pflichtverletzung dar.

(3) Infolge der Pflichtverletzung müsste ein Festhalten am Vertrag unzumutbar geworden sein.

Aufgrund des Verhaltens des V war ein Festhalten des K, der sich selbst vertragstreu verhalten und die Lieferung Ende August angemahnt hat, am Vertrag unzumutbar.

K war somit zum Rücktritt gem. § 324 berechtigt.

bb) Rechtsfolgen

Die Wirkungen des Rücktritts richten sich wiederum nach den §§ 346 ff. (→ Rn. 241).

Die Sonderregelungen der Leistungsstörungen für gegenseitige Verträge verdeutlicht die folgende Übersicht.

Übersicht 19

358

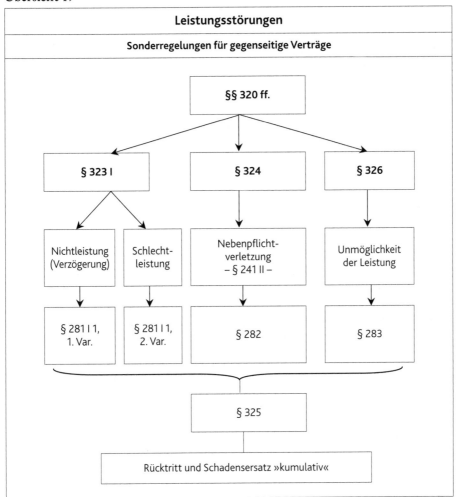

167

> **Literatur zur Vertiefung (→ Rn. 334–358):** *Alpmann und Schmidt* SchuldR AT 1 3. Teil 7. Abschn.; *Brox/Walker* SchuldR AT §§ 24, 25 Rn. 1–10; *Fikentscher/Heinemann* SchuldR § 46; *Gieseler*, Die Strukturen der Schlechterfüllung im Leistungsstörungsrecht, ZGS 2003, 408; *Grunewald* BürgerlR § 13 II; *Hirsch*, Schadensersatz statt der Leistung, JURA 2003, 289; *Looschelders* SchuldR AT § 22; *Medicus/Lorenz* SchuldR AT Rn. 335 ff.; *Münch*, Die »nicht wie geschuldet« erbrachte Leistung und sonstige Pflichtverletzungen, JURA 2002, 361; *Perkams*, Die Haftung des Rücktrittsberechtigten im neuen Schuldrecht, JURA 2003, 150; *Reichenbach*, Das Tatbestandsmerkmal der Pflichtverletzung im neuen Leistungsstörungsrecht, JURA 2003, 512; *Recker*, Schadensersatz statt der Leistung – oder: Mangelschaden und Mangelfolgeschaden, NJW 2002, 1247.

Beachte auch Anmerkung vor → Rn. 334!

VII. Pflichtverletzung bei Vertragsschluss

1. Haftungsgrund

> **Übungsfall 23**
>
> Kurt Kümmerling (K) will von Valentin Vorbau (V) ein Haus kaufen, das er natürlich vorher besichtigen will. Da V keine Zeit hat, gibt er dem K den Hausschlüssel, damit dieser die Besichtigung allein vornehmen kann. V vergisst, dem K zu sagen, dass das Haus baufällig ist und Einsturzgefahr besteht. Bei der Besichtigung löst sich Mauerwerk aus einer Decke, wodurch K erheblich verletzt wird. Welche Ansprüche hat K gegen V?

359 Nachdem Sie soeben die Möglichkeiten des Gläubigers kennen gelernt haben, bei Schlechterfüllung der Leistung – insbesondere bei Verletzung von Pflichten aus § 241 II – Schadensersatz zu verlangen oder vom Vertrag zurückzutreten, liegt es nahe zu fragen:

■ Kommt auch in diesem Fall ein Anspruch auf Schadensersatz nach den § 280 I und III iVm § 282 in Betracht?
Überlegen Sie, welche Voraussetzungen für diesen Anspruch erfüllt sein müssen![261]

▶ Sicherlich haben Sie bemerkt, dass schon die erste Voraussetzung nicht erfüllt ist: Zwischen V und K ist zwar ein Vertrag beabsichtigt, aber noch nicht geschlossen worden. Es fehlt an einem wirksamen vertraglichen Schuldverhältnis.

Dennoch liegt es nahe, dass V für den Schaden aufkommen muss: Er wusste, dass Einsturzgefahr bestand. V und K haben zwar noch keinen Vertrag geschlossen, aus dem K die Verletzung einer Sorgfaltspflicht des V begründen könnte, sie standen aber schon in Vertragsverhandlungen. Sie befanden sich in einem vorvertraglichen Stadium.

Rechtsprechung[262] und Lehre[263] hatten für solche Fälle das – mit einer Analogie zu den §§ 122, 179, 307 aF begründete und gewohnheitsrechtlich anerkannte – Rechtsinstitut der Haftung für »Verschulden bei(m) Vertragsschluss« entwickelt, das auch mit dem lateinischen Ausdruck »**culpa in contrahendo**« (abgekürzt: »**c. i. c.**«) bezeichnet wurde. Das Rechtsinstitut der »c. i. c.« wurde bereits Ende des 19. Jahrhunderts von dem namhaften Juristen Rudolph von Jhering (1818–1892) »entdeckt«: Culpa

---

261 **Blättern Sie ggf. bis zu → Rn. 334 zurück!**
262 Vgl. etwa BGH NJW 1979, 1983.
263 *Brox/Walker* SchuldR AT § 5 Rn. 1; *Larenz* SchuldR I § 9 I; *Looschelders* SchuldR AT Rn. 141.

in contrahendo oder Schadensersatz bei nichtigen oder nicht zur Perfektion gelangten Verträgen;[264] »Culpa« bedeutet »Schuld, Verschulden«, »contrahere« »verhandeln«, davon abgeleitet »in contrahendo« »beim Verhandeln«, daraus wurde »bei Vertragsabschluss«.

Man begründete diese Haftungsregel bis zur Schuldrechtsreform 2002 wie folgt:

Wenn Personen in Vertragsverhandlungen eintreten, entsteht ein vertragsähnliches Vertrauensverhältnis, in dessen Rahmen jeder Teil darauf zu achten hat, dass er dem anderen nicht schuldhaft einen Schaden zufügt.

Im Prinzip geht es um die gleichen Verpflichtungen zur Rücksichtnahme, die nunmehr in § 241 II angesprochen sind, mit dem Unterschied, dass sie schon vor dem Zustandekommen eines wirksamen Vertrags bestehen.

Nach ständiger Rechtsprechung galt schon nach altem Vertragsrecht ganz allgemein, dass bereits bei Beginn von Vertragsverhandlungen – auch schon vor einem bindenden Vertragsangebot und ohne Rücksicht auf einen später zustande gekommenen Vertrag – zwischen den Parteien ein vertragsähnliches Vertrauensverhältnis entsteht, bei dessen schuldhafter Verletzung der Betreffende auf Schadensersatz haftet.[265]

Aufbauend auf dieser gefestigten Rechtsprechung regelt nunmehr § 311 II (lesen!) **360** die Voraussetzungen für die **Entstehung** eines vorvertraglichen Schuldverhältnisses. Über den **Inhalt** und die Reichweite der hierdurch begründeten Pflichten enthält die Vorschrift keine Aussage. Diese ergeben sich aber durch die Verweisung auf § 241 II, durch die klar gestellt ist, dass auch im vorvertraglichen Stadium ein (wirksames) Schuldverhältnis besteht. Begeht der Schuldner im Rahmen dieses Schuldverhältnisses eine Pflichtverletzung, muss er auf der Grundlage von § 280 I dafür haften.

2. Voraussetzungen der Haftung

§ 311 II Nr. 1–3 differenziert zwischen

- der Aufnahme von Vertragsverhandlungen (Nr. 1),
- der Anbahnung eines Vertrags (Nr. 2)

und

- ähnlichen geschäftlichen Kontakten (Nr. 3).

a) Aufnahme von Vertragsverhandlungen

»**Culpa in contrahendo**« (der Begriff, von dem sich »Juristen aF« nicht trennen mö- **361** gen und der daher noch durch alle Lehrbücher geistert, obwohl § 311 II nicht in Lateinisch gefasst ist) setzt ein vertragsähnliches Schuldverhältnis voraus. Dieses Schuldverhältnis entsteht bereits durch den Beginn der Vertragsverhandlungen. Es endet, wenn es zur Beendigung der Verhandlungen kommt oder wenn der Vertrag, über den verhandelt worden ist, zustande kommt. Dann bestehen **vertragliche** Pflichten.

---

264 JherJb 4 (1861), 1 ff.
265 Vgl. *Creifelds* »Verschulden beim Vertragsschluss« (1).

Das durch die Aufnahme von Vertragsverhandlungen entstehende Schuldverhältnis iSv § 311 II Nr. 1 ist – wie nach altem Recht – dadurch gekennzeichnet, dass es keine primären Leistungspflichten begründet. Es bestehen lediglich Pflichten zur Rücksicht auf die Rechte, Rechtsgüter und Interessen (vgl. § 241 II) des potenziellen Vertragspartners. Wie weit diese Pflichten reichen, richtet sich nach den Umständen des Einzelfalls. Diese entziehen sich ebenso wie ihre nähere Ausgestaltung einer gesetzlichen Regelung. Sie muss auch weiterhin der Rechtsprechung überlassen bleiben. Dabei kann auf die Ergebnisse der bisherigen Rechtsprechung zurückgegriffen werden, die auch für die nunmehr in § 311 II getroffene Regelung zutreffen.

362 In Übungsfall 23 haben K und V Vertragsverhandlungen aufgenommen, und vor Abschluss des Vertrags ist dem K ein Schaden (Verletzung der Gesundheit bzw. des Körpers) entstanden. **Anspruchsgrundlage** für den Ersatz des entstandenen Schadens ist **§ 280 I iVm § 311 II Nr. 1.** Dieser Anspruch ist unter folgenden **Voraussetzungen** begründet.

(1) Wirksames (vorvertragliches) Schuldverhältnis (§ 280 I 1 iVm § 311 II Nr. 1),
(2) Pflichtverletzung durch den Schuldner iSv § 241 II,
(3) Vertretenmüssen (§ 280 I 2 iVm § 276 oder § 278)
und
(4) Schaden beim Gläubiger als Folge der Pflichtverletzung.

▪ Versuchen Sie selbst, den Sachverhalt von Fall 23 unter diese Anspruchsvoraussetzungen zu subsumieren![266]

▶ (1) K und V haben bereits Verhandlungen über den Hauskaufvertrag aufgenommen. Damit besteht ein wirksames vorvertragliches Schuldverhältnis iSv § 280 I iVm § 311 II Nr. 1.

(2) V hat vergessen, den K über die Einsturzgefahr aufzuklären und somit eine Pflichtverletzung iSv § 241 II begangen.

(3) V hat die im Verkehr erforderliche Sorgfalt außer Acht gelassen und somit fahrlässig, dh schuldhaft iSv § 276 I 1 und II (lesen!) gehandelt.

(4) K hat dadurch einen Schaden erlitten, da er erheblich verletzt wurde, was regelmäßig Arzt- oder gar Krankenhauskosten zur Folge hat.

Somit ist der Anspruch des K gegen V begründet.

Für den Umfang des Schadens gilt § 249 I bzw. § 249 II 1.

b) Anbahnung eines Vertrags

363 Die Pflichtverletzung während der Anbahnung eines Vertrags war immer schon und ist jetzt nach § 311 II Nr. 2 ein klassischer Fall der »**culpa in contrahendo**«. Es sind noch keine Vertragsverhandlungen aufgenommen worden, sondern es geht um Fälle wie den berühmten »Bananenschalenfall«,[267] der immer wieder[268] als Schulbeispiel für die »c. i. c.« herangezogen wird. Hier betritt jemand mit Kauf(vertragsschluss)absicht ein Warenhaus, rutscht auf einer Bananenschale aus, die die Angestellten des Warenhausinhabers nicht weggeräumt haben, und zieht sich einen Beinbruch zu.

---

266 Vgl. *Wörlen/Metzler-Müller* BGB AT Übersicht 15 Rn. 138.
267 RGZ 95, 58.
268 Vgl. *Metzler-Müller* PrivatRFall Fall 4. Ähnlich: der »Linoleumrollenfall« (RGZ 78, 289) und der »Salatblattfall« (BGHZ 66, 51 = NJW 1976, 712).

In diesem Fall hat also, moderner ausgedrückt, ein Unternehmer sein Geschäftslokal dem Verkehr geöffnet, um potenziellen Kunden die Möglichkeit der Kontaktaufnahme und des Vertragsschlusses zu geben. Es geht also um eine mögliche künftige rechtsgeschäftliche Beziehung. Wenn ein potenzieller Vertragspartner dem anderen im Hinblick auf eine solche rechtsgeschäftliche Beziehung die Einwirkung auf seine Rechte, Rechtsgüter und Interessen (vgl. § 241 II) ermöglicht, entstehen ähnliche Obhuts- bzw. Sorgfaltspflichten wie bei der Aufnahme von Vertragsverhandlungen. »Rechte und Rechtsgüter«, die in § 241 II angesprochen werden, sind übrigens solche, wie sie in § 823 I (lesen! Ansonsten dazu später: *Wörlen/Metzler-Müller* SchuldR BT Rn. 397 ff.) genannt sind. »Interessen« iSv § 241 II sind insbesondere die Vermögensinteressen des potenziellen Vertragspartners, aber zB auch seine Entscheidungsfreiheit, den erwogenen Vertrag noch zu schließen oder nicht.

Anspruchsgrundlage für Pflichtverletzungen bei der Anbahnung eines Vertrags ist ebenfalls § 280 I iVm § 311 II (diesmal) Nr. 2!

Anmerkung: Logischer wäre es mE gewesen, wenn der Gesetzgeber Nr. 2 zur Nr. 1 und Nr. 1 zur Nr. 2 erklärt hätte: Erst kommt die Anbahnung des Vertrags, dann folgen die Vertragsverhandlungen!

c) Ähnliche geschäftliche Kontakte

In der Rechtsprechung war seit langem anerkannt, dass Ansprüche aus »c. i. c.« nicht nur bei Vertragsverhandlungen oder bei Anbahnung eines Vertrags (§ 311 II Nr. 1 und 2) entstehen, sondern auch bei ähnlichen geschäftlichen Kontakten (§ 311 II Nr. 3). Dies sind zB Kontakte, bei denen noch kein Vertrag angebahnt ist, noch keine Vertragsverhandlungen stattgefunden haben,[269] ein Vertrag aber vorbereitet werden soll, zB durch Einholen erster Auskünfte über einen Vertragsgegenstand. § 311 II Nr. 3 kann auch auf einen nichtigen Vertrag angewendet werden, denn die Beteiligten sind in einen geschäftlichen Kontakt getreten, der Schutzpflichten nach § 241 II begründet. Ebenfalls zählen geschäftliche Kontakte dazu, die nicht auf einen Vertragsabschluss zielen, wie zum Beispiel die Erteilung von Bankauskünften an Nichtkunden.[270]

Beispiel:[271] Ein Bauunternehmer (U) fragt im Zusammenhang mit der Durchführung eines Bauvorhabens bei der Hausbank des Auftraggebers (A) an, ob die Finanzierung des Projekts gesichert sei. Aufgrund der entsprechenden Bestätigung des zuständigen Kreditsachbearbeiters der Bank nimmt U die Arbeiten auf. Wegen der später erfolgten Weigerung der Bank, dem A die notwendigen Kredite zu gewähren, wird A insolvent, und U erleidet einen erheblichen Schaden. Hier kommt ein Schadensersatzanspruch des U gegen die Bank gem. § 280 I iVm § 311 II Nr. 3 in Betracht. Ein geschäftlicher Kontakt ist zustande gekommen, der nicht auf den Abschluss eines Vertrages gerichtet war; es liegt ein sonstiger geschäftlicher Kontakt iSd § 311 II Nr. 3 vor. Mit der falschen Auskunft hat die Bank eine Schutzpflicht nach § 241 II im Hinblick auf das Vermögen des U verletzt. Das Verschulden ihres Sachbearbeiters muss sie sich nach § 278 zurechnen lassen. Die Ursächlichkeit der Pflichtverletzung für den Schaden des U ist gegeben, sodass dem U ein Schadensersatzanspruch gem. § 280 I iVm § 311 II Nr. 3 gegen die Bank zusteht.

Häufig ist eine genaue Abgrenzung gegenüber der Vertragsanbahnung weder möglich noch erforderlich.[272]

364

---

269 So ist die Reihenfolge richtig.
270 *Looschelders* SchuldR AT Rn. 147 mwN.
271 Aus *Looschelders* SchuldR AT Rn. 147 in Anlehnung an BGH WM 1998, 1771.
272 Vgl. HK-BGB/*Schulze* § 311 Rn. 17.

▪ Warum ist diese genaue Abgrenzung nicht erforderlich?

▶ Die Antwort ist sehr einfach: Ob nun schon eine Anbahnung des Vertrags oder nur geschäftliche Kontakte vorliegen, ist unerheblich, da die Rechtsfolge (Schadensersatz) dieselbe ist.

Voraussetzung für eine Haftung des (potenziellen) Schuldners ist, dass es sich bei dem Anspruchsteller um einen möglichen künftigen Vertragspartner handelt.

Anspruchsgrundlage für Pflichtverletzungen im Rahmen von »ähnlichen geschäftlichen Kontakten« ist – siehe obiges Beispiel – wiederum § 280 I iVm § 311 II (diesmal) Nr. 3!

3. Rechtsfolgen

365 Rechtsfolge von einer Pflichtverletzung nach § 311 II iVm § 241 II ist die Verpflichtung des Schädigers zum Schadensersatz gem. § 280 I! Für den **Umfang** des Schadensersatzes gilt – »wie immer« – die Grundregel des § 249 I (lesen)! Danach muss der Verpflichtete den Zustand herstellen, der bestehen würde, wenn der zum Ersatz verpflichtende Umstand nicht eingetreten wäre.

Der Anspruch geht in der Regel auf **Ersatz des Vertrauensschadens** mit der Besonderheit, dass er der Höhe nach nicht auf das Erfüllungsinteresse beschränkt ist (wie zB bei §§ 122, 179). Steht fest, dass es ohne die Pflichtverletzung zum Abschluss eines bestimmten Vertrages oder zu einem günstigeren Vertragsschluss gekommen wäre, so kann der Geschädigte auch Ersatz für den ihm dadurch entstandenen Schaden in Form des ihm entgangenen Gewinns verlangen (Erfüllungsinteresse). Besteht der Schaden in der Eingehung einer Verbindlichkeit, dann kann der Geschädigte vom Schädiger die Befreiung von der Verbindlichkeit verlangen. Ist der Vertrag infolge des Verschuldens bei Vertragsverhandlungen zu ungünstigeren Bedingungen zustande gekommen, hält der Geschädigte aber am Vertrag fest, so bleibt ihm noch die Möglichkeit der Vertragsanpassung.

Für den Schadensersatz wegen Pflichtverletzung bei Vertragsschluss können wir zusammenfassend folgendes **Prüfungsschema** festhalten:

366

Prüfschema

Schadenersatz wegen Pflichtverletzung vor/bei Vertragsschluss gem. § 280 I iVm §§ 311 II, 241 II

I. Voraussetzungen:
1. Wirksames (vorvertragliches) Schuldverhältnis (§ 280 I iVm § 311 II)
    a) Aufnahme von Vertragsverhandlungen (§ 311 II Nr. 1) oder
    b) Anbahnung eines Vertrages (§ 311 II Nr. 2) oder
    c) ähnliche geschäftliche Kontakte (§ 311 II Nr. 3)
2. Pflichtverletzung durch den Schuldner iSv 241 II
3. Vertretenmüssen (§ 280 I 2 iVm § 276 oder § 278)
4. Schaden beim Gläubiger als Folge der Pflichtverletzung

II. Rechtsfolge:
Schadenersatz – Umfang: §§ 249 ff.

Literatur zur Vertiefung (→ Rn. 359–366): *Alpmann/Schmidt* SchuldR AT I 1. Teil 2. Abschn.; *Brox/Walker* SchuldR AT §§ 5, 25 Rn. 11–20; *Fikentscher/Heinemann* SchuldR § 19; *Grunewald* BürgerlR § 13 I; *Förster*, Schadensrecht – Systematik und neueste Rechtsprechung, JA 2015, 801; *Hirsch* SchuldR AT § 35; *Katzenstein*, Die Bedeutung der vertraglichen Bindung für die culpa-Haftung des Vertragsschuldners auf Schadensersatz, JURA 2004, 800 (Teil 1), JURA 2005, 73 (Teil 2); *Looschelders* SchuldR AT § 8; *Medicus/Lorenz* SchuldR AT § 14; *Lorenz*, Culpa in contrahendo (§ 311 II, III BGB), JuS 2015, 398; *Medicus/Petersen* Grundwissen BürgerlR Rn. 214 ff.; *Mertens*, Die Rechtsfolgen einer Haftung aus culpa in contrahendo beim zustande gekommenen Vertrag nach neuem Recht, ZGS 2004, 67; *Schade/Graewe* WirtschaftsPrivR Rn. 205 ff.; *Schwab*, Grundfälle zu culpa in contrahendo, Sachwalterhaftung und Vertrag mit Schutzwirkung für Dritte nach neuem Schuldrecht, JuS 2002, 773 und 872; *Westermann/Bydlinski/Weber* SchuldR AT § 11.

Exkurs zu §§ 249 ff.

367

§ 249 ist eine Vorschrift, die vielen Anfängern immer wieder Schwierigkeiten bereitet. Liest man doch oft: »Gläubiger G könnte gegen Schuldner S einen **Anspruch auf** Schadenersatz **gem.** § 249 haben«! Das ist »**grob falsch**«!

■ Warum? Überlegen Sie wieder (?) erst selbst, bevor Sie weiterlesen!

▶ Was ein »Anspruch« ist, wird bekanntlich (?) in § 194 I definiert. Wenn ein Anspruch das Recht ist, »von einem anderen ein Tun oder Unterlassen zu verlangen«, dann kann eine »Anspruchsgrundlage« nur eine Vorschrift sein, aus deren Wortlaut man herauslesen kann, dass eine Partei von einer anderen etwas **verlangen** kann! Wenn zB der Verkäufer gem. § 433 I 1 **verpflichtet** ist, dem Käufer die Sache zu übergeben (etc), kann der Käufer vom Verkäufer die Übergabe der Sache **verlangen**! Er hat einen Anspruch darauf! § 433 I 1 ist seine **Anspruchsgrundlage** gegen den Verkäufer.

Auch § 823 I ist – zB – eine typische Anspruchsgrundlage: Wer ein dort genanntes Recht(sgut) eines anderen widerrechtlich und schuldhaft verletzt, ist zum Schadenersatz verpflichtet. Also kann der Andere Schadensersatz **verlangen**!

Was aber kann einer vom anderen »gem.« § 249 I verlangen? Nichts! Der andere ist bereits, aufgrund einer **Anspruchsgrundlage**, sei es § 823 I oder § 280 I, zum Schadensersatz verpflichtet. § 249 ist also **keine** Anspruchsgrundlage, sondern regelt als **Rechtsfolge** eines schon bestehenden Schadenersatzanspruchs den **Umfang** des zu leistenden Schadenersatzes.

Ich hoffe, dass Ihnen nun »für immer« klar ist, warum die oben zitierte Klausurformulierung »grob falsch« ist.

1. Naturalrestitution

Ausgangspunkt für alle Schadensersatzverpflichtungen ist § 249 I – der **Grundsatz der Naturalrestitution**: Der Schädiger muss den Zustand herstellen, der bestehen würde, wenn der zum Ersatz verpflichtende Umstand nicht eingetreten wäre. Eine Herstellung des früheren Zustandes ist allerdings nicht möglich –

368

denn Geschehenes lässt sich nicht ungeschehen machen. Deshalb ist die Herstellung eines **wirtschaftlich gleichwertigen** Zustandes gemeint.

▨ Wenn Sie das verstanden haben, können Sie folgende kleine Aufgaben lösen: Was schuldet Student Max, wenn er versehentlich über den von seiner Kommilitonin Karla geliehenen druckfrischen BGB-Text eine Tasse Kaffee ausschüttet?
▶ Student Max muss seiner Kommilitonin Karla einen neuen Gesetzestext kaufen.
▨ Was ist, wenn Max eine ehrverletzende Äußerung gegenüber Karla abgibt?
▶ Er muss die ehrverletzende Äußerung widerrufen.
▨ Und was muss der Kfz-Werkstattinhaber Wunderlich machen, wenn er versehentlich beim Ausparken den Kotflügel von Gunthers Kfz eingedellt hat?
▶ Wunderlich muss das Kfz des Gunthers reparieren.

> **Merke:** Wenn der Schaden in »Geld« besteht, liegt immer ein Fall des § 249 I vor.

2. Geldersatz

369   Der Schaden kann auch durch Zahlung einer Geldsumme wieder gutgemacht werden. Der Geschädigte muss mit dem Betrag den Schaden in vollem Umfang ausgleichen können. In den §§ 249–251 wird diesbezüglich Näheres geregelt:

a) Verletzung einer Person oder Beschädigung einer Sache

370   Nach § 249 II 1 kann der Gläubiger bei Verletzung einer Person oder Beschädigung einer Sache (soweit deren Herstellung noch möglich ist = ungeschriebenes Tatbestandsmerkmal im Umkehrschluss aus der Regelung des § 251 I 1[273]) den für die Naturalrestitution erforderlichen Geldbetrag fordern. Er muss also keine »Herstellungsexperimente« des Schädigers hinnehmen. Hierbei handelt es sich auch um einen Fall der Naturalrestitution; der Geschädigte hat eine sog. Ersetzungsbefugnis. Aus dem Wort »erforderlich« folgt, dass der Geschädigte unter mehreren zur Wiederherstellung führenden Möglichkeiten grundsätzlich die wirtschaftlich günstigste zu wählen hat (sog. Wirtschaftlichkeitsgebot).[274]

▨ Was kann Karla – nach dem jetzt Gelesenen – von ihrem Kommilitonen Max, der versehentlich über den von ihr geliehenen druckfrischen BGB-Text eine Tasse Kaffee ausgeschüttet hat, verlangen?
▶ Karla kann von Max entweder einen neuen BGB-Text oder den zum Kauf eines neuen BGB-Textes erforderlichen Geldbetrag fordern.
▨ Und welche Möglichkeit hat der Geschädigte Gunther hinsichtlich seines kaputten Pkws?
▶ Er kann seinen beschädigten Pkw in eine Kraftfahrzeugwerkstatt zur Reparatur geben und die entsprechenden Kosten dem Schädiger Wunderlich in Rechnung stellen.

---

273   S. auch Palandt/*Grüneberg* § 249 Rn. 3.
274   *Looschelders* SchuldR AT Rn. 1035.

Der Geldbetrag kann bei der Sachbeschädigung vom Schuldner auch dann verlangt werden, wenn eine Reparatur nicht erfolgt (sog. fiktive Reparaturkosten auf der Grundlage eines Sachverständigengutachtens[275]). Nach § 249 II 2 wird in diesem Fall die Umsatzsteuer nur gezahlt, wenn sie auch tatsächlich angefallen ist.

b) Schadensersatz in Geld nach Fristsetzung

Nach § 250 kann der Gläubiger dem Schädiger zur Herstellung eine angemessene Frist mit der Erklärung bestimmen, dass er die Naturalherstellung nach Ablauf der Frist ablehne. Wenn die Frist fruchtlos abgelaufen ist, hat der Geschädigte nur noch einen Anspruch auf Geldersatz und nicht mehr auf Naturalrestitution. § 250 spielt in der Praxis kaum eine Rolle; Geldersatz wird in der Regel auch dann einverständlich geleistet, wenn die Voraussetzungen der §§ 249 II, 250, 251 nicht erfüllt sind.[276]

371

c) Unmöglichkeit der Naturalrestitution

Der Schuldner hat – **soweit Naturalherstellung nicht möglich** oder zur Entschädigung des Gläubigers nicht genügend ist – nach § 251 I 1 Geldersatz zu leisten. Diese Vorschrift erfasst den Anwendungsbereich des § 275, also anfängliche und nachträgliche (objektive und subjektive) Unmöglichkeit; dabei ist unerheblich, wer diese zu vertreten hat. Der Geschädigte hat also statt des Anspruchs auf Naturalrestitution einen Anspruch auf **Schadenskompensation**. Es werden – im Unterschied zur Naturalrestitution – gem. § 253 I grundsätzlich nur Vermögensschäden ersetzt (Ausnahme: zB § 253 II).

372

Häufig wird § 249 II 1 fälschlicherweise anstelle von § 251 I, 1. Var. angewendet: Wenn zB eine Katze (insofern als »Sache« anzusehen, → Rn. 337 Beispiel 2), die der Verkäufer liefern sollte, tot ist, richtet sich der Umfang des Schadenersatzes nicht nach § 249 II 1, sondern nach § 251 I, 1. Var.! Eine unwiederbringlich zerstörte Sache (= tote Katze) ist nicht **beschädigt**! Ihre »Wiederherstellung« ist nicht möglich.

> **Weitere Beispiele für § 251 I, 1. Var.:** Der Pkw hat durch den vom Schädiger verursachten Unfall einen Totalschaden erlitten. Der Schädiger fällt einen Baum. Getragene Kleidung wird zerstört.

Auch wenn die Herstellung des ursprünglichen Zustandes (»Naturalrestitution«) ungenügend ist, kann der Geschädigte gem. **§ 251 I, 2. Var.** mit Geld entschädigt werden.

> **Beispiel:** Wurde ein Fahrzeug durch einen Unfall beschädigt und handelt es sich dabei nicht nur um einen sog. Bagatellschaden, so gilt das Fahrzeug – trotz einer vollständigen Reparatur – als Unfallfahrzeug mit merkantilem Minderwert. Darunter versteht man den Betrag, um den eine beschädigte und einwandfrei ausgebesserte Sache (zB Kraftfahrzeug) im Verkehr weniger wert ist als die gleiche unbeschädigte Sache.[277]

---

275   So BGH NJW 2003, 2086 mwN.
276   Vgl. hierzu Palandt/*Grüneberg* § 250 Rn. 1.
277   BGH NJW 2008, 53; 2008, 1517 sowie Palandt/*Grüneberg* § 251 Rn. 14 ff. mwN und Beispielen.

Aus dem Wortlaut von § 251 I (»Soweit ...«) folgt, dass Wiederherstellung des Urzustandes (Naturalrestitution) und Geldersatz nebeneinander möglich sind.

> **Beispiel:** Der Gläubiger kann die Reparaturkosten für den beschädigten Pkw sowie Geld für den unfallbedingten (merkantilen) Minderwert verlangen.

d) Unverhältnismäßigkeit der Herstellung

373 Wenn die Naturalherstellung nur mit **unverhältnismäßigen Aufwendungen** möglich ist, kann der Schuldner nach § 251 II Entschädigung in Geld leisten und muss nicht die theoretisch möglichen – aber wirtschaftlich sinnlosen – Reparaturkosten erstatten. Die Unverhältnismäßigkeit ergibt sich aus einem Vergleich zwischen den Herstellungskosten – gegebenenfalls nach Abzug »alt für neu« – und dem gem. § 251 geschuldeten Geldersatz. Für Kraftfahrzeugschäden hat die Rechtsprechung als Faustregel eine 30%-Grenze herausgebildet.[278]

> **Beispiel:** Die Reparaturkosten übersteigen den Wert der Sache um 30% (wirtschaftlicher Totalschaden = Faustregel). Der Schädiger muss nur den Wiederbeschaffungswert ersetzen.

Beachte aber **§ 251 II 2**: Da Katzen, um im Bilde zu bleiben, Lebewesen mit Gefühlen sind und besondere Gefühle bei manchen Menschen erwecken, sind sie nun nicht mehr als reiner »Sachwert« anzusehen. Obwohl hier sicherlich ein sog. »Affektionsinteresse« (= Liebhaberwert einer Sache, der nicht in Geld messbar ist) vorhanden ist, dürfen Sie Ihre Katze, wenn sie »beschädigt« wurde, für relativ viel Geld »reparieren« lassen.

e) Entgangener Gewinn

374 Nach **§ 252** ist auch der entgangene Gewinn zu ersetzen, soweit er nach dem gewöhnlichen Verlauf der Dinge mit gewisser Wahrscheinlichkeit (also nicht bei Ersatz von Vertrauensschaden!) erwartet werden konnte.

> **Beispiel:** Der Geschädigte führt den Nachweis, dass er aufgrund konkreter Vertragsabschlüsse einen Gewinn gemacht hätte (oder: Verdienstausfall).

f) Immaterielle Schäden

375 Schadensersatz in Geld kann für **Nichtvermögensschäden** nur in den **durch das Gesetz bestimmen Fällen** verlangt werden (§ 253 I). Solche gesetzlich geregelten Fälle findet man im BGB in § 651f II (Entschädigung für nutzlos aufgewendete Urlaubszeit) und § 253 II (Schmerzensgeld). Außerhalb des BGB besteht ein Anspruch auf Geldersatz für ideelle Schäden ua nach § 97 II UrhG (Verletzung des geschützten Rechts am Werk der Urheber und Künstler), §§ 15 II 1, 21 II 3 AGG (Verstoß gegen das Benachteiligungsverbot), § 7 III StrEG (durch Strafverfolgungsmaßnahmen verursachter Vermögensschaden), Art. 5 V EMRK (durch rechtswidrige Inhaftierung erlittener immaterieller Schaden).[279]

---

278 Palandt/*Grüneberg* § 251 Rn. 6.
279 Weitere Nachweise bei Palandt/*Grüneberg* § 253 Rn. 2.

Bei immateriellen Schäden ist wegen Verletzung des Körpers, der Gesundheit, der Freiheit oder der sexuellen Selbstbestimmung nach § 253 II (lesen!) eine billige Entschädigung in Geld zu leisten.

> **Beispiele:** Ehrverletzungen, körperliche Schmerzen, seelische Beeinträchtigungen.

Aus dem Wortlaut dieser Vorschrift ergibt sich, dass auch Rechtsverletzungen, die **nicht** in einer unerlaubten Handlung bestehen, zB vertragliche Pflichtverletzungen, zum Ersatz von Schmerzensgeld führen können.

> **Beispiel:** Bella Block (B) lässt bei der Friseuse Frieda Färber (F) Dauerwellen machen. F begeht schuldhaft einen Arbeitsfehler, der zu einer Schädigung der Haare von B führt. Beim Blick in den Spiegel erleidet B einen Schock, der – neben dem Ersatz der Kosten für ein dreimaliges Haarschneiden und für einen Sachverständigen – einen Schmerzensgeldanspruch zur Folge hat.[280]

Strittig ist dabei, ob § 253 II eine eigene Anspruchsgrundlage oder nur eine Rechtsfolgenregelung darstellt.

So sieht eine Meinung in § 253 II eine selbstständige Anspruchsgrundlage, die neben den Anspruch auf Ersatz von Vermögensschäden trete und nicht etwa ein bloßer Rechnungsposten innerhalb des Gesamtanspruchs sei.[281] Nach aA setzt diese Vorschrift vielmehr voraus, dass der Schuldner aufgrund eines anderweitig geregelten **haftungsbegründenden Tatbestands** zum Schadensersatz verpflichtet ist; mit § 253 II wird diese Verpflichtung auf den Ersatz des immateriellen Schadens erweitert.[282]

Letztgenannter Auffassung muss gefolgt werden: Sowohl die wörtliche (grammatische) als auch die systematische Auslegung[283] dieser Vorschrift sprechen dafür: Zum einen folgt aus der Formulierung »**Ist** wegen einer Verletzung ... Schadensersatz zu leisten ...«, dass der Gesetzgeber eine andere Anspruchsgrundlage voraussetzt, aufgrund derer Schadensersatz zu leisten ist. Ist eines der in § 253 II genannten Rechtsgüter verletzt, gilt für den **Umfang** des Schadens, dass (neben Vermögensschäden) auch der immaterielle Schaden durch Schmerzensgeld auszugleichen ist.

Zum anderen spricht auch die systematische Stellung von § 253 II innerhalb der **Rechtfolgen**regelungen der §§ 249 ff. gegen die Annahme einer eigenen Anspruchsgrundlage. Vielmehr erweitert § 253 II den **Umfang des Schadensersatzes**, wenn die Voraussetzungen einer anderen, haftungsbegründenden Norm (»Anspruchsgrundlage«) erfüllt sind (zB § 280 I, § 823 I oder II).

Bei allen Schadenersatzansprüchen ist gem. **§ 254** (lesen!) ein eventuelles Mitverschulden des Geschädigten, das in verschiedenen Arten möglich ist, zu berücksichtigen.

---

280 AG Siegen NJW-RR 1990, 1248.
281 Palandt/*Grüneberg* § 253 Rn. 4.
282 Jauernig/*Teichmann* § 253 Rn. 4; MüKoBGB/*Oetker* § 253 Rn. 15 f. mwN; NK-BGB/*Huber* § 253 Rn. 2; Staudinger/*Schiemann*, 2017, § 253 Rn. 28; BeckOK BGB/*Spindler* § 253 Rn. 7; jurisPK-BGB/*Vieweg/Lorz* § 253 Rn. 23; *Diederichsen* VersR 2005, 433 (435); *Looschelders* SchuldR AT Rn. 1051.
283 Zur Gesetzesauslegung vgl. *Wörlen/Metzler-Müller* BGB AT Rn. 168–172.

3. Umfang des Schadensersatzes

376   Der Vermögensschaden wird berechnet, indem man die gegenwärtige Lage mit der Lage, wie sie ohne das Schadensereignis bestehen würde, vergleicht. Er besteht in der Vermögenseinbuße und dem entgangenen Gewinn.[284]

Wenn der Geschädigte bei Eintritt oder Vergrößerung des Schadens mitgewirkt hat, hängt es nach § 254 von den Umständen des Einzelfalles ab, ob ein Schadensersatzanspruch gemindert wird oder sogar ganz entfällt (sog. **Mitverschulden**). Es handelt sich bei dieser Vorschrift um eine Einwendung gegenüber einem Schadensersatzanspruch. § 254 stellt auf ein Verschulden des Geschädigten gegen sich selbst ab (Obliegenheitsverletzung).

> **Beispiel:** Ein Fußgänger geht in schwarzer Kleidung bei Dunkelheit auf der rechten Straßenseite und benutzt nicht den auf der linken Seite befindlichen Fußgängerweg. Er wird von einem ohne Licht fahrenden Radfahrer erfasst und verletzt.

Bei Vorliegen der Voraussetzungen des § 254 hängt die Ersatzpflicht sowie deren Umfang von den Umständen, insbesondere davon ab, inwieweit der Schaden vorwiegend von dem einen oder dem anderen Teil verursacht worden ist. Abgestellt wird hierbei auf den Grad der beiderseitigen Verursachung sowie auf das Maß des beiderseitigen Verschuldens. Es kann deshalb zu einer Quotelung des Schadens kommen.

> **Beispiele:** Der Schädiger hat vorsätzlich, der Geschädigte nur leicht fahrlässig gehandelt – hier muss der Schädiger den vollen Schaden ersetzen.
> Den Geschädigten trifft ein besonders schweres Verschulden, beim Schädiger liegt kein Verschulden, sondern nur eine Haftung aufgrund einer Betriebsgefahr vor; hier entfällt der Schadensersatzanspruch ganz aufgrund des § 254. So in dem Fall, dass ein Fußgänger in dunkler Kleidung bei Nacht unter Missachtung einer Rotlicht zeigenden Fußgängerampel außerhalb der Fußgängerfurt eine innerstädtische Straße überquert und hierbei von einem Autofahrer erfasst wird. Die einfache Betriebsgefahr des Fahrzeugs tritt hinter dieses schwerwiegende Mitverschulden des Fußgängers bei der nach § 254 vorzunehmenden Abwägung vollständig zurück.[285]

> **Merke:**
>
> Das Schadensersatzrecht ist von drei wesentlichen Grundsätzen geprägt:
>
> **Grundsatz der Totalreparation:**
>
> Vollständiger Schadensausgleich für den Geschädigten.
>
> **Grundsatz der Wirtschaftlichkeit:**
>
> Es ist der wirtschaftlich vernünftigste Weg für die Schadensbeseitigung zu wählen.
>
> **Verbot der Überkompensation/Bereicherungsverbot:**
>
> Kein Ausgleich über die Wiederherstellung des ursprünglichen Zustands hinaus/keine Bereicherung des Geschädigten.

Die folgende Übersicht verdeutlicht das soeben Gelesene.

---

284   Ausführlich hierzu: *Brox/Walker* SchuldR AT § 29 Rn. 2 ff.
285   OLG Saarbrücken BeckRS 2011, 04081 = SVR 2011, 422.

Übersicht 20

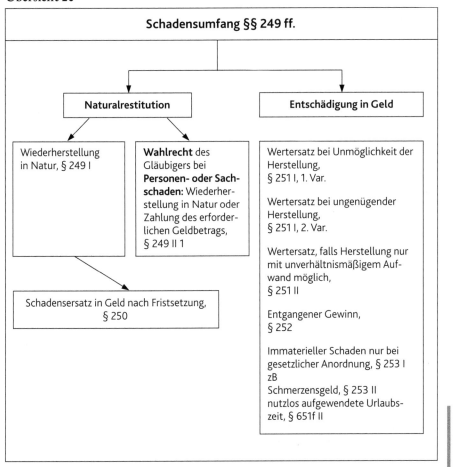

| **Schadensumfang §§ 249 ff.** | 377 |

Naturalrestitution | **Entschädigung in Geld**

Wiederherstellung in Natur, § 249 I

Wahlrecht des Gläubigers bei **Personen- oder Sachschaden:** Wiederherstellung in Natur oder Zahlung des erforderlichen Geldbetrags, § 249 II 1

Schadensersatz in Geld nach Fristsetzung, § 250

Wertersatz bei Unmöglichkeit der Herstellung, § 251 I, 1. Var.

Wertersatz bei ungenügender Herstellung, § 251 I, 2. Var.

Wertersatz, falls Herstellung nur mit unverhältnismäßigem Aufwand möglich, § 251 II

Entgangener Gewinn, § 252

Immaterieller Schaden nur bei gesetzlicher Anordnung, § 253 I zB Schmerzensgeld, § 253 II nutzlos aufgewendete Urlaubszeit, § 651f II

Literatur zur Vertiefung (→ Rn. 367–377): *Alpmann und Schmidt* SchuldR BT 4, 2. Teil 3. Abschn.; *Brox/Walker* SchuldR AT § 31; *Diederichsen*, Neues Schadensersatzrecht: Fragen der Bemessung des Schmerzensgeldes und seiner prozessualen Durchsetzung, VersR 2005, 433; *Fikentscher/Heinemann* SchuldR § 57; *Führich* WirtschaftsPrivR § 11; *Hirsch* SchuldR AT §§ 36–42; *Looschelders* SchuldR AT §§ 43–50; *Medicus/Lorenz* SchuldR AT Rn. 624 ff.; *Medicus/Petersen* Grundwissen BürgerlR Rn. 170 ff.; *Mohr*, Berechnung des Schadensersatzes im Wege der Kompensation und Anrechnung eines Mitverschuldens, JURA 2010, 808; *Mohr*, Berechnung des Schadens nach der Differenzhypothese, JURA 2010, 327; *Mohr*, Grundlagen des Schadensersatzrechts, JURA 2010, 168; *Mohr*, Normativer Schadensbegriff und Berechnung des Schadensersatzes nach den Grundsätzen der Naturalrestitution, JURA 2010, 645; *Pöschke*, Art und Umfang des Schadensersatzes – die Systematik der §§ 249 ff. BGB, JA 2010, 257; *Spancken/Schneidenbach*, Die Berechnung des zu ersetzenden Schadens anhand der §§ 249 ff. BGB – Ein Leitfaden, JuS 2012, 298; *Westermann/Bydlinski/Weber* SchuldR AT § 14; *Wetzel*, Die Änderung der Schadensberechnung nach § 249 II 2 BGB, ZGS 2002, 434.

VIII. Ersatz vergeblicher Aufwendungen

1. Bedeutung

378 Anstelle eines Schadensersatzanspruchs statt der Leistung aufgrund einer Pflichtverletzung kann der Gläubiger gem. § 284 Ersatz der Aufwendungen verlangen, die er im Vertrauen auf den Erhalt einer ordnungsgemäßen Leistung gemacht hat und billigerweise machen durfte. Ausgenommen sind solche Aufwendungen, deren Zweck auch ohne die Pflichtverletzung des Schuldners nicht erreicht worden wäre.

Bei den in § 284 angesprochenen Aufwendungen handelt es sich um sog. »**frustrierte Aufwendungen**«, die auch bei ordnungsgemäßer Vertragserfüllung angefallen wären und daher nicht als »Schadensersatz statt der Leistung« geltend gemacht werden können.

§ 284 ist eine eigene Anspruchsgrundlage, die **anstelle** jedes Schadensersatzanspruchs statt der Leistung bei allen vertraglichen (inklusive gegenseitige Verträge) und gesetzlichen Schuldverhältnissen treten kann.[286]

2. Voraussetzungen

a) Schadensersatzanspruch »statt der Leistung«

379 Da der Anspruch auf Aufwendungsersatz »**anstelle**« eines Anspruchs auf Schadensersatz statt der Leistung geltend gemacht werden kann, wird in § 284 vorausgesetzt, dass dem Gläubiger ein solcher Schadensersatzanspruch dem Grunde nach zusteht.

Die Ansprüche auf Schadensersatz statt der Leistung und Aufwendungsersatz stehen dem Gläubiger nur **alternativ** zu.[287] Zweck der Exklusivität ist, dass der Geschädigte nicht wegen ein und desselben Vermögensnachteils eine doppelte Kompensation verlangen können soll.[288] Damit der Gläubiger nach § 284 vorgehen kann, müssen daher die Voraussetzungen des § 280 I und III iVm §§ 281, 282 oder 283 oder des § 311a II vorliegen.

Ob der Gläubiger einen ihm zustehenden Schadensersatzanspruch statt der Leistung geltend macht oder Aufwendungsersatz verlangt, hängt davon ab, welches Interesse er im Einzelfall an dem Vertrag hat. Möchte er so gestellt werden, als ob der Vertrag ordnungsgemäß durchgeführt worden wäre, wird er Schadensersatz statt der Leistung (Ersatz des »Erfüllungsinteresses«) wählen; möchte er dagegen so gestellt werden, als sei der Vertrag niemals geschlossen worden, wird er Aufwendungsersatz nach § 284 verlangen.[289]

Er muss sich also für einen der beiden Ansprüche entscheiden.

---

286 BeckOK BGB/*Unberath* § 284 Rn. 2; jurisPK-BGB/*Seichter* § 284 Rn. 4; Palandt/*Grüneberg* § 284 Rn. 2, 4; aA: MüKoBGB/*Ernst* § 284 Rn. 8 (Haftungsausfüllungsnorm).
287 BeckOK BGB/*Unberath* § 284 Rn. 5; jurisPK-BGB/*Seichter* § 284 Rn. 7.
288 BGHZ 163, 381 = NJW 2005, 2848 (2850).
289 *Brox/Walker* SchuldR AT § 22 Rn. 75.

Beispiel:[290] S verpflichtet sich im Kaufvertrag gegenüber G, ihm ein bestimmtes Originalgemälde zu übereignen. Nach Vertragsschluss wird das Bild durch einen von S verschuldeten Brand vernichtet. G verlangt von S 200 EUR, die er an einen bei Vertragsschluss eingeschalteten Sachverständigen gezahlt hat, sowie weitere 500 EUR, da er das Gemälde nachweislich mit einem Gewinn in dieser Höhe hätte weiterverkaufen können.

■ Welche Ansprüche des G gegen S kommen grundsätzlich in Betracht? (Überlegen Sie selbst, bevor Sie weiterlesen!)

▶ G hat bezüglich der 500 EUR einen Anspruch auf Schadensersatz statt der Leistung gem. § 280 I und III iVm § 283 S. 1 (und § 252).
Die 200 EUR Sachverständigenkosten wären auch bei ordnungsgemäßer Erfüllung angefallen. Sie bilden also keinen ersatzfähigen **Schaden**. Es handelt sich dabei jedoch um **vergebliche Aufwendungen**, die nach § 284 verlangt werden könnten.
G muss sich entscheiden: beides geht nicht! Die Entscheidung wird ihm bei dieser Alternative sicher nicht schwerfallen.

b) Aufwendungen des Gläubigers

Der Gläubiger muss Aufwendungen gemacht haben. Aufwendungen sind freiwillige **380** Vermögensopfer, die der Gläubiger im Hinblick auf die ordnungsgemäße Vertragserfüllung erbracht hat.

Beispiele:[291] Reise- und Übernachtungskosten bei Konzertbesuchen oder spezielles Autozubehör, das im Vertrauen auf den Bestand des Kaufvertrags vom Käufer angeschafft wurde.

Aufwendungen können auch in der Eingehung von Verbindlichkeiten bestehen.[292]

c) Aufwendungen im Vertrauen auf den Erhalt der Leistung

Dies sind nur solche Aufwendungen, die nach wirksamer Begründung des Schuldverhältnisses gemacht worden sind.[293]

Beispiele:[294] Anmietung einer Lagerhalle, Anfertigung eines Rahmens für ein bestelltes Portrait, Kosten für Werbung, Zinsen für Darlehensaufnahme, Vertragskosten (die nicht nur die Kosten der Übergabe, Versendung und Beurkundung, sondern auch Zölle, Fracht-, Einbau- und Montagekosten umfassen), Folgeinvestitionen zur Verwertung des Leistungsgegenstandes.

d) Billigerweise zulässige (verhältnismäßige) Aufwendungen

Mit der Verwendung des unbestimmten Rechtsbegriffs »billigerweise« wurde der **381** Gedanke des Mitverschuldens (§ 254) in die Vorschrift des § 284 integriert.[295] Der Gläubiger soll dadurch abgehalten werden, voreilige Aufwendungen zu tätigen, wenn ihm bereits Anzeichen für ein Scheitern des Vertrags bekannt sind.[296] Unbillig sind

---

290 Nach *Brox/Walker* SchuldR AT § 22 Rn. 1.
291 HK-BGB/*Schulze* § 284 Rn. 6.
292 Palandt/*Grüneberg* § 284 Rn. 5; HK-BGB/*Schulze* § 284 Rn. 6.
293 Jauernig/*Stadler* § 284 Rn. 5.
294 *Brox/Walker* SchuldR AT § 22 Rn. 76; KompaktKom-BGB/*Willingmann/Hirse* § 284 Rn. 9.
295 KompaktKom-BGB/*Willingmann/Hirse* § 284 Rn. 10.
296 *Brox/Walker* SchuldR AT § 22 Rn. 77.

auch Aufwendungen, die in keinem angemessenen Verhältnis zu dem verfolgten Zweck stehen, so etwa, wenn jemand ein ganzes Landgut erwirbt, um dort ein gekauftes, aber nicht geliefertes Pferd unterzubringen.[297]

Ähnlich, aber nicht ganz so krass, ist das folgende Beispiel: Wenn ein Bild im Wert von 1.000 EUR nicht geliefert wird, kann der Käufer, der für das Bild einen Rahmen im Wert von 8.000 EUR hat herstellen lassen, nicht Aufwendungsersatz in Höhe von 8.000 EUR verlangen. Die Ersatzpflicht entfällt, wenn die Aufwendungen in einem offensichtlichen Missverhältnis zur Bedeutung der nicht erbrachten Leistung stehen.[298]

e) Zweckverfehlung der Aufwendungen aufgrund der Pflichtverletzung

382 Der Anspruch auf Aufwendungsersatz ist nicht begründet, wenn der Zweck der Aufwendungen auch bei vertragsgemäßer Erfüllung nicht erreicht worden wäre.[299] Anders ausgedrückt: Die Nichterfüllung des Vertrags muss für die Vergeblichkeit der Aufwendungen ursächlich gewesen sein.

Das ist zB nicht der Fall, wenn jemand eine Einbauküche bestellt und seine Aufwendungen, die er zur Vorbereitung des Einbaus (Tapezieren der Wände) gemacht hat, durch einen Wasserrohrbruch unbrauchbar geworden sind. Ebenso ist der Anspruch auf Aufwendungsersatz ausgeschlossen, wenn jemand eine Konzertkarte gekauft hat und das Konzert wegen eines behördlichen Verbots ausfällt.[300]

3. Rechtsfolge

383 Der Gläubiger hat einen Anspruch auf Ersatz seiner nutzlos gewordenen Aufwendungen. Der Anspruch aus § 284 richtet sich allerdings nicht auf den Ersatz des negativen Interesses.

Der Gläubiger kann zB nicht geltend machen, dass er eine Sache wie die nicht gelieferte Kaufsache zwischenzeitlich bei einem anderen Anbieter billiger hätte kaufen können.[301]

Den Anspruch auf Aufwendungsersatz können Sie nach folgendem Prüfschema erörtern:

---

297 *Medicus/Lorenz* SchuldR AT Rn. 389.
298 Palandt/*Grüneberg* § 284 Rn. 6.
299 Jauernig/*Stadler* § 284 Rn. 7.
300 Vgl. Palandt/*Grüneberg* § 284 Rn. 7; eine Vielzahl von Fällen zum Ausfall von Konzerten und ähnlichen Veranstaltungen findet sich bei *Güllemann*, Veranstaltungsmanagement, Event- und Messerecht, 6. Aufl. 2013.
301 Palandt/*Grüneberg* § 284 Rn. 8.

384

Prüfschema

Aufwendungsersatz gem. § 284

I. Voraussetzungen:

1. Schadensersatzanspruch »statt der Leistung«,

für den **dessen** Voraussetzungen vorliegen müssen.

Möglichkeiten je nach Fall:

- § 280 I und III iVm

  - § 281 I 1 → Verzögerung der Leistung (1. Var.)

    → Schlechtleistung (2. Var.)

  - § 282 → Nebenpflichtverletzung (§ 241 II)

  - § 283 → Nachträgliche Unmöglichkeit

- § 311a II → Anfängliche Unmöglichkeit

2. Aufwendungen des Gläubigers

= freiwillige Vermögensopfer im Hinblick auf ordnungsgemäße Vertragserfüllung

3. Aufwendungen im Vertrauen auf den Erhalt der Leistung

4. Aufwendungen sind billigerweise zulässig (= verhältnismäßig)

5. Zweckverfehlung aufgrund der Pflichtverletzung

II. Rechtsfolge:

Aufwendungsersatz **anstelle** von Schadensersatz statt der Leistung

---

Literatur zur Vertiefung (→ Rn. 378–384): *Alpmann und Schmidt* SchuldR AT 3. Teil 4. Abschn. B.; *Brox/Walker* SchuldR AT § 22 Rn. 71–80; *Ellers*, Zu Voraussetzungen und Umfang des Aufwendungsersatzanspruchs gem. § 284 BGB, JURA 2006, 201; *Fikentscher/Heinemann* SchuldR Rn. 439–441; *Grigoleit*, Neuregelung des Ausgleichs »frustrierter« Aufwendungen (§ 284 BGB): Das ausgefallene Musical, ZGS 2002, 122; *Looschelders* SchuldR AT § 30; *Medicus/Lorenz* SchuldR AT Rn. 455 ff.; *Musielak/Hau* GK BGB Rn. 475 ff.; *Rein*, Der Ersatz vergeblicher Aufwendungen nach § 284 BGB, NJW 2003, 3662; *Stoppel*, Der Ersatz frustrierter Aufwendungen nach § 284 BGB, AcP 204 (2004) 80.

IX. Störung der Geschäftsgrundlage

1. Begriff

Im Bürgerlichen Recht gilt bekanntlich der (dem römischen Recht nachempfundene) **385** Grundsatz »Verträge sind zu halten« (pacta sunt servanda), auch wenn dies aus dem Gesetz nicht wörtlich zu entnehmen ist. Dieser Grundsatz gilt selbstverständlich für beide Vertragsparteien. Solange sich die eine Partei vertragsgerecht und rechtmäßig verhält, sind die Möglichkeiten der anderen Partei, sich von dem einmal geschlossenen Vertrag zu lösen, begrenzt: Anfechtung, Kündigung oder Rücktritt, um nur die wichtigsten Gestaltungsrechte zu nennen, sind nur unter ganz bestimmten gesetzlichen (oder vertraglich vereinbarten) Voraussetzungen möglich. Denkbar (und eingetreten) sind indessen Fälle, in denen diese gesetzlichen Voraussetzungen, sich vom Vertrag zu lösen, nicht vorliegen und es zumindest für eine Partei unzumutbar erscheint, am Grundsatz der Vertragstreue festzuhalten.

Diese Fälle wurden nach altem Recht mit dem gewohnheitsrechtlich anerkannten Rechtsinstitut »Wegfall der Geschäftsgrundlage«[302] gelöst.

Dabei hat man drei Fallgruppen unterschieden.

2. Fallgruppen

a) Äquivalenzstörungen

386 Zur Grundlage eines gegenseitigen Vertrags gehört der Gedanke der Gleichwertigkeit (Äquivalenz) von Leistung und Gegenleistung. Durch unvorhergesehene Umstände – zB Geldentwertung – kann es zu einer Störung der Äquivalenz kommen.

b) Leistungserschwernisse

Die Grundlage eines Vertrags kann dadurch gestört sein, dass nach Vertragsschluss Umstände – zB Beschaffungshindernisse – eintreten, die es einer Partei erschweren, die von ihr geschuldete Leistung zu erbringen.

c) Zweckstörungen

Zur Grundlage eines Vertrags kann es gehören, dass eine Partei mit der von ihr zu beanspruchenden Leistung einen bestimmten Zweck erreichen will, insbesondere kann sie eine bestimmte Verwendung des Leistungsgegenstandes beabsichtigen. Die Erreichung dieses Leistungszwecks kann sinnlos werden.

3. Gesetzliche Regelung

387 Die hierzu von Lehre und Rechtsprechung entwickelten, vorgenannten Grundsätze sind nunmehr in § 313 (lesen!) geregelt, der auf alle **schuldrechtlichen Verträge** anwendbar ist.[303] Die Kodifizierung sollte keine inhaltlichen Änderungen bringen, sondern nur die hM festschreiben.[304]

In § 313 I sind die an das Fehlen oder den Wegfall der Geschäftsgrundlage zu stellenden Anforderungen festgelegt. Zugleich wird als vorrangige Rechtsfolge die Anpassung an die veränderten Umstände bestimmt. Nur wenn eine Anpassung nicht möglich oder nicht zumutbar ist, soll eine Aufhebung des Vertrags in Betracht kommen.

388 Bei den Voraussetzungen werden mehrere Merkmale aufgeführt, die kumulativ vorliegen müssen:

---

302 Das maßgeblich von *Oertmann* (Die Geschäftsgrundlage, 1921) entwickelt wurde.
303 Palandt/*Grüneberg* § 313 Rn. 7 mwN.
304 Vgl. BT-Drs. 14/6040, 175.

(1) Es müssen sich nach Vertragsschluss Umstände schwerwiegend verändert haben oder beide Parteien haben sich über die Umstände geirrt (= gemeinschaftlicher Motivirrtum – § 313 II).

(2) Diese veränderten Umstände dürfen nicht Inhalt des Vertrags geworden sein.

(3) Die Parteien müssten, wenn sie die Änderung vorausgesehen hätten, den Vertrag nicht oder mit anderem Inhalt geschlossen haben.

(4) Das Festhalten am unveränderten Vertrag muss für den einen Teil unter Berücksichtigung aller Umstände des Einzelfalls, insbesondere der vertraglichen oder gesetzlichen Risikoverteilung, unzumutbar sein.

Unter diesen Voraussetzungen hat die benachteiligte Partei einen Anspruch auf Vertragsanpassung (oder Vertragsaufhebung).

§ 313 II betrifft das ursprüngliche Fehlen der subjektiven Geschäftsgrundlage. Dabei **389** geht es um die Fälle des gemeinschaftlichen Motivirrtums sowie um solche Fälle, in denen sich nur eine Partei falsche Vorstellungen macht, die andere Partei diesen Irrtum aber ohne eigene Vorstellungen hingenommen hat. Damit werden diese Fälle, deren Zuordnung zum Teil umstritten war, ausdrücklich als Anwendungsfall des Wegfalls der Geschäftsgrundlage eingeordnet.

In § 313 III 1 ist in Übereinstimmung mit der allgemeinen Auffassung in Lehre und **390** Rechtsprechung bestimmt, dass eine Aufhebung des Vertrags dann, und nur dann, verlangt werden kann, wenn eine Anpassung nicht möglich oder nicht zumutbar ist. Die **Aufhebung** kommt also nur **subsidiär** in Betracht. Notwendig für eine Aufhebung des Vertrags ist eine Rücktrittserklärung der benachteiligten Partei.

§ 313 III 2 bestimmt, dass bei Dauerschuldverhältnissen an die Stelle des Rücktrittsrechts das Recht zur Kündigung aus wichtigem Grund tritt, das nun in § 314 geregelt ist.

Lesen Sie hierzu den folgenden Übungsfall.

Übungsfall 24   **391**

Viktor Vogelsang (V) verpachtet an Paul Pur (P) für neun Jahre eine Kneipe, die neben einer großen Fabrik liegt. Das Lokal wird überwiegend von den Beschäftigten dieser Fabrik aufgesucht und ist sowohl mittags als auch abends voll. Beide Vertragspartner wissen von diesem Zustand und einigen sich deshalb auf einen außergewöhnlich hohen Pachtzins. Es wäre eine erheblich geringere Pacht vereinbart worden, wenn die Kneipe nicht neben dieser hohen Umsatz garantierenden Fabrik läge. Nachdem der Eigentümer der Fabrik ein Jahr nach Abschluss des Pachtvertrages das Insolvenzverfahren eröffnen muss, wird die Fabrik geschlossen, und alle Arbeiter werden entlassen. Dies hat zur Folge, dass P mangels genügender Einnahmen die hohe Pacht nicht mehr bezahlen kann.

Kann P sich vom Vertrag lösen oder kann V aufgrund des Pachtvertrags die hohe Pacht weiterhin verlangen?

▪ Wie ist nach alledem Übungsfall 24 zu lösen? (Versuchen Sie, den Fall selbst zu lösen, bevor Sie weiter lesen!)

▶ P könnte gegen V einen Anspruch auf Vertragsanpassung gem. § 313 I haben.   **392**

(1) Dadurch, dass die Fabrik, deren Beschäftigte das Hauptpotenzial der Kunden des P bildeten, geschlossen wurde, haben sich die Umstände nach Vertragsschluss schwerwiegend verändert.

(2) Diese veränderten Umstände sind nicht zum **Inhalt** des Vertrags geworden; sie waren vielmehr die **Grundlage** des Vertrags. V und P schlossen den Vertrag zu ei-

nem extrem hohen Preis, weil beide davon ausgingen, dass durch die Beschäftigten der Fabrik ein hoher Umsatz garantiert war.

(3) Wenn P und V vorhergesehen hätten, dass die Fabrik in absehbarer Zeit schließen würde, hätten sie eine erheblich niedrigere Pacht vereinbart, also den Pachtvertrag mit anderem Inhalt geschlossen.

(4) Angesichts der Tatsache, dass die Einnahmen des P nun nicht mehr ausreichen, um die hohe Pacht zu zahlen, ist für P ein Festhalten am unveränderten Vertrag unzumutbar.

P kann daher Anpassung des Vertrags gem. § 313 I verlangen, dh die Pacht muss angemessen gesenkt werden.

Eine völlige Loslösung vom Vertrag durch Kündigung gem. § 313 III 2 kommt hier nicht in Betracht, da dem P die Vertragsanpassung zumutbar ist.

4. Vorrang vertraglicher Vereinbarungen und gesetzlicher Regelungen

393 Aus dem Ihnen – mittlerweile bekannten – **Grundsatz der Privatautonomie** folgt, dass vertragliche Vereinbarungen Vorrang vor dem Rechtsinstitut der Störung der Geschäftsgrundlage haben. Die Parteien können zB

- den Vertrag unter einer auflösenden Bedingung (§ 158 II) schließen

  Beispiel für Fall 24: »Der Pachtvertrag läuft solange, bis die anliegende Fabrik schließt.«

oder

- ein Rücktrittsrecht (vgl. § 346) vereinbaren.

  Beispiel für vorgenannten Fall: »Bei einem Umsatzrückgang von mindestens 50% in einem Jahr kann P vom Vertrag zurücktreten.«

Außerdem sind **vorrangig** zu beachten

- Rücktritts- und Kündigungsvorschriften wie zB § 321 II (Leistungsverweigerungsrecht des Vorleistungspflichtigen, wenn sein Anspruch auf die Gegenleistung wegen mangelnder Leistungsfähigkeit des anderen Teils gefährdet ist), § 490 (wesentliche Vermögensverschlechterung beim Darlehensnehmer),
- die Anfechtungsmöglichkeiten wegen Irrtums nach §§ 119 ff. (beachte: der beiderseitige Motivirrtum, bei dem die Anfechtung nach § 119 f. ausgeschlossen ist, stellt eine subjektive Störung der Geschäftsgrundlage nach § 313 II dar),
- die Vorschriften über die Unmöglichkeit (die Frage der Anpassung nach § 313 kann sich nur stellen, wenn der Schuldner nicht schon nach § 275 I von seiner Leistungspflicht frei geworden ist),
- die Vorschriften über die **Sachmängelhaftung** (§§ 434 ff.).

Diese verdrängen also den § 313.

Prüfschema	394

Störung der Geschäftsgrundlage

§ 313

I. Voraussetzungen:
1. Schwerwiegende Veränderung von Umständen nach Vertragsschluss (§ 313 I) **oder** gemeinschaftlicher »Motivirrtum« (§ 313 II).
2. Veränderte Umstände dürfen **nicht** Vertragsinhalt* geworden sein.
3. Parteien hätten den Vertrag nicht oder mit anderem Inhalt geschlossen, wenn sie die Änderungen vorhergesehen hätten.
4. Festhalten am Vertrag muss für einen Teil unzumutbar sein.

II. Rechtsfolgen:
- Anpassung des Vertrags (§ 313 I) oder – falls Anpassung nicht möglich –
- Rücktritt oder (bei Dauerschuldverhältnissen) Kündigung durch benachteiligte Partei (§ 313 III).

***Beispiel** für veränderte Umstände, die den **Vertragsinhalt** betreffen:
Ein Kinobetreiber verkauft Karten für eine Filmvorführung, die dann aber ausfällt, weil sie behördlich verboten wird. Hier war die **Vorführung des Films** Vertragsinhalt! Die vertraglich geschuldete Leistung ist dem Kinobetreiber unmöglich geworden, sodass seine Leistungspflicht gem. § 275 I ausgeschlossen ist. Die Käufer der Kinokarten sind nach § 326 I 1 von der Gegenleistung befreit und können den bezahlten Kaufpreis nach §§ 326 IV, 346 zurückfordern. § 313 passt hier nicht.

Anders wiederum in folgendem Fall:

Übungsfall 25

Valentin Völler (V), Fußballfan von Bayer 04 Leverkusen, wohnt in der Hohen Straße in Köln. Anlässlich des sicher scheinenden Gewinns der Deutschen Fußballmeisterschaft von Bayer 04 soll die Mannschaft am 31.5. im offenen Wagen einer deutschen Renommierfirma auch durch die Hohe Straße fahren. V vermietet zur Besichtigung des Umzugs Fensterplätze in seiner Wohnung. Max Mieter (M) bezahlt bereits im April an V 100 EUR für einen Platz. Am 25.5. wird bekannt, dass Bayer 04 es (wieder einmal) nicht geschafft hat. Der Umzug findet in diesem Jahr wieder in München statt …

M verlangt das Geld zurück, weil er meint, dass V sich an den 100 EUR gem. § 812 ungerechtfertigt bereichert habe.

Zu Recht?

■ Überlegen Sie wieder selbst, wie dieser Fall gelöst werden könnte! Machen Sie 395 sich einige Notizen dazu, bevor Sie die nachfolgende Lösungsskizze lesen!

▶ (1) Zu denken ist zunächst an einen Anspruch aus ungerechtfertigter Bereicherung gem. § 812 (auf den sich M ausdrücklich beruft) auf Herausgabe der 100 EUR (§ 812 I 2, 2. Var. – lesen!), da der mit der Leistung bezweckte Erfolg (Besichtigung des Umzugs) nicht eingetreten ist.

Dieser Anspruch ist jedoch nach hM gegenüber den Grundsätzen über die Störung der Geschäftsgrundlage subsidiär. Das bedeutet: Haben sich die Parteien eines gegenseitigen Vertrags einen über den Primärzweck der Erfüllung hinausgehenden Erfolg vorgestellt, und tritt dieser Erfolg nicht ein, sind idR die Grundsätze über die Störung der Geschäftsgrundlage anwendbar, die den Anspruch aus § 812 I 2, 2. Var. verdrängen. Denn aus ihr folgen vertragliche Ansprüche, aus § 812 I 2, 2. Var. dagegen ein gesetzlicher Rückforderungsanspruch.[305]

(2) Ein Anspruch auf Herausgabe der 100 EUR könnte sich bei Störung der Geschäftsgrundlage jedoch aus § 346 I ergeben.

(a) Dann müsste M ein vertragliches oder gesetzliches Rücktrittsrecht haben. In Betracht kommt ein gesetzliches Rücktrittsrecht nach § 313 III 1, wenn die **Voraussetzungen für die Störung der Geschäftsgrundlage** (vgl. Prüfschema, → Rn. 394) gegeben sind:

(aa) Beide Parteien hatten die Vorstellung, dass der Umzug stattfindet. Diese Vorstellungen waren Grundlage des Vertrags und haben sich als falsch herausgestellt (§ 313 II = gemeinschaftlicher Motivirrtum).

(bb) Das Stattfinden des Umzugs war nicht Vertragsinhalt, sondern die Vermietung des Fensterplatzes.

(cc) Hätten die Parteien vorhergesehen, dass der Umzug nicht stattfindet, hätten sie den Mietvertrag nicht geschlossen.

(dd) Dem M ist es nicht zumutbar, 100 EUR für einen Fensterplatz zu zahlen, um einen Umzug zu besichtigen, der nicht stattfindet.

Eine Anpassung des Vertrags ist auch nicht möglich. M ist daher berechtigt, gem. § 313 III 1 vom Vertrag zurückzutreten.

(b) Wenn M den Rücktritt gem. § 349 erklärt, treten die Rechtsfolgen von § 346 I ein, dh, V muss die 100 EUR herausgeben.

Der Anspruch des M gegen V aus § 346 I ist somit begründet.

Literatur zur Vertiefung (→ Rn. 385–395): *Alpmann und Schmidt* SchuldR AT 2 2. Teil; *Brox/Walker* SchuldR AT § 27; *Eidenmüller*, Der Spinnerei-Fall: Die Lehre von der Geschäftsgrundlage nach der Rechtsprechung und im Lichte der Schuldrechtsmodernisierung, JURA 2001, 824; *Esser/Schmidt* SchuldR AT II § 24; *Fikentscher/Heinemann* SchuldR § 27; *Grunewald* BürgerlR § 14; *Hirsch*, Der Tatbestand der Geschäftsgrundlage im reformierten Schuldrecht, JURA 2007, 81; *Hirsch* SchuldR AT § 10; *Larenz* SchuldR AT § 21 II; *Lettl*, Die Anpassung von Verträgen des Privatrechts, JuS 2001, 144, 248, 347, 456, 559 und 600; *Looschelders* SchuldR AT § 37; *Medicus/Petersen* BürgerlR Rn. 167 ff.; *Musielak/Hau* GK BGB § 6 VIII; *Petersen*, Der beiderseitige Irrtum zwischen Anfechtungsrecht und Geschäftsgrundlage, JURA 2011, 430; *Picker*, Schuldrechtsreform und Privatrechtsautonomie, JZ 2003, 1035; *Rösler*, Störung der Geschäftsgrundlage nach der Schuldrechtsreform, ZGS 2003, 383; *Rösler*, Grundfälle zur Störung der Geschäftsgrundlage, JuS 2004, 1058; 2005, 27, 120; *Schlüter*, Leistungsbefreiung bei Leistungserschwerungen, ZGS 2003, 346; *Steckler/Tekidou-Kühlke* WirtschaftsR Rn. 179 ff.; *Stürner*, »Faktische Unmöglichkeit« (§ 275 II BGB) und Störung der Geschäftsgrundlage (§ 313 BGB) – unmöglich abzugrenzen?, JURA 2010, 721; *Westermann/Bydlinski/Weber* SchuldR AT § 12; *Wieser*, Der Anspruch auf Vertragsanpassung wegen Störung der Geschäftsgrundlage, JZ 2004, 654.

---

305 BGH WM 1971, 276; 1972, 888; BGHZ 84, 1 (10 f.) = NJW 1982, 2184; BGHZ 108, 147 (149) = NJW 1989, 2470; Palandt/*Grüneberg* § 313 Rn. 15; Jauernig/*Stadler* § 313 Rn. 13; BeckOK BGB/*Unberath* § 313 Rn. 24; jurisPK-BGB/*Pfeiffer* § 313 Rn. 26; MüKoBGB/*Finkenauer* § 313 Rn. 178.

6. Kapitel. Beteiligung Dritter am Schuldverhältnis

I. Vorbemerkung

Beteiligte eines Schuldverhältnisses sind regelmäßig zwei Parteien, die wir bekannt- **396** lich als Schuldner und Gläubiger bezeichnen. In den meisten Fällen besteht eine Partei eines Schuldverhältnisses auch aus **einer** Person. Die »juristische Person«, zu der mehrere Menschen (natürliche Personen) gehören, zählen wir selbstverständlich nur als »einen« Beteiligten. **Ein** Gläubiger steht **einem** Schuldner gegenüber. Möglich ist indessen auch, dass auf der Gläubiger- oder Schuldnerseite mehrere Personen auftreten. Dabei können diese Personen jeweils selbst Vertragspartei sein. Man spricht – je nachdem – von Gläubiger- oder Schuldnermehrheit, deren gesetzliche Regelung wir uns in diesem Kapitel kurz ansehen werden. Ein Dritter kann an einem Schuldverhältnis auch in der Weise beteiligt sein, dass sich eine Vertragspartei seiner Hilfe bei der Erfüllung des Schuldverhältnisses bedient, zB indem sie dem Dritten Vollmacht (§ 167 – nachlesen!) erteilt und diesen dadurch zum Stellvertreter iSd §§ 164 ff. macht. Der Dritte ist dann zugleich »Erfüllungsgehilfe« des Schuldners iSv § 278. Ein Dritter kann aber auch **ohne** Vertretungsmacht im Rahmen der Erfüllung eines Schuldverhältnisses tätig werden. Auch er ist »Erfüllungsgehilfe« (zB als »Bote«). Das Auftreten des Dritten kann bestimmte Rechtsfolgen für die Partei, für die er handelt, nach sich ziehen, auf die in diesem Kapitel ebenfalls eingegangen wird.

Rechtsprechung und Lehre sind sich im Grundsatz auch seit langem einig, dass Dritte, die am Schuldverhältnis nicht unmittelbar beteiligt sind, nach vertraglichen Grundsätzen selbst **haften** oder **berechtigt sein** können.

Bezüglich der **Haftung** des Dritten auf vertraglicher Grundlage hat der Gesetzgeber diese Entwicklung im Rahmen der Schuldrechtsreform aufgegriffen: Ein Schuldverhältnis kann mit Pflichten aus § 241 II gem. § 311 III 1 auch zu Personen entstehen, die nicht selbst Vertragspartei werden sollen. Um eine solche **Haftung** des Dritten geht es vor allem in den Fällen der Eigenhaftung des Vertreters mit Vertretungsmacht.[306]

Die **Berechtigung** Dritter an oder aus einem Schuldverhältnis hat der Gesetzgeber bisher nur mit dem Vertrag zugunsten Dritter (§§ 328 ff.) geregelt.

Der »Vertrag mit Schutzwirkung für Dritte« bleibt weiterhin, ebenso wie das »vorvertragliche Schuldverhältnis mit Schutzwirkung für Dritte« der Rechtsprechung und Lehre zur Fortentwicklung überlassen.

II. Erfüllungsgehilfe

1. Begriff

Erfüllungsgehilfe ist, wer mit Willen des Schuldners bei der Erfüllung von dessen **397** Verbindlichkeit aus dem Schuldverhältnis tätig wird.[307] Dies ergibt sich aus § 278, der

---

306 Ausführlich hierzu *Wörlen/Metzler-Müller* BGB AT Rn. 386–402.
307 BGHZ 13, 111 (113) = NJW 1954, 1193; Palandt/*Grüneberg* § 278 Rn. 7.

zugleich die Haftung für das Verschulden des Erfüllungsgehilfen regelt. Lesen Sie § 278 S. 1 und den folgenden Übungsfall.

Übungsfall 26

Käthe Kollwitz (K) setzt sich in eine scheinbar gemütliche Kölner Altstadtkneipe, um sich ein Kölsch und einen Imbiss zu genehmigen.

Noch bevor der Wirt Volker Vierheilig (V) die Bestellung aufnimmt, zerreißt sie sich ihren neuen Rock an einem Nagel, der aus dem Stuhl herausragt. Als sie entsetzt aufspringt, wird sie vom Köbes[308] des V, Detlef Donner (D) angerempelt, der gerade eine Suppe zum Nachbartisch bringen will. Da D unachtsam ist, ergießt sich die Suppe über Käthes Bluse.

K verlangt von dem Wirt V das Geld für einen neuen Rock und die Reinigungskosten für die Bluse. Zu Recht?

---

2. Haftung des Geschäftsherrn

a) Eigenes Verschulden

398 Da für den Schaden an Rock und Bluse offensichtlich verschiedene Ursachen vorliegen, prüfen wir die beiden Ansprüche der K gegen V getrennt. Zuerst den Anspruch auf Schadensersatz für den Rock (I) und dann den Ersatz für die Reinigungskosten der Bluse (II).

▨ Bevor Sie weiterlesen, sollten Sie versuchen, die Lösung des Falls – zumindest ansatzweise – selbst zu finden! Welche Anspruchsgrundlage, die Sie bereits (aus dem Recht der Leistungsstörungen) kennen, kommt bezüglich des Schadensersatzes für den Rock in Betracht (war bereits ein Vertrag zwischen V und K geschlossen?)? Welche (vier!) Voraussetzungen müssen für diesen Anspruch erfüllt sein? Blättern Sie zurück, machen Sie sich Notizen!

▶ (I) Wenn Sie lange genug überlegt haben und nun ein Gutachten anfertigen würden, müsste Ihr erster Satz lauten:
»K könnte gegen V einen Anspruch auf Schadensersatz aus Verschulden bei Vertragsschluss gem. § 280 I iVm §§ 311 II Nr. 2 (Anbahnung eines Vertrages), 241 II haben«.

Wenn wir eine Anspruchsgrundlage gefunden haben, die den möglichen Anspruch, nach dem gefragt ist, gewährt, so wird diese als mögliches (hypothetisches) Ergebnis dem Gutachten vorangestellt.[309]

▨ Welches ist der zweite Schritt, den wir im Gutachten vollziehen müssen?

399 ▶ Wir müssen genau prüfen, ob die einzelnen Voraussetzungen vorliegen, die diesen vermuteten Anspruch begründen können.

▨ Welches sind die vier Voraussetzungen, die für einen Anspruch auf Schadensersatz aus § 280 I iVm §§ 311 II, 241 II erfüllt sein müssen?

▶ (1) Wirksames (vorvertragliches) Schuldverhältnis (§ 280 I 1 iVm § 311 II Nr. 1–3)
(2) Pflichtverletzung durch den Schuldner iSv § 241 II
(3) Vertretenmüssen (§ 280 I 2 iVm § 276 oder § 278)

---

308 »Kölsch«, deutsch: Kellner, Ober [»Kölsch« ist ein Synonym für Kölner Bier und Kölner Mundart!].
309 Vgl. *Wörlen/Metzler-Müller* BGB AT Übersicht 15 Rn. 138; *Metzler-Müller* PrivatRFall 33 f.

(4) Schaden beim Gläubiger als Folge der Pflichtverletzung

Da in diesem Rahmen kein vollständiges Gutachten präsentiert werden soll, wird die Falllösung nur skizziert:

(1) Indem K sich an den Tisch in V's Kneipe setzte, hat sie zwar noch keine Vertragsverhandlungen aufgenommen, jedoch zu erkennen gegeben, dass sie mit dem Wirt einen Vertrag schließen will. Diese Anbahnung des Vertrags genügt, um ein wirksames vorvertragliches Schuldverhältnis zu begründen (§ 311 II Nr. 2).

(2) Es gehört zu den Pflichten eines Gastwirts, für einen ordnungsgemäßen Zustand seiner Räumlichkeiten und seines Mobiliars zu sorgen. In seinem Lokal hat er darauf zu achten, dass seine Gäste keinen von ihm verursachten Schaden nehmen. Auf Seiten des V liegt eine Pflichtverletzung (§ 241 II) vor.

(3) Diese Pflichtverletzung geschah schuldhaft, da V bei Anwendung der verkehrsüblichen, erforderlichen Sorgfalt den Nagel hätte bemerken müssen. V hat fahrlässig iSv § 276 I 1 und II gehandelt.

(4) Da der neue Rock von K durch den Nagel zerrissen ist, ist ihr ein Schaden entstanden, sodass alle Voraussetzungen für einen Anspruch aus § 280 I iVm § 311 II Nr. 2 gegen V erfüllt sind.

Rechtsfolge ist, dass V der K zum Schadensersatz verpflichtet ist.

Schließlich muss, wie Sie wissen, bei Bestehen eines jeden Schadensersatzanspruchs auch immer etwas über den Umfang des Schadens gesagt werden.

Für den Umfang des Schadensersatzes gilt § 249 (lesen!). Gemäß § 249 I ist K von V **400** so zu stellen, wie sie stehen würde, wenn sie nicht auf das ordnungsgemäße Zustandekommen des Vertrags vertraut hätte. Gemäß § 249 II 1 (nochmals lesen) hat K, da der Rock (= Sache) beschädigt (nicht völlig zerstört) ist, die Wahl: Entweder muss V den Zustand »neuer Rock« wieder herstellen, indem er einen gleichen Rock beschafft oder K verlangt den Geldbetrag, der zum Kauf eines gleichen Rocks erforderlich ist. K hat sich für Letzteres entschieden.

b) Fremdes Verschulden

▣ (II) Wie steht es mit dem Anspruch für die Verschmutzung der Bluse? Liegt insoweit ein Verschulden des V iSv § 276 vor? Wer hat K die Suppe über die Bluse geschüttet?

▶ Der Kellner D! D war »unachtsam«, sodass er fahrlässig, dh schuldhaft iSv § 276 gehandelt hat. Künftiger Vertragspartner der K ist aber der Wirt V. In dem vorvertraglichen Schuldverhältnis V – K ist D »Dritter«. Aus der Sicht der beiden (potenziellen) Vertragspartner liegt in dem Verschulden des D deshalb ein fremdes Verschulden.
Die Haftung für fremdes Verschulden ist im allgemeinen Schuldrecht ausdrücklich geregelt.

▣ In welcher Vorschrift? (Überlegen Sie! Sie haben die Vorschrift vor kurzem noch gelesen!)

▶ Die Haftung für fremdes Verschulden ist in der Vorschrift über die »Verantwort- **401** lichkeit des Schuldners für Dritte« geregelt: § 278 (Satz 1 lesen!).

Ebenso wie § 276 ist § 278 keine Anspruchsgrundlage.

Zur Wiederholung: Die Definition des Anspruchs ergibt sich aus § 194 I. Darunter wird das Recht verstanden, von einem anderen ein Tun oder Unterlassen zu verlangen. (Aus der Formulierung von § 278 können Sie nicht entnehmen, dass jemand von einem anderen etwas, also ein Tun oder Unterlassen, verlangen kann).

Es handelt sich bei § 278 um eine reine **Zurechnungsnorm** mit der Funktion, in einer vorhandenen Anspruchsgrundlage das Merkmal »Vertretenmüssen (Verschulden)« auszufüllen. Voraussetzung der Haftung für das Verschulden des Erfüllungsgehilfen ist ein bestehendes Schuldverhältnis, innerhalb dessen sich der Schuldner »zur Erfüllung seiner Verbindlichkeit« einer Hilfsperson bedient. Der Ausdruck »Verbindlichkeit« bezieht sich nicht nur auf die Haupt- und (leistungsbezogenen) Nebenpflichten, sondern auch auf die dem Schuldner obliegenden weiteren Verhaltenspflichten iSv § 241 II. § 278 gilt daher auch für die Verletzung der Pflicht, sich bei der Abwicklung des Schuldverhältnisses so zu verhalten, dass die Rechte, Rechtsgüter und Interessen des anderen Teils nicht verletzt werden.[310] Als Schuldverhältnis gilt dabei auch ein vorvertragliches Schuldverhältnis,[311] aus dem Ansprüche aus § 280 I iVm §§ 311 II, 241 II folgen können.

Somit kommt ein Anspruch der K gegen V aus § 280 I iVm §§ 311 II Nr. 2, 241 II iVm § 278 in Betracht:

(1) Zwischen V und K lag ein wirksames vorvertragliches Schuldverhältnis (= Anbahnung eines Vertrags) vor.
(2) Zu den Sorgfaltspflichten des Wirts V gehört es, darauf zu achten, dass seine Gäste in seinem Lokal keinen Schaden erleiden. Dieser Sorgfaltspflicht nachzukommen, ist seine Verbindlichkeit aus dem vorvertraglichen Schuldverhältnis. Da durch die vom Kellner verschüttete Suppe die Bluse der K verunreinigt wurde, liegt eine Pflichtverletzung durch D vor, die V sich zurechnen lassen muss.
(3) Um dafür zu haften, muss V diese Pflichtverletzung zu vertreten haben. Zwar hat V selbst die Pflichtverletzung nicht verschuldet (§ 276), doch hat er sich zur Erfüllung seiner Verbindlichkeit aus dem vorvertraglichen Schuldverhältnis des Kellners D bedient, der somit Erfüllungsgehilfe iSv § 278 ist. Da D »unachtsam« war, hat er fahrlässig iSv § 276 II (lesen!) gehandelt. Dieses Verschulden des D hat V gem. § 278 S. 1 »in gleichem Umfang zu vertreten wie eigenes Verschulden«!
(4) Der Schaden der K liegt darin, dass sie Reinigungskosten für die Bluse aufwenden muss.

Ergebnis: K kann von V auch Schadensersatz für die Reinigungskosten nach §§ 280 I, 311 II Nr. 2, 241 II iVm § 278 verlangen! Für den Umfang des Schadensersatzes gilt wieder § 249 (II 1).

3. Erfüllung einer Verbindlichkeit

402 Wenn soeben festgestellt wurde, dass für die Haftung des Erfüllungsgehilfen nach § 278 ein Schuldverhältnis vorausgesetzt wird und dass dazu auch ein vorvertragliches Schuldverhältnis zählt, darf dies nicht verwechselt werden mit den Fällen, in denen eine Hilfsperson nicht in Erfüllung einer Verbindlichkeit des Schuldners aus dem

---

310 Palandt/*Grüneberg* § 278 Rn. 18.
311 Vgl. *Brox/Walker* SchuldR AT § 20 Rn. 25.

Schuldverhältnis, sondern nur **anlässlich** bzw. »**nur bei Gelegenheit**« eines Schuldverhältnisses tätig wird.

Kommen wir zunächst auf den **Beispielsfall** (→ Rn. 337, Beispiel 1) zurück, in dem   **403**
Malermeister Ulf Umbra (U) beim Streichen der Wände aus Unachtsamkeit den Teppich seines Kunden Bodo Bodenfleck (B) befleckt bzw. beschädigt hat.[312]

▨ Welcher Anspruch des B gegen U kommt in Betracht?
▶ Einfacher Schadensersatz wegen Pflichtverletzung gem. § 280 I iVm § 241 II und § 276.

Abwandlung:
U lässt die Malerarbeiten von seinem Gesellen Gerold Gutgesell (G) vornehmen, dem schuldhaft dasselbe passiert.

▨ Anspruch B gegen U?
▶ § 280 I iVm § 241 II und §§ 276, 278!

Nach hM muss das schuldhafte Fehlverhalten des Dritten (G) iSv § 278 in **unmittelbarem und innerem sachlichen Zusammenhang** mit den Aufgaben stehen, die ihm von seinem Geschäftsherrn (U) als Schuldner im Hinblick auf die Erfüllung von Verbindlichkeiten aus dem konkreten Schuldverhältnis zugewiesen waren.

Zu den Verbindlichkeiten des Schuldners gehört bei **jedem** Schuldverhältnis nicht nur die Erfüllung der Hauptpflicht, sondern auch die Erfüllung von Nebenpflichten, insbesondere auch die von Verhaltens- bzw. Sorgfaltspflichten iSv § 241 II. Somit haftet U für das Verschulden des G.

> Anderes **Beispiel:** Die bei Egon Eigen (E) tätige Putzfrau Paula Piekfein (P) verschüttet beim Säu-   **404**
> bern der Wohnung des E fahrlässig eine Karaffe Rotwein auf ein Buch, das E sich von Volker Ver-
> leihnix (V) entliehen hat. V verlangt von E 50 EUR Schadensersatz, da das Buch unlesbar ist. E
> beruft sich darauf, dass ihn keine Verschulden treffe: Schließlich habe er die P nicht gebeten, ihm
> bei der Erfüllung seiner Verbindlichkeiten aus dem Leihvertrag mit V zu helfen, sondern seine
> (E's) Wohnung zu putzen.

▨ Anspruch V gegen E?
▶ § 280 I iVm § 241 II und §§ 276, 278?

Der Anspruch ist begründet, wenn P »in Erfüllung einer Verbindlichkeit« (vgl. Wortlaut § 278) des E aus dem Leihvertrag (§§ 598 ff.) tätig war. Zu den Verbindlichkeiten des E gehören nicht nur die Pflichten aus §§ 603, 604 (gelesen?), sondern wiederum auch die allgemeine Pflicht nach § 241 II, auf die Rechte, Rechtsgüter und Interessen des V Rücksicht zu nehmen. Bedient sich der Schuldner in seiner Umgebung einer Hilfsperson, erstreckt sich diese allgemeine Rücksichtnahmepflicht auch auf Handlungen der Hilfsperson. P war somit Erfüllungsgehilfin des E bezüglich seiner Verpflichtung (»Verbindlichkeit«) aus § 241 II. Da P fahrlässig gehandelt hat, muss E sich ihr Verschulden über § 278 zurechnen lassen.

▨ Stimmt das? Muss E wirklich für P haften? Zumal P nicht »in Erfüllung einer Verbindlichkeit« des E aus dem Leihvertrag mit V tätig war, sondern nur in Erfüllung ihrer eigenen Verbindlichkeit aus ihrem Werkvertrag (§ 631), also »putzend«.

---

312 Hier nenne ich den Malermeister **U** (= »Unternehmer«) und den Kunden **B** (= »Besteller«), vgl.
Wortlaut des § 631.

Sie hat folglich nur **anlässlich** bzw. **bei Gelegenheit** des Leihvertrags, der zwischen V und E besteht, gehandelt.

▶ E muss auch für diese Pflichtverletzung haften. Denn § 278 bezieht sich nicht nur auf das Verschulden bei der Erfüllung von Leistungspflichten, sondern auch auf das Verschulden von Schutz- und Sorgfaltspflichten iSd § 241 II.[313]

Zur Verdeutlichung eine weitere **Abwandlung zum Malerfall:**

405 Malermeister U schickt seinen Gesellen G zum Kunden B. G streicht die Wände zwar sorgfältig, sieht aber im luxuriösen Bad des Hauses eine Diamantenkette von Corinna, der Ehefrau des (Ralf) B, und lässt die Klunker »mitgehen« ... Diebstahl also, zu dem sich G plötzlich entschließt! B verlangt von U Schadensersatz gem. § 280 I iVm §§ 276, 278.

■ Zu Recht?

▶ Das hängt davon ab, ob die »Nichtbegehung eines Diebstahls« noch zu den »Verbindlichkeiten«, insbesondere den Verpflichtungen aus § 241 II des U gehört. Die Antwort (nach hM) ist: Nein!

Insofern ist die hM zutreffend: Zur »Nichtbegehung« (welch fürchterliches Juristendeutsch, dieses Wort ...) eines Diebstahls ist **jeder immer** verpflichtet; und zwar unabhängig davon, ob er in Erfüllung einer Verbindlichkeit aus einem Schuldverhältnis tätig wird oder auf der Straße spazieren geht!

Wenn U selbst den Diamantenschmuck stiehlt, haftet er zivilrechtlich nicht aus vertraglicher Verbindlichkeit, sondern aus unerlaubter Handlung gem. § 823 I (und auch II).

Demnach ist mit der hM[314] hier (seit jeher) eine Haftung des U über § 278 für den Diebstahl der Diamantenklunker durch G abzulehnen, da G diese Schädigung dem B ohne **unmittelbaren und inneren sachlichen** Zusammenhang zu seinen Aufgaben in Erfüllung einer Verbindlichkeit seines Geschäftsherrn U zugefügt hat. Denn der Schuldner hat nur für solche Pflichtverletzungen des Erfüllungsgehilfen einzustehen, die aus der Sicht eines Außenstehenden im inneren sachlichen Zusammenhang mit dem Wirkungskreis stehen, der dem Gehilfen zugewiesen ist.[315] Die Hilfsperson darf nicht nur bei Gelegenheit der Erfüllung einer Verbindlichkeit gehandelt haben, vielmehr muss das Fehlverhalten **in Ausübung der ihr übertragenen Hilfstätigkeit** erfolgt sein.[316] Mit dem Merkmal des inneren sachlichen Zusammenhangs werden folglich diejenigen Risiken ausgegrenzt, die keinen Bezug zum Schuldverhältnis aufweisen, sondern der allgemeinen Lebensführung des Gehilfen angehören.[317]

G wurde hier tatsächlich nur »bei Gelegenheit« seiner ihm vom Schuldner (U) aufgetragenen Arbeit tätig.

406 Eine im Vordringen begriffene Auffassung[318] will hier den Schuldner (U) entgegen der hM auch für den Diebstahl durch seinen Gehilfen (G) im Hause des Kunden über

---

313 BGH NJW 2012, 1083. So auch *Medicus/Lorenz* SchuldR AT Rn. 388 f.; Palandt/*Grüneberg* § 278 Rn. 13; *Hirsch* SchuldR AT Rn. 435.
314 BGH NJW 1997, 1360.
315 BGHZ 114, 263 = NJW 1991, 2556; Palandt/*Grüneberg* § 278 Rn. 22.
316 BGH NJW 1997, 1360 (1361).
317 jurisPK-BGB/*Seichter* § 278 Rn. 40 f. mwN.
318 *Looschelders* SchuldR AT Rn. 506; *Medicus/Lorenz* SchuldR AT Rn. 391; HK-BGB/*Schulze* § 278 Rn. 11; *Brox/Walker* SchuldR AT § 20 Rn. 32.

§ 278 einstehen lassen, weil er gerade durch die Übertragung der Malerarbeiten dem Gehilfen den Zugang zu dem Haus des Gläubigers ermöglicht und damit die konkrete Gefährdung geschaffen habe. Für die Einbeziehung in die Haftung nach § 278 spreche hier nicht nur, dass es zu den Verbindlichkeiten des Schuldners aus § 241 II gehöre, nicht schädigend auf Rechte, Rechtsgüter und Interessen des Gläubigers einzuwirken, sondern vor allem, dass die Tätigkeit, welche der Schuldner dem Gehilfen übertragen hat, die Gefahr der Schädigung des Gläubigers erheblich erhöht habe.[319] Bediene sich der Schuldner zur Erfüllung seiner Verbindlichkeiten einer Hilfsperson, müsse er sich grundsätzlich so behandeln lassen, als ob er deren Handlung selbst vorgenommen habe.[320] Nach dieser Auffassung ist daher die Anwendung von § 278 für alle diejenigen Schädigungen zu bejahen, die dem Gehilfen durch die von seinem Geschäftsherrn (Schuldner der Verbindlichkeit) übertragene Tätigkeit erheblich erleichtert worden sind.[321] **Nicht** (nach § 278) zu vertreten hat es der Schuldner nach dieser Meinung, wenn sein Erfüllungsgehilfe den Gläubiger schädigt, ohne dass die Aufgabenzuweisung innerhalb des Schuldverhältnisses die Gefahr dafür **erheblich** erhöht hat! Danach soll der Schuldner zB nicht haften, wenn der Angestellte eines Hotels unerlaubt das Auto eines Gastes benutzt[322], der Gehilfe das auf der »öffentlichen Straße« vor dem Haus des Kunden geparkte Auto stiehlt[323], das vor dem Haus abgestellte Fahrrad des Kunden »mitnimmt«[324] oder das »im unverschlossenen Hof« geparkte Fahrzeug des Gläubigers entwendet.[325]

▪ Das klingt durchaus überzeugend? Aber **etwas** befremdet mich an dieser Konstruktion. Sie auch? Überlegen Sie, was das sein könnte, wenn Sie bedenken, dass der Gehilfe von seinem Meister zum Haus des Kunden geschickt wird und dort einen Diebstahl begeht!   **407**

▶ Damit, dass der Gehilfe bei der Ausführung der ihm übertragenen Arbeiten einen Fehler begeht (»nobody is perfect«), muss der »Meister« (Schuldner) immer rechnen, da auch er selbst gegen Fahrlässigkeiten, die zum Schaden bei seinem Gläubiger führen können, nicht gefeit ist. Insofern ist es gerechtfertigt, wenn der Schuldner, der nicht selbst handelt, für Fahrlässigkeiten seines Gehilfen einstehen muss. Ein Diebstahl dagegen setzt einen völlig anderen, neuen Entschluss des Täters voraus. Der »normale« »Meister« würde selbst nie einen Diebstahl bei seinen Kunden begehen und muss »normalerweise« auch nicht damit rechnen, dass sein Erfüllungsgehilfe sich dazu entschließt, **bei Gelegenheit** der Erfüllung des Schuldverhältnisses zu »klauen« ...

Und warum soll es einen Unterschied machen, ob der Gehilfe **im** Haus des Kunden oder **vor** dessen Haus kriminelle Energie entwickelt, um zum Dieb zu werden? Der Gehilfe ist in beiden Fällen nicht aus eigenem Antrieb zu diesem Haus des Kunden marschiert, sondern um den Auftrag seines Geschäftsherrn, die Verbindlichkeit seines »Chefs« zu erfüllen! Die »Gelegenheit« des Diebstahls hat mit dem Schuldverhältnis, das erfüllt wird, nichts zu tun. Ob der Gehilfe den Diebstahl im oder vor dem Haus begeht, muss für die Haftung aus § 278 **unerheblich** sein.

---

319 NK-BGB/*Dauner-Lieb* § 278 Rn. 8.
320 *Brox/Walker* SchuldR AT § 20 Rn. 32.
321 *Medicus/Lorenz* SchuldR AT Rn. 391.
322 BGH NJW 65, 1709.
323 HK-BGB/*Schulze* § 278 Rn. 11.
324 *Medicus/Lorenz* SchuldR AT Rn. 391.
325 *Brox/Walker* SchuldR AT § 20 Rn. 32.

Fazit: Für unvorhersehbar entwickelte kriminelle Energie des Gehilfen, ob im oder »außer« Haus des Kunden, muss der Geschäftsherr nach hM, der ich mich anschließe, nicht nach § 278 einstehen bzw. haften.

Die wichtigsten Merkmale der Haftung für den Erfüllungsgehilfen sind auf der kurzen folgenden Übersicht zusammengefasst:

Übersicht 21

408

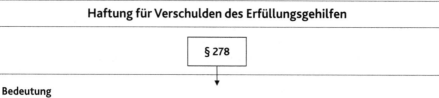

Haftung für Verschulden des Erfüllungsgehilfen

§ 278

Bedeutung

Ist eine reine Zurechnungsnorm mit der Funktion, in einer gegebenen Anspruchsgrundlage das Merkmal »Vertretenmüssen« auszufüllen.

Voraussetzungen

- Schuldverhältnis: (vor)vertragliches oder gesetzliches
- Erfüllungsgehilfe
- Pflichtverletzung des Erfüllungsgehilfen
- in einer Verbindlichkeit seines »Geschäftsherrn« gegenüber dessen Vertragspartner
- Verschulden des Erfüllungsgehilfen

Ist anwendbar ohne Rücksicht darauf, ob der Erfüllungsgehilfe vom Geschäftsherrn weisungsabhängig ist oder nicht.

Rechtsfolge

Begründet eine Haftung für fremdes Verschulden (= Verschulden des Erfüllungsgehilfen).

Literatur zur Vertiefung (→ Rn. 396–408): *Alpmann und Schmidt* SchuldR AT 1 3. Teil 8. Abschn. B.; *Brox/Walker* SchuldR AT § 20 Rn. 23–39; *Fikentscher/Heinemann* SchuldR § 56; *Larenz* SchuldR AT § 20, VIII; *Looschelders* SchuldR AT Rn. 501 ff.; *Looschelders/Makowsky*, Relativität der Schuldverhältnisse und Rechtsstellung Dritter, JA 2012, 721; *S. Lorenz*, Die Haftung für Erfüllungsgehilfen, in: 50 Jahre BGH, Festgabe aus der Wissenschaft, 2000, 295; *Medicus/Lorenz* SchuldR AT Rn. 379 ff.; *Medicus/Petersen* BürgerlR Rn. 798 ff.; *Medicus/Petersen* Grundwissen BürgerlR Rn. 158 ff.; *Walker*, Die eingeschränkte Haftung des Arbeitnehmers unter Berücksichtigung der Schuldrechtsreform, JuS 2002, 736.

III. Vorvertragliches Schuldverhältnis mit Dritten (§ 311 III)

1. Entstehung

Grundsätzlich kommt eine Haftung wegen Pflichtverletzung bei Vertragsschluss 409
(→ Rn. 359 ff.) nur zwischen den potenziellen Vertragspartnern in Betracht. Nach
§ 311 III 1 »kann« ein Schuldverhältnis aber auch mit Personen entstehen, die nicht
selbst Vertragspartei werden sollen. Mit dieser Regelung hat der Gesetzgeber im
Rahmen der Schuldrechtsmodernisierung etwas kodifiziert, was in Rechtsprechung
und Lehre schon seit langem anerkannt[326] war: dass unter bestimmten Voraussetzungen eine Haftung Dritter nach c.i.c.-Grundsätzen möglich ist. Der Gesetzgeber hat
aber auf detaillierte Regelungen verzichtet und lediglich eine Generalklausel und ein
Regelbeispiel festgelegt. Dadurch soll die künftige Entwicklung möglich bleiben.[327]

§ 311 III 1 besagt allerdings über die **Voraussetzungen**, unter denen eine Verpflichtung Dritter neben den Parteien des Verhandlungsverhältnisses aus c.i.c. in Betracht
kommt, im Grunde nur wenig oder besser: nichts. Deshalb besteht weitgehend Ei-
nigkeit darüber, dass im Wesentlichen auf die **frühere Rechtsprechung** zurückgegriffen werden kann.[328]

2. Voraussetzungen

Eine Voraussetzung, die im Gesetz ausdrücklich genannt wird, ist:

410

a) Die Inanspruchnahme besonderen Vertrauens durch Dritte

Nach § 311 III 2 entsteht ein Schuldverhältnis **insbesondere**, wenn der Dritte in be-
sonderem Maße Vertrauen für sich in Anspruch nimmt und dadurch die Vertragsverhandlungen oder den Vertragsschluss erheblich beeinflusst.

Dieses Kriterium war bereits vor der Schuldrechtsreform von der Rechtsprechung in
Analogie zu § 179 II (Haftung des Vertreters **ohne** Vertretungsmacht) für die Eigenhaftung des Vertreters **mit** Vertretungsmacht (anstelle des Vertretenen) entwickelt
worden.

Schulbeispiel ist der Fall des Gebrauchtwagenhändlers (D), der als Vertreter des Ei-
gentümers (V) dessen Auto verkauft. Hier haftet der Vertreter D als Dritter iSv
§ 311 III dem Käufer K, wenn dieser (der mit V zunächst keinen Kontakt hat) wegen
der besonderen Fachkenntnisse des Händlers auf dessen (fahrlässig falsche) Angaben
und Beratung vertraut hat.[329]

---

326 Vgl. *Brox/Walker* SchuldR AT § 5 Rn. 9. Nach dem Willen des Gesetzgebers sollten mit dieser
   Formulierung die von der bisherigen Rechtsprechung (BGHZ 88, 67 [68] = NJW 1983, 2696;
   BGH NJW 1990, 1907 [1908]) entwickelten Grundsätze kodifiziert und deren Weiterentwick-
   lung ermöglicht werden; s. BT-Drs. 14/6040, 163.
327 jurisPK-BGB/*Lapp* § 311 Rn. 82.
328 MüKoBGB/*Emmerich* § 311 Rn. 173 mwN; Palandt/*Grüneberg* § 311 Rn. 60; jurisPK-BGB/
   Lapp § 311 Rn. 82 hält die Aussage, man könne unbedenklich, das heißt ohne Rücksicht auf die
   nunmehr geschriebene Norm, auf die bisherige Praxis zurückgreifen, für zu weitgehend.
329 *Brox/Walker* SchuldR AT § 5 Rn. 10; vgl. dazu die ausführliche Darstellung des Problems in
   Wörlen/Metzler-Müller BGB AT zu Fall 25 Rn. 387–397.

Der Anspruch des K gegen D auf Schadensersatz ergibt sich hier aus § 280 I iVm §§ 241 II, 311 III.[330]

Die besondere Vertrauensinanspruchnahme ist allerdings nicht die einzige Voraussetzung für eine Haftung des Dritten aufgrund von § 311 III. Durch das Wort »insbesondere« (Tipp: im Gesetzestext unterstreichen) hat der Gesetzgeber die Möglichkeit offen gelassen, auch andere Kriterien zur Begründung dieser Haftung heranzuziehen.

Als eine weitere Voraussetzung für die Eigenhaftung des Vertreters mit Vertretungsmacht war nach bisheriger Rechtsprechung anerkannt:

411 b) Das besondere wirtschaftliche Eigeninteresse von Dritten

Eine Haftung des Dritten kommt danach auch in Betracht, wenn der Dritte als Vertreter einer Vertragspartei zwar kein besonderes persönliches Vertrauen seines Verhandlungspartners in Anspruch nimmt, jedoch ein solch erhebliches wirtschaftliches Eigeninteresse an dem Vertragsabschluss mit dem Vertretenen hat, als ob er »gleichsam in eigener Sache«[331] handele.

Hierzu zählt zum **Beispiel** der Fall des Versicherungsagenten, dem für den Abschluss von 100 Versicherungsverträgen bis zu einem bestimmten Datum eine lukrative Beförderung in Aussicht gestellt wurde, und der sich, um dieses Ziel zu erreichen, nicht davor scheut, einen Versicherungsnehmer unter Vorspiegelung falscher Tatsachen zum Vertragsabschluss zu überreden.[332] Das erhebliche wirtschaftliche Eigeninteresse des Vertreters an dem Vertragsabschluss war hier durch das Ziel, die Beförderung zu erlangen, bestimmt. Dieses Eigeninteresse ging somit über das bloße Provisionsinteresse hinaus, das als Haftungsgrund allein nicht ausreichen würde.

Den Schaden, den der Versicherungsnehmer erleidet, weil der Versicherer bei vermeintlichem Eintritt des Versicherungsfalls die Versicherungssumme nicht zahlt, hat der Dritte ebenfalls nach § 280 I iVm §§ 241 II, 311 II und III zu ersetzen.

412 c) Sachwalterhaftung

Die Rechtsprechung hat die zunächst für die Eigenhaftung des Vertreters mit Vertretungsmacht entwickelten Grundsätze zur Haftung aus c.i.c. später als sog. »Sachwalterhaftung« auch auf andere Hilfspersonen, die in die Vertragsverhandlungen eingeschaltet sind, ausgedehnt.[333]

Dabei geht es um die Haftung von Sachverständigen und andere Auskunftspersonen, die – **ohne** Eigeninteresse am Vertragsschluss – durch ihre Äußerungen entscheidend zum Abschluss des Vertrags beitragen, weil sich der Verhandlungspartner auf ihre Sachkunde, Objektivität und Neutralität verlässt. Auch diese Fälle werden nun von § 311 III erfasst.

---

330 Dazu *Wörlen/Metzler-Müller* BGB AT Rn. 397.
331 BGH NJW 1990, 506.
332 Dazu ausführlich *Wörlen/Metzler-Müller* BGB AT Fall 26 Rn. 398–402.
333 HK-BGB/*Schulze* § 311 Rn. 19; MüKoBGB/*Emmerich* § 311 Rn. 179 mwN. BeckOK BGB/ *Sutschet* § 311 Rn. 116 sieht dies als einen Unterfall der Eigenhaftung Dritter wegen entgegengebrachten besonderen Vertrauens an.

> **Beispiel:**[334] V beauftragt den Sachverständigen D mit der Bewertung seines Grundstücks. Dabei geht D fahrlässig von einem zu hohen Wert aus. Dadurch verleitet er den K zu einem für diesen ungünstigen Vertragsabschluss. K verlangt Schadensersatz von D. Zu Recht?

▪ Versuchen Sie wieder einmal selbst, die Lösung dieses kleinen Falls (stichwortartig) niederzuschreiben, bevor Sie weiterlesen!

▶ Zwischen K und D besteht kein Vertragsverhältnis, sondern D ist Dritter, mit dem unter den Voraussetzungen von § 311 III ein vorvertragliches Schuldverhältnis entstehen kann. K hat den Vertrag mit V aufgrund der besonderen Sachkenntnis des Sachverständigen D geschlossen. Somit ist ein Schuldverhältnis iSv § 311 III zwischen K und D entstanden, innerhalb dessen D eine fahrlässige Pflichtverletzung begangen hat. Folglich hat K gegen D einen Schadensersatzanspruch aus § 280 I iVm §§ 241 II, 311 II und III.

Prüfschema   413

Schadensersatz aus vorvertraglichem Schuldverhältnis mit Dritten gem. § 280 I iVm §§ 241 II, 311 II und III

I. Voraussetzungen:
   1. Vorvertragliches Schuldverhältnis iSv § 311 II iVm § 241 II
   2. Verhandlungspartner soll nicht Vertragspartner werden (§ 311 III 1)
   3. »Insbesondere« = **Besondere Vertrauensinanspruchnahme** durch Dritten beim Verhandlungspartner (§ 311 III 2)
      oder
      ähnliches Verhältnis, zB **besonderes wirtschaftliches Eigeninteresse** des Dritten (§ 311 III 2)
      oder
      Sachwalterstellung des Dritten (zB Sachverständiger ohne Eigeninteresse) (§ 311 III 2)
   4. Schuldhafte Pflichtverletzung (§ 241 II) durch Dritten gem. § 280 I iVm § 276 I

II. Rechtsfolge:
   Schadensersatz
   Umfang: §§ 249 ff.

Literatur zur Vertiefung (→ Rn. 409–413): *Alpmann und Schmidt* SchuldR AT 1 1. Teil 2. Abschn. B.; *Brox/Walker* SchuldR AT § 5 Rn. 8–13; *Fikentscher/Heinemann* SchuldR Rn. 99–106; *Frassek*, Umfang der Haftung eines vertraglichen Ratgebers und Einbeziehung Dritter in den Schutzbereich vertraglicher Pflichten, BGH, NJW-RR 2003, JuS 2004, 285; *Looschelders* SchuldR AT § 9; *Medicus/Lorenz* SchuldR AT Rn. 512; *Schaub*, Gutachterhaftung im Zwei- und Mehrpersonenverhältnis, JURA 2001, 8; *Wörlen/Metzler-Müller* BGB AT Rn. 386–402.
[Vgl. auch die Literatur unter → Rn. 366]

---

334   Nach *Brox/Walker* SchuldR AT § 5 Rn. 1.

IV. Vertrag zugunsten Dritter

414 Einen weiteren Fall der Beteiligung Dritter an einem Schuldverhältnis bildet der Vertrag zugunsten Dritter. Die gesetzliche Regelung findet sich in den §§ 328 ff., von denen Sie zunächst § 328 I lesen sollten.

Was diese Vorschrift aussagt, verdeutlicht der nächste Fall.

Übungsfall 27

Zum 40-jährigen Dienstjubiläum des Donald Donisel (D), Vorstandsvorsitzender der bedeutenden Argus-Versicherungsgesellschaft, bestellt Bankdirektor Gustav Golz (G) bei dem Kunstmaler Siegfried Scholz (S) ein Ölgemälde mit einem Motiv der Stadt Köln.

Wünsche über das Motiv und die Art der Ausführung soll S bei D erfragen, an den das Bild direkt von S übergeben werden soll. Als D nach einiger Zeit das fertige Bild abholen will, verweigert S die Übergabe, weil G das Malerhonorar noch nicht bezahlt habe. D meint, dies ginge ihn nichts an, da er unabhängig davon einen unmittelbaren Anspruch gegen S auf Übergabe des Bilds habe.

Macht D diesen Anspruch zu Recht geltend oder kann S die Übergabe verweigern?

---

1. Beteiligte

415 G und S haben einen Werkvertrag iSv § 631 I (nochmals lesen!) geschlossen.

Danach wäre S normalerweise verpflichtet, seinem Vertragspartner G (seinem Gläubiger) das bestellte Bild nach Fertigstellung zu liefern.

■ Worin liegt aber in diesem Fall eine Besonderheit?

▶ G hat mit S vereinbart, dass er das Bild nach den Wünschen des D anfertigen und es diesem nach Fertigstellung übergeben soll. Damit hat der **Schuldner S** seinem **Gläubiger** G versprochen, an einen **Dritten**, nämlich D, zu leisten. Dies ist die Konstruktion, die § 328 I als Vertrag zugunsten Dritter bezeichnet (Vorschrift erneut lesen!). Zur Verdeutlichung eine grafische Skizze:

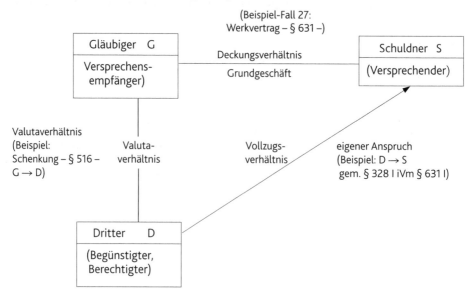

Vorwiegend wird diese Möglichkeit der Vertragsgestaltung gewählt, um den Leistungsweg zu verkürzen: Während ohne diese Konstruktion die Leistung erst vom Schuldner an den Gläubiger und dann vom Gläubiger an den Dritten bewirkt würde, kann aufgrund von § 328 I der Schuldner unmittelbar an den Dritten leisten.

Bei dem Vertrag zugunsten Dritter handelt es sich nicht um einen eigenständigen Vertragstyp. Er kann für alle Vertragsarten vereinbart werden (also zB Kaufvertrag, Mietvertrag, Werkvertrag), wenn eine Leistungspflicht an einen Dritten erfolgen soll. Anspruchsgrundlage für den Dritten gegenüber dem Schuldner ist § 328 I iVm der Anspruchsgrundlage des vereinbarten Vertrages (zB § 328 I iVm § 433 I 1, § 328 I iVm § 535 I 1, § 328 I iVm § 631 I).

> **Beispiele:** Krankenhausvertrag zwischen Krankenkasse und Krankenhaus zugunsten des Patienten, Beauftragung eines Rechtsanwalts durch die Haftpflichtversicherung zugunsten des Versicherungsnehmers, Vertrag zwischen Reiseveranstalter und Leistungsträger (Hotel) zugunsten des Reisenden.[335]

Aufgrund der systematischen Stellung und dem Wortlaut der §§ 328 ff. können nur schuldrechtliche Verpflichtungsverträge als Vertrag zugunsten Dritter abgeschlossen werden. Auf schuldrechtliche Verfügungsverträge und auf dingliche Verträge finden die §§ 328 ff. nach ständiger Rechtsprechung keine (analoge) Anwendung.[336]

2. Rechtsbeziehungen der Beteiligten

Der Abschluss eines Vertrags zugunsten Dritter führt zu einer rechtlichen Dreierbeziehung.

a) Deckungsverhältnis

Der Rechtsgrund für die Leistung des Schuldners an den Dritten ist der zwischen Gläubiger und Schuldner geschlossene Vertrag, in unserem Beispielsfall der Werkvertrag.   **416**

Für seine Leistung an den Dritten erhält der Schuldner vom Gläubiger eine Gegenleistung. Die Leistung, die der Schuldner dem Dritten zu erbringen verspricht, wird, anders ausgedrückt, durch die Gegenleistung, die er vom Gläubiger erhält, abgedeckt. Man nennt das Verhältnis zwischen Gläubiger und Schuldner beim Vertrag zugunsten Dritter **Deckungsverhältnis**.

Es gelten für die **Form** des Vertrages zugunsten Dritter die allgemeinen Regeln. Der Vertrag ist also formfrei, sofern das Gesetz nicht etwas anderes bestimmt, wie zum Beispiel in § 311b.

b) Valutaverhältnis

Der Gläubiger dieses Vertragsverhältnisses will mit der Zuwendung, die der Schuldner aufgrund des Vertrags an den Dritten leisten soll, seinerseits eine Verpflichtung gegenüber dem Dritten (zB auch Unterhaltspflichten gem. § 1601 – zur Information lesen!) erfüllen oder dem Dritten – wie in unserem Beispielsfall – eine Schenkung (§ 516 I – lesen!) machen. Aus dem Verhältnis zwischen Gläubiger und Drittem lässt   **417**

---

335 Weitere Beispiele bei Palandt/*Grüneberg* § 328 Rn. 8–12.
336 BGHZ 41, 95 f. = NJW 1964, 1124.

sich ersehen, warum der Dritte etwas bekommen soll bzw. welchen rechtlichen »Wert« die Zuwendung für den Dritten hat.

Die Rechtsbeziehung zwischen Gläubiger und Drittem wird als **Valutaverhältnis**[337] bezeichnet.

3. Echter und unechter Vertrag zugunsten Dritter

Bei der Gestaltung eines Vertrags zugunsten Dritter stehen den Parteien des Deckungsverhältnisses zwei Möglichkeiten zur Verfügung:

a) Echter Vertrag zugunsten Dritter

418 Nach dem Wortlaut von § 328 I kann vereinbart werden, dass der Dritte einen direkten (eigenen) Anspruch gegen den Schuldner erwirbt. Man spricht in diesem Fall vom »echten Vertrag zugunsten Dritter«.

Dieser liegt auch in Übungsfall 27 vor, dh, die §§ 328 ff. gelten ohne Einschränkung. Die Lösung des Falls gibt uns vor allem § 334 (lesen!) iVm § 320 I 1 (ebenfalls lesen!): Zwar hat D gem. § 328 I iVm § 631 I einen unmittelbaren Anspruch gegen S auf Herstellung des Bilds, jedoch kann S sich gem. § 334 auf § 320 I 1 berufen, da er die Einrede[338] des nicht erfüllten Vertrags auch seinem Gläubiger G entgegenhalten könnte, dh, er kann die Übergabe bis zur Zahlung der Vergütung (§ 631 I) durch G auch D gegenüber verweigern.

b) Unechter Vertrag zugunsten Dritter

419 Möglich ist auch, dass der Schuldner sich gegenüber dem Gläubiger verpflichtet, an den Dritten zu leisten, ohne dass der Dritte berechtigt sein soll, die Leistung direkt vom Schuldner zu fordern (= »unechter Vertrag zugunsten Dritter«).

Die Verpflichtung des Schuldners (Versprechender) besteht nur gegenüber dem Versprechensempfänger (Gläubiger).

Dabei kann es bisweilen zu Auslegungsschwierigkeiten kommen. Auslegungshilfen gibt das Gesetz in den §§ 329–331, die Sie einmal gelesen haben sollten, mit denen wir uns aber im Rahmen dieser »Grundzüge« nicht ausführlich beschäftigen wollen.

420 § 330 schreibt – entsprechend dem Bedürfnis nach Einbeziehung Dritter in Verträge mit Versorgungsfunktion – vor, dass Leibrentenverträge (vgl. §§ 759 ff.) im Zweifel echte Verträge zugunsten Dritter sind. Bis zum 31.12.2007 fiel in den Anwendungsbereich des § 330 auch der Lebensversicherungsvertrag, der allerdings mit dem VVG-Reformgesetz[339] eine entsprechende Regelung in § 159 VVG erfahren hat.[340]

---

337 »Valuta« (lat./it.) = unter anderem: Wert, Gegenwert.
338 Vgl. dazu → Rn. 169 sowie *Wörlen/Metzler-Müller* BGB AT Rn. 415.
339 Vom 23.11.2007, BGBl. 2007 I 2631.
340 **§ 159 VVG Bezugsberechtigung:** »(1) Der Versicherungsnehmer ist im Zweifel berechtigt, ohne Zustimmung des Versicherers einen Dritten als Bezugsberechtigten zu bezeichnen sowie an die Stelle des so bezeichneten Dritten einen anderen zu setzen.
(2) Ein widerruflich als bezugsberechtigt bezeichneter Dritter erwirbt das Recht auf die Leistung des Versicherers erst mit dem Eintritt des Versicherungsfalles.
(3) Ein unwiderruflich als bezugsberechtigt bezeichneter Dritter erwirbt das Recht auf die Leistung des Versicherers bereits mit der Bezeichnung als Bezugsberechtigter.«

Ein weiterer Fall, in dem ein echter Vertrag zugunsten Dritter vermutet wird: Schenkung unter Auflage (§ 525).

Wiederholen Sie das Rechtsinstitut des Vertrags zugunsten Dritter mit der nächsten Übersicht.

Übersicht 22

Vertrag zugunsten Dritter

421

I. Gesetzliche Regelung: §§ 328–335

II. Voraussetzungen:

1. **Schuldrechtlicher Vertrag zwischen Gläubiger (G) und Schuldner (S)**
   a) Möglich: **Jeder** Vertragstyp! Einen Vertrag zugunsten Dritter »an sich« gibt es nicht = Es muss immer ein **bestimmter** Vertrag (zB Kauf-, Werkvertrag usw.) zugrunde liegen.
   → **§ 328 I ist daher niemals selbstständige Anspruchsgrundlage!**
   Richtiges Zitat: »Anspruch aus § 328 I iVm § 433 I 1 (oder iVm § 631 I usw.)
   b) Über die Formbedürftigkeit entscheidet allein der Vertrag zwischen G und S (= Deckungsverhältnis). Rechtsverhältnis zwischen G und Drittem (= Valutaverhältnis) ist formfrei! [zB Schenkung: § 518 I (lesen!) gilt dann nicht].

2. **Echter und unechter Vertrag zugunsten Dritter**
   a) Dritter (D) soll unmittelbares Forderungsrecht gegen den Schuldner erwerben (= **echter** Vertrag zugunsten Dritter, vgl. §§ 328 I und 330 S. 1 – lesen)
   oder
   b) D soll kein direktes Forderungsrecht erhalten: S ist nur gegenüber G verpflichtet, an D zu leisten (= **unechter** Vertrag zugunsten Dritter) → »Im Zweifel« liegt b) vor (Auslegungshilfen: §§ 329–332).

3. **Weitere Voraussetzungen …**
   … richten sich nach jeweiligem Vertragstyp im **Deckungsverhältnis**; zB Lebensversicherungsvertrag: Voraussetzung für Leistungsverpflichtung des S bzw. für Forderungsrecht des D ist Eintritt des Versicherungsfalls (vgl. § 331 I – lesen, § 159 II VVG).

III. Rechtsfolgen:

- Verpflichtung des S, an D zu leisten
- Nur bei echtem Vertrag zugunsten Dritter: Anspruch des D gegen S
- Falls nichts anderes bestimmt ist, kann G jederzeit die Leistung an D fordern (§ 335)
- Einwendungen (und Einreden) aus dem Vertrag (Deckungsverhältnis) stehen dem S auch gegenüber D zu (§ 334)

Literatur zur Vertiefung (→ Rn. 414–421): *Alpmann und Schmidt* SchuldR AT 2 4. Teil 1. Abschn.; *Brox/Walker* SchuldR AT § 32; *Esser/Schmidt* SchuldR AT II § 36; *Fikentscher/Heinemann* SchuldR § 37; *Führich* Rn. 399 ff.; *Hirsch* SchuldR AT § 42; *Hornberger*, Lernbeitrag Zivilrecht – Grundfälle zum Vertrag zugunsten Dritter, JA 2015, 7 (Teil 1), 93 (Teil 2); *Larenz* SchuldR AT § 17; *Looschelders* SchuldR AT § 51; *Medicus/Lorenz* SchuldR AT Rn. 803 ff.; *Petersen*, Der Dritte in der Rechtsgeschäftslehre, JURA 2004, 306; *Pokat*, Gläubiger- und Schuldnerstellung bei mehreren Beteiligten, RÜ 2006, AS aktuell, 17; *Rohlfing*, Drittbezogenheit und Dritthaftung – Die Rechtsprechung des BGH im Überblick, MDR 2002, 254.

V. Vertrag mit Schutzwirkung für Dritte

421a Während der Vertrag zugunsten Dritter für den Dritten gem. § 328 I ein eigenes Forderungsrecht begründet (→ Rn. 414 ff.), besteht bei einem Schuldverhältnis mit Schutzwirkung zugunsten Dritter hingegen kein Anspruch des Dritten auf die Primärleistung. Der Anspruch auf die geschuldete Hauptleistung steht allein dem Vertragspartner zu. Im Grundsatz sind sich Rechtsprechung und Lehre seit langem einig, dass auch Dritte, die am Schuldverhältnis nicht beteiligt sind, nach vertraglichen Grundsätzen haften und berechtigt sein können.[341] Dies wird auch durch die mit der Schuldrechtsreform zum 1.1.2002 eingefügte Vorschrift des § 311 III 1 deutlich, wonach ein Schuldverhältnis mit Pflichten nach § 241 II auch zu Personen entstehen kann, die nicht selbst Vertragspartei werden.[342]

1. Voraussetzungen

421b Es gibt keine gesetzliche Regelung der Voraussetzungen des Vertrags mit Schutzwirkung für Dritte. Allerdings darf die Anerkennung dieses Rechtsinstituts nicht dazu führen, dass jeder Dritte, der aufgrund des Verhaltens des Schuldners einen Schaden erlitten hat, aus dem zwischen Gläubiger und Schuldner geschlossenen Vertrag einen Schadensersatzanspruch herleiten kann. Die Rechtsprechung hat deshalb enge Grenzen für die Ausweitung der vertraglichen Schutzpflichten über den Kreis der Vertragsparteien hinaus entwickelt. Diese wollen wir uns mit folgendem Fall erarbeiten.

Übungsfall 27a

Die Mutter Gunda Gaus (G) geht mit ihrer 14-jährigen Tochter Dora (D) in den Gemüseladen des Siggi Schlauch (S) einkaufen. S schafft es an diesem Tag nicht mehr, die Gemüseabteilung aufzuräumen, sodass D auf einem Salatblatt ausrutscht und sich den Arm bricht.[343]

Hat D gegenüber S einen (vor)vertraglichen Schadensersatzanspruch?

■ Wenn Sie die vorherigen Kapitel dieses Lernbuchs durchgearbeitet haben, wissen Sie, welchen Anspruch (die Anspruchsgrundlage nennen!) **G** gegenüber **S** hat?!!

▶ G hat gegenüber S einen Schadensersatzanspruch gem. § 280 I iVm § 311 II Nr. 2.

Verdeutlichen wir uns den Sachverhalt durch folgende Skizze:

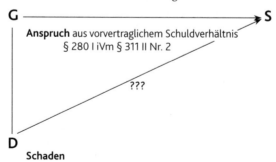

---

341 Zum Streit über die dogmatische Einordnung dieses Rechtsinstituts, der allerdings für die praktische Rechtsanwendung ohne Bedeutung ist, vgl. *Looschelders* SchuldR AT Rn. 160 ff. mwN.
342 Ausführlich hierzu *Wörlen/Metzler-Müller* BGB AT Rn. 386 ff.
343 Fall nach BGH NJW 1976, 712.

Damit der Dritte (hier: die Tochter Dora) gegen den Schuldner einen (vor)vertraglichen Anspruch aufgrund des Vertrags mit Schutzwirkung für Dritte geltend machen kann, haben Rechtsprechung und Literatur folgende vier Voraussetzungen aufgestellt:

a) Leistungsnähe

Voraussetzung für den Anspruch der D gegenüber S ist zunächst, dass der Dritte (hier: die Tochter D) den Gefahren des Schuldverhältnisses ebenso ausgesetzt sein muss wie der Gläubiger (= »**Leistungsnähe**« **des Dritten**)[344]. Der einbezogene Personenkreis muss also eng und überschaubar sein. Keine Leistungsnähe liegt vor, sofern der Dritte zufällig mit den Gefahren in Kontakt oder unbefugt mit der Leistung in Berührung kommt (zB Einbrecher, Dieb).

421c

Eine Leistungsnähe kommt zum Beispiel in Betracht bei

- Mietverhältnissen: Regelmäßig kommen alle mit dem Mieter in der Mietwohnung dauerhaft zusammenlebenden Personen mit der Leistung des Vermieters in Kontakt, nicht aber gelegentliche Besucher.[345]
- der Vermietung von Büroräumen: Hier haben die Arbeitnehmer des Mieters zu den angemieteten Räumen eine ebenso starke Leistungsnähe wie der Mieter selbst.[346]
- Kindern, die ihre Eltern zum Einkaufen oder auf Reisen begleiten.

▨ Begründen Sie im vorliegenden Fall die Leistungsnähe!

▶ Zwischen G und S besteht ein vorvertragliches Schuldverhältnis iSd § 311 II Nr. 2. Durch das Betreten des Gemüseladens des S wird ein Vertrag angebahnt, im Rahmen dessen der eine Teil (hier: G) im Hinblick auf eine etwaige rechtsgeschäftliche Beziehung dem anderen Teil (hier: S) die Möglichkeit zur Einwirkung auf seine Rechtsgüter gewährt. Es ist also ein Schuldverhältnis mit Pflichten nach § 241 II entstanden. Die Tochter D ist bei dem Einkauf den gleichen Gefahren ausgesetzt wie ihre Mutter. Eine Leistungsnähe ist also gegeben.

b) Gläubigerinteresse

Der Gläubiger muss ein Interesse daran haben, den Dritten in den Vertrag zwischen ihm und dem Schuldner mit einzubeziehen. Nach der älteren Rechtsprechung wurde dem Gläubiger ein Einbeziehungsinteresse unterstellt, sofern er für das »Wohl und Wehe« des Dritten zumindest mitverantwortlich war.[347] Die neuere Rechtsprechung erweitert die Wohl und Wehe-Formel dahingehend, dass der **Dritte** auch dann schon **in den Schutzbereich einbezogen** wird, sofern der Gläubiger ein besonderes Interesse daran hat und der Vertrag dahingehend ausgelegt werden kann. Dies wird vermutet, sofern sich dies aus den Umständen des Einzelfalls ergibt oder die Leistung des Schuldners auch dem Dritten zugutekommen soll.[348] Hierbei kann als Argumenta-

421d

344 BGH NJW 1978, 883.
345 *Medicus/Lorenz* SchuldR AT Rn. 819.
346 BGH NJW 2010, 3142.
347 BGH NJW 1976, 712.
348 BGH NJW 2992, 3625.

tionshilfe das jeweilige Schuldverhältnis, der Sinn und Zweck des Vertrages, wie auch § 242 herangezogen werden.

Bei Personenschäden liegt regelmäßig ein Einbeziehungsinteresse bzw. eine Gläubigernähe vor bei:

- Eltern gegenüber ihren Kindern aus der familienrechtlichen Fürsorgepflicht, §§ 1626, 1629,
- Mietern gegenüber Personen, die sich in der Wohnung aufhalten und denen gegenüber eine gewisse Nähe besteht (zB bei Familienmitgliedern, Pflegekindern, Hausangestellten),
- Arbeitgebern gegenüber ihren Angestellten (bloße Aushilfskräfte allerdings nicht).

Die Mutter hat im vorliegenden Fall ein besonderes Interesse an der Einbeziehung ihrer Tochter in den Schutzbereich des vorvertraglichen Schuldverhältnisses, zumal dieser gegenüber aufgrund der familienrechtlichen Beziehung Schutz- und Fürsorgepflichten bestehen.

c) Erkennbarkeit von Leistungsnähe und Gläubigerinteresse für den Schuldner

421e Die unter a) und b) genannten Voraussetzungen müssen **für den Schuldner** bei Entstehung des Schuldverhältnisses **erkennbar** sein.[349] Denn das Haftungsrisiko kann dem Schuldner dabei nur zugemutet werden, sofern er die möglichen Haftungsnehmer eingrenzen kann. Dabei muss die Zahl der möglichen Haftungsnehmer nicht feststehen, aber aus einem überschaubaren Personenkreis stammen.[350]

> **Beispiel:** In den Schutzbereich eines ärztlichen Behandlungsvertrags, der eine Schwangerschaftsverhütung zum Inhalt hat, ist auch der Ehemann oder nichteheliche Partner der Patientin einbezogen. Dies unabhängig davon, ob dieser dem Arzt namentlich bekannt ist oder nicht.[351] Es liegt allerdings keine Erkennbarkeit für den Arzt vor, wenn im Zeitpunkt seiner Leistung noch völlig offen ist, wann und gegebenenfalls mit wem die Patientin künftig Geschlechtsverkehr ausüben wird.

- Waren im Übungsfall Leistungsnähe und Gläubigerinteresse für den S erkennbar?
▶ Einem Geschäftsinhaber muss bewusst sein, dass Eltern mit ihren Kindern bei ihm einkaufen und auch Letztgenannte, sofern er seine Schutzpflichten nicht beachtet, zu Schaden kommen können.

d) Schutzbedürftigkeit des Dritten

421f Der Dritte muss schutzbedürftig sein. Dies ist **nicht** der Fall, sofern er einen **eigenen vertraglichen Anspruch gegenüber dem Schuldner** geltend machen kann, der zumindest gleichwertig ist. Eine Schutzbedürftigkeit ist auch nicht gegeben, sofern dem Dritten ein gleichwertiger Anspruch gegenüber dem Gläubiger zusteht, der denselben Tatbestand und dieselbe Rechtsfolge hat. Ein deliktischer Anspruch des Dritten beseitigt sein Schutzbedürfnis nicht.[352]

---

349 BGH NJW 2004, 3035.
350 *Brox/Walker* SchuldR AT § 33 Rn. 11.
351 BGH NJW 2007, 989.
352 *Brox/Walker* SchuldR AT § 33 Rn. 12.

Da D keinen eigenen (vor)vertraglichen Anspruch gegenüber S hat, ist auch diese Voraussetzung gegeben.

2. Rechtsfolgen

a) Schadensersatz

Sofern die vorgenannten Voraussetzungen erfüllt sind, tritt neben das vertragliche bzw. vorvertragliche Schuldverhältnis zwischen Gläubiger und Schuldner ein vertragsähnliches Schuldverhältnis zwischen dem Schuldner und dem Dritten. Der Dritte kann allerdings nicht – wie bei einem Vertrag zugunsten Dritter – die Erfüllung des Vertrags verlangen. Jedoch obliegen dem Schuldner aufgrund dieses Schuldverhältnisses bestimmte Schutzpflichten iSd § 241 II gegenüber dem Dritten. Im Fall ihrer Verletzung hat dieser einen eigenen Schadensersatzanspruch hinsichtlich der Körper- und der Sachschäden.[353] Der Schadensersatzanspruch richtet sich nach vertraglichen bzw. vorvertraglichen Grundsätzen, also § 280 I bzw. § 280 I iVm § 311 II. Der Dritte kann nicht nur die Verletzung von Sorgfalts- und Obhutspflichten gelten machen, sondern auch die Verletzung von Hauptleistungspflichten.[354]

421g

> **Beachte:** Sie müssen sich fragen: Wenn der Gläubiger geschädigt worden wäre, welchen Anspruch könnte er gegen den Schuldner geltend machen? Die gleiche Anspruchsgrundlage steht dann dem Dritten zu. Beim Prüfungspunkt »Schuldverhältnis« müssen Sie die Voraussetzungen der Einbeziehung des Dritten in den fremden Vertrag prüfen.
>
> Eselsbrücke für die einzelnen Voraussetzungen des Vertrags mit Schutzwirkung zugunsten Dritter: **LeGES** (**Le**istungsnähe, **G**läubigerinteresse, **E**rkennbarkeit ..., **S**chutzbedürftigkeit ...).

> **Merke:** Der Vertrag mit Schutzwirkung zugunsten Dritter (VSD) muss in Verbindung mit einer Anspruchsgrundlage genannt werden und ist **kein** eigener Anspruch.

Die Lösungsskizze kann also wie folgt ergänzt werden:

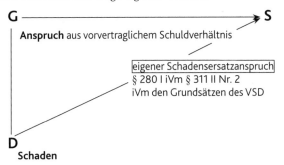

- ■ Formulieren Sie den ersten Satz ihres Gutachtens!
- ▶ »Tochter D könnte gegen S einen Anspruch auf Schadensersatz gem. § 280 I iVm § 311 II Nr. 2, 241 II iVm den Grundsätzen des Vertrages mit Schutzwirkung zugunsten Dritter haben«.

---

353 BGH NJW 1968, 885.
354 BGH NJW 2004, 3420.

b) Einwendungen

421h Der Rechtsgedanke des § 334 ist entsprechend anwendbar: Danach dürfen dem geschädigten Dritten nicht mehr Rechte zustehen, als sie dem Gläubiger aus dem Schuldverhältnis zustehen würden. Deshalb wirkt eine vertragliche Haftungsbeschränkung zwischen Gläubiger und Schuldner nach hM auch zulasten des geschützten Dritten.[355]

> **Beispiel:** Wenn die Vertragsparteien die Verjährungsfrist in zulässiger Weise abgekürzt haben, muss dies auch der Dritte gegen sich gelten lassen.

Der Dritte muss sich nicht nur eigenes Mitverschulden anrechnen lassen (§ 254), sondern auch ein Mitverschulden des Gläubigers.[356]

Literatur zur Vertiefung (→ Rn. 421a–421i): *Brox/Walker* SchuldR AT § 33; *Eckebrecht*, Vertrag mit Schutzwirkung für Dritte: Auswirkungen der Schuldrechtsreform, MDR 2002, 425; *Fikentscher/Heinemann* SchuldR § 37; *Hirsch* SchuldR AT § 44; *Höhne/Kühne*, Der Vertrag mit Schutzwirkung zugunsten Dritter – Anspruchsgrundlage und Anspruchsumfang, JuS 2012, 1063; *Klunzinger* BürgerlR 284 ff.; *Looschelders* SchuldR AT § 9; *Looschelders/Makowsky*, Relativität des Schuldverhältnisses und Rechtstellung Dritter, JA 2012, 721; *Medicus/Lorenz* SchuldR AT § 64; *Medicus/Petersen* Grundwissen BürgerlR Rn. 839 ff.; *Musielak/Hau* GK BGB § 10 V; *Pinger/Behme*, Der Vertrag mit Schutzwirkung für Dritte als Rechtsgrundlage der Gutachterhaftung gegenüber Dritten, JuS 2008, 675; *Rohe/Winter*, Der praktische Fall – Bürgerliches Recht: Vertrag mit Schutzwirkung für Dritte, JuS 2003, 872.

421i

Prüfschema

Schadensersatzanspruch des Dritten gegen den Schuldner

§ 280 I (gegebenenfalls iVm § 311 II), § 241 II (oder Spezialnorm, zB § 536a I) iVm den Regeln über den VSD

I. Voraussetzungen:
1. Schuldverhältnis zwischen Gläubiger und Schuldner
2. Voraussetzungen des VSD/Einbeziehung des Dritten in den Schutzbereich des Vertrags
   a) Leistungsnähe des Dritten
   b) Gläubigerinteresse
   c) Erkennbarkeit der Prüfungspunkte a) und b) für den Schuldner
   d) Schutzbedürftigkeit des Dritten
3. Keine Einwendungen des Schuldners

II. Rechtsfolgen:
Schadensersatzanspruch des Dritten aus Vertrag oder einem rechtsgeschäftsähnlichen Schuldverhältnis
ersatzfähig = Personen- und Vermögensschäden
Geltung von § 334 analog

---

355 *Brox/Walker* SchuldR AT § 33 Rn. 15.
356 BGH NJW 2011, 139; aA *Looschelders* SchuldR AT Rn. 211.

VI. Übertragung (Abtretung) von Forderungen

Im Zusammenhang mit der Beteiligung Dritter an einem Schuldverhältnis steht auch 422
die Übertragung von Forderungen, die im Wirtschaftsleben von großer Bedeutung
ist. Das BGB eröffnet die Möglichkeit, dass der Gläubiger, der einen Anspruch bzw.
eine Forderung gegen den Schuldner hat, diese(n) an einen Dritten übertragen (abtre-
ten) kann. Diese rechtsgeschäftliche Übertragung von Forderungen bezeichnet der
Gesetzgeber als Abtretung (= Legaldefinition gem. § 398 S. 1 – lesen!)

1. Voraussetzungen

Beispiel: Gläubiger Gustav Gans (G) hat gegen Schuldner Siegfried Schubert (S) eine Forderung 423
aus Darlehensvertrag in Höhe von 1.000 EUR. Detlef Dreier (D) hat gegen G eine Forderung aus
Kaufvertrag von 1.000 EUR. Da G gerade »knapp bei Kasse« ist, vereinbart er mit dem Dritten D,
dass dieser die Forderung des G gegen S aus dem Darlehensvertrag erwerben, während seine
Schuld aus Kaufvertrag getilgt sein soll. G hat, mit anderen Worten, seine Forderung gegen S an D
abgetreten.

Zur Verdeutlichung folgende grafische Skizze:

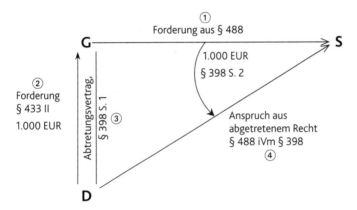

Lesen Sie § 398 ganz durch!

- Wenn Sie Satz 1 dieser Vorschrift analysieren, können Sie daraus **zwei Voraussetzungen** entnehmen, die für die Forderungsabtretung erfüllt sein müssen. (Überlegen Sie, welche!)
- (1) Der Abtretende muss (selbstverständlich) Inhaber bzw. Gläubiger dieser Forderung sein
  und
  (2) mit dem Erwerber der Forderung einen (Abtretungs-)Vertrag schließen.

Die Forderung muss also wirksam bestehen und gerade dem Altgläubiger (und nicht
einem Dritten) zustehen. Sofern dies nicht der Fall ist, erwirbt der potentielle Neu-
gläubiger keine Forderung. Anders als bei den Sachen (vgl. §§ 892 ff., 932 ff.) gibt es
bei Forderungen grundsätzlich **keinen gutgläubigen Erwerb.**[357] Denn der Erwerber
kann sich hier nicht auf einen dem Besitz oder der Grundbucheintragung vergleich-

---

357 Vgl. *Medicus/Lorenz* SchuldR AT Rn. 758; *Larenz* SchuldR AT § 34 I.

baren Rechtsschein berufen, durch den der nicht berechtigte Altgläubiger legitimiert wäre.

424 Die Abtretung wird übrigens in vielen Lehrbüchern auch mit dem aus dem Lateinischen (»cessio«) entlehnten Fremdwort »Zession« bezeichnet. Entsprechend sind die Bezeichnungen für den Abtretenden und den Erwerber der Forderung.

Der Abtretende (bisheriger Gläubiger) heißt »Zedent«, den Erwerber (neuer Gläubiger) der Forderung nennt man »Zessionar«. Grundsätzlich können alle Forderungen abgetreten werden, auch solche, die noch nicht entstanden sind, dh auch künftige Forderungen aus einer oder mehreren Geschäftsverbindungen.

> **Beispiel:** Ein Kaufmann erhält von seiner Bank einen Kredit in Höhe von 50.000 EUR. Zur Sicherung tritt er an die Bank alle Forderungen bis zur Gesamthöhe von 60.000 EUR ab, die er gegenüber seinen Kunden aus Warenlieferungen erhält.

425 Man spricht bei einer solch umfassenden Abtretung von einer **Globalzession**. Die Bank wird mit der Abtretung Inhaberin dieser Forderungen, ohne dass die Kunden des Kaufmanns etwas davon erfahren müssen. Einziehen darf die Bank die Forderung nur, wenn der Kaufmann seine Darlehnsrückzahlungs- und Zinsverpflichtungen nicht ordnungsgemäß erfüllt.

Zwar sind im eben genannten Beispiel die Forderungen des Kaufmanns gegen seine Kunden zum Zeitpunkt der Globalzession noch nicht konkret entstanden und somit noch nicht bestimmt. Es genügt aber, wenn sie bestimmbar sind. Dies ist im Beispiel für die Globalzession der Fall, da spätestens zum Zeitpunkt der Entstehung der Forderungen des Kaufmanns gegen seine Kunden Klarheit über Inhalt, Höhe und Schuldner der Forderungen bestehen wird.

2. Rechtsfolge

426 Rechtsfolge ist gem. § 398 S. 2, dass der Erwerber als neuer Gläubiger an die Stelle des Abtretenden, des alten Gläubigers, tritt. Die Abtretung führt bei Abschluss des schuldrechtlichen Vertrags unmittelbar eine Rechtsänderung herbei. Die Forderungsabtretung ist zugleich eine Verfügung (Ausnahme zum »Abstraktionsprinzip«!).

■ Aus welchen Vorschriften ergibt sich im Beispielsfall der Anspruch des D gegen S?
▶ Der Anspruch des D gegen S ergibt sich aus § 488 iVm § 398.

Mit der abgetretenen Forderung erwirbt der neue Gläubiger alle Rechte und Pflichten des Abtretenden, die dieser gegenüber dem Schuldner hatte.

Für Sicherungsrechte wie Hypotheken oder Pfandrechte uÄ ergibt sich dies unmittelbar aus § 401 I (lesen!). Weitere Rechtsfolgen der Abtretung sind in der abschließenden Übersicht 23 (→ Rn. 433) zu diesem Abschnitt aufgeführt (die dort zitierten Vorschriften nachher durchlesen!).

3. Schuldnerschutz

427 Wenn Sie eben erfahren haben, dass gem. § 398 S. 2 als unmittelbare Folge der Abtretung der neue Gläubiger an die Stelle des alten Gläubigers tritt, dann bedeutet das, dass der Schuldner der Forderung an der Abtretung völlig unbeteiligt ist.

Die Kunden des Kaufmanns in unserem zur Globalzession angeführten Beispiel erfahren nichts von der Abtretung. Das Gesetz sieht in keiner Vorschrift eine Regelung vor, nach der der Schuldner von der Abtretung benachrichtigt werden muss.

■ Warum fehlt es an einer solchen Regelung? Oder anders gefragt: Warum tritt jemand überhaupt eine Forderung an einen anderen ab (Überlegen Sie!)?

▶ Eine Forderung wird in der Regel abgetreten, wenn der Abtretende wenig oder gar nichts an flüssigen Mitteln besitzt, um seine finanziellen Verbindlichkeiten zu begleichen, während er selbst Außenstände bei Dritten hat.

Da die Tatsache, dass jemand Verbindlichkeiten mangels Liquidität nicht erfüllen kann, grundsätzlich geeignet ist, seine Kreditwürdigkeit und insbesondere sein Ansehen bei seinen Schuldnern herabzusetzen, steht es ihm frei, die Abtretung von Forderungen den Schuldnern anzuzeigen oder nicht.

Tut er es nicht, kann es zB zu der Situation kommen, die in Übungsfall 28 beschrieben ist:

Übungsfall 28

Gustav Gans (G) hat gegen Siggi Schuster (S) eine Forderung aus Darlehen in Höhe von 1.000 EUR, die zum 2.5. fällig ist, und schuldet dem Dagobert Duck (D) 1.000 EUR aus Kaufvertrag. Um seine Schuld gegenüber D zu erfüllen, tritt er diesem durch Vertrag am 15.4. seine Forderung gegen S ab. In Unkenntnis dieser Abtretung leistet S die 1.000 EUR am 30.4. an G. Als am 2.5. der D von S die 1.000 EUR fordert, verweigert dieser die Zahlung, da er schon an G geleistet hat. Zu Recht?

428

Zum besseren Verständnis des Falls eine grafische Skizze:

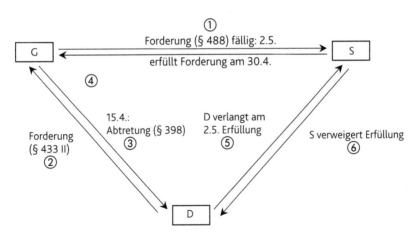

■ D könnte gegen S einen Anspruch auf Zahlung von 1.000 EUR gem. § 488 I iVm § 398 haben. Was ist die Voraussetzung dafür?

▶ Voraussetzung ist, dass D Inhaber der Forderung gegen S geworden ist, die S dem G aus dem Darlehensvertrag schuldete. Dies ist der Fall, wenn die Abtretung der Forderung von G an D wirksam war.

Gemäß § 398 S. 1 ist erforderlich, dass G (zum Zeitpunkt der Abtretung) Inhaber der **429** Forderung war und G und D einen Abtretungsvertrag geschlossen haben. Beides trifft zu, sodass D gem. § 398 S. 2 am 15.4. als neuer Gläubiger des S an die Stelle des G trat.

Der Anspruch des D gegen S auf Zahlung von 1.000 EUR ist entstanden. Der Anspruch ist auch nicht gem. § 362 durch Erfüllung erloschen, als S am 30.4. an G zahlte, da an diesem Tage eine Forderung des G gegen S nicht mehr bestand, sondern D bereits seit dem 15.4. Gläubiger dieser Forderung war.[358]

▧ Was kann S tun? Muss er nochmals an D zahlen?
Suchen Sie im Gesetz nach der Antwort, indem Sie die Überschriften zu den §§ 398 ff. lesen.

▶ Die Antwort auf unsere Frage, ob der Schuldner S noch einmal zahlen muss, gibt § 407, in dessen Überschrift von der »Leistung an den bisherigen Gläubiger« die Rede ist (§ 407 I lesen!). Gemäß § 407 I muss der neue Gläubiger (D) eine Leistung, die der Schuldner (S) nach der Abtretung (15.4.) an den bisherigen Gläubiger (G) bewirkt, sowie jedes Rechtsgeschäft, das nach der Abtretung in Ansehung der Forderung zwischen dem Schuldner (S) und dem bisherigen Gläubiger (G) vorgenommen wird, gegen sich gelten lassen, es sei denn, dass der Schuldner (S) von der Abtretung Kenntnis hatte, was vorliegend nicht der Fall war.

S weigert sich zu Recht, die 1.000 EUR nochmals zu bezahlen; D muss sich an seinen ursprünglichen Schuldner G halten, der zur Annahme der Leistung von S am 30.4. nicht mehr berechtigt war. Anspruchsgrundlage für D gegen G ist § 816 II (nur bei Interesse lesen – diese Vorschrift lernen Sie im Schuldrecht/Besonderer Teil kennen).[359]

430 Zweck des § 407 ist der Schutz des Schuldners sozusagen als Ausgleich dafür, dass er von der Abtretung nicht benachrichtigt werden muss. Möglich ist auch, dass eine Forderung mehrfach abgetreten wird und der Schuldner an einen vermeintlich neuen Gläubiger leistet.

Diesen Fall regelt das Gesetz in § 408 I, den Sie sorgfältig durchlesen müssen, um dann nochmals § 407 I zu lesen! Dazu folgender Übungsfall:

Übungsfall 29

Gustav Gans (G) hat eine Forderung gegen Siggi Schuster (S) in Höhe von 1.000 EUR. S seinerseits hat eine Forderung in Höhe von 1.000 EUR gegen Christof Crusoe (C) und außerdem noch 1.000 EUR Schulden bei Dagobert Duck (D). Am 25.3. tritt S seine Forderung gegen C (1.000 EUR) an G ab. Am 1.4. tritt er diese Forderung nochmals an D ab. Am 3.4. fordert D von C aufgrund der Abtretung vom 1.4. 1.000 EUR, die C auch bezahlt. Zwei Tage später fordert G von C 1.000 EUR aufgrund der Abtretung vom 25.3. C verweigert die Zahlung. Zu Recht?

---

358 Sie haben – hoffentlich – gemerkt, dass Fall 28 bis hierher durchgehend im Gutachtenstil gelöst wurde!
359 S. hierzu *Wörlen/Metzler-Müller* SchuldR BT Rn. 384 ff.

Auch dieser Sachverhalt soll durch eine grafische Skizze verdeutlicht werden:

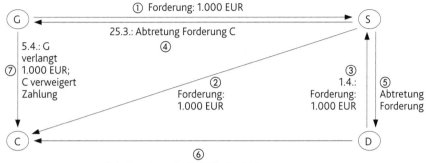

Nachdem Sie sich die Fallkonstellation anhand dieser Skizze klargemacht haben, lesen Sie noch einmal § 408 I. Danach ist bei mehrfacher Abtretung § 407 I dem früheren Erwerber gegenüber entsprechend anzuwenden. **431**

Die entsprechende Anwendung des § 407 I auf unseren Fall der mehrfachen Abtretung bedeutet: Dem »früheren Erwerber« (G) in § 408 I entspricht der »neue Gläubiger« in § 407.

Dem »Dritten« (D) in § 408 I entspricht der »bisherige Gläubiger« in § 407 I. Wenn wir § 407 auf den Fall der mehrfachen Abtretung entsprechend anwenden, müssen wir diese Vorschrift folgendermaßen lesen:

»Der frühere Erwerber einer abgetretenen Forderung muss bei nochmaliger Abtretung dieser Forderung an einen Dritten eine Leistung, die der Schuldner nach der zweiten Abtretung an den Dritten bewirkt (sowie …) gegen sich gelten lassen, sofern der Schuldner von der ersten Abtretung nichts wusste.«

> **Tipp:** Damit Sie dieses Zusammenspiel der Entsprechungen niemals vergessen, sollten Sie die Begriffe »**neuer Gläubiger**« in § 407 I (erste Zeile) und »**früheren Erwerber**« in § 408 I (vorletzte Zeile) mit gleicher Farbe unterstreichen! Mit anderer, gleicher Farbe: »**bisheriger Gläubiger**« in § 407 I (Zeile 2/3) und »**Dritten**« in § 408 I!

■ Subsumieren Sie unseren Sachverhalt unter diese Vorschrift. Überlegen Sie: Wer ist »früherer Erwerber«, wer »Dritter« und wer »Schuldner«?

▶ »Früherer Erwerber« der von S abgetretenen Forderung ist in Übungsfall 29 der G. »Dritter« ist D und »Schuldner« ist C.

G muss nach §§ 408 I, 407 I die Leistung des C an D gegen sich gelten lassen, mit anderen Worten:

Die Leistung des C an D ist gegenüber G »wirksam«, und C weigert sich zu Recht, **432** nochmals zu zahlen. Das Wichtigste zur Abtretung von Forderungen enthält die nächste Übersicht (23), aus der Sie unter anderem auch entnehmen können, dass die Abtretung unter bestimmten Voraussetzungen ausgeschlossen ist (lesen Sie alle in dieser Übersicht genannten Vorschriften des BGB genau durch – ein Hinweis, der eigentlich überflüssig ist, da Sie sich die sorgfältige Lektüre jeder Vorschrift ohnehin schon angewöhnt haben …).

Übersicht 23

433

Übertragung (Abtretung) von Forderungen

I. Rechtsgeschäftliche Übertragung von Forderungen – §§ 398 ff.

1. **Voraussetzungen (§ 398 S. 1):**
   a) Abtretender (**Zedent**) muss Inhaber (**Gläubiger**) von Forderung(en) sein (auch: künftige Forderung) und
   b) Vertrag (Einigung) mit einem Dritten (Zessionar), dass Forderung auf diesen übertragen wird.

2. **Rechtsfolge (§ 398 S. 2):**
   Der neue Gläubiger (**Zessionar**) tritt an die Stelle des alten Gläubigers (**Zedent**).
   Dh: Zessionar erwirbt alle Rechte und Pflichten des Zedenten gegenüber dem Schuldner, die mit dieser Forderung verbunden sind. (= **Abtretung** = abstrakte **Verfügung** = bewirkt unmittelbare Rechtsänderung)

3. **Einzelheiten:**
   Abtretung erfolgt idR ohne Kenntnis des Schuldners –
   deshalb **besonderer Schuldnerschutz** erforderlich:
   a) § 404 – Einwendungen, die der Schuldner gegen Zedenten hatte, muss der Zessionar auch gegen sich gelten lassen.
   b) § 406 – Schuldner kann mit Forderung gegen alten Gläubiger auch gegen neuen Gläubiger **aufrechnen**, sofern er bei Entstehung der Aufrechnungslage von der Abtretung keine Kenntnis hatte.
   c) § 407 – Leistet Schuldner in Unkenntnis der Abtretung an alten Gläubiger, wird er von seiner Leistungspflicht auch gegenüber neuem Gläubiger frei. Bei mehrfacher Abtretung gilt § 408!
   d) Ausschluss der Abtretung:
      - § 399 »Inhaltsänderung« der Forderung durch Abtretung = zB Forderung auf Dienstleistung
        (= höchstpersönliche Forderung)
        oder: Abtretung war durch Vertrag zwischen Schuldner und altem Gläubiger ausgeschlossen
      - § 400: Unpfändbare Forderungen – zB Arbeitslohn bis zu bestimmter Höhe (vgl. § 850c ZPO) oder Lebensversicherung bis zu 3.579 EUR (§ 850b I Nr. 4 ZPO)

II. Gesetzlicher Forderungsübergang (»cessio legis«)

   - Gemäß § 412 finden §§ 399–404, 406–410 entsprechende Anwendung.
   - Beispiele: § 774 I (Bürgschaft),
     § 426 II (Gesamtschuldner),
     § 86 VVG (Schadensversicherung).

Literatur zur Vertiefung (→ Rn. 422–433): *Alpmann und Schmidt* SchuldR AT 2 4. Teil 4. Abschn.; *Armbrüster/Ahcin*, Grundfälle zum Zessionsrecht, JuS 2000, 450, 549, 658 und 865; *Brox/Walker* SchuldR AT § 34; *Coester-Waltjen*, Die Abtretung, JURA 2003, 23; *Coester-Waltjen*, Aufrechnung bei Abtretung, JURA 2004, 391; *Esser/Schmidt* SchuldR AT II § 37; *Fikentscher/Heinemann* SchuldR §§ 58–60; *Hirsch* SchuldR AT § 46; *Larenz* SchuldR AT §§ 33–35; *Looschelders* SchuldR AT § 52; *Medicus/Lorenz* SchuldR AT Rn. 753 ff.; *Petersen*, Die Abtretung, JURA 2014, 278; *Petersen*, Der Dritte in der Rechtsgeschäftslehre, JURA 2004, 306; *Schreiber*, Die Forderungsabtretung, JURA 2007, 266; *Steckler/Tekidou-Kühlke* WirtschaftsR Rn. 223 ff.; *Westermann/Bydlinski/Weber* SchuldR AT § 17.

VII. Factoring

Ein Factoring[360]-Vertrag ist ein Vertrag eigener Art, der mehrere der gesetzlich gere- **434** gelten Typen miteinander kombiniert[361] – also ein gemischter[362] Vertrag –, in dem der Kauf (bzw. die Abtretung) von Kundenforderungen durch (bzw. an) eine Bank oder ein ähnliches Finanzierungsinstitut (Factor) gegen sofortige Wertstellung oder Kreditierung mit der Übernahme von Dienstleistungspflichten (namentlich Kundenbuchhaltung, Beitreibung von Forderungen) kombiniert wird.[363] Das Factoring knüpft wirtschaftsfunktional – ähnlich wie der verlängerte Eigentumsvorbehalt[364] – an den Warenkredit bzw. an den durch Vorleistung gewährten Kredit an.

Beim sog. **echten** Factoring übernimmt der Factor auch das Risiko der Zahlungsunfähigkeit des Schuldners der Forderung. Beim in Deutschland weit verbreiteten **unechten** Factoring werden die Forderungen an den Factor nur »erfüllungshalber« übertragen. Eine Leistung erfüllungshalber liegt vor, wenn dem Gläubiger ein Gegenstand (zB Forderung) überlassen wird, aus dem er sich befriedigen soll; die Erfüllung des Schuldverhältnisses tritt erst ein, wenn dem Gläubiger aus dem erfüllungshalber überlassenen Gegenstand tatsächlich Mittel zufließen.

Für das **unechte** Factoring bedeutet das, dass der Factor (die Bank) mit der Gutschrift der Forderung dem Factorkunden einen Kredit gewährt und sich die Rückbelastung der Forderung beim Gläubiger für den Fall der Nichtbeitreibbarkeit vorbehält. Seiner Rechtsnatur nach ist das unechte Factoring als Darlehen einzuordnen, während das echte Factoring einer Globalzession aufgrund eines Forderungskaufs gleichkommt.

Folgende Skizze (Übersicht 24) verdeutlicht, was beim Factoring geschieht:

---

360 Forderungskauf, vgl. *Alpmann* Studienlexikon »Factoring«.
361 MüKoBGB/*Roth/Kieninger* § 398 Rn. 156 mwN.
362 → Rn. 18 unter »Vertragsfreiheit«.
363 *Creifelds* »Factoringvertrag«.
364 Dazu *Wörlen/Metzler-Müller* SchuldR BT Rn. 85.

Übersicht 24

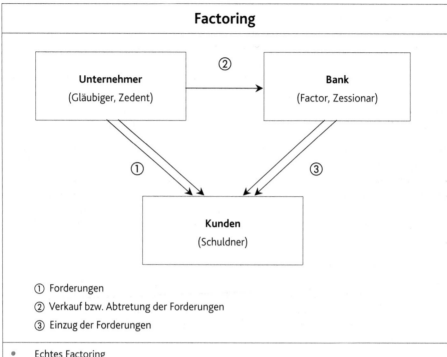

Factoring

| Unternehmer (Gläubiger, Zedent) | ② → | Bank (Factor, Zessionar) |

① ③

Kunden (Schuldner)

① Forderungen

② Verkauf bzw. Abtretung der Forderungen

③ Einzug der Forderungen

- Echtes Factoring

  Nach »Kauf« (Abtretung) der Forderungen übernimmt **Factor** Risiko für Zahlungsunfähigkeit der Schuldner. Schuldverhältnis besteht nur zwischen **Factor** und Schuldnern. Schuldverhältnis Zedent – Zessionar erlischt.

- Unechtes Factoring

  Factor stellt als Gegenwert ein Darlehen zur Verfügung (= Forderungsabtretung erfüllungshalber). Schuldverhältnis Zedent – Zessionar erlischt erst, wenn Forderungen von Schuldnern bezahlt sind. Andernfalls Rückforderung durch **Factor**.

VIII. Schuldübernahme

435

1. Befreiende (privative) Schuldübernahme, §§ 414–418

Während bei der Abtretung ein **Gläubigerwechsel** stattfindet, erfolgt durch die in den §§ 414–418 geregelte Schuldübernahme ein **Schuldnerwechsel**. Der bisherige Schuldner wird dadurch von seiner Verpflichtung frei. Da die Bonität des neuen Schuldners für den Gläubiger wichtig ist, muss Letztgenannter der Schuldübernahme zustimmen. Der Übernahmevertrag hat **Verfügungscharakter** und ist deshalb **abstrakt**. Da er zugleich die Übernahme einer Verbindlichkeit (die mit der bisherigen Verpflichtung inhaltsgleich ist) enthält, ist er auch ein **Verpflichtungsgeschäft**. Die Schuld wird so übernommen, wie sie bei Übernahme besteht.[365]

---

365 Palandt/*Grüneberg* Überbl v. § 414 Rn. 1 mwN.

a) Voraussetzungen

Für eine sog. **befreiende** (»privative«) **Schuldübernahme** ist erforderlich, dass die Parteien übereinstimmend die vollständige Entlassung des ursprünglichen Schuldners wollen. Auch der Gläubiger muss seinen Willen, dass er auf das Forderungsrecht gegen den bisherigen Schuldner – unter Annahme des Dritten als persönlichen neuen Schuldner – verzichtet, dem Dritten gegenüber klar zum Ausdruck bringen.

Diese befreiende Schuldübernahme ist wie folgt möglich:

Gemäß § 414 (lesen!) kann durch Vertrag mit dem Gläubiger die Schuld auf einen neuen Schuldner übertragen werden.

> **Beispiel:** Siggi Stein (S) baut ein Mietshaus, wodurch er Schulden gegenüber dem Handwerker Gustav Gründlich (G) begründet. Als S seine Schulden nicht bezahlt, stellt G die Arbeiten ein. Ein zahlungskräftiger potentieller Mieter des S, Donald Dump (D), der an einer raschen Fertigstellung des Hauses interessiert ist, erklärt sich gem. § 414 gegenüber G bereit, die Schuld des S zu übernehmen. Aufgrund dieses Schuldübernahmevertrags baut G weiter.

436

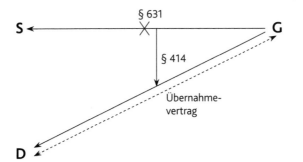

Zwischen dem Gläubiger G und dem Neuschuldner D wird der Übernahmevertrag geschlossen; D tritt an die Stelle des bisherigen Schuldners S.

Möglich ist auch ein Vertrag zwischen Altschuldner und Neuschuldner, der allerdings nur mit Genehmigung des Gläubigers der Forderung wirksam ist (§ 415 I – lesen!).

> **Beispiel:** S verkauft seinen Betrieb an D. D erklärt sich bereit, sämtliche Schulden des S bei G zu übernehmen. Aus diesem Grunde wird ein entsprechend geringerer Kaufpreis zwischen S und D vereinbart. Der Schuldübernahmevertrag zwischen S und D ist nur wirksam, wenn der Gläubiger G ihn genehmigt.

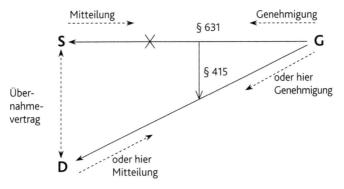

Der Übernahmevertrag wird zwischen dem Altschuldner (S) und dem Neuschuldner (D) geschlossen. Hierbei handelt es sich um eine Verfügung über die Forderung des Gläubigers durch einen Nichtberechtigten, die vom Gläubiger (G) nach § 185 II genehmigt werden muss. Die Schuldübernahme wird dem Gläubiger (G) vom Altschuldner oder dem Neuschuldner mitgeteilt. Bis zum Zeitpunkt der Genehmigung durch den Gläubiger ist die Schuldübernahme schwebend unwirksam. Wenn der Gläubiger die Schuldübernahme genehmigt, tritt der Dritte rückwirkend (vgl. § 184 I) als Schuldner in das Rechtsverhältnis ein (Zeitpunkt = Abschluss des Übernahmevertrages). Bei einer Verweigerung der Genehmigung wird die Schuldübernahme endgültig unwirksam.

Nach § 415 III 1 ist allerdings der Neuschuldner dem Altschuldner gegenüber zur Befriedigung des Gläubigers verpflichtet.

Besonderheiten, auf die wir in diesem Rahmen nicht eingehen wollen, gelten für die Schuldübernahme gem. § 416 bei Übernahme einer Hypothekenschuld (§ 416 zur ersten Information lesen!). Sofern Sie noch nicht wissen, was eine Hypothek ist, können Sie das im Lernbuch zum »Sachenrecht« von *Wörlen/Kokemoor* unter Rn. 315 ff. erfahren.

b) Rechtsfolgen

437 Der Schuldnerwechsel tritt mit

- der Einigung nach § 414 oder
- dem Übernahmevertrag und der Genehmigung durch den Gläubiger nach § 415

ein.

Der bisherige Schuldner wird also von seiner Leistungsverpflichtung befreit. Nur der Übernehmer ist gegenüber dem Gläubiger zur Erfüllung verpflichtet. Der neue Schuldner kann dem Gläubiger gem. § 417 I alle Einwendungen, die dem bisherigen Schuldner zustanden – wie zB die Stundung der Forderung –, entgegenhalten. Der Übernehmer kann allerdings, da er nur die Leistungspflicht übernimmt und nicht in das Schuldverhältnis eintritt, keine Gestaltungsrechte, die der Schuldner gegenüber dem Gläubiger hat (zB Rücktrittsrecht, Anfechtung, Widerruf, Kündigung), geltend machen. Diese sind vielmehr an die jeweilige Vertragspartei gebunden und verbleiben beim bisherigen Schuldner.[366]

2. Schuldbeitritt

Vorgenannte »befreiende Schuldübernahme« ist zu unterscheiden von der – aufgrund der Vertragsfreiheit (§ 311 I) möglichen – »kumulativen Schuldübernahme« (auch »Schuldbeitritt« oder »Schuldmitübernahme«). Hierbei tritt der Eintretende neben den Altschuldner in das schon bestehende Schuldverhältnis; er haftet **neben** dem bisherigen Schuldner.

---

366 MüKoBGB/*Bydlinski* Vor § 414 Rn. 7; § 417 Rn. 5.

a) Abgrenzung

Der vertragliche Schuldbeitritt muss von der Bürgschaft (§§ 765 ff.)[367] unterschieden werden. Während sich der Bürge verpflichtet, für eine fremde Schuld einzustehen, übernimmt beim Schuldbeitritt der Beitretende die Schuld als eigene. Er will unabhängig von der Schuld des Schuldners haften und verfolgt in der Regel ein eigenes rechtliches oder wirtschaftliches Interesse. Die Schuld des Bürgen hingegen richtet sich in ihrem jeweiligen Bestand nach der Hauptschuld. Der Bürge will für einen anderen einstehen. Während der Schuldbeitritt nicht formbedürftig ist, bedarf die Bürgschaftserklärung nach § 766 der Schriftform.

Durch Auslegung unter Berücksichtigung der unterschiedlichen Interessenlage muss ermittelt werden, ob im Einzelfall eine Bürgschaft oder ein vertraglicher Schuldbeitritt vorliegt.

b) Voraussetzungen

Für den Schuldbeitritt gibt es zwei Möglichkeiten:

- Beitretender und Gläubiger einigen sich über den Schuldbeitritt (§ 414 analog) oder
- Beitretender und bisheriger Schuldner einigen sich. In diesem Fall ist – anders als bei der befreienden Schuldübernahme – keine Mitwirkung des Gläubigers erforderlich. Letztgenannter ist nicht schutzwürdig, zumal sich seine Rechtsstellung durch Hinzutreten des Beitretenden verbessert.

c) Rechtsfolgen

Beide Schuldner sind Gesamtschuldner.[368] Nicht zu verwechseln ist die Schuldübernahme mit der bloßen »Erfüllungsübernahme«, bei der sich ein Dritter dem Schuldner gegenüber verpflichtet, dessen Verbindlichkeit zu erfüllen, ohne dass der Gläubiger ein selbstständiges Forderungsrecht gegen den Dritten erwirbt. Dies entspricht der Konstruktion des unechten Vertrags zugunsten Dritter iSd § 329 (nachlesen!), den Sie bereits kennen gelernt haben.

Eine Ähnlichkeit ist mit § 404 (nachlesen!) gegeben, wonach der Schuldner einer abgetretenen Forderung die Einwendungen, die er dem Altgläubiger der Forderung und auch dem neuen Gläubiger entgegenhalten kann. Nach § 417 I 1 kann auch der Übernehmer einer Schuld dem Gläubiger gegenüber die Einwendungen geltend machen, die dem alten Schuldner zustanden. Obwohl Passiva (»Schulden«) normalerweise gerade nicht zum Vermögen zählen.[369]

438

---

367 Hierzu *Wörlen/Metzler-Müller* SchuldR BT Rn. 342 ff.
368 → Rn. 441.
369 Vgl. *Creifelds* »Schuldübernahme«.

Übersicht 25

439

Schuldübernahme		
§ 414	→	Befreiende (»privative«) Schuldübernahme: Vertrag zwischen **Gläubiger** und **neuem Schuldner** = alter Schuldner wird von Leistungspflicht frei.
§ 415	→	Wie § 414, aber Vertrag zwischen **altem** und **neuem** Schuldner = Vertrag ist nur mit **Genehmigung** des Gläubigers wirksam.
Ohne gesetzliche Regelung (»Vertragsfreiheit«)		
	→	Kumulative Schuldübernahme: Neuer Schuldner tritt **neben** bisherigen Schuldner = Haftung als Gesamtschuldner
		Wegen Ähnlichkeit zur Bürgschaft (§ 765) gilt bei Auslegungszweifeln Bürgschaftsrecht. Unterschied zur Bürgschaft: Neuer Schuldner begründet **eigene** Schuld, Bürge haftet für fremde Schuld
§ 417	→	Einwendungsdurchgriff

Literatur zur Vertiefung (→ Rn. 434–439): *Alpmann und Schmidt* SchuldR AT 2 4. Teil 5. Abschn.; *Brox/Walker* SchuldR AT § 35; *Esser/Schmidt* SchuldR AT II § 37; *Fikentscher/Heinemann* SchuldR § 61; *Grigoleit/Herresthal*, Der Schuldbeitritt, JURA 2002, 825; *Grigoleit/Herresthal*, Die Schuldübernahme, JURA 2002, 393; *Larenz* SchuldR AT § 35; *Looschelders* SchuldR AT § 53; *Medicus/Lorenz* SchuldR AT Rn. 788 ff.; *Medicus/Petersen* Grundwissen BürgerlR Rn. 209 ff.; *Petersen*, Schuldnermehrheiten, JURA 2014, 902; *Rappenglitz*, Die Formbedürftigkeit der Vertragsübernahme, JA 2000, 472.

IX. Mehrheit von Schuldnern und Gläubigern

440 Diese Überschrift ist identisch mit der von »Abschnitt 7« des Allgemeinen Schuldrechts des BGB, der die §§ 420–432 umfasst. Sie sollten sich diese dreizehn Vorschriften zur Information durchlesen!

Für die Praxis am bedeutendsten sind für die Gesamtschuldnerschaft die §§ 421 und 426 und für die Gesamtgläubigerschaft die §§ 428 und 430, die sich jeweils (§ 421 ⇒ § 428 und § 426 ⇒ § 430) entsprechen.

1. Gesamtschuldnerschaft

441 Lesen Sie nochmals § 421! Nach der Legaldefinition von § 421 S. 1 liegt eine Gesamtschuld vor, wenn mehrere eine Leistung in der Weise schulden, dass jeder Schuldner die ganze Leistung erbringen muss, während der Gläubiger diese Leistung, selbstverständlich nur einmal, aber nach Belieben von jedem der Gesamtschuldner fordern kann.

Ein Gesamtschuldverhältnis kann durch Vertrag begründet werden, zB in Form des Schuldbeitritts, den Sie soeben kennen gelernt haben, oder kraft Gesetzes angeordnet sein. Typische Beispiele für die gesetzliche Gesamtschuldnerschaft sind folgende Vorschriften, die Sie zur kurzen Information lesen sollten: §§ 546 II, 769, 830, 840 I, 1357 I (S. 2!), 2058.

Sofern der Gläubiger von seinem Recht nach § 421 S. 1 Gebrauch gemacht hat, indem er die gesamte Leistung von einem der Gesamtschuldner gefordert hat, kann Letztgenannter im Innenverhältnis entsprechend der anteiligen Verpflichtungen der anderen Gesamtschuldner diese gem. § 426 II in Regress nehmen (= Ausgleichsanspruch).

> **Beispiel:** Anton Acker (A) und Berta Boden (B) nehmen gemeinsam bei Christian Cromm (C) ein Darlehen (§ 488) in Höhe von 10.000 EUR auf, das am 31.12. zur Rückzahlung fällig wird. A und B vereinbaren, dass jeder 5.000 EUR davon bekommen und an C zurückzahlen soll. Gemäß § 421 S. 1 kann C nach seinem Belieben die ganzen 10.000 EUR entweder von A oder von B fordern. Gemäß § 426 II 1 hat A gegen B einen Ausgleichsanspruch in Höhe von 5.000 EUR, wenn er die 10.000 EUR an C gezahlt hat.

Darüber hinaus ordnet § 426 II 1 an, dass der Gesamtschuldner, der den Gläubiger (voll) befriedigt hat, in Höhe seines (internen) Ausgleichsanspruchs (neuer) Gläubiger der Forderung ist (»cessio legis« – § 426 II und § 412 lesen!).

Übersicht 26

Mehrheit von Schuldnern und Gläubigern	
Gesamtschuldner	
§ 421 S. 1	→ Gläubiger kann **ganze** Leistung beliebig von jedem Schuldner fordern
Entstehung	→ Durch Vertrag oder Gesetz (zB §§ 42 II 2, 546 II, 769, 840 I, 2058)
§ 426 I	→ Gesamtschuldner im Verhältnis zueinander zu gleichen Anteilen, falls nichts anderes bestimmt (vereinbart) ist
§ 426 II	→ Schuldner, der Gläubiger befriedigt, hat Regressanspruch
Gesamtgläubiger	
Vgl. §§ 428, 430	

2. Gesamtgläubigerschaft

Lesen Sie § 428 und § 430 und sodann, falls Sie mehr darüber wissen wollen, – wahlweise! – die folgende **442**

> **Literatur zur Vertiefung (→ Rn. 440–442):** *Alpmann und Schmidt* SchuldR AT 2 5. Teil; *Brox/Walker* SchuldR AT § 36–38; *Esser/Schmidt* SchuldR AT II §§ 38, 39; *Fikentscher/Heinemann* SchuldR §§ 62–64; *Hirsch* SchuldR AT § 49; *Larenz* SchuldR AT §§ 36, 37; *Looschelders* SchuldR AT § 54; *Medicus/Lorenz* SchuldR AT Rn. 831 ff.; *Petersen*, Gläubigermehrheiten, JURA 2014, 483; *Polat*, Gläubiger- und Schuldnerstellung bei mehreren Beteiligten, RÜ 2007, AS aktuell, 17; *Stamm*, Die Gesamtschuld auf dem Vormarsch, NJW 2003, 2940; *Stamm*, Die Bewältigung der gestörten Gesamtschuld, NJW 2004, 811; *Westermann/Bydlinski/Weber* SchuldR AT § 18.

Sachverzeichnis

(Die Zahlen beziehen sich auf die Randnummern.)